LOS NOMBRES

(Con una breve biografía de todos los Santos y los personajes
más famosos correspondientes a cada nombre)

Copyright © EDIMAT LIBROS, S. A.
C/ Primavera, 35
Polígono Industrial El Malvar
28500 Arganda del Rey
MADRID-ESPAÑA
www.edimat.es

ISBN: 978-84-9764-605-5
Depósito legal: M-25833-2007

Título: Los nombres
Autor: Manuel Yáñez Solana
Diseño de cubierta: Juan Manuel Domínguez
Impreso en: Cofás, S.A.

IMPRESO EN ESPAÑA – PRINTED IN SPAIN

PRESENTACIÓN

Todos nos hallamos unidos a la familia por los apellidos, que se pasan de padres a hijos; sin embargo, el nombre es algo que recibimos de una forma caprichosa, acaso obedeciendo a la imposición de alguien o a una preferencia causada por las modas del momento. Es fácil comprobar cómo, en los años cincuenta del pasado siglo XX, a muchas niñas españolas se les puso el nombre de Esther (con la «h» intercalada por influencia anglosajona) debido al éxito de las películas de la bella y magnífica nadadora Esther Williams.

Sin embargo, los nombres provienen de la antigüedad, encierran un significado y constituyen un elemento identificador. A un guerrero germánico, o a un patricio romano, le importaba mucho el nombre que iba a asignar a sus hijos; por eso lo elegía pensando en las cualidades que deseaba transmitir. Por ejemplo, si deseaba llamarle Adelardo, quería comunicarle de por vida que su lema sería «procura mostrarte atrevido en las cuestiones nobles». Puede decirse que el nombre formaba parte de la herencia, como una especie de estandarte a tener muy en cuenta.

Actualmente, sólo en los grandes colectivos, por ejemplo los colegios, se nos llama por el apellido. Mientras que en los demás lugares se nos reconoce por el nombre. Sin embargo, hay más. Los amigos y amigas utilizan los nombres como una muestra de intimidad, igual que si pretendieran decirnos que somos algo muy especial para ellos.

El motivo principal de nuestra obra

Lógicamente, se han llamado como nosotros miles de personas de todas las clases sociales y de muy diferentes conductas. Por eso hemos querido seleccionar algunas, las más famosas, como una especie de ejemplo. En primer lugar, presentamos a los santos, la mayoría de los cuales han sido mártires; después, indicamos los personajes mitológicos, cuando los hay, y seguimos con las figuras históricas o populares.

Podíamos habernos limitado a dar una lista de nombres, más o menos amplia; no obstante, hemos preferido añadir una referencia, casi una minúscula biografía, con el fin de provocar en la persona que nos lee el deseo de ampliar la información.

No es lo mismo citar el nombre de Francisco Pizarro, por ejemplo, que dar una pincelada de su conducta como conquistador. Estamos convencidos de que estos apuntes despertarán recuerdos y, sobre todo, alimentarán la curiosidad. Las personas que se llaman Francisco pueden saber, además, que llevaba ese mismo nombre el gran Quevedo, acaso el escritor más grande que ha dado la literatura española. Leer una buena biografía de este genio de las letras seguro que ayudará a sentir el orgullo o la satisfacción de portar el nombre.

Claro que podía suceder que nuestro nombre estuviera asociado a un dictador, a un ser sanguinario o a algún otro personaje de recuerdos muy poco satisfactorios. Seguro que junto a éstos hay otros que los contrapesan, es decir, poseen unas virtudes que se pueden admirar hasta el punto de querer imitarlas.

Lógicamente, el nombre no condiciona; jamás puede ser considerado como una senda por la que vamos a tener que caminar aunque no lo deseemos. Claro que el hecho de portarlo ya nos distingue; por eso hemos considerado muy interesante informar sobre su origen, que es la raíz de la que nació; de su significado, el antiguo mensaje que transmite, y su onomástica. En este terreno conviene que hagamos una aclaración: las fechas elegidas corresponden a un santo en particular; sin embargo, en ocasiones, como sucede con los nombres de Pedro o Ignacio, hemos encontrado muchas más. Pedimos disculpas si causamos algún pequeño despiste; de ahí nuestra explicación.

Lo que importa es transmitir este mensaje: el nombre es nuestro, nos acompañará con la vida y debemos sentir la satisfacción de poseerlo. Por eso hemos realizado nuestra obra. Ahora sólo nos queda el deseo de que los lectores y lectoras se sientan complacidos con la ayuda que vamos a prestarles.

A

Aarón. *Origen:* hebreo. *Significado:* arca, montañés, alto, luz o iluminado. *Onomástica:* 1 de julio. San Aarón fue un mártir inglés en el siglo IV. Moisés tuvo un hermano llamado Aarón, que fue el primer sacerdote de los hebreos.

Abdalá. *Origen:* árabe. *Significado:* siervo de Dios. Abdalá fue el padre de Mahoma.

Abdénago. *Origen:* hebreo. *Significado:* siervo de Nebo. En la Biblia, Abdénago es el nombre caldeo que el jefe de los eunucos impuso al mancebo judío Azarías.

Abdías. *Origen:* hebreo. *Significado:* siervo, esclavo de Dios. *Onomástica:* 18 de noviembre. San Abdías fue un sacerdote martirizado en Mesopotamia en el siglo IV. En la Biblia se menciona a un profeta menor llamado Abdías.

Abdiel. *Origen:* hebreo. *Significado:* siervo de Alá o su esclavo.

Abdón-Abda. *Origen:* hebreo o árabe. *Significado:* servidor de Dios. El primero lo llevaron unos príncipes persas, que fueron mártires cristianos en Roma durante el siglo III. También un juez de Israel. *Onomástica:* 30 de julio. San Abdón fue muerto en martirio, junto a San Senén, en Persia durante las primeras persecuciones.

Abel. *Origen:* asirio. *Significado:* hijo o efímero, acaso por lo breve que fue la existencia del noble hijo de Adán y Eva. *Onomástica:* 25 de marzo. En el santoral aparece San Abel, el cual alcanzó el rango de arzobispo de Reims (Francia) en el siglo VIII. *Otros personajes:* Abel, rey de Dinamarca en el siglo XIII, que dio muerte a su hermano. El boliviano Abel Alarcón cultivó la novela histórica y falleció en 1954. El argentino Abel Ayerza llevó la cátedra de Medicina en la Facultad de Buenos Aires a principios del siglo XX. El mallorquín Abel Matutes que fue comisario español en el Mercado Común Europeo.

Abelardo. *Origen:* hebreo y germánico. *Significado:* hijo fuerte. *Onomástica:* 9 de febrero. San Abelardo llegó desde Escocia hasta Alemania con el fin de dirigir en Tréveris una cátedra de Sagrada Escritura y fundar en Ratisbona un célebre monasterio. Murió en el siglo VIII. *Otros personajes:* Pedro Abelardo fue un filósofo y teólogo francés de los siglos XI y XII; se hicieron famosos sus amores con Eloísa. El portorriqueño Abelardo Días Alfaro escribió «Terrazo».

Abigail. *Origen:* hebreo. *Significado:* Dios junto a la mujer o felicidad del padre. Abigail fue la esposa de Nabal y, en segundas nupcias, de David.

Abilio. *Origen:* latín. *Significado:* mañoso, diestro o experto. *Onomástica:* 22 de febrero. San Abilio fue un gran apóstol de Egipto y de toda la zona noroeste de África. Se le nombró obispo de Alejandría, donde murió el año 97 d.C.

Abraham. *Origen:* hebreo. *Significado:* padre del pueblo, padre de las multitudes o padre excelso. Abraham fue patriarca de los hebreos. Se dice que murió a los 140 años. *Onomástica:* 16 de marzo. En el santoral también aparecen con este nombre un anacoreta egipcio del siglo IV, un obispo de Mesopotamia y un confesor francés. Estos dos últimos del siglo V. *Otros personajes:* el suizo Abraham Bréguez destacó como inventor en el siglo XIX. El norteamericano Abraham Lincoln llegó a presidente de su país en el año 1860, abolió la esclavitud y fue asesinado en 1865. El peruano Abraham Valdelomar escribió poemas y la novela «La ciudad de los tísicos» a caballo entre los siglos XIX y XX.

Abril-Abrilia. *Origen:* latín. *Significado:* abrir, en alusión al paso del tiempo desde los fríos del invierno a la tibieza tan prometedora de la primavera.

Absalón. *Origen:* hebreo. *Significado:* paz con Dios o tu Dios brinda prosperidad. Absalón fue hijo de David. Mató a uno de sus hermanos y se rebeló contra su padre.

Abundancio-Abundancia. *Origen:* latín. *Significado:* abundancia o abundante. *Onomástica:* 1 de marzo. En el santoral cristiano aparecen ocho mártires con este nombre, todos ellos de los primeros siglos de nuestra era.

Abundio. *Origen:* latín. *Significado:* copioso o lleno de gracia. *Onomástica:* 11 de julio. San Abundio de Córdoba murió mártir en el siglo IX.

Acacio-Acacia. *Origen:* griego. *Significado:* carece de maldad o nunca es malicioso. *Onomástica:* 3 de abril. En la mitología griega, Acacio es el sobrenombre de Hermes, divinidad a la que se consideraba benefactora de la humanidad. Acacio, «el Tuerto», fue arzobispo de Cesarea en el siglo IV. Fundó la herejía de los acacianos.

Acilino. *Origen:* griego, latín o germánico. *Significado:* punta afilada.

Acisclo. *Origen:* latín. *Significado:* pequeño martillo o hacha. *Onomástica:* 17 de noviembre. San Acisclo sufrió, junto a su hermana Victoria, uno de los mayores martirios que se conocieron en la España romana. Esto sucedió en Córdoba el año 303.

Ada-Ado. *Origen:* hebreo. *Significado:* ornamento o hermosura. Este nombre también se emplea como una forma abreviada de Adela y Adelaida. En la Biblia, Ada es la primera esposa del patriarca Esaú.

Adalbado. *Origen:* hebreo. *Significado:* de raza noble o la pelea por obtener el grado de nobleza. San Adalbado fue duque de Flandes en el siglo VII.

Adalberto. Sinónimo de Alberto. *Origen:* germánico. *Significado:* destacado por su nobleza. *Onomástica:* 25 de junio. San Adalberto fue arzobispo de Magdeburgo en el siglo X. *Otros personajes:* Adalberto von Chamisso fue un escritor romántico alemán de origen francés, autor de «La maravillosa historia de Peter Schlemihl o el hombre que perdió su sombra». Murió en 1838.

Adalgiso-Adalgisa. *Origen:* germánico. *Significado:* de familia noble. San Adalgiso fue un sacerdote y ermitaño que vivió en el siglo VII.

Adalrico. *Origen:* germánico. *Significado:* de raza noble o príncipe, jefe o caudillo. San Adalrico fue un anacoreta que vivió en las proximidades del lago de Zurich.

Adaluz. Combinación de los nombres de Ada y Luz.

Adalvino. *Origen:* germánico. *Significado:* la amistad más noble o aquel que es amigo de la nobleza. San Adalvino fue abad de Gante en el siglo X.

Adamantino-Adamantina. *Origen:* griego. *Significado:* invencible. Puede ser una deformación de diamante.

Adán. *Origen:* del hebreo «Adam». *Significado:* el formado de la tierra, la arcilla viva, el hombre. *Onomástica:* 29 de julio. Nombre del primer ser humano, el único que conoció, junto a Eva, la perfección en todos los sentidos, hasta que el pecado le expulsó del Paraíso junto a su esposa. En el santoral cristiano aparece con este nombre un abad de Fermo en las Marcas. *Otros personajes:* Adam (Adán en inglés) Mickiewiez fue un poeta polaco del siglo XIX, que escribió la novela en verso «El señor Tadeo», que es considerada la obra cumbre del romanticismo de su país. El nicaragüense Adán Cárdenas ocupó la presidencia de su nación entre 1883 y 1887.

Adauto. *Origen:* latín. *Significado:* bastante desarrollado.

Adela. *Origen:* germánico. *Significado:* nobleza. *Onomástica:* 24 de diciembre. Santa Adela fue hija del rey de Francia Dagoberto II, llegó a ser abadesa de un monasterio próximo a Trèves y murió en el año 734. *Otros personajes:* la soprano italiana Adela Patti nació en Madrid, en 1843, y falleció en Brecknock en 1919. Fue la diva máxima en el siglo XIX. Adéle (Adela en francés) Hugo tuvo como padre a Víctor Hugo.

Adelaida. *Origen:* germánico. *Significado:* de familia noble. *Onomástica:* 6 de diciembre. Santa Adelaida (siglo X) fue reina de Italia y emperatriz del Sacro Imperio Romano Germánico; se casó con Lotario II de Italia y, luego, con Otón I «el Grande»; también hizo de regente durante la minoría de edad de su nieto Otón III.

Adelardo. *Origen:* germánico. *Significado:* nobleza y fortaleza. *Onomástica:* 2 de enero. San Adelardo fue primo hermano de Carlomagno y falleció en el año 826. *Otros personajes:* el inglés Adelardo de Bath destacó como filósofo en el siglo XII. El español Adelardo López de Ayala escribió sus obras teatrales en el siglo XIX; a la vez fue ministro y presidente del Congreso.

Adelberga. *Origen:* germánico. *Significado:* defensor de la nobleza. Santa Adelberga fue abadesa del monasterio de la Montaña Sana, cerca de Verdún, en el siglo XI.

Adelelmo. *Origen:* germánico. *Significado:* el que por su nobleza queda protegido. *Onomástica:* 30 de enero. San Adelelmo fue un sacerdote francés que fundó en Burgos la iglesia de San Juan Evangelista en el siglo XI; es el patrón de Burgos.

Adelberto. Es una variante de Adalberto. *Onomástica:* 3 de junio. San Adelberto fue obispo de Como (Italia) en el siglo VI.

Adelfo. *Origen:* griego. *Significado:* fraterno. *Onomástica:* 29 de agosto. San Adelfo fue obispo de Metz (Francia), donde es muy venerado. Sus reliquias se trasladaron en el siglo IX a un templo erigido por Ludovico Pío.

Adelgario. *Origen:* germánico. *Significado:* el acero de la nobleza o arma llena de nobleza. *Onomástica:* 7 de octubre. San Adelgario fue arzobispo de Hamburgo entre los siglos VII y IX.

Adelgiro. *Origen:* germánico. *Significado:* arma noble. San Adelgiro fue obispo de Navarra (Italia) en el siglo IX.

Adelgunda. *Origen:* germánico. *Significado:* la lucha que libra la nobleza. Santa Adelgunda fue la fundadora de la abadía de Maubeuge (Francia) en el siglo VII.

Adelia. Deformación del nombre de Adela.

Adelina-Adelino. *Origen:* latín. Santa Adelina fue nieta de Guillermo el Conquistador. Luego de fundar varios monasterios falleció en el año 1125. *Onomástica:* 20 de octubre. San Adelino fundó el monasterio de Celles y es patrón de la ciudad de Visé.

Adelinda. *Origen:* germánico. *Significado:* nobleza y dulzura. Santa Adelinda fue una abadesa alemana del siglo X.

Adelmaro. *Origen:* germánico. *Significado:* nobleza destacada.

Adelmo. *Origen:* anglosajón. *Significado:* yelmo antiguo o yelmo enorme. San Adelmo (Aldhelm en inglés) fue obispo de Sherborne entre los siglos VII y VIII.

Adeltrudis. *Origen:* germánico. *Significado:* querida por la nobleza de su carácter. Santa Adeltrudis fue abadesa de Maubeuge (Francia) en el siglo VII.

Adelvisa. *Origen:* germánico. *Significado:* sabio por su nobleza. *Onomástica:* 25 de enero. Santa Adelvisa fue una religiosa francesa del siglo XI.

Ademaro. Supone una deformación del nombre Adelmaro. *Origen:* del germánico «Hadumar». *Significado:* célebre por sus combates. *Onomástica:* 29 de mayo. San Ademaro fue un mártir francés que murió en el año 1242.

Aderaldo. *Origen:* germánico. *Significado:* el que dirige con nobleza. *Onomástica:* 20 de octubre. San Aderaldo fue un canónigo de Troyes (Francia) en el siglo X.

Adilia. Es una deformación de Adela.

Adimaro. Una variante de Ademaro.

Adina. Puede considerarse un diminutivo del nombre Ada. *Origen:* hebreo. *Significado:* gentileza.

Admeo. Es una variante de Edmundo.

Adolfo. *Origen:* germánico. *Significado:* lobo, guerrero o famoso. *Onomástica:* 11 de febrero. San Adolfo fue obispo de la ciudad alemana de Osnabrück y murió en 1224. *Otros personajes:* el español Adolfo Bonilla y San Martín fue crítico y historiador entre los siglos XIX y XX. Adolfo de Nassau ejerció como emperador gernánico. El militar alemán Adolf (Adolfo en alemán) Eichmann es considerado el responsable de las cámaras de exterminio de los campos de concentración del III Reich; fue detenido y ejecutado por los israelitas en 1962. Adolf Hitler gobernó Alemania desde 1936 a 1945 fue el responsable material de la Segunda Guerra Mundial y del genocidio judío. Adolfo Suárez ocupó la presidencia de España entre los años 1976 y 1981; suyo es todo el mérito de la transición pacífica. El escritor argentino Adolfo Bioy Casares obtuvo el Premio Cervantes en el año 1990. Adolfo Marsillach ha cubierto con éxito las parcelas de actor, dramaturgo, director de teatro y televisión y escritor.

Adón. *Origen:* semítico. *Significado:* señor. *Onomástica:* 16 de diciembre. San Adón se formó en la abadía de Ferreres y en el monasterio germano de Prum. Escribió una historia universal y un célebre Martirologio. Murió en el año 875 cuando ya era obispo de Vienne (Francia).

Adoración. Con este nombre se pretende recordar la fecha del naci-miento del niño Jesús. *Origen:* latín. *Significado:* de acuerdo a y rezo verbal. *Onomástica:* 6 de enero.

Adrián. Una deformación de Adriano. *Origen:* latín. *Significado:* naci-do en Hadria (región de la antigua Roma). *Onomástica:* 8 de sep-tiembre. San Adrián fue un mártir cristiano que murió en Nicomedia hacia el año 300.

Adriano-Adriana. *Origen:* latín. *Significado:* es hijo de Adria. Esta anti-gua ciudad romana se encontraba próxima al mar Adriático. El nom-bre de Adriano lo llevaron varios Papas. *Onomástica:* 1 de marzo. *Otros personajes:* Adriano (Publio Elio) fue emperador romano en el año 117; sucedió a Trajano, venció a los judíos y reedificó Jerusalén. El holandés Adriano Brauwer destacó como pintor en el siglo XVII. El español Adriano del Valle escribió el libro de poesías vanguardistas «Los gozos del río» en la primera mitad del siglo XX. Adriana Lacouvreur triunfó en el teatro francés durante el siglo XVIII. El tenista italiano Adriano Panatta se convirtió en uno de los grandes rivales del tenista español Manuel Santana.

Adulfo. Es una deformación de Adolfo. *Onomástica:* 27 de septiem-bre. San Adulfo nació en Sevilla, su padre fue musulmán y su madre cristiana, y terminó siendo martirizado en Córdoba en la mitad del siglo IX.

Afra. *Origen:* latín. *Significado:* africano. *Onomástica:* 5 de agosto. Santa Afra fue quemada en Augsburgo en el año 304.

Africano-Africana. *Origen:* latín. *Significado:* el africano. Este sobre-nombre se le concedió a Publio Cornelio Escipión como recuerdo de sus victorias en África sobre los ejércitos cartagineses mandados por Aníbal.

África-África. *Origen:* griego. *Significado:* dejado al sol, carente de frío, caliente, etc. También puede tomarse como recuerdo de la Virgen de África.

Afrodisio. *Origen:* griego. *Significado:* enamorado, amoroso. *Onomástica:* 14 de marzo. San Afrodisio fue prefecto de Egipto, hasta que su conversión al cristianismo le llevó al martirio en el año 70 d.C.

Agabio. *Origen:* germánico. *Significado:* tiene larga vida.

Agabo. Es una deformación de Agabio; sin embargo, ofrece la peculiaridad de provenir, en una segunda acepción, del griego «agayós». *Significado:* espléndido.

Agamenón. *Origen:* griego. *Significado:* asombroso, tenaz y fuerte. Personaje que encontramos en los libros de Homero, ya que fue el mítico rey de Micenas y Argos, que acaudilló uno de los ejércitos que lucharon en Troya.

Ágape. *Origen:* griego. *Significado:* banquete, comida de fiesta, etc. *Onomástica:* 3 de abril. Santa Ágape fue quemada en la hoguera en Salónica hacia el año 304.

Agapio. Es deformación de Ágape. *Onomástica:* 3 de abril.

Agapito. Este nombre presenta el mismo origen que Ágape. *Onomástica:* 18 de agosto. San Agapito fue un niño italiano que sufrió muchos martirios, hasta morir en el año 275. *Otros personajes:* el nombre de Agapito lo llevaron varios Papas. Agapito Marazuela fue un musicólogo español.

Agar. *Origen:* hebreo. *Significado:* escasa. De acuerdo con el texto bíblico, Agar fue la esclava y segunda mujer de Abraham. De este matrimonio nació Ismael, el padre del pueblo árabe o ismaelita.

Ágata. *Origen:* griego. *Significado:* bondadoso. En realidad recuerda a una piedra preciosa y a una flor. *Onomástica:* 5 de febrero. Santa Ágata vivió en Catania durante el siglo v, hasta que murió mártir. *Otros personajes:* la escritora Aghata (Ágata en inglés) Christie está considerada la «reina de las novelas de misterio» murió en 1976. Ágata Lys forma parte del grupo de bellas actrices españolas que aprovecharon la «época del destape». La polémica Ágata Ruiz de la Prada no rehúye ningún elemento escandaloso a la hora de diseñar vestidos.

Agatángel. *Origen:* griego. *Significado:* el mensajero.

Agatángelo. Entre los capuchinos significa buen ángel, ya que San Agatángelo fue un misionero de esta orden que terminó ahorcado en Etiopía el año 1638. También otro San Agatángelo fue un joven seglar que acompañó en martirio al obispo San Clemente durante las persecuciones ordenadas por Diocleciano en Ancira de Galacia y, luego, en Ankara. *Onomástica:* 23 de enero.

Agatocles-Agatoclia. *Origen:* griego. *Significado:* glorioso por la bondad de su corazón. *Onomástica:* 17 de septiembre. San Agatocles murió mártir en Creta (Grecia) el siglo III. Santa Agatoclia es la patrona de la villa zaragozana de Mequinenza. Agatocles ha quedado en la historia como el tirano de Siracusa (entre los siglos IV y III a.C.), que sostuvo varias batallas contra Cartago.

Agatodoro. *Origen:* griego. *Significado:* don favorable o regalo. *Onomástica:* 4 de marzo. San Agatodoro fue un mártir español del siglo IV.

Agatón. *Origen:* latín. *Significado:* hombre bondadoso. *Onomástica:* 10 de enero. San Agatón fue un Papa que murió en el año 681. El poeta griego Agatón escribió «La Flor» en el siglo V a.C.

Agatónico-Agatónica. *Origen:* griego. *Significado:* quien logra un triunfo. *Onomástica:* 22 de agosto. San Agatónico fue un mártir de Nicomedia. También hay dos Agatónica santas, por haber muerto en martirio en Pérgamo (Italia) y en Cartago.

Agatopo. *Origen:* griego. *Significado:* de excelente vista. *Onomástica:* 25 de abril. San Agatopo fue mártir en Tesalónica (Grecia) en el siglo IV.

Agenor. *Origen:* griego. *Significado:* hombre superior o muy audaz. Nombre del hijo de Poseidón y de Libia, que significó en su origen el Sol, cuyo desplazamiento hacia Occidente siguen los pueblos en sus migraciones. También Agenor fue un rey de Fenicia.

Ageo-Agea. *Origen:* hebreo. *Significado:* el que nació en fecha señalada. *Onomástica:* 4 de enero. El primer nombre corresponde a un profeta menor del Antiguo Testamento. Santa Agea fue una niña modelo de pureza que falleció en el año 707.

Agerico. *Origen:* germánico. *Significado:* espada fuerte.

Agesilao. *Origen:* griego. *Significado:* conductor de su pueblo. Este nombre lo llevó un rey de Esparta, entre los siglos V y IV a.C. Venció a los persas y, luego, a los atenienses y tebanos.

Agilberto. *Origen:* germánico. *Significado:* célebre espada en la lucha. *Onomástica:* 7 de junio. San Agilberto fue obispo de Irlanda y, después, de París durante el siglo VII.

Aglaia. *Origen:* griego. *Significado:* la esplendorosa, deslumbrante o bella entre las bellas. También se le da el nombre de Aglaya. En realidad es una de las tres gracias de la mitología griega, junto a Talía y Eufrosina.

Agnelo. *Origen:* latín. *Significado:* corderito. *Onomástica:* 14 de diciembre. San Agnelo fue abad de Abitinien, en Nápoles, a finales del siglo VI. Es recordado en esta ciudad con la cruz en alto enfrentándose a los invasores.

Agoardo. *Origen:* germánico. *Significado:* aquel que os defiende con su espada. San Agoardo fue un mártir francés del siglo V.

Agobardo. *Origen:* germánico. *Significado:* el resplandor de la espada. *Onomástica:* 6 de junio. San Agobardo fue un prelado español del siglo IX, que escapó a Francia, donde llegó a ser obispo de Lyon.

Agrícola. *Origen:* latín. *Significado:* cosecha. *Onomástica:* 2 de septiembre. Término latino muy corriente en Roma. San Agrícola fue obispo de Aviñón en el siglo VII.

Agripino-Agripina. *Origen:* latín. *Significado:* de la familia de Agripa. *Onomástica:* 1 de enero. San Agripino llegó a ser obispo de Autún (Francia) y falleció en 504. *Otros personajes:* Agripina fue hija de Agripa y madre de Nerón. Agripina, «la Joven», hija de la anterior, concibió a Nerón en su primer matrimonio; años más tarde, se casó con Claudio, al que envenenó para que su hijo accediera al trono.

Águeda. *Origen:* griego. *Significado:* la bondadosa. *Onomástica:* 5 de febrero. Santa Águeda detuvo la erupción del Vesubio, fue virgen y mártir y murió en el siglo III en tiempos de Decio.

Aguinaldo. *Origen:* germánico. *Significado:* manda su espada.

Agustín-Agustina. *Origen:* latín. *Significado:* de la casta de Augusto. *Onomástica:* 28 de agosto. San Agustín fue obispo de Hipona; es considerado uno de los padres de la Iglesia. Murió el año 430. *Otros personajes:* el cubano Agustín Acosta escribió poesía realista en el siglo XX. El benedictino romano Agustín de Canterbury estrenó el obispado de este nombre. El coronel mexicano Agustín de Iturbide y Aramburu fue coronado emperador de México, en 1822 con el nombre de Agustín pero debió abdicar un año después. Más adelante sería fusilado. La aragonesa Agustina de Aragón animó a los defensores de Zaragoza con su valor y consiguió derrotar al ejército de Napoleón. El peruano Agustín Gamarra llegó a presidente de su país en 1829. El mexicano Agustín Lara compuso el chotis «Madrid» y otras melodías muy populares en el siglo XX. El comediógrafo español Agustín Moreno y Cabaña vivió en el siglo XVII. El escultor español Agustín Querol nació en Tortosa.

Aicardo. *Origen:* germánico. *Significado:* muy osado con la espada. *Onomástica:* 15 de septiembre. San Aicardo fue un abad normando del siglo VII.

Aída. Nombre etíope que eligió el libretista italiano Piave para una de las principales óperas de Verdi. También puede ser una variante de Ada.

Aigulfo. *Origen:* germánico. *Significado:* punta destacable o filo de la espada. *Onomástica:* 3 de septiembre. San Aigulfo fue arzobispo de Bourges (Francia) en el siglo IX.

Aimardo. *Origen:* germánico. *Significado:* atrevido, osado en su patria. San Aimardo fue el tercer abad de Cluny en el siglo X.

Aimón. *Origen:* griego. *Significado:* vivienda, casa o patria.

Aitor. Pertenece a la mitología vascongada. *Significado:* padre del pueblo. Así se denominaba antiguamente en este país a su dios-patriarca.

Alá. *Origen:* árabe. *Significado:* el divino, el supremo o el iluminado. Es el dios de los musulmanes.

Aladino. *Origen:* árabe. *Significado:* iluminado por la fe. Es el nombre del famoso personaje de «Las mil y una noches», el mismo que encontró la «lámpara maravillosa».

Alano. *Origen posible:* celta. *Significado:* armónico. *Onomástica:* 14 de agosto. Nombre de una de las tribus germánicas que invadieron España y otros países de Europa. San Alano fue un dominico bretón que propagó el rezo del rosario y murió en el año 1475.

Alarico. *Origen:* germánico. *Significado:* nobleza o fortaleza. Nombre de varios reyes visigodos españoles.

Alba. *Origen:* latín. *Significado:* aurora o blancura, en referencia a las luces iniciales del amanecer. Corresponde a Nuestra Señora del Alba. *Onomástica:* 15 de agosto. *Otros personajes:* Alba es una familia de la nobleza española, cuyos orígenes se remontan a Gutierre Alvárez de Toledo, primer señor de Alba de Tormes en el siglo XV.

Albano. *Origen:* latín. *Onomástica:* 22 de junio. Este nombre es patronímico de las distintas ciudades que se llamaban Alba, sobre todo Alba Longa, que terminaría siendo conocida como Roma. San Albano fue el primer mártir de Inglaterra, ya que se le ejecutó por no renegar de la fe cristiana en el año 287.

Alberico. *Origen:* germánico. *Significado:* poder, nobleza. *Onomástica:* 26 de enero. San Alberico fundó Citeaux en compañía de Roberto de Molesme y Esteban Harding. Falleció en el año 1109. En la mitología escandinava aparece el enano Alberico, al cual se le había encomendado la custodia del tesoro de los nibelungos.

Albertino-Albertina. *Origen:* latín. *Significado:* de la casta de Alberto. *Onomástica:* 15 de noviembre. Forma latina de Alberto.

Alberto-Alberta. *Origen:* germánico. *Significado:* resplandeciente, célebre por su nobleza o completamente respetable. *Onomástica:* 15 de noviembre. San Alberto el Grande renovó la teología, fue un sabio hasta en las ciencias herméticas y falleció en el año 1280. *Otros personajes:* el nombre de Alberto lo llevaron varios emperadores de Alemania. Alberto I ocupó el trono del Principado de Mónaco en 1922. Alberto I de Bélgica dio grandes muestras de heroísmo durante la Primera Guerra Mundial. El arquitecto y escultor español Alberto Churriguera comenzó las obras de la Plaza de Salamanca en el siglo XVIII. El pintor y dibujante alemán Alberto Durero inició el renacimiento del arte de su país. El chileno Alberto Blest Gana escribió las novelas realistas «Martín Rivas» y «El ideal de un calavera» en el siglo XX. Albert (Alberto en inglés) Einstein descubrió la teoría de la relatividad; en el año 1921 se le concedió el Premio Nobel de Física. El español Alberto Insúa escribió «El negro que tenía el alma blanca». El físico norteamericano Albert Abraham Michelson consiguió el Premio Nobel de su especialidad en 1907. El francés Albert Camus obtuvo el Premio Nobel de Literatura en 1957 una de sus novelas cumbres es «La Peste». El director de cine italiano Alberto Lattuada supo pasar del neorrealismo a un estilo más universal, con películas como «Tempestad». El actor Alberto Closas tuvo como maestra teatral a Margarita Xirgu; en España se estrenó como protagonista de la película «Muerte de un ciclista», de Juan Antonio Bardem.

Albino-Albina. *Origen:* latín. *Significado:* pureza, blancura. *Onomástica:* 1 de marzo. Santa Albina nació en Palestina y murió en Decio el año 250. Se dice que su cadáver fue llevado a Nápoles por el viento.

Alceo. *Origen:* griego. *Significado:* enorme fuerza. Por este motivo es uno de los sinónimos con que se conoce al mítico Hércules. En la mitología griega, Alceo es el mítico hijo de Perseo y Andrómeda, que reinó en Tirinto. Alceo fue un poeta lírico griego del siglo VIII a.C.

Alcibíades. *Origen:* griego. *Significado:* fortaleza o existencia vigorosa. Alcibíades fue un general ateniense del siglo V a.C., sobrino de Pericles y discípulo de Sócrates.

Alcides. *Origen:* griego. Es el patronímico de Alceo. También debe valorarse como el sobrenombre de Hércules por ser descendiente de Alceo y, a la vez, por su fuerza.

Alcira. *Origen:* árabe. *Significado:* el islote. San Bernardo de Alcira fue hijo del rey moro de Lérida. Murió mártir en Valencia en el siglo XII. También Alcira es una ciudad valenciana, situada a las orillas del Júcar.

Aldo-Alda. *Origen:* germánico. *Significado:* lleno de canas. Pero puede tener otra interpretación: anciano y venerable, y a la vez gobierno, potente o nobleza. *Onomástica:* 18 de noviembre. San Aldo fue un ermitaño italiano. También en el santoral cristiano aparecen dos santas con el nombre de Alda: una fue discípula de Santa Genoveva en el París del siglo VI y otra se sometió al grado de terciaria de los Humillados en Siena (Italia) entre los siglos XIII y XIV. *Otros personajes:* el italiano Aldo Moro llegó a ser primer ministro de Italia dos veces (1963-1968 y 1974-1976). Murió asesinado en 1978.

Aldobrando. *Origen:* germánico. *Significado:* espada antigua. San Aldobrando fue obispo de Fossombrone en las Marcas durante el siglo XIII.

Aldonza. *Origen:* germánico. *Significado:* lleno de canas, célebre o batalla. El nombre de Aldonza lo empleó Cervantes en su «Quijote» con la aldeana a la que «idealizó» como Dulcinea del Toboso.

Alegra. *Origen:* latín. *Significado:* dinámico, exaltado, optimista o inundado de ardor.

Alejandro-Alejandra. El primer nombre lo llevaron Papas, zares rusos y reyes servios. *Origen:* griego. *Significado:* enemigo del hombre. *Onomástica:* 25 de febrero. En la mitología griega, Alejandro es el hijo de Euristeo, que muere en la lucha contra los heraclidas. *Otros personajes:* el franciscano Alejandro de Hales destacó como filósofo. Aleksandr (Alejandro en ruso) Borodin compuso la ópera «El príncipe Igor» en 1887. El francés Alejandro Dumas escribió infinidad de novelas populares, como «Los tres Mosqueteros» o «El conde de Montecristo», que ofrecen una gran calidad literaria. Alejandro Dumas (hijo) obtuvo un gran éxito con «La dama de las camelias». El político español Alejandro Lerroux escandalizó a la burguesía y al clero con sus proclamas. El dramaturgo español Alejandro Casona o Alejandro Rodríguez Álvarez logró el Premio Lope de Vega con su obra «La sirena varada». El norteamericano Alexander (Alejandro en inglés) Graham Bell inventó el teléfono en 1876. El ingeniero francés Alexandre Gustave Eiffel construyó la torre que lleva su nombre en 1889. El español Alejandro Farnesio fue considerado como el «Gran Capitán» de Felipe II en el siglo XVI. Sir Alexander Fleming descubrió la penicilina en 1928; y en 1945 recibió el Premio Nobel.

Alejo. *Origen:* griego. *Significado:* el que defiende. *Onomástica:* 27 de febrero. San Alejo abandonó a su esposa en la noche de bodas, peregrinó a Tierra Santa y, al cabo de unos años, apareció debajo de la escalera de su casa... ¡muerto! Por cierto, la escalera se encontraba en la región italiana del Aventino. *Otros personajes:* Alejo tuvo el honor de ser el primer emperador bizantino de la dinastía de los Comnenos. Alejo I llegó a ser zar de Rusia en 1645. Conquistó Ucrania y extendió sus dominios por Siberia. Tuvo como hijo a Pedro «el Grande». El cubano Alejo Carpentier recibió el Premio Cervantes en 1977. El pintor florentino Alesso (Alejo en italiano) Baldovinetti destacó en el siglo XV. El caudillo peruano Alejo Calatayud se sublevó contra los españoles en 1730; ese mismo año fue ejecutado.

Alex. Diminutivo de los nombres Alejo y Alejandro. También es un nombre inglés y alemán.

Alexis. Forma rusa del nombre Alejo. *Onomástica:* 27 de febrero. San Alexis fue obispo de Kiev en el siglo XIV. *Otros personajes:* El ruso Alexis Maximovick, «Gorki», escribió la novela «La Madre» en 1906.

Alfa. *Origen:* hebreo-fenicio. *Significado:* bovino. Uno de los muchísimos nombres que se dan a Dios, por ser el alfa y el omega de todo lo que existe. También alfa es la primera letra del alfabeto griego.

Alfardo. *Origen:* germánico. *Significado:* fortaleza u osado como un elfo. *Onomástica:* 15 de febrero. San Alfardo fue martirizado por los normandos en el siglo XI.

Alfeo. *Origen:* griego. *Significado:* el primero. Nombre del hijo del Sol, de quien cuenta la mitología griega que asesinó a su hermano y se vio perseguido por las Furias.

Alfiero. *Origen:* germánico. *Significado:* de noble linaje. San Alfiero fue un monje salernitano, que fundó el monasterio benedictino de Cava de Tirreni en el siglo XI.

Alfio. *Origen:* griego. *Significado:* mancha blanquecina en la piel. *Onomástica:* 10 de mayo. San Alfio fue un mártir siciliano del siglo IV.

Alfonsino-Alfonsina. *Origen:* griego. *Significado:* corresponde a Alfonso.

Alfonso-Alfonsa. *Origen:* germánico. *Significado:* guerrero siempre dispuesto al combate. *Onomástica:* 30 de octubre. San Alfonso fue un jesuita mallorquín que murió el año 1617. *Otros personajes:* Alfonso es el nombre de varios reyes españoles. El portugués Alfonso de Alburquerque, virrey de las Indias, ocupó Goa y Malaca y fundó la colonia portuguesa en la India el año 1513. Alfonso Pérez de Guzmán, «Guzmán el Bueno», es el caballero castellano que prefirió sacrificar a su hijo antes que rendirse en el año 1300. Alfonso

Borgia llegó a ser Papa con el nombre de Calixto III. Alfonso Martínez de Toledo, arcipreste de Toledo, escribió poesías, crónicas y sátiras morales en el siglo XV. Alphonse (Alfonso en francés) Daudet cultivó la novela naturalista, con «Tartarín de Tarascón», que publicó en 1872. Alphonse de Lamartine está considerado como uno de los poetas más importantes del romanticismo francés; escribió «Historia de los girondinos» en 1874. El español Alfonso Paso disfrutó de un éxito teatral enorme en la década de los sesenta del siglo XX. El gallego Alfonso Rodríguez Castelao practicó el dibujo, el relato, la pintura y la política; murió en el exilio en Buenos Aires en 1950. El madrileño Alfonso Sastre ha realizado un teatro sociopolítico, como «La Mordaza», que estrenó en 1954.

Alfredo-Alfreda. *Origen:* germánico. *Significado:* nobleza protectora. *Onomástica:* 12 de enero. San Alfredo fue un rey inglés que falleció en el año 901. *Otros personajes:* Alfredo «el Grande» ocupó el trono de Inglaterra desde el año 871 al 900. Alfred (Alfredo en francés) de Vigny fue uno de los poetas líricos más importantes de Francia; escribió «El monte de los olivos» en 1844. El francés Alfred Vulpian destacó como médico y fisiólogo en la misma centuria. El francés de origen judío Alfred Dreyfus fue acusado injustamente de espionaje; pero gracias a un artículo de Zola el caso se revisó y pudo demostrarse su inocencia en 1906. El psicoanalista austríaco Alfred Adler introdujo modificaciones en las doctrinas de su maestro Freud. El sueco Alfred Nobel descubrió la dinamita en 1866. Dejó una inmensa fortuna para costear los premios que llevaran su nombre. El argentino Alfredo Bigatti realizó un estimable trabajo escultórico. El inglés Alfred Hitchcock, «maestro del suspense», rodó unas películas impresionantes, como «Vértigo», «La ventana indiscreta», etc. El tenor canario Alfredo Kraus debutó en 1956; hasta su muerte en 1999 ha cantado en los mejores teatros del mundo.

Algiso. Una variante italiana de Adalgiso.

Alí. *Origen:* árabe. *Significado:* alto. Nombre del primo y yerno de Mahoma. Alí Baja participó en la batalla de Lepanto (1571) como almirante de la escuadra turca. Alí Tebelen llegó a ser bajá de Janina entre los años 1738 a 1822.

Alicia. *Origen:* griego. *Significado:* auténtico, verdadero o el que dice verdad. *Onomástica:* 28 de junio. Santa Alicia fue abadesa de un convento próximo al Rin, donde elaboró un pan que duró seis años; además, abrió un manantial que sigue dando agua hoy día. Murió en el año 1015. *Otros personajes:* la pianista Alicia de Larrocha ha dado conciertos en todo el mundo. Alicia Alonso sigue dirigiendo el Ballet Nacional de Cuba a pesar de sus años.

Alida. Es otra forma de Hélida, aunque proceda de un término dórico. *Otros personajes:* la actriz italiana Alida Valli, protagonista de películas como «Senso», de Luchino Visconti.

Alina. Variante de Adelina y Alicia.

Alipio. *Origen:* griego. *Significado:* no gordo o delgado, carente de tristeza. *Origen:* 26 de noviembre. San Alipio fue un joven berberisco de Tagaste, amigo de San Agustín, que llegó a ser obispo de esta ciudad. Murió en el año 430 sin haber perdido jamás la juventud.

Alma. *Origen:* latín. *Significado:* lo que proporciona la vida. Nombre con el que se rinde homenaje a una batalla que los ingleses ganaron en la guerra de Crimea durante el año 1854.

Almanzor. Este caudillo árabe se llamó realmente Mohamed Ben Abdallah Abuamir. Fue ministro del califa Hixen y sembró el terror entre los cristianos españoles del siglo XI. *Significado:* triunfador. Almanzor llegó a ser el segundo califa abasida en el siglo VIII. Fundó Bagdad.

Almaquio. *Origen:* latín. *Onomástica:* 1 de enero. San Almaquio fue martirizado en Roma a finales del siglo IV.

Almiro. *Origen:* germánico. *Significado:* ilustre, famoso o el que es conocido por todos.

Almudena. *Origen:* árabe. *Significado:* nuestra ciudad. *Onomástica:* 10 de noviembre. La Virgen de la Almudena es la patrona de Madrid. En su nombre se construyó el primer templo católico que conoció Madrid. *Otros personajes:* Almudena Grandes obtuvo el premio «La sonrisa vertical» el año 1989.

Aloisio. Una variante provenzal de Luis.

Alonso. Es una variante de Alfonso. *Onomástica:* 31 de octubre. San Alonso de Orozco fue un agustino toledano que estuvo en las cortes de Carlos V y Felipe II. Falleció en 1551. *Otros personajes:*

Alonso Berruguete fue un escultor y pintor; realizó en 1528 figuras para el monasterio de San Benito de Valladolid. El poeta Alonso de Ercilla y Zúñiga terminó de escribir el gran poema épico «La Araucana» en 1589. El descubridor Alonso de Ojeda acompañó a Colón en el segundo viaje de éste a América. El teniente Alonso de Alvarado entró en Perú con Pizarro. El escultor Alonso Cano destacó como pintor y escultor; realizó el retablo mayor de Santa María de Lebrija, Sevilla, en 1629. Alonso del Castillo Solórzano publicó poesías y novelas cortesanas; escribió «La garduña de Sevilla» en 1642. Alonso Fernández de Avellaneda pasa por ser el autor apócrifo de la segunda parte del «Quijote». Alonso de Santa Cruz formó parte de la expedición de Caboto y escribió el «Libro de las longitudes» en su condición de cosmógrafo.

Altagracia. Nombre en honor de Nuestra Señora de la Altagracia, que es la Virgen de la República Dominicana. *Onomástica:* 6 de enero.

Altair. *Origen:* árabe. *Significado:* el águila en el vuelo. También supone el nombre de una estrella de la constelación del Águila.

Álvaro. *Origen posible:* germánico. *Significado:* completamente despierto o vigilante con nobleza. *Onomástica:* 19 de febrero. San Álvaro de Córdoba fue un dominico español, tenaz misionero hasta su muerte; ésta ocurrió en el año 1420. El beato Álvarez García fue martirizado en el siglo XIII. *Otros personajes:* Álvaro Fáñez Minaya fue sobrino del Cid Campeador en el siglo XII. Álvaro de Luna llegó a ser condestable de Castilla y favorito de Juan II, pero murió ajusticiado en 1453. Álvaro de Bazán, marqués de Santa Cruz, ocupó el cargo de almirante de la flota de Felipe II en el siglo XVI. Álvaro Acuña conquistó Costa Rica. Álvaro Cubillo de Aragón escribió un teatro muy calderoniano en el siglo XVII. El gallego Álvaro Cunqueiro obtuvo el Premio Nadal con la novela «Un hombre que se parecía a Orestes». Álvaro Figueroa y Torres, conde de Romanones, representó a la clase política que aguanta todas las tormentas; fue mecenas, especulador y escritor a caballo entre la última mitad del XIX y la primera del XX. Álvaro de la Iglesia fundó la revista satírica «La Codorniz» a principios de los cuarenta del siglo XX y escribió novelas cómicas de mucho éxito.

Alvino-Alvina. *Origen:* germánico. *Significado:* amistad o amigo de los elfos.

Amable. *Origen:* latín. *Significado:* el que siente amor.

Amadeo. *Origen:* latín. *Significado:* el que venera a Dios. *Onomástica:* 31 de marzo. San Amadeo de Lausana fue obispo de esta ciudad en 1159. *Otros personajes:* Amadeo I, duque de Aosta, rey de España en 1870. El francés Amadeo VIII de Saboya es considerado el antipapa, a pesar de ser elegido por un grupo de prelados, en 1439, como Félix V. Amadeo Vives compuso la zarzuela «Doña Francisquita». El italiano Amadeo Avogrado creó el principio físico de que existe el mismo número de moléculas en volúmenes iguales de gases diferentes a la misma temperatura y a la misma presión. Este principio se llama «número de Avogrado».

Amadís. Nombre similar a Amadeo. Recordemos la famosa novela de caballería «Amadís de Gaula», editada por Garci Ordóñez o Rodríguez de Montalvo en el año 1508.

Amado-Amada. *Origen:* latín. *Significado:* el que es amado. El poeta mexicano Amado Nervo impresionó con su estilo modernista a los escritores españoles de la época: finales del siglo XIX y principios del XX.

Amador. *Origen:* latín. *Significado:* el que te desea lo mejor. *Onomástica:* 30 de abril. San Amador fue un ermitaño francés del siglo III.

Amalberga. *Origen:* germánico. *Significado:* trabajo o defensa. *Onomástica:* 10 de julio. Santa Amalberga fue abadesa y sobrina de Pipino «el Breve».

Amalberto. *Origen:* germánico. *Significado:* trabajo, resplandeciente o animoso.

Amalio-Amalia. *Origen:* griego. *Significado:* amoroso, trabajo o amistad. *Onomástica:* 10 de julio. San Amalio fue arzobispo de Sens y murió en el año 690. *Otros personajes:* la portuguesa Amalia Rodrigues está considerada como la «reina del fado».

Amancio. *Origen:* latín. *Significado:* amoroso. *Onomástica:* 2 de junio. San Amancio fue un inglés que llegó a ser obispo de Como (Italia). Falleció en el año 446. También en el santoral cristiano aparece otro San Amancio como un predicador de Cittá di Castello en el siglo IX.

Amando-Amanda. *Origen posible*: latín. *Significado:* el que ha de ser amado, hombre lleno de nobleza. *Onomástica:* 6 de febrero. San Amando fue obispo en Alemania y es el patrono de los cerveros. Murió en el año 679.

Amante. *Origen:* latín. *Significado:* el que ama o amante. Es otra forma de Amancio. *Onomástica:* 19 de marzo. San Amante fue obispo de Rodez (Francia) en el siglo V.

Amapola. *Origen:* árabe. Nombre de mujer que toma el de la flor silvestre.

Amaranto. *Origen:* latín. *Significado:* inmarchitable. *Onomástica:* 7 de noviembre. San Amaranto fue un portugués que murió martirizado en Albi (Francia) durante el siglo III.

Amarilis. *Origen:* latín. *Significado:* resplandeciente.

Amaro. *Onomástica:* 10 de mayo. Una deformación portuguesa de Mauro y Andomar. San Amaro dedicó su vida a los enfermos de Burgos, luego de haber peregrinado desde Francia a Santiago de Compostela. Murió en el siglo XIII.

Amasio. *Origen:* latín. *Significado:* amoroso o cortés con las mujeres. *Onomástica:* 23 de enero. San Amasio fue un obispo italiano del siglo IV.

Amata. *Origen:* latín. *Significado:* vestal. Amata fue esposa del rey Latín y madre de Lavinia.

Amatista. *Origen:* griego. *Significado:* no está borracho o cura la borrachera. Lógicamente, el nombre se inspira en la piedra preciosa y su significado, a la vez, se refiere a las propiedades curativas que se atribuían a esta gema.

Ambrosio. *Origen:* griego. *Significado:* el inmortal o el que posee una naturaleza divina. *Onomástica:* 7 de diciembre. San Ambrosio fue obispo de Milán y es considerado uno de los doctores de la Iglesia. Falleció en el año 397. *Otros personajes:* el militar genovés Ambrosio Espinosa sirvió a España en el siglo XVII. El humanista Ambrosio de Morales escribió «Antigüedades de las ciudades de España». El conquistador alemán Ambrosio Alfinger llegó a ser gobernador de Venezuela en 1550. El religioso italiano Ambrosio Cepelino destacó en el siglo XVI. El norteamericano Ambrose (Ambrosio en inglés) Bierce cultivó el periodismo, pero sus mejores obras fueron novelas mordaces; murió en México el año 1914.

Amelberga. *Origen:* germánico. *Significado:* amparo, defensa o la protección de los amalos.

Amelio-Amelia. *Origen:* germánico. *Significado:* trabajo. *Onomástica:* 10 de julio. Santa Amelia fue sobrina de Pipino el Viejo, se casó con un futuro beato y tuvo varios hijos santos. Luego de enviudar, profesó y llegó a ser nombrada abadesa. Falleció en el año 690.

Américo-América. *Origen:* latín. Este nombre supone un gentilicio de una ciudad situada en Umbría. América es uno de los cinco continentes de la Tierra. *Otros personajes:* Américo Castro fue un ensayista español que enseñó en varias universidades estadounidenses. Su gran obra es «La realidad histórica de España», que terminó de corregir en 1954. El cosmógrafo italiano Américo Vespucio dio nombre a América, en el siglo XVI, acaso por ser el primero que se dio cuenta de que se encontraban en un nuevo continente.

Ametista. Variante de Amatista.

Amfíloco. *Origen:* griego. *Significado:* corresponde a un cuerpo armado. Este nombre es similar al centurión de los latinos. San Amfíloco fue un oficial del ejército romano que murió mártir en Iliria durante el siglo II.

Amiano. *Origen:* latín. *Significado:* madre. San Amiano murió martirizado junto a San Océano en el siglo I. Amiano Marcelino fue un historiador romano del siglo IV.

Amícar. *Origen:* fenicio-púnico. *Significado:* facultad de Melkar. Nombre de un general cartaginés que fue padre de Aníbal. Ésta fue una divinidad de los tirios.

Amideo. *Origen:* latín. *Significado:* amigo de Dios o quien ama a Dios. Supone otra forma del nombre Amadeo.

Amiel. *Origen:* hebreo. *Significado:* Dios siempre es Dios.

Amín-Amina. *Origen:* árabe. *Significado:* fidelidad. Amina fue la madre del profeta Mahoma.

Aminta. *Origen:* griego. *Significado:* rechazar, separar o descartar. En la mitología griega, Aminta es uno de los pretendientes de Narciso. También llevaron el nombre Aminta tres reyes del Macedonia.

Amira. *Origen:* árabe. *Significado:* dirigente o príncipe.

Ammón. Variante de Amón.

Ammonio. Variante de Amonio.

Amón. *Origen:* hebreo. *Significado:* lo arcano, lo oculto, espada famosa. *Onomástica:* 26 de enero. San Amón fue una especie de policía encargado de los martirios de cristianos; sin embargo, convencido por una de las víctimas, se unió a ésta en el suplicio, suceso que ocurrió en Alejandría el año 250. Amón es el nombre de un rey de Judá y de una divinidad egipcia.

Amonario-Amonaria. *Origen:* latín. *Significado:* adorador del dios Amón. *Onomástica:* 12 de diciembre. Santa Amonaria fue una virgen nacida en Alejandría que murió martirizada.

Amonio. *Origen:* latín. *Significado:* perteneciente al dios Amón. *Onomástica:* 9 de febrero. En el santoral cristiano aparecen dos mártires con este nombre que murieron en Alejandría y en Chipre. Amonio fue un famoso cirujano de Alejandría durante el siglo III a.C.

Amor. *Origen:* del griego «amor». *Significado:* amistad sincera. Nombre latín de Eros, que es considerado el dios del amor.

Amós. *Origen:* hebreo. *Significado:* Dios me ha sostenido o me ha amparado. *Onomástica:* 31 de marzo. Es el nombre de un profeta menor que aparece en la Biblia. San Amós fue un pastor judío al que el Espíritu Santo convirtió en profeta durante el siglo III.

Amparo. *Origen:* latín. *Significado:* prepararse. Es el sustantivo hipocorístico de la Virgen de los Desamparados, que es venerada en Valencia y en Pamplona. *Onomástica:* segundo domingo de mayo. *Otros personajes:* Amparo Rivelles fue la actriz española por excelencia del cine de los años cuarenta del siglo XX; en la actualidad continúa mostrando su arte en el teatro. Amparo Larrañaga, sobrina de la anterior e hija de Carlos Larrañaga, es ya una actriz consagrada.

Ampelio. *Origen:* griego. *Significado:* brota de la viña o causado por el vino. *Onomástica:* 20 de noviembre. En el santoral cristiano aparecen dos mártires: uno siciliano y otro africano, que murieron en el siglo IV.

Ana. *Origen:* hebreo. *Significado:* compasión, favor o gracia. *Onomástica:* 26 de julio. Santa Ana fue la madre de la Virgen María y la esposa de San Joaquín. *Otros personajes:* Ana de Mendoza, la famosa condesa de Éboli, intrigó y siempre permaneció activa en la corte de Felipe II. Ana Bolena se casó con Enrique VIII de Inglaterra y terminó siendo decapitada en 1536. Ana de Austria reinó en España con Felipe II y fue madre de Felipe III. Otra Ana de Austria llegó a ser reina de Francia, al casarse con Luis XIII. Ana María de Tremouille, «la princesa de los Ursinos», ejerció una gran influencia en la política española del siglo XVIII. Ana de Saboya, hija de Amadeo V, alcanzó el título de emperatriz de Oriente por su matrimonio con Andrónico III. Ana Estuardo reinó en Gran Bretaña e Irlanda desde 1702. Ana Ivanovna llegó a ser zarina de Rusia en 1730. Anne (Ana en inglés) Brontë escribió la novela «Agnes Grey» en 1847. Anna (Ana en italiano) Magnani dio muestras de su calidad interpretativa en películas como «Roma, ciudad abierta», de Rossellini. Ana María Matute obtuvo el Premio Nacional de Literatura en 1959. Ana Diosdado es una escritora teatral, a la vez que guionista y directora de televisión, que gusta de interpretar algunas de sus obras.

Anabel. Nombre muy antiguo de origen escocés. En la actualidad acostumbra a utilizarse como una combinación de Ana e Isabel.

Anacaona. *Origen:* taino. *Significado:* la flor del oro. Forma castellanizada del nombre de una reina de la isla de Haití.

Anacario. *Origen:* griego. *Significado:* resulta gracioso.

Anacarsis. Nombre de uno de los siete sabios de Grecia. Éste vivió en el siglo VI a.C. Se le atribuyen epístolas y máximas.

Anacleto. *Origen:* griego. *Significado:* acto de solicitar ayuda o el muy solicitado. *Onomástica:* 26 de abril. San Anacleto fue Papa desde el año 78 al 91 d.C. Anacleto II es otro de los «antipapas», pero éste del año 1130.

Ananías. *Origen:* hebreo. *Significado:* el señor siempre responde, favorece o tiene piedad. *Onomástica:* 16 de diciembre. San Ananías fue arrojado al fuego, junto a dos amigos, por orden del rey Nabucodonosor.

Anastasio-Anastasia. *Origen:* griego. *Significado:* el que tiene poder para volver de los muertos o el que resucita. *Onomástica:* 22 de enero. Santa Anastasia fue una piadosa dama de Constantinopla que prefirió vivir en el desierto a ser seducida por el emperador. Murió en el año 567. San Anastasio es considerado uno de los patriarcas de Antioquía desde el siglo VI. Un segundo San Anastasio ocupó el papado desde el año 399 al 401. *Otros personajes:* Varios Papas más llevaron el nombre de Anastasio. También se llamaron Anastasio algunos emperadores de Oriente. Anastasio Somoza ocupó la presidencia de Nicaragua en dos períodos: 1937-1947 y 1950-1979. El mexicano Anastasio Bustamante llegó a presidente de su país también en dos ocasiones: 1830-1832 y 1837-1841. Anastasia, hija del zar Nicolás II, fue fusilada por las tropas bolcheviques en 1917.

Anatolio-Anatolia. *Origen:* griego. *Significado:* el oriental. *Onomástica:* 20 de marzo. San Anatolio fue un famoso escritor y obispo de laodicea; falleció en el año 280.

Anatolón. *Origen:* griego. Supone otra forma de Anatolio.

Anaxágoras. *Origen:* griego. *Significado:* príncipe, señor, el que habla o el soberbio orador. Anaxágoras fue un filósofo griego, maestro de Pericles y de Eurípides en el siglo V a.C. De sus labios salió el primer comentario sobre una inteligencia infinita que ordenaba el mundo.

Andrés-Andrea. *Origen:* griego. *Significado:* el hombre o virilidad. *Onomástica:* 30 de noviembre. San Andrés fue un napolitano famoso por actuar como abogado de los pobres. Murió en el año 1608 mientras celebraba la misa. También hay un San Andrés que fue hermano de San Pedro; murió en Patrás sobre una gran cruz que formaba una «X». *Otros personajes:* Andrés es un nombre de varios soberanos húngaros. El militar y religioso español Andrés de Urdaneta participó como cosmógrafo en la expedición a Filipinas del siglo XVI y descubrió una ruta más corta entre Asia y América. El escritor venezolano Andrés Bello tuvo como discípulo a Simón Bolívar en los comienzos del siglo XIX. André (Andrés en francés)

Marie Ampere formuló la ley eléctrica que lleva su nombre. El escritor francés André Gide obtuvo el Premio Nobel de Literatura en 1947. El ingeniero francés André Citröen destacó como fabricante de coches a principios del siglo XX. El escritor francés André Bretón fundó el surrealismo, escribió «El amor loco» en 1937. El guitarrista español Andrés Segovia paseó su arte por los escenarios de todo el mundo hasta casi los noventa años; falleció en 1987. El tenista Andrés Gimeno perteneció al grupo de profesionales, cuando su deporte era «amateur»; luego participó en el circuito internacional, donde ganó el campeonato de Roland Garros.

Androcles. *Origen:* latín. *Significado:* glorioso. Se llamaron Androcles un esclavo romano y un rey de Atenas del siglo XI a.C.

Andrómaco-Andrómaca. *Origen:* griego. *Significado:* bravo en la lucha abierta. El primero es un nombre tomado de la mitología griega, mientras que el segundo corresponde a la esposa de Héctor.

Andrónico. *Significado:* hombre triunfador. *Onomástica:* 11 de octubre. San Andrónico fue un discípulo de San Pablo, que murió mártir en Cilicia durante el siglo IV. Andrónico se llamaron varios emperadores de Bizancio.

Anémona. *Origen:* griego. *Significado:* viento, aire. La anémona es una flor que sólo se abre cuando sopla el aire.

Anesio. Supone una ligera deformación de Anisio. San Anesio fue un mártir cristiano de origen africano.

Ángel-Ángela. *Origen:* griego. *Significado:* ángel. *Onomástica:* 5 de marzo. Santa Ángela de Foligno fue una italiana que combinó la familia con la religión; murió en el año 1309. Santa Ángela de Merici nació en Desenzano (Italia); fundó la Orden de las Ursulinas; murió en Brescia el año 1540. San Ángel entró en la orden de los carmelitas y murió mártir en 1220. *Otros personajes:* Ángel Ganivet es considerado precursor de la generación española del 98; escritor y diplomático, se suicidó en 1898 estando en Riga, al arrojarse al río Dina. Ángel Saavedra, duque de Rivas, destacó como escritor dramático. El catalán Ángel Guimera escribió la novela «Tierra baja». Angelo (Ángel en italiano) Roncalli fue más conocido como el papa Juan XXIII. Ángel Nieto conquistó 13 campeonatos del mundo de motociclismo.

Ángeles. *Onomástica:* 2 de octubre. Sustantivo abreviado de la Virgen de los Ángeles.

Angélico-Angélica. *Origen:* latín. *Significado:* parecido a los ángeles. *Onomástica:* 17 de julio. San Angélico fue un dominico florentino famoso por sus pinturas y su religiosidad. Falleció en el año 1455.

Angelina. *Onomástica:* 15 de julio. Forma el diminutivo de Ángela. Santa Angelina fue terciaria franciscana y fundó más de treinta monasterios dedicados a la pobreza y la alegría. Murió en el año 1435.

Angilberto. *Origen:* germánico. *Significado:* punta de lanza, deslumbrante o célebre.

Angustias. *Origen:* latín. *Significado:* estrecho o complicado. En realidad supone una reducción del nombre de la Virgen de las Angustias, que es muy venerada en Andalucía. *Onomástica:* 15 de septiembre.

Ania. *Origen:* latín. *Significado:* entregado a Anna Perena. Ésta era una de las divinidades del año. *Onomástica:* 31 de agosto. Santa Ania fue nodriza de San Mamés y murió martirizada en Cesarea durante el siglo III.

Aniano. *Origen:* latín. Este nombre es patronímico de «annius». *Significado:* entregado a Anna Perena. *Onomástica:* 17 de noviembre. San Aniano fue obispo de Orleans, a la que defendió contra los hunos en el año 457.

Aníbal. *Origen posible:* fenicio. *Significado:* dones de Baal. Aníbal fue el famoso general cartaginés hijo de Amílcar Barca, que asedió Sagunto. Esto dio comienzo a la segunda guerra púnica. Atravesó los Alpes con sus elefantes y avanzó de victoria en victoria, hasta que fue derrotado por Escipión. Murió en el año 183 a.C.

Aniceto. *Origen:* griego. *Significado:* invencible o triunfo en la batalla. *Onomástica:* 17 de abril. San Aniceto fue Papa del año 155 al 166. *Otros personajes:* Aniceto Valdicia fue un novelista, dramaturgo y escritor cubano, que falleció en 1927.

Anisio-Ansia. *Origen:* griego. *Significado:* cumple. *Onomástica:* 30 de diciembre. Santa Anisia fue asesinada por un soldado al negarse a apostatar. Esto ocurrió en Tesalónica hacia el año 300. San Anisio fue obispo de Salónica en el siglo VI.

Anita. Diminutivo de Ana.

Ansaldo. *Origen:* germánico. *Significado:* dirigente o aquel que cuenta con el poder de los dioses. San Ansaldo fue un abad alsaciano del siglo VII.

Ansarico. *Origen:* germánico. *Significado:* el jefe divino o el campeón entre los campeones. San Ansarico fue un obispo francés del siglo VII.

Ansberto. *Origen:* germánico. *Significado:* el fulgor de los dioses. *Onomástica:* 9 de febrero. San Ansberto fue arzobispo de Ruán (Francia) en el siglo VII.

Anscario. *Origen:* germánico. *Significado:* la divinidad o saeta divina. *Onomástica:* 3 de febrero. San Anscario fue arzobispo de Hamburgo y Brema durante el siglo IX. Se le llamó «el apóstol del Norte» porque evangelizó esa zona de Europa.

Ansegiso. *Origen:* germánico. *Significado:* el acero de los dioses.

Anselmo. *Origen:* germánico. *Significado:* divinidad o el que es defendido por Dios. *Onomástica:* 21 de abril. San Anselmo fue un teólogo benedictino, que pasó de ser abad de Bec a arzobispo de Canterbury; murió en el año 1109. *Otros personajes:* Anselmo formó parte del grupo de paladines de Carlomagno; murió al lado de Roldán en Roncesvalles. Anthelme (Ansermo en francés) Brillat-Savarin adquirió fama de gastrónomo y escritor al publicar la obra «Fisiología del gusto» en 1826. El músico catalán Anselmo Clavé fundó los coros obreros que llevan su nombre.

Ansico. Similar a Ansárico.

Ansovino. *Origen:* germánico. *Significado:* la divinidad de las victorias. *Onomástica:* 13 de marzo. San Ansovino fue obispo de Camerino, en las Marcas, durante el siglo IX.

Antelmo. *Origen:* germánico. *Significado:* la defensa de la patria. *Onomástica:* 16 de febrero. San Antelmo fue el obispo de Belley que construyó la Gran Cartuja, que había sido destruida por un terremoto. Falleció en el año 1177.

Antenor. *Origen:* griego. *Significado:* el que lucha contra los hombres. Antenor fue un mítico príncipe, que fundó la ciudad de Padua.

Antero. *Origen:* griego. *Significado:* el que muestra el amor, que es superior al amor o que corresponde al amor. *Onomástica:* 3 de enero. San Antero fue nombrado Papa en el año 235. Griego de nacimiento, murió después en una de las persecuciones ordenadas por Maximino.

Antígono-Antígona. *Origen:* griego. *Significado:* el que es superior a su familia. Antígono I fue un lugarteniente de Alejandro Magno, al que se dio el sobrenombre del «Cíclope»; éste llegó a proclamarse rey de Siria en el año 301 a.C. En la mitología griega, Antígona es la hija de Edipo y de Yocasta; sirvió de guía a Edipo al ver que se había quedado ciego.

Antimio. Similar a Antimo. Hay dos lugares en León que se llaman Antimio. Se ha usado como nombre de pila.

Antimo. *Origen:* del griego «anthimos». *Significado:* florido. *Onomástica:* 16 de febrero. San Antimo de Nicomedia fue obispo de esta ciudad, donde se le decapitó en el año 303.

Antíoco. *Origen:* griego. *Significado:* el libertador. Antíoco fue el nombre de varios reyes seléucidas de Siria.

Antipas. *Onomástica:* 11 de abril. San Antipas aparece en el Apocalipsis; así sabemos que se le dio muerte al asarle dentro de un buey de bronce. Antipas es el nombre que llevó uno de los Herodes.

Antípater. *Origen:* griego. *Significado:* bueno como un padre.

Antipatro. Variante de Antípater.

Antoliano. *Origen:* latín. *Significado:* de la casta de Antonio. *Onomástica:* 6 de febrero. San Antoliano murió mártir en Clermot (Francia) durante el siglo III.

Antolín. *Origen:* latín. *Significado:* de la casta de Antonio. *Onomástica:* 2 de septiembre. Variante del nombre Antonino. San Antolín fue un cantero sirio que hizo pedazos los ídolos de su pueblo, lo que le llevó al martirio en el siglo IV. Es el patrono de Palencia.

Antón. *Origen:* griego. *Significado:* florido. *Onomástica:* 17 de enero. Apócope de Antonio. *Otros personajes:* Antón Pavlovich Chejov fue un escritor ruso, entre cuyas obras teatrales destacan «El tío Vania» y «El jardín de los cerezos». También cultivó la novela corta. Plasmó la decadencia de la burguesía del siglo XIX.

Antonino-Antonina. *Origen:* latín. *Significado:* de la casta de Antonio. *Onomástica:* 10 de mayo. Santa Antonina murió en martirio dentro de un barril, que fue arrojado al lago de Nicea en el año 306. San Antonio fue un mártir galo, cuyas reliquias se guardan en Palencia. Antonino Pío reinó en Roma como emperador del año 138 al 161. Su obsesión fue la paz. Otros siete emperadores romanos también se llamaron Antonino.

Antonio-Antonia. *Origen:* latín. *Significado:* merece las alabanzas. *Onomástica:* 13 de junio. San Antonio María Claret fue un tejedor catalán, que terminó siendo obispo de Cuba. Fundó la orden de los Claretianos y falleció en el año 1870. Sin embargo, la gran divulgación de este nombre se debe a San Antonio, un anacoreta egipcio famoso por sus tentaciones en el siglo IV, y a San Antonio de Padua, un fraile taumaturgo portugués que vivió entre los siglos XIII y XIV. *Otros personajes:* Antonio I ocupó el trono de Sajonia en 1827. El príncipe portugués Antonio, nieto del rey Manuel de Portugal, aceptó ser prior de Crato, pero se proclamó rey en Santarem; sin embargo, al ser derrotado por el duque de Alba, tuvo que huir a Francia en 1595. Antonio de Mendoza llegó a ser virrey de la Nueva España de 1535 a 1550 y virrey de Perú un año después. El italiano Antonio Stradivari construyó en el siglo XVII los famosos violines «stradivarius». Antonio Cánovas del Castillo diseñó el sistema político de la Restauración; llegó a ser jefe del gobierno español de 1847 a 1884, y repitió en otros dos períodos más; murió asesinado por un anarquista en 1897. Antonio Maura fue presidente del Gobierno español en 1904 y en 1907; en estos períodos impuso una política represiva; sin embargo, la Semana trágica le forzó a presentar la dimisión; presidió el Gobierno en tres ocasiones más, aunque su prestigio estaba muy herido. El italiano Antonio Vivaldi compuso su música para los huérfanos del hospital de la Piedad de Venecia, ya que era un sacerdote que no podía ejercer por su escasa salud. Esto no le impidió crear unas obras inolvidables, como «El fundamento de la armonía y de la invención», donde se encuentran las maravillosas «Cuatro estaciones», obra que estrenó en 1725. El político y escritor español Antonio Alcalá Galiano fue contrario al romanticismo; sin embargo, luego se convirtió en uno de sus iniciadores. El catalán Antonio Gaudí revolucionó la arquitectura de los siglos XIX y XX con unos conceptos que todavía son copiados. Antonio Díaz-Cabañete dignificó la crítica taurina, a la vez que ejercía como periodista y escritor. Antonio Mingote realiza verdaderos editoriales con sus chistes y dibujos; actualmente pertenece a la Real Academia. Antonio Buero Vallejo escribió un teatro muy comprometido durante la época franquista; también es miembro de la Real Academia. Antonio Gala ha pasado de ser un excelente dramaturgo a escribir novelas de mucho éxito y artículos de calidad. Antonio Machín cantó como nadie los ritmos de su Cuba natal y otras melodías. Antonio Mejías Jiménez, «Antonio Bienvenida», hizo del temple de los toros un arte. Otros grandes matadores: Antonio Ordóñez, Antonio Chenel, «Antoñete», etcétera. El bailarín sevillano Antonio Ruiz Soler, «Antonio» se distinguió por sus zapateados y por sus bellas coreografías. Anthony (Antonio en inglés) Burgess es el autor de la novela «La naranja mecánica» y de otras obras comprometidas. Antonio Muñoz Molina ha obtenido «todos» los premios literarios de España y, a pesar de su juventud, pertenece a la Real Academia.

Antusa. *Origen:* griego. *Significado:* florido, lo floreciente. *Onomástica:* 27 de agosto. Santa Antusa fue mártir en Cilicia durante el siglo II.

Anunciación. *Origen:* latín. *Significado:* informar verbalmente, anunciar o referir. *Onomástica:* 25 de marzo. Evocación del misterio cristiano de la Virgen María.

Aparicio. *Origen:* latín. *Significado:* presencia o aparición. *Onomástica:* 6 de enero. Hace tiempo se dio este nombre a la festividad de la Epifanía.

Aparición. *Onomástica:* variable. Hace referencia a la aparición de Cristo ante sus apóstoles después de la Resurrección. Es similar a Aparicio.

Apiano. *Significado:* de la casta de Apio. Nombre de un historiador griego del siglo II. Es otra variante del sustantivo «Apio».

Apio-Apia. *Origen:* latín. *Significado:* abeja. *Onomástica:* 22 de noviembre. En Roma existe la Vía Apia, como recuerdo del famoso camino. San Apia fue discípulo de San Pablo. Mártir en Frigia junto con San Filemón.

Apodemo. *Origen:* griego. *Significado:* el que se aleja de su país. San Apodemo fue mártir en la Zaragoza del siglo IV.

Apolinar. *Origen:* latín. *Significado:* referente a Apolo o consagrado a Apolo. *Onomástica:* 23 de julio. San Apolinar fue arzobispo de Ravena en el siglo II. En el santoral cristiano se citan otros personajes con este nombre.

Apolinario-Apolinaria. Otra forma de Apolinar.

Apolo. *Origen:* griego. *Significado:* lejos, fallecer, o el que nunca muere. *Onomástica:* 21 de abril. San Apolo vivió en el desierto casi cuarenta años; luego llevó un convento hasta que falleció en el año 395. En la mitología griega, el dios Apolo es hijo de Zeus y de Letona. Se le considera el protector de las bellas artes.

Apolodoro. *Origen:* griego. *Significado:* don de Apolo. El nombre de Apolodoro lo llevaron varios artistas y sabios griegos.

Apolófanes. *Origen:* griego. *Significado:* brilla como Apolo.

Apolonio-Apolonia. *Onomástica:* 9 de febrero. Otra variante del nombre de Apolo. Santa Apolonia fue una virgen de Alejandría que murió en la hoguera durante un motín de la plebe contra los cristianos. Esto ocurrió en el año 249. *Otros personajes:* el griego Apolonio de Pérgamo escribió un tratado sobre las secciones cónicas en el siglo III a.C. Apolonio de Rodas escribió el poema «Los Argonautas» en el siglo II a.C. Apolonio de Tiana siguió las doctrinas de Pitágoras en el siglo I de nuestra era.

Apuleyo. *Origen posible:* latín. *Onomástica:* 7 de octubre. Este nombre es un gentilicio de la región italiana Apulia. San Apuleyo fue un mártir romano en el siglo I. El escritor latino Apuleyo escribió la novela satírica «El asno de oro» en el siglo II.

Aquileo-Aquilea. *Origen:* griego. *Significado:* esto corresponde a Aquiles. También puede ser otra forma de Aquila.

Aquiles. *Significado:* el héroe, el intrépido u oscuro. *Onomástica:* 15 de mayo. Este nombre es una especie de gentilicio del río Achéloos.

San Aquiles fue obispo de Laricia (Grecia), hasta que se le trasladó a Bulgaria a título póstumo en el año 330. Aquiles es uno de los más conocidos héroes de la guerra de Troya, hijo de Tesis y Peleo. Rey de los mirmidones, dio muerte a Héctor y, luego, cayó mortalmente herido al clavarle una flecha envenenada en el talón, el único lugar de su cuerpo que era vulnerable. El arquero que le venció fue Paris.

Aquilino-Aquilina. *Significado:* corresponde a la casta de Aquiles. *Onomástica:* 16 de junio. Forma adjetivada del nombre de Aquiles. Santa Aquilina fue una virgen y mártir de Palestina a finales del siglo III. Además, en el santoral cristiano aparece seis veces este nombre.

Araceli. *Origen:* latín. *Significado:* ara celestial. *Onomástica:* 5 de mayo. Debe tenerse como una advocación mariana, ya que se refiere a la Virgen del mismo nombre.

Aránzazu. *Origen:* vasco. *Significado:* tierra de grandes picos. Advocación que en el País Vasco se hace a la Virgen María.

Arcángel. *Origen:* griego. *Significado:* el que dirige a los ángeles. *Onomástica:* 9 de abril. Como se puede entender, el nombre también hace referencia a una dignidad celestial. San Arcángel fue un franciscano que murió en 1460.

Arcelia. *Origen:* griego. *Significado:* oso. Supone un sinónimo del nombre Araceli.

Archibaldo. *Origen:* germánico. *Significado:* básicamente arriesgado o fuerte. *Onomástica:* 12 de abril. San Archibaldo fue un santo inglés del siglo VII.

Arduino. *Origen:* germánico. *Significado:* amigo intrépido. En el santoral cristiano aparecen con este nombre un monje francés, un obispo italiano y un religioso de Rímini.

Areopagita. *Origen:* griego. *Significado:* la colina de Marte. *Onomástica:* 9 de octubre. En esta colina acostumbraban a reunirse los jueces del Tribunal Superior de Atenas.

Argentino-Argentina. *Origen:* latín. *Significado:* plata. Argentina, país de América del Sur.

Argeo. *Origen:* latín. *Significado:* de Argos o argivo.

Argimiro. *Origen:* germánico. *Significado:* ejército célebre, nacido en libertad o nobleza. *Onomástica:* 28 de junio. San Argimiro cambió los cargos públicos por la vida monacal en Córdoba. En esta ciudad fue atravesado mortalmente por la espada del infiel en el año 856.

Ariadna. *Origen:* griego. *Significado:* bondadosa, muy santa. *Onomástica:* 17 de octubre. Santa Ariadna fue una joven esclava de Asia menor que vivió en el siglo III. En la mitología griega, Ariadna es la hija de Parsifae y de Minos, los reyes de Creta, que se ganó el amor de Teseo.

Ariel. *Origen:* hebreo. *Significado:* el león de Jahvé. Nombre que aparece en el Antiguo Testamento. En la milogía árabe, Ariel supone el espíritu maligno de la venganza, que es adorado por los moabitas.

Aristarco. *Origen:* griego. *Significado:* el que gobierna correctamente. Aristarco de Samos fue un astrónomo griego del siglo III a.C. Fue acusado de atentar contra los dioses por atreverse a decir que la Tierra giraba alrededor del Sol y sobre su mismo eje. Aristarco de Samotracia dirigió la biblioteca de Alejandría en el siglo II a.C. También corrigió los poemas homéricos.

Arístides. *Origen:* griego. *Significado:* lo mayor, el superior. *Onomástica:* 31 de agosto. San Arístides fue un filósofo cristiano del siglo II. *Otros personajes:* Arístides destacó como estadista y general ateniense en los siglos V y IV a.C. Luchó en la famosa batalla de Maratón. El cubano Arístides Agramonte estudió la fiebre amarilla, ya que era bacteriólogo; falleció en 1931. El francés Arístide Briand obtuvo el Premio Nobel de la Paz en 1926. El escultor francés Arístide Maillol se centró en la figura femenina, sin olvidar la cerámica y la tapicería; falleció en 1944.

Aristipo. *Origen:* griego. *Significado:* caballo perfecto. Aristipo fue un filósofo griego del siglo V a.C. Predicaba el placer como único bien.

Aristóbulo. *Origen:* hebreo. *Significado:* correcta recomendación. *Onomástica:* 15 de marzo. A San Aristóbulo se le menciona en el Nuevo Testamento como discípulo de los apóstoles. Dos reyes de Judea llevaron el nombre de Aristóbulo entre los siglos II y I a.C.

Aristocles. *Origen:* griego. *Significado:* superior o gloria de los superiores. Aristocles fue un escultor griego del siglo VI a.C.

Aristodemo. *Origen:* griego. *Significado:* el superior, el más fornido o el mejor del pueblo. Aristodemo fue rey de Mesenia y vencedor de Esparta.

Aristófanes. *Origen:* griego. *Significado:* el elegido, brillante o el que brilla por sus méritos. Aristófanes, un famoso comediógrafo griego de los siglos V y IV a.C., escribió obras inmortales como «La asamblea de las mujeres» y «Lisístrata».

Aristón. *Origen posible:* griego. *Significado:* espíritu seleccionado. *Onomástica:* 2 de julio. También puede ser una variante de Aristión. San Aristón fue mártir en Campania en el siglo III.

Aristónico. *Origen:* griego. *Significado:* aquel que obtiene la mejor victoria. *Onomástica:* 19 de abril. San Aristónico fue mártir en Mitilene Armenia.

Aristóteles. *Origen:* griego. *Significado:* el superior, el final o aquel que busca el mejor final. Aristóteles fue un famoso filósofo griego, discípulo de Platón, que vivió en el siglo IV a.C. Educó a Alejandro Magno. Sus ideas cobraron una gran fuerza en la Edad Media gracias a Santo Tomás de Aquino.

Armando-Arminda. *Origen:* germánico. *Significado:* dureza y hombre. *Onomástica:* 23 de enero. San Armando fue vicario de Arlés, hasta que murió mártir durante la Revolución Francesa. *Otros personajes:* Armand (Armando en francés) Jean du Plessis, el famoso cardenal Richeliu, manejó como quiso a Luis XII; así pudo vencer el poder de los hugonotes y de la Casa de Austria. El chileno Armando Carvajal destacó por sus composiciones musicales. El boliviano Armando Chirveches escribió poesías y novelas; una de éstas, «La candidatura de Rojas», sobresale por su modernismo. Armando Palacio Valdés destaca entre los escritores costumbristas españoles; publicó «La hermana San Sulpicio» en 1889.

Armengol. *Origen:* de la forma catalana de Hermenegildo. San Armengol fue obispo de Urgel en el siglo XI.

Armida. Es posible que sea una variante de Ermenfrida.

Arminio. *Origen:* germánico. *Significado:* el adalid del ejército. Arminio sirvió en las legiones romanas, hasta que las traicionó, para derrotarlas en la selva de Teutoburgo. Es considerado un héroe en Alemania.

Armodio. Una variante de Harmodio.

Armogasto. *Origen:* germánico. *Significado:* huésped del águila. *Onomástica:* 9 de marzo. San Armogasto fue martirizado por los vándalos en África en el siglo V.

Arnaldo. *Origen:* germánico. *Significado:* el águila que gobierna. *Onomástica:* 14 de marzo. San Arnaldo amplió el monasterio de Padua y murió en su celda hacia el año 1255. Arnaldo de Brescia fue un reformador italiano del siglo XII. Quiso combatir la corrupción de la iglesia y fue quemado. Sus cenizas se arrojaron al Tíber.

Arno. *Origen:* Hipocorístico de varios nombres cuyo primer elemento de formación es el término germánico «arn», que significa «águila». San Arno fue el primer arzobispo de Salzburgo en el siglo IX.

Arnoldo. Es una variante de Arnaldo. *Onomástica:* 10 de febrero. San Arnoldo de Catania fue un abad italiano del siglo XIII. *Otros personajes:* el italiano Arnoldo di Cambio esculpió la tumba del cardenal Annibaldi, una monumental fuente en Perusa y las esculturas de la Virgen en la catedral de Florencia; todo ello en el siglo XIII.

Arnulfo. *Origen:* germánico. *Significado:* águila-lobo o gobernante. *Onomástica:* 18 de julio. San Arnulfo estuvo casado con una condesa; pero, después de enviudar llegó a ser vicario de Metz, donde falleció el año 640. Otro Arnulfo tuvo como padre natural al mismo Carlomagno.

Arpino. *Origen posible:* germánico. *Significado:* oscuro o amistad. Puede ser otra forma del nombre Agripino.

Arquelao. *Origen:* hebreo. *Significado:* gobernante del pueblo. Arquelao reinó en Judea del año 4 al 6 de nuestra era. Sucedió a su padre, Herodes el Grande, pero terminó desterrado por Augusto. Un segundo Arquelao, rey de Macedonia en el siglo IV a.C., amplió el poder de su país. Arquelao de Pirene formó pate de la escuela griega de Rodas entre los siglos II y I a.C.

Arquímedes. *Origen:* griego. *Significado:* dirigente o el muy inspirado. Arquímedes fue un famoso geómetra y físico griego del siglo III a.C.

Arrigo. Variante italiana de Enrique.

Arsenio. *Origen:* griego. *Significado:* varón con fuerza, enérgico. *Onomástica:* 19 de julio. San Arsenio fue un funcionario romano que eligió vivir en el desierto de Egipto por su fe. Murió en el año 410. *Otros personajes:* Arsenio Martínez Campo es considerado como uno de los militares españoles más importantes. Ayudó a restaurar la monarquía en la persona de Alfonso XII, pero fracasó en la guerra de Cuba.

Artaldo. *Origen:* germánico. *Significado:* gobierno audaz o valiente en el mando. San Artaldo fue un religioso francés que fundó una cartuja y, luego, llegó a ser obispo de Belley entre los siglos XI y XII.

Artemidoro. *Origen:* griego. *Significado:* dones de Artemisa. Hay dos santos con este nombre, uno de los cuales fue mártir en Constantinopla.

Artemio. *Origen:* griego. *Significado:* completo, preciso o perfecto. *Onomástica:* 6 de junio. Otra forma del nombre de la diosa Artemisa. San Artemio fue director de la cárcel romana en la que estaban encerrados los santos Pedro y Marcelino. Gracias a éstos se convirtió al cristianismo, con tanta fe que no dudó en llegar al martirio al lado de su esposa Cándida y su hija Paulina. Esto ocurrió el año 304.

Artemisa. *Origen:* griego. *Significado:* el día-noche o la luna. Nombre de la diosa griega de la caza, que es considerada hermana de Apolo.

Artemisio-Artemisia. *Origen:* griego. *Significado:* corresponde a la diosa Artemisa.

Arturo. *Origen:* celta. *Significado:* alto o noble. También puede proceder del griego. Entonces significaría: vigilante de la Osa. *Onomástica:* 1 de septiembre. *Otros personajes:* En la mitología celta, Arturo es considerado un semidiós, que tiene como amigo al famoso mago Merlín. Arturo es el nombre del famoso rey inglés creador de la Orden de los Caballeros de la Tabla Redonda. El salvadoreño Arturo Ambrogi perteneció al modernismo literario de su país; falleció en 1936. El argentino Arturo Capdevilla escribió teatro, novelas y ensayos; falleció en 1967. El español Arturo Barea es autor de la extraordinaria novela «La forja de un rebelde». El italiano Arturo Toscanini ha sido uno de los directores de orquesta más famosos del siglo XX, también era un excelente violinista. Arthur (Arturo en inglés) Conan Doyle creó en el siglo pasado al genial «Sherlock Holmes». El filósofo Arthur (Arturo en alemán) Schopenhauer representó el pesimismo voluntarista en el siglo XIX. El norteamericano Arthur Penn ha dirigido películas vigorosas, como «La jauría humana» y «Bonnie and Clyde». El norteamericano Arthur Miller no ha dejado de ser, desde su primera obra, el autor teatral más comprometido de su país; estrenó «La muerte de un viajante» en 1949.

Asaf. *Origen:* hebreo. *Significado:* Yahvé te acogió. San Asaf fue obispo de Glasgow (Escocia) en el siglo VIII. En la Biblia se menciona a Asaf como profesor de David.

Ascanio. *Origen:* latín. Ascanio fue hijo de Eneas y Creúsa. Sucedió a su padre como rey de Lavinium y fundó la ciudad de Alba Longa.

Ascario. Una variante de Anscario.

Ascensión. *Origen:* latín. *Significado:* elevación. Nombre evocador de la Ascensión de Jesucristo a los cielos.

Asclepíades. *Origen:* griego. *Onomástica:* 18 de octubre. San Asclepíades fue obispo de Antioquía y murió martirizado en el siglo III. Asclepíades de Samos destacó como poeta lírico griego del siglo II a.C. Asclepíades de Bitinia ejerció la medicina en la Grecia del siglo II a.C., pero se le recuerda más por negar las ideas de Hipócrates; dividió las enfermedades en agudas y crónicas.

Asclepiodoto. *Origen:* griego. *Significado:* concedido por Escolapio. *Onomástica:* 15 de septiembre. San Asclepiodoto fue mártir en Adrianópolis en el siglo IV.

Asdrúbal. *Origen:* fenicio-cartaginés. *Significado:* defendido de Baal. Nombre de varios generales cartagineses. Éste era un dios venerado por pueblos orientales y africanos.

Asela. *Origen:* latín. *Significado:* asna pequeña. *Onomástica:* 6 de diciembre. Santa Asela fue una de las discípulas que San Jerónimo tuvo en Roma a finales del siglo IV.

Aspasia. *Origen:* griego. *Significado:* bienvenido. Aspasia fue la esposa y amante de Pericles. Debió su gran fama a una belleza seductora y a un talento especial para manejar a los hombres.

Asterio-Asteria. *Origen:* griego. *Significado:* estrella, resplandor. *Onomástica:* 20 de mayo. En el santoral cristiano aparece cuatro veces este nombre. En la mitología griega, se menciona a Asteria como la titánida a la que Zeus convirtió en codorniz.

Astero. Una variante de Asterio. San Astero fue un senador martirizado en Cesarea de Palestina en el siglo III.

Astolfo. *Origen:* germánico. *Significado:* punta de lanza, guerrero o lanza del guerrero.

Astrid. *Significado:* amada por los dioses. Otra forma del nombre germánico Anstruda.

Asunción. *Origen:* latín. *Significado:* atracción. *Onomástica:* 15 de agosto. En realidad este nombre evoca el misterio cristiano relacionado con la Virgen. *Otros personajes:* las actrices Asunción Balaguer y Asumpta (Asunción en catalán) Serna.

Atahualpa. *Origen:* quechua. *Significado:* ave que proporciona la fortuna. Nombre del último rey inca de Perú, al que sometió el conquistador Pizarro.

Atalo-Atala. *Origen:* latín. *Significado:* juventud. En el santoral cristiano aparece cuatro veces este nombre. El nombre Atalo lo llevaron varios reyes de Pérgamo.

Atanasio-Atanasia. *Origen:* griego. *Significado:* el inmortal o el que no muere. *Onomástica:* 2 de mayo. San Atanasio fue expulsado hasta cinco veces de su sede arzobispal por los arrianos. Murió en el año 373. También en el santoral aparece tres veces más este nombre. *Otros personajes:* el colombiano Atanasio Girardot siguió a Simón Bolívar en la guerra de la independencia americana.

Ataúlfo. *Origen:* germánico. *Significado:* nobleza, lobo o guerrero. Ataúlfo fue el primer rey visigodo de España, cuñado y sucesor de Alarico, al que ayudó en el saqueo de Roma. Estableció su corte en Barcelona, donde le asesinaron en el año 415.

Atenágoras. *Origen:* griego. *Significado:* ágora ateniense. Atenágoras fue un filósofo ateniense del siglo II, que se convirtió al cristianismo.

Atenodoro. *Origen:* griego. *Significado:* favor o dádiva. *Onomástica:* 18 de octubre. San Atenodoro es hermano de San Gregorio Taumaturgo. Luego de hacerse abogado, en Cesarea de Palestina fue convencido por los predicadores de la religión cristiana. Ocupó el cargo de obispo de Cesarea de Capadocia y de Antioquía. Murió mártir durante la persecución ordenada por Aureliano en el año 273.

Atenógenes. *Origen:* griego. *Significado:* el que llega de Atenas. *Onomástica:* 16 de julio. San Atenógenes fue un teólogo y poeta, mártir en el Ponto a finales del siglo III.

Athos. Uno de los sobrenombres de Zeus, al que se dedicó un templo en el monte Athos. También citaremos al célebre mosquetero de la novela del francés Alejandro Dumas.

Ático. Gentilicio griego de la ciudad de Atica. *Origen:* latín. *Significado:* ateniense. *Onomástica:* 6 de noviembre. San Ático fue un mártir frigio del siglo IV.

Atila. *Origen:* germánico. *Significado:* padre. Atila es el terrible rey de los hunos. Después de vencer a los emperadores romanos, a los que obligó a pagarle tributo, arrasó las Galias. Fue derrotado en los Campos Cataláunicos en el año 451. Rehechas sus fuerzas, llegó ante Roma, donde le detuvo con astucia el papa León I. Atila se retiró y, poco después, murió.

Atilano. *Onomástica:* 5 de octubre. Se obtuvo al latinizar el nombre Atila. San Atilano fue un monje benedictino que restauró la vida monástica en Castilla. Recibió el nombramiento de obispo de la ciudad de León, de la que actualmente es patrón. Murió en el año 917.

Atilio-Atilia. *Origen:* latín. *Significado:* cojo o el que anda con dificultad.

Atocha. *Origen:* del árabe «taucha». *Significado:* de esparto. *Onomástica:* 10 de julio. Nombre de una Virgen de Madrid.

Atón. *Origen posible:* germánico. *Significado:* nobleza. *Onomástica:* 1 de agosto. San Atón fue monje de la Toscana hasta que ocupó la sede obispal de Pistoia. Murió en el año 1155. En la religión egipcia, Atón es el dios representado con el globo o el disco solar.

Atzimba. *Origen:* tarasco. Nombre de una princesa purepecha mexicana del siglo XVI. *Significado:* familiar del rey.

Auberto. *Origen:* francés. Es una forma popular de Alberto. En el santoral cristiano aparecen dos obispos franceses con este nombre, uno de Avranches y otro de Arras, que vivieron en el siglo VII.

Aubino. *Origen:* francés. Una forma popular de Albino. En el santoral cristiano aparecen con este nombre un obispo de Angers del siglo VI y un mártir tirolés del siglo XI.

Audax. *Origen:* latín. *Significado:* audaz. *Onomástica:* 9 de julio. San Audax fue mártir en Avelino (Campania) en el siglo III.

Audoeno. *Onomástica:* 20 de mayo. Una variante de Audoíno. San Audoeno fue obispo de Ruán.

Audomaro. *Origen:* germánico. *Significado:* célebre por sus riquezas. *Onomástica:* 9 de septiembre. San Audomaro fue un obispo francés del siglo VII.

Augurio. *Origen:* latín. *Significado:* perteneciente a los augures. *Onomástica:* 20 de enero. San Augurio era diácono cuando fue apresado en Tarragona, junto al obispo San Fructuoso. Los dos mártires terminaron siendo llevados a la hoguera, junto a otros inocentes, en el año 259.

Augusto-Augusta. *Origen:* latín. *Significado:* consagrado por los augures. *Onomástica:* 7 de octubre. Santa Augusta fue decapitada por su padre al saber que era cristiana. Esto sucedió en el siglo X. *Otros personajes:* el nombre de Augusto lo llevaron muchas familias romanas; también varios reyes de Polonia y príncipes de Sajonia. El chileno Augusto Iglesias destacó en su país por sus novelas y artículos periodísticos. August (Augusto en sueco) Strindberg es considerado el padre del teatro impresionista, debido a la fuerza de obras como «La señorita Julia» o «La danza de los muertos».

Aulo. *Origen:* latín. *Significado:* nacido al aire libre.

Aura. *Origen:* latín. *Significado:* soplo, existencia o aliento. *Onomástica:* 4 de octubre. Santa Aura fue una virgen francesa, mártir en París durante el siglo VII.

Áurea. *Origen:* latín. *Significado:* áureo o de oro. Santa Áurea fue una andaluza hija de moro y cristiana. Al ver que sus hermanos eran llevados al martirio por negarse a ser mahometanos, se aisló de la vida mundana. Sin embargo, cuando se dio cuenta de su pasividad, no dudó en reconocer a viva voz la solidez de la fe que alimentaba. Esto le condujo a la muerte en el año 856.

Aureliano. *Origen:* latín. *Significado:* procede de Aurelio. *Onomástica:* 16 de julio. Hay dos santos con este nombre, que fueron prelados franceses en los siglos VI y IX. Aureliano llegó a ser emperador romano en el año 270. Reforzó la autoridad de Roma y consolidó las fronteras.

Aurelio-Aurelia. *Origen:* latín. *Significado:* resplandeciente. *Onomástica:* 27 de septiembre. San Aurelio fue arzobispo de Lyon y el primero que ostentó el Primado de las Galias; falleció en el año 895. Aurelio llegó a ser rey de Asturias en el año 768.

Aurora. *Origen:* latín. *Significado:* la aurora o el oriente. *Onomástica:* 8 de septiembre. Aurora fue esposa de Titón, el rey de Etiopía. En la mitología griega, Aurora es la diosa que abre las puertas del cielo al carro del Sol. *Otros personajes:* Aurore (Aurora en francés) Dupin fue el verdadero nombre de «Georges Sand», la escritora amante de Chopín y otros artistas durante el siglo XIX. Aurora Bautista ha representado la fuerza femenina desde su primer papel en la película «Locura de amor». Aurora Redondo es la decana de las actrices españolas; formó compañía teatral con su marido Valeriano León.

Ausencio. Variante de Auxencio.

Ausonio-Ausonia. *Origen:* latín. *Significado:* italiano, de Itálica. *Onomástica:* 2 de junio. Gentilicio romano de la comarca italiana de Ausonia. San Ausonio fue obispo de Angouleme (Francia).

Auspicio. *Origen:* latín. *Significado:* el que adivina por medio del canto o el vuelo de los pájaros. *Onomástica:* 8 de julio. En el santoral cristiano hay dos obispos franceses del siglo VII.

Austreberto-Austreberta. *Origen:* germánico. *Significado:* brillo, resplandor o el resplandor de Oriente. Santa Austreberta fue una virgen francesa que desempeñó el cargo de abadesa en el siglo VII.

Austregisilo. *Origen:* germánico. *Significado:* lanza del este. *Onomástica:* 20 de marzo. San Austregisilo fue obispo de Bourges (Francia) en el siglo VII.

Austrillo. Variante de Austregisilo.

Austroberto. Variante de Austreberto.

Auxencio. *Origen:* latín. *Significado:* el que se desarrolla. *Onomástica:* 14 de diciembre. San Auxencio dejó el templo de Baco, donde era uno de sus guardianes, para convertirse al cristianismo. Llegó a ser obispo de Cilicia hacia el año 360.

Auxilio. *Origen:* latín. Significado: auxilio. También es una simplificación del nombre María Auxiliadora. *Onomástica:* 27 de noviembre. En el santoral cristiano aparecen con este nombre un mártir de Antioquía y un obispo de Chipre del siglo I.

Avelino-Avelina. *Origen:* latín. *Significado:* nueces de Avella. *Onomástica:* 10 de noviembre. San Avelino dejó la carrera de abogado al darse cuenta de que había mentido. Seguidamente, abandonó Nápoles para hacerse sacerdote. Vivió en la virtud hasta los ochenta y ocho años. Murió en 1608 celebrando una misa.

Aventino. *Onomástica:* 13 de junio. Gentilicio de origen romano, que está unido a «Aventinus», que es el nombre en latín de una de las siete colinas que rodean Roma. San Aventino fue un ermitaño amigo de los osos, al que los árabes decapitaron en el siglo VII.

Avito. *Origen:* latín. *Significado:* heredado del abuelo o de la abuela. San Avito de Vienne fue un obispo que en el siglo V luchó tenazmente contra el arrianismo.

Azael. *Origen:* hebreo. *Significado:* hecho de Dios. En los textos bíblicos aparece un Azael como sobrino de David, que fue muerto por Abner.

Azarías. *Significado:* con la ayuda de Jahvé. *Onomástica:* 3 de febrero. Azarías fue arrojado a un horno en Babilonia, junto a Ananías y Misad, por negarse a venerar a la estatua del rey Nabucodonosor. Azarías ocupó el trono de Judá del año 809 al 757 a.C. Su reinó fue próspero, pero él murió de lepra.

Azazael. *Origen:* hebreo. Azazael era un espíritu maligno.

Azrael. Variante de Azriel.

Azriel. *Origen:* hebreo. *Significado:* mi auxilio es Dios.

Azucena. *Origen:* árabe. *Significado:* lirio. *Onomástica:* 15 de agosto. Con este nombre se evoca a una Virgen.

B

Babil. *Origen posible:* hebreo. *Significado:* es en los labios de Jahvé o confundir las lenguas (por la Torre de Babel). *Onomástica:* 23 de enero.

Babilas. *Origen:* hebreo. *Significado:* boca de Dios. San Babilas fue obispo de Antioquía. Falleció en prisión y se le enterró con sus cadenas por petición propia. Esto sucedió en el año 250.

Baco. *Origen posible:* sánscrito. *Significado:* devorar. *Onomástica:* 10 de octubre. San Baco fue un noble romano martirizado en Siria a finales del siglo II. En la mitología romana, Baco es el dios del vino, que es el Dionisio en cuyo nombre se celebraban las fiestas en Grecia.

Balbino-Balbina. *Origen:* latín. *Significado:* corresponde a la casta de Balbus. *Onomástica:* 31 de marzo. Santa Balbina fue decapitada junto a su padre, que se había convertido al cristianismo. El martirio ocurrió en el siglo II.

Balderico. *Origen:* germánico. *Significado:* vigoroso, audaz, heroico. *Onomástica:* 27 de diciembre. San Balderico fue el abad de Montfaucon (Francia) en el siglo VII.

Baldo. Abreviación italiana de Baldassare o de Ubaldo, Tibaldo, Tobaldo o Baldovino.

Baldomero. *Origen:* germánico. *Significado:* protector valiente o prestigioso por su audacia. *Onomástica:* 27 de febrero. San Baldomero fue tan excelente cerrajero que se le rifaron varios monasterios franceses, hasta que se le nombró subdiácono de Lyon. Murió en el año 650; luego se le eligió patrón de los cerrajeros de su país. *Otros personajes:* Baldomero Espartero fue un general y político español; falleció en 1879. El poeta argentino Baldomero Fernández Moreno ha cantado al hogar y a la amistad en el siglo XX. El cuentista chileno Baldomero Lillo cultivó la literatura social. Escribió el libro de cuentos «Sub-Terra» en 1904. El colombiano Baldomero Sanín Cano se dedicó a la política y a la literatura, sobre todo al ensayo; publicó «Indagaciones e imágenes» en 1926.

Baldovino. *Origen:* germánico. *Significado:* el amigo valeroso. *Onomástica:* 15 de julio. San Baldovino fue discípulo de San Bernardo. Desempeñó el cargo de abad de Rieti (Lacio) en el siglo XII.

Balduino. *Onomástica:* 21 de agosto. Una variante de Baldovino. San Balduino fue un monje cisterciense en la escuela de San Bernardo, que recibió el cargo de abad de San Pastore, en las proximidades de Rieti (Italia). Murió en el año 1140. *Otros personajes:* el nombre de Balduino lo llevaron varios reyes de Israel y dos emperadores de Constantinopla. Balduino I subió al trono de Bélgica en 1951, luego de suceder a su padre Luis III; en 1960 se casó con la española Fabiola de Mora y Aragón.

Baltasar. *Origen:* hebreo. *Significado:* el rey protegido por el dios Baal. *Onomástica:* 29 de marzo. Baltasar fue uno de los reyes Magos. *Otros personajes:* a Baltasar le quedó la triste fama de ser el último rey de Babilonia en el año 538 a.C. El español Baltasar Gracián era jesuita; comenzó a escribir de una forma clásica, pasó a las máximas y llegó a la novela alegórica; publicó «El Criticón» en 1640. El conde italiano Baltasar Castaglione consiguió ser cardenal con el Papa León X y luego, obispo de Ávila por decisión de Carlos V, pero ha pasado a la historia como escritor, por su gran obra «El Cortesano»; murió en Toledo el año 1529. El escritor español Baltasar del Alcázar empezó imitando a Horacio; luego escribió poesías religiosas, amatorias y festivas; murió en 1606. El músico español Baltasar Saldoni contribuyó al resurgimiento de la zarzuela; escribió «Efemérides de músicos españoles» en 1880. El uruguayo Bartolomé Hidalgo inició la poesía gauchesca; luchó por la independencia de su país; una de sus mejores obras es «Diálogos patrióticos», que creó en 1820. El marino español Baltasar Hidalgo de Cisneros pasó de combatir en la batalla de Trafalgar a ser el último virrey de Río de la Plata. El catalán Baltasar Porcel escribe en su lengua natal y en castellano, lo mismo novelas, teatro y ensayo. El juez Baltasar Garzón puso «en las cuerdas» a Felipe González, al abrir el caso «GAL», luego de haber estado en una lista electoral del PSOE.

Baraquías. *Origen:* hebreo. *Significado:* chispa, relámpago. *Onomástica:* 20 de marzo. En la Biblia aparece Baraquías como el padre del profeta Zacarías.

Baraquiel. *Origen:* hebreo. *Significado:* relámpago. De acuerdo con la tradición hebreo-cristiana, Baraquiel es uno de los arcángeles no mencionados en la Biblia.

Baraquiso. *Origen:* hebreo. También supone una variante de Baraquías. San Baraquiso fue martirizado en Persia, junto a San Jonías, durante las persecuciones ordenadas por el rey Sapor II en el siglo IV.

Barbaciano. *Origen:* latín. *Significado:* de la casta de Barbato. *Onomástica:* 31 de diciembre. San Barbaciano fue un presbítero romano que murió mártir en el siglo V.

Bárbara. *Origen:* griego. *Significado:* extranjero, no griego. *Onomástica:* 4 de diciembre. Santa Bárbara amaba tanto a Dios que se negó a casarse. Como se vio enfrentada a su padre, éste le cortó la cabeza. Sin embargo, el parricida cayó fulminado por un rayo. De ahí que esta santa sea relacionada con las tormentas. Por otra parte, es patrona de los artilleros y mineros. *Otros personajes:* Bárbara de Braganza tuvo como padre a Juan V de Portugal y se casó con Fernando VI, rey de España, en 1729. La actriz norteamericana Bárbara Stanwyck, cuyo verdadero nombre era Ruby Stevens, intervino en películas como «La torre de los ambiciosos». La actriz y cantante Bárbara Streisand ha obtenido cientos de discos de oro con sus canciones y una notable estimación con sus películas, algunas de las cuales ha dirigido. Bárbara Rey formó parte del grupo de bellezas que enseñaron su palmito en la «época del destape».

Barbato-Barbada. *Origen:* latín. *Significado:* lleno de pelo, barbado. *Onomástica:* 19 de febrero. Santa Barbada de Ávila se mantuvo virgen ante el acoso de un joven. Como defensa le creció la barba. Vivió en la ciudad castellana durante el siglo VI.

Bardomiano. *Origen:* latín. *Onomástica:* 25 de septiembre. Variante antigua de Bartolomé. San Bardomiano fue mártir en Asia Menor.

Bardon. *Origen:* germánico. *Significado:* hacha, partesana. San Bardon fue obispo de Maguncia en el siglo XI.

Barlaán. *Origen:* arameo. *Significado:* hijo del pueblo. *Onomástica:* 27 de noviembre. San Barlaán fue un campesino martirizado en Cesarea de Capadocia en el siglo IV.

Bársabas. *Origen:* arameo. *Significado:* hijo de descanso, de juramento o de conversión. *Onomástica:* 11 de diciembre. San Bársabas fue un sacerdote persa, al que se martirizó en el siglo IV.

Barsanufio. *Onomástica:* 11 de abril. San Barsanufio fue encerrado en un monasterio, donde jamás habló, pero sí escribió muchísimas cartas. Falleció en el año 540.

Barsimeo. *Origen:* arameo. *Significado:* descendiente de Simeón, hijo. *Onomástica:* 3 de enero. San Barsimeo fue obispo de Edesa, donde le martirizaron en el siglo II.

Bartolo. *Onomástica:* 19 de mayo. Forma apocopada de Bartolomeo. El beato Bartolo vivió como un solitario toscano de San Gimignano, hasta que murió a finales del siglo XIII. Bartolo fue un jurisconsulto italiano que falleció en el año 1357, es considerado como el jefe de la escuela de los comentaristas.

Bartolomé-Bartolomea. *Origen:* arameo. *Significado:* hijo, muy abundante en surcos. *Onomástica:* 24 de agosto. San Bartolomé fue discípulo de Jesús; poco se sabe de su destino, por eso le rodea la leyenda; como se cree que murió desollado, es patrón de los curtidores, carniceros y otros gremios que utilizan la piel. Santa Bartolomea vistió el hábito de las Servitas de María, y era visitada todos los días y noches por Jesús y la Virgen; murió en el año 1348. *Otros personajes:* el pintor cordobés Bartolomé Bermejo mostró una influencia flamenca; una de sus mejores obras es «La Piedad», realizada en 1490, que se encuentra en la catedral de Barcelona. El sevillano Bartolomé Esteban Murillo impregnó sus cuadros de una gran espiritualidad y belleza, sobre todo al pintar niños. El escritor español del siglo XV Bartolomé de Torres Naharrro comenzó como poeta; pero, enseguida, se centró en las obras teatrales. A Bartolomé de las Casas, un dominico español, le corresponde el honor de ser el primero que escribió sobre la «verdad de la conquista española de América». El poeta Bartolomé Leonardo de Argensola llegó a ser capellán de la emperatriz María en el siglo XVII. El militar chileno Bartolomé Blanche ocupó la presidencia provisional de su país en 1932. Bartolomé Mitre llegó a ser presidente de Argentina de 1862 a 1868. El español Bartolomé José Gallardo destacó como escritor, erudito y bibliógrafo; murió en 1852.

Baruc. *Origen:* hebreo. *Significado:* bendecido. *Onomástica:* 1 de mayo. Baruc fue secretario de Jeremías del que escribió las famosas «jeremiadas» y las profecías. Todas éstas se encuentran en la Biblia. Siglo VII a.C.

Basiano. *Origen:* latín. *Significado:* bajo, grueso. En la mitología romana, se comprueba que Basiano era uno de los sobrenombres que se le daban al dios Baco.

Basila. *Origen:* griego. Santa Basila fue mártir en Esmirna.

Basileo. *Origen:* griego. *Significado:* rey, monarca. San Basileo fue un mártir español de los primeros siglos.

Basiliano. *Origen:* latín. *Significado:* de la casta de Basilio. *Onomástica:* 18 de diciembre. San Basiliano murió martirizado en Siria junto a San Teótimo.

Basilides. *Origen:* griego. *Significado:* hijo del monarca, príncipe. *Onomástica:* 30 de junio. En el santoral cristiano aparecen varios hombres, la mayoría mártires de los siglos III y IV.

Basilio-Basilia. *Origen:* griego. *Significado:* rey, realeza, principesco, regio. *Onomástica:* 30 de mayo. San Basilio «el Grande» fue hijo de santos. Llegó a ser obispo de Cesarea, en Asia menor, y organizador del monaquismo en Oriente; falleció en el año 379. Santa Basilia sólo amó a Dios, por eso se negó a casarse con un príncipe romano, pero éste la denunció como cristiana, lo que la condujo al martirio en el año 265. *Otros personajes:* llevaron el nombre de Basilio varios emperadores de Oriente. Wassil y (Basilio en ruso) Kandisky condujo su pintura del fauvismo al no figurativismo.

Basilisa. *Onomástica:* 4 de marzo. Variante de Basilia. Santa Basilisa fue una niña turca de nueve años, a la que se hizo mártir en el siglo V. Otra santa Basilisa recibió martirio en el siglo III.

Basilisco. *Origen:* griego. *Significado:* reyezuelo. *Onomástica:* 3 de marzo. Diminutivo de Basilio. San Basilisco fue un soldado griego, al que asesinaron en Asia menor por ser cristiano. Esto ocurrió en el siglo IV. Basilisco ocupó el trono de Emperador de Oriente del año 476 al 478.

Batilde. *Origen:* germánico. *Significado:* la batalladora. Santa Batilde fue reina de Francia en el siglo VII.

Batildis. *Origen:* germánico. *Significado:* guerrero intrépido. *Onomástica:* 30 de enero.

Baudilio. *Origen posible:* latín. *Significado:* bobalicón. *Onomástica:* 20 de mayo. San Baudilio se casó en Orleáns; pero en su viaje nupcial fue asesinado por unos paganos (siglo III).

Bauterio. *Origen:* germánico. *Significado:* ejército heroico. *Onomástica:* 6 de marzo. San Bauterio fue un orfebre y anacoreta escocés del siglo VIII.

Bautista. *Origen:* griego. *Significado:* aquel que bautiza. *Onomástica:* 2 de junio.

Beato-Beata. *Origen:* latín. *Significado:* dichoso, bienaventurado, hace feliz. Los nombres, tanto en masculino como en femenino, eran muy frecuentes entre los primeros cristianos. Por eso la Iglesia lo utiliza de escala intermedia para llegar a la santidad. San Beato de Liébana fue un sacerdote y teólogo español del siglo VIII que escribió un famoso «Comentario al Apocalipsis».

Beatriz. *Origen:* latín. *Significado:* bienaventurado, el que da felicidad. *Onomástica:* 29 de julio. Santa Beatriz primero enterró a sus hermanos como mártires y luego ella también sufrió la misma suerte. Fue en las orillas del Tíber en el año 304. Santa Beatriz de Este fundó un convento de benedictinas en Ferrara (Italia), donde murió en 1270. *Otros personajes:* el nombre de Beatriz lo llevaron varias reinas portuguesas y castellanas. Beatriz Portinari fue la amada de Dante. Beatriz obtuvo el trono de Holanda en 1980, luego de que abdicase su madre, la reina Juliana. Beatriz Galindo, a la que llamaron «la Latina», llegó a ser preceptora de la reina Isabel la Católica. La argentina Beatriz Guido escribió la novela «La casa del ángel».

Beda. *Origen:* germánico. *Significado:* el que combate, aquel que obliga, el que exige. *Onomástica:* 25 de mayo. San Beda «el Venerable» fue un benedictino inglés al que llamaron «padre de la erudición» por su gran cultura. Falleció en el año 735.

Beethoven. *Origen:* holandés. *Significado:* remolacha, cortijo. Lógicamente, Beethoven es el apellido de un genial músico alemán. Acaso por su influencia, ha pasado a convertirse en nombre en algunos países de Latinoamérica.

Begonia. *Origen:* francés. *Significado:* tartamudo. Se cree que este nombre se dio a una flor americana como homenaje al político Bégon.

Begoña. *Origen:* vasco. *Significado:* lugar sobre el cerro dominante. *Onomástica:* 11 de octubre. Begoña es el nombre vasco de la Virgen a la que se ha dedicado un santuario en Bilbao. También se la considera patrona de Vizcaya.

Bela. Hipocorístico de Isabel. Forma húngara de Adalberto.

Belarmino. *Origen:* germánico. *Significado:* alma bondadosa. *Onomástica:* 13 de mayo. San Roberto Belarmino fue un escritor y jesuita eclesiástico italiano del siglo XVII.

Belén. *Origen:* hebreo. *Significado:* casa donde se hace el pan. *Onomástica:* 5 de diciembre. Belén fue la localidad donde nació Jesús. *Otros personajes:* Belén Rueda es una vivaracha presentadora de televisión.

Belinda. Hipocorístico inglés de Belén. También supone una variante de Berlinda. Belinda fue la esposa de Rolando.

Belino-Belina. *Origen:* latín. *Significado:* gracioso, bonito, guapo. *Onomástica:* 26 de noviembre. Santa Belina se entregó a Dios, pero como era muy bella el señor de Landreville la mató por rechazarle como esposo. Esto sucedió en el siglo XI. San Belino fue obispo de Padua, hasta que murió en martirio a mediados del siglo XII.

Belisario. *Origen:* latín. *Significado:* flecha, saetero. Belisario fue un general bizantino del emperador Justiniano (siglo IV). Derrotó a los vándalos, persas y ostrogodos.

Beltrán. *Origen:* germánico. *Significado:* cuervo famoso. *Onomástica:* 16 de octubre. San Beltrán de Aquilea fue canónigo en Angulema y patriarca en Aquilea. Le asesinaron en el año 1350. San Beltrán de Comminges llevó con dignidad el obispado de esta ciudad. Murió en 1125. San Beltrán de Mans también fue obispo de la ciudad que le dio apellido. Fundó un monasterio en Couture, donde murió en el año 616.

Benedeto. Variante de Benedicto. San Benedeto fue un pastorcito de Saboya, que terminó construyendo puentes en los Alpes por invocación divina (siglo XII).

Benedicto-Benedicta. *Origen:* latín. *Significado:* bendito. *Onomástica:* 29 de junio. Santa Benedicta fue detenida en Francia, luego de huir de

España donde recibió martirio en el año 277. *Otros personajes:* el nombre Benedicto lo llevaron varios Papas. El norteamericano Benedict (Benedicto en inglés) Arnold llegó a ser general en su país; sin embargo, como lo traicionó se vio obligado a escapar a Londres, donde murió en 1801.

Benén. Variante de Benigno. San Benén fue discípulo de San Patricio, al que sucedió como obispo de Armagh.

Benicio. *Origen:* del apellido del santo italiano Felipe Benizzi. También puede ser un diminutivo de Berno, el cual a su vez es un hipocorístico de Bernardo. San Felipe Benizzi fue un religioso florentino del siglo XII, que fundó la orden de los servitas.

Benigno. *Origen:* latín. *Significado:* bondadoso, benigno, benevolente. *Onomástica:* 13 de febrero. San Benigno ha dejado una leyenda que se centra sobre todo en su sepulcro. Éste le acogió durante el siglo VI.

Benilde. *Origen:* germánico. *Significado:* batalla del oso, estandarte o guerrero. *Onomástica:* 15 de junio. Santa Benilde fue una anciana cordobesa, a la que martirizaron los musulmanes en el siglo IX.

Benincasa. *Origen:* italiano. *Significado:* bien en la casa. El beato Benincasa fue un anacoreta toscano del siglo XV.

Benito-Benita. *Origen:* latín. *Significado:* bien nombrado, el citado o el que recibe el mejor nombre. *Onomástica:* 16 de marzo. Santa Benita fue vestida con pobres ropas por Santa Clara, a la que sucedió en el convento de Asís (Italia); murió en el año 1260. San Benito fundó la orden de los benedictinos. San Benito «el Mozo» fue un pastorcillo al que un ángel encargó la construcción del puente de Aviñón (Francia); por eso es el patrón de los ingenieros. San Benito-José Labre caminó más que nadie por las tierras abiertas, hasta que murió en el año 1783. *Otros personajes:* el filósofo Baruch (Benito en holandés) Spinoza, de origen judeo-español, pretendió aplicar las matemáticas al conocimiento en el siglo XVII. El teólogo español Benito Arias Montano participó en el Concilio de Trento. El mexicano Benito Pablo Juárez llegó a presidente de su país en 1858 y, luego, repitió el cargo en otros dos períodos; es considerado un héroe nacional. El canario Benito Pérez Galdós escribió los «Episodios nacionales» y teatro, a la vez que se comprometió políticamente; es uno de los gigantes de la literatura española. El argentino Benito Lynch escribió novelas naturalistas de temática gauchesca. El italiano Benito Mussolini fundó el fascismo y, luego de obligar al rey a que le concediera la jefatura de gobierno, impuso una dictadura; participó en la Segunda Guerra Mundial al lado de Hitler; fue ejecutado en 1945. El entrenador de fútbol Benito Floro subió a primera división al Albacete, al que volvió luego de pasar por el Real Madrid.

Benjamín. *Origen:* hebreo. *Significado:* hijo de la diestra, hijo predilecto. *Onomástica:* 31 de marzo. San Benjamín fue un diácono persa que no quiso adorar al fuego. Por eso se le empaló en el año 422. *Otros personajes:* Benjamín destacó por ser el último hijo de Jacob; dio nombre a una de las tribus de Israel. El norteamericano Benjamín Franklin no sólo inventó el pararrayos, ya que destacó como político y filósofo en el siglo XVIII. El inglés Benjamín Disraeli llegó a ser primer ministro del Reino Unido en 1868. Se le considera el responsable de la grandeza internacional de su país en la segunda mitad del siglo XIX. El norteamericano Benjamín Harrison ocupó la presidencia de los Estados Unidos de 1882 a 1892. El inglés Benjamín Britten compuso música de cámara e instrumental en el siglo XX. El francés Benjamín-Henri Constant se dedicó a la política, a la novela y al ensayo. Murió en 1830. El norteamericano Benjamín West pintó cuadros religiosos e históricos. El español Benjamín Palencia dedicó su pintura a los motivos castellanos; falleció en 1980.

Benón. *Origen:* germánico. San Benón fue obispo de Munich a finales del siglo XI. Hoy día es patrón de esta ciudad alemana.

Benoni. *Origen:* hebreo. *Significado:* hijo de mi sufrimiento. Onomástica: 16 de junio.

Berardo. *Origen:* germánico. *Significado:* fuerte. *Onomástica:* 16 de enero.

Bercario. *Origen:* germánico. *Significado:* príncipe de los ejércitos. *Onomástica:* 16 de octubre. San Bercario fue un abad francés martirizado en el siglo VII.

Beregiso. *Origen:* germánico *Significado:* acero del oso. San Beregiso fue un religioso francés del siglo X.

Berengario. *Origen:* germánico. *Significado*: el acero del guerrero taimado. Variante de Berenguer. Berengario fue uno de los paladines de Carlomagno. También llevaron este nombre dos reyes de Lombardía.

Berenguer-Berenguela. *Origen:* germánico. *Significado:* guerrero listo para la batalla o acero protector. *Onomástica:* 2 de octubre. San Berenguer fue un benedictino del monasterio de Saint-Papoul que después de su muerte, en 1093, hizo gran cantidad de milagros. San Berenguer de Peralta recibió el nombramiento de obispo de Lérida por medio de un ángel. Sin embargo, prefirió vivir como ermitaño. Falleció en el año 1256. *Otros personajes:* Berenguela de Castilla y León fue hija de Alfonso VIII de Castilla y accedió al trono en 1217. Sin embargo, entregó el reinado a su hijo Fernando. Otra Berenguela, también española, se casó con el rey Ricardo «Corazón de León».

Berenice. *Origen:* griego. *Significado:* la que porta la victoria. *Onomástica:* 4 de octubre. Santa Berenice fue una mártir persa del siglo IV. Varias princesas egipcias se llamaron Berenice. Una constelación se llama Berenice. Otra Berenice tuvo como padre a Herodes Agripa I.

Berilo. *Origen posible*: latín. *Onomástica:* 21 de marzo. El berilo es una piedra preciosa. San Berilo fue obispo de Catania, en el siglo I, por decisión de San Pedro.

Berlinda. *Origen:* germánico. *Significado:* el escudo del oso. Variante de Berelendis. Santa Berlinda fue hija de Santa Nona de Lorena (siglo VII).

Bermudo. *Origen:* germánico. *Significado:* oso valeroso o luchador audaz. *Onomástica:* 8 de marzo. Tres reyes de Asturias se llamaron Bermudo en la Edad Media.

Bernabé. *Origen:* arameo. *Significado:* desciende de Naba. *Onomástica:* 11 de junio. José Halevi era de Chipre y recibió el apodo de «Barnabe» (hijo del profeta). Tuvo como discípulo a San Pablo. Murió bajo una granizada de piedras, por eso se le invoca cuando amenaza el pedrisco.

Bernaldo. *Origen:* germánico. *Significado:* el gobierno del guerrero astuto. *Onomástica:* 30 de noviembre.

Bernardino. *Origen:* latín. *Onomástica:* 20 de mayo. San Bernardino de Siena recorrió toda Italia para proclamar la devoción a Jesús, hasta que murió en el año 1444. Se le invoca cuando se sufre de ronquera.

Bernardita. *Origen:* germánico. *Onomástica:* 18 de febrero. Diminutivo de Bernarda. Santa Bernardita o Bernadette (así se escribe en francés) era considerada una inútil por la superiora del convento; sin embargo. la niña pudo ver a la Virgen en Lourdes varias veces; murió en 1879. Poco después se construyó un santuario para recordar los acontecimientos marianos.

Bernardo-Bernarda. *Origen:* germánico. *Significado:* guerrero fornido, fuerte, atrevido. *Onomástica:* 20 de agosto. San Bernardo de Menton fue sacerdote y arcediano de Aosta; creó refugios en los Alpes para las caravanas. Varias montañas llevan su nombre, a la vez que es el patrono de los alpinistas. En el santoral aparece hasta cuatro veces más este nombre. *Otros personajes:* Bernardo de Sajonia-Weimar participó en el siglo XVII como general en la guerra de los Treinta Años. Bernardo de Carpio pudo ser hijo de Alfonso II «el Casto». El poeta italiano Bernardo Tasso escribió una obra inspirándose en «Amadís de Gaula». Bernardo de Balbuena llegó a ser obispo de Puerto Rico, pero ha quedado en la historia como un gran escritor del Siglo de Oro español. El religioso español Bernardo de Bou acompañó a Colón en su segundo viaje a América. El fisiólogo argentino Bernardo Alberto Houssay obtuvo el Premio Nobel en 1947 por descubrir la función de varias hormonas. Bernd (Bernardo en alemán) Schuster ha sido jugador de fútbol de los equipos Barcelona, Real Madrid y Atlético de Madrid. En la actualidad es entrenador de fútbol.

Bernón. *Origen:* germánico. *Significado:* oso. *Onomástica:* 13 de enero. Del hipocorístico alemán «Berno» de Bernardo. El beato Bernón fundó la abadía de Cluny en el siglo X.

Berónico. *Onomástica:* 18 de octubre. Forma masculina de Verónica o de Berenice. San Berónico fue mártir en Antioquía.

Bertario. *Origen:* germánico. *Significado:* ejército célebre, ejército brillante. También es una variante de Bertadio. San Bertario fue abad de Montecassino, hasta que le martirizaron los sarracenos en el siglo IX.

Bertibla. *Origen:* latín. *Significado:* resplandeciente, célebre. *Onomástica:* 5 de noviembre. En realidad supone una variante de Berta.

Bertila. Variante de Bertibla. También es un diminutivo de Berta. Santa Bertila fue esposa de San Valberto en el siglo VII. San Bertilo tuvo a su cargo la abadía de Santa Benigna, en Borgoña, durante el siglo IX.

Bertín. *Onomástica:* 5 de septiembre. Variante de Bertino. San Bertín fue monje en la comunidad sacerdotal de San Omer durante el siglo VII. *Otros personajes:* Bertín Osborne es un cantante y presentador de televisión.

Bertino. *Origen:* latín. *Significado:* mucho brillo, resplandor. *Onomástica:* 5 de septiembre. San Bertino fue un abad francés que murió en el año 709.

Berto-Berta. *Origen:* germánico. *Significado:* claro, famoso, resplandeciente. *Onomástica:* 15 de mayo. Santa Berta fundó un monasterio en Artois, donde recluyó a sus propias hijas y a muchas otras jóvenes. Falleció en el año 725. *Otros personajes:* Berta fue madre de Carlomagno. Una tercera Berta reinó en Aragón y Pamplona hasta el año 1104. La escritora austríaca Berta de Suttner obtuvo el Premio Nobel de la Paz en 1905. La actriz española Berta Riaza siempre ha dado muestras de su talento, tanto en el teatro como en televisión.

Bertoldo. *Origen:* germánico. *Significado:* gobernante célebre, resplandor del mando. *Onomástica:* 21 de octubre. San Bertoldo fue un monje de Parma en el siglo XII. *Otros personajes:* Berchtold (Bertoldo en alemán) Schwartz entró en la orden de los benedictinos. Se le debe la técnica de fundir los cañones de bronce. Falleció en 1384.

Bertrán. *Origen:* germánico. *Significado:* cuervo. Según la mitología nórdica, dos cuervos, la inteligencia y la memoria, acompañaban siempre al dios Odín. *Otros personajes:* Bertrán de Born fue un poeta provenzal del siglo XII. El condestable Bertrand (Bertrán en francés) du Gesclin ayudó a Enrique de Trastamara en la lucha contra Pedro I «el Cruel» por la corona de Castilla. El filósofo Bertrand (Bertrán en inglés) Russell militó en el pacifismo con su filosofía; fundó la teoría de los tipos y obtuvo el Premio Nobel de Literatura en 1950.

Bertulfo. *Origen:* germánico. *Significado:* brillo, resplandor. *Onomástica:* 19 de marzo. San Bertulfo fue un confesor francés del siglo VII.

Besarion. *Origen:* griego. *Significado:* hombre que mora en el valle. *Onomástica:* 19 de junio. También este nombre deriva de Besa. San Besarion fue ermitaño en Egipto, siempre con el Evangelio en las manos durante el siglo IV.

Betsabé. *Origen:* hebreo. *Significado:* la séptima hija. Betsabé fue esposa de David y madre de Salomón. Precisamente llegó al mundo como la séptima hija de sus padres, que antes sólo habían tenido hijos.

Betty. Hipocorístico inglés de Isabel.

Bibiano-Bibiana. *Onomástica:* 2 de diciembre. Variante de Viviano. Santa Bibiana fue mártir en Roma en el año 363.

Bienvenido-Bienvenida. *Origen:* medieval. *Significado:* buen augurio para el recién nacido. *Onomástica:* 22 de marzo. San Bienvenido de Gubbio fue soldado, hasta que se hizo franciscano en el año 1222. Cuentan que trabajaba de enfermero durante el día y rezaba por las noches. Santa Bienvenida se hizo terciaria dominica en Francia, para vivir entregada a la penitencia hasta que murió en 1292. *Otros personajes:* Benvenuto (Bienvenido en italiano) Cellini destacó como escultor, orfebre y escritor en el siglo XVI.

Blanco-Blanca. *Origen:* germánico. *Significado:* blanco, resplandeciente. *Onomástica:* 5 de agosto. Nombre que evoca la pureza según un concepto cristiano, a la vez que supone una advocación mariana. San Blanco fue obispo de Escocia en el siglo VI. Varias reinas de Navarra, España y Francia llevaron el nombre de Blanca.

Blandino-Blandina. *Origen:* latín. *Significado:* tierno, acariciador, insinuante. *Onomástica:* 1 de mayo. Santa Blandina fue esclava en Lyon (Francia), hasta que a los dieciocho años de edad se convirtió en mártir; esto sucedió el año 177; es la patrona de las sirvientas. San Blandino se conformó con ser un ermitaño durante el siglo VII.

Blas. *Origen posible:* latín. *Significado:* tartamudo, que tiene las piernas hacia fuera, zambo. *Onomástica:* 3 de febrero. San Blas fue obispo de Armenia, cuya fama se debe a que extrajo una espina de la garganta de un joven. Es el patrón de los laringólogos. Falleció en el año 316. *Otros personajes:* Blaise (Blas en francés) Pascal es uno de los genios de la ciencia mundial; además, se dedicó a la filosofía y a la escritura. El marino español Blas de Lezo defendió Cartagena de Indias, en el siglo XVIII, del ataque de los ingleses. El músico español Blas Parera compuso el himno nacional argentino en 1813. El poeta español Blas de Otero escribió poesía religiosa, amorosa y social. Falleció en 1979. Blas Infante defendió la autonomía de Andalucía; le fusilaron durante la guerra civil.

Blasco. *Origen incierto:* latín o germánico, aunque también pudiera ser vasco. *Significado:* cuervo voraz. *Otros personajes:* el mecánico Blasco de Garay presentó a Carlos V un sistema para mover los barcos sin utilizar los remos. Blasco Núñez de Vela desempeñó el cargo de virrey de Perú en 1534; intentó contener la rebelión de Pizarro, pero murió en la batalla de Añaquito.

Blesila. *Origen:* latín. *Significado:* zambo. *Onomástica:* 22 de enero.

Boecio. *Origen:* latín. *Significado:* auxilio, socorro, ayuda. *Onomástica:* 27 de mayo. Boecio fue un famoso sabio de la corte del rey Teodorico.

Bolívar. *Origen:* vasco. *Significado:* el molino de la ribera. Este apellido ha pasado a convertirse en nombre en casi todos los países latino-americanos. *Otros personajes:* Simón Bolívar fue un famoso militar y político que consiguió la independencia de varios países de América del Sur en el siglo XIX.

Bolivia. Nombre de una república sudamericana, tomado del apellido del libertador Bolívar.

Bona. *Origen:* latín. *Onomástica:* 24 de abril. Santa Bona fue abadesa de San Pedro de Reims en el siglo VII. Santa Bona de Pisa se dedicó a caminar por toda Europa y Oriente Medio: Roma, Jerusalén, Santiago, etc. Murió enclaustrada en Pisa (Italia), en el año 1207. Bona Dea era la diosa de la fecundidad en la Roma antigua.

Bonfilo-Bonfila. *Origen:* latín. *Significado:* buenos hijos. *Onomástica:* 1 de enero. El beato Bonfilo Monaldi fue un religioso toscano del siglo XIII.

Bonifacio. *Origen:* latín. *Significado:* hago bien, bienhechor. *Onomástica:* 5 de junio. San Bonifacio de Maguncia fue un inglés que se convirtió en apóstol de Germania. Le mataron los trisones con un golpe de espada en el año 754. *Otros personajes:* varios Papas llevaron el nombre de Bonifacio. El cubano Bonifacio Byrne luchó por la independencia de su país y escribió poesías patrióticas.

Bono-Bona. *Origen:* latín. *Significado:* bueno, bondadoso. *Onomástica:* 24 de abril. San Bono fue mártir en Roma durante el siglo III.

Boris. *Onomástica:* 24 de julio. Variante de Boriso. San Boris fue hijo de San Vladimiro. Murió asesinado por su hermano en 1015. *Otros personajes:* varios zares, reyes y príncipes de Bulgaria llevaron el nombre de Boris. Boris Godunov fue cuñado del zar Fedor I. Boris Pasternak obtuvo el Premio Nobel de Literatura en 1958. Boris Spassky perdió el campeonato del mundo de ajedrez en 1972.

Borja. *Significado:* cabaña. *Onomástica:* 10 de octubre. Borja es una forma abreviada de San Francisco de Borja. *Otros personajes*: Borja es una noble familia española establecida en Játiva, que en el siglo XV marchó a Roma al elegirse Papa a Alfonso Borja con el nombre de Calixto III.

Brandán. *Origen:* celta. *Significado:* aire repulsivo, mal oliente. *Onomástica:* 16 de mayo.

Brangana. *Origen:* germánico. *Significado:* pecho, blancura o aquella del blanco pecho. En la leyenda de Tristán aparece un personaje llamado Brangana.

Braulio. *Origen posible:* germánico. *Significado:* depravado, fuego o espada. *Onomástica:* 26 de abril. San Braulio fue obispo de Zaragoza. Intervino en los Concilios IV y V de Toledo. Murió en el año 651.

Brenda. Nombre anglosajón de mujer. Fue popularizado por el escritor Walter Scott en su novela «El Pirata».

Brendano. *Origen:* céltico. San Brendano realizó unos viajes por el océano Atlántico entre los años 558 y 567.

Bricio. *Origen posible*: céltico. *Significado:* vigor, fortaleza. *Onomástica:* 13 de noviembre. San Bricio puso a prueba la paciencia de San Martín, al que sucedió como obispo de Tours (Francia).

Brígida. *Origen posible:* hebreo. *Significado:* ciudad, valle o la excelsa. *Onomástica:* 1 de febrero. Santa Brígida fue una sueca que tuvo ocho hijos, escribió el mismo número de libros sobre las «Revelaciones», fundó varias congregaciones y peregrinó a Santiago, a Jerusalén y a Roma, donde murió en el año 1373. Pero en el santoral aparecen otras dos mujeres con este nombre: una, patrona de Irlanda, y otra, una virgen francesa del siglo V. *Otros personajes:* la soprano sueca Brígida Nilsson. La actriz Brigitte (Brígida en francés) Bardot, que emocionó al mundo con su belleza felina en la película «Y Dios creó a la mujer» de su esposo y descubridor Roger Vadin.

Briseida. *Origen posible:* griego. *Significado:* el que porta la carga. En la mitología griega, Briseida es la esclava de Aquiles.

Britvaldo. *Origen:* germánico. *Significado:* caudillo de los británicos. *Onomástica:* 9 de enero. San Britvaldo fue obispo de Canterbury entre los siglos VII y VIII.

Brunilda. *Origen:* germánico. *Significado:* acero para la guerra, la que lucha con armadura. Brunilda fue hija de Atanagildo, rey visigodo de España. Una segunda Brunilda es una heroína de las leyendas escandinavas y germánicas, famosa por su trágico amor con Sigfrido. A esta última la popularizó el compositor alemán Richard Wagner.

Bruno. *Origen:* germánico. *Significado:* resplandeciente, encarnado, fuego. *Onomástica:* 6 de octubre. San Bruno «el Grande» fue hijo del emperador Enrique I y obispo de Colonia en el siglo X. Un segundo San Bruno fundó la orden de los Cartujos. Murió al derrumbarse la casa donde había sido alojado. Esto sucedió en el año 1045. *Otros personajes:* Bruno Kreisky fue canciller de Austria desde 1970 a 1983. Bruno Stephen, más conocido como Burt Lancaster, obtuvo el Óscar en 1960, por su actuación en la película «Elmer Gantry».

Bucolo. *Origen:* griego. *Significado:* boyero. San Bucolo fue el primer obispo de Esmirna, luego de ser consagrado por San Juan Evangelista en el siglo I.

Buenaventura. *Origen:* medieval. *Significado:* buen augurio. *Onomástica:* 15 de julio. San Buenaventura fue un franciscano italiano, teólogo y filósofo, que no aceptó ser cardenal. Murió en Lyon el año 1274. San Buenaventura de Barcelona se hizo franciscano luego de enviudar. Falleció en 1684. *Otros personajes:* Buenaventura Durruti fundó el grupo terrorista «Los solidarios»; en Barcelona se unió a la FAI y a la CNT, al comenzar la guerra civil, mandó una columna de voluntarios, que encabezaba cuando murió en Madrid el año 1936. Buenaventura Carlos Aribau escribió poesía nacionalista catalana. Escribió el poema «La Patria» en 1833.

Buganvilla. *Origen:* francés. En realidad es el nombre de una flor, que se tomó del apellido de su descubridor: Luis Antonio de Bougainville, un famoso navegante francés del siglo XVIII.

Burcardo. *Origen:* germánico. *Significado:* productor vigoroso. *Onomástica:* 14 de octubre. San Burcardo fue un anglosajón amigo de San Bernardo, que recibió el báculo de obispo de Würzbourg. Murió en el año 754.

C

Caleb. *Origen:* hebreo. *Significado:* perro, valiente, impetuoso. Caleb fue el único de los doce exploradores hebreos que entró en la Tierra Prometida.

Calepodio. *Origen:* griego. *Significado:* posee unos pies bellos o pies de corredor. *Onomástica:* 10 de mayo. San Calepodio fue mártir en Roma durante el siglo III.

Calícrates. *Origen:* griego. *Significado:* buen gobierno, excelente gobernante. Calícatres fue un arquitecto griego del siglo IV a.C., que erigió el Partenón con ayuda de Ictino.

Calígula. *Origen:* latín. *Significado:* chinela. Calígula fue un emperador romano, hijo de Agripina y de Germánico, que se hizo famoso por su crueldad y sus locuras.

Calímaco. *Origen:* griego. *Significado:* combatiente valeroso, bondadoso, bonito. Calímaco fue un arquitecto y escultor griego del siglo V a.C. al que se atribuye el invento del capitel corintio. Un segundo Calímaco, también griego, escribió elegías e himnos en el siglo IV a.C.

Calimerino. *Origen:* latín. *Onomástica:* 30 de julio.

Calimero. *Origen:* griego. *Significado:* las hermosas partes del cuerpo o bien hecho. *Onomástica:* 31 de julio. San Calimero fue obispo de Milán y mártir en el siglo II.

Calínico. *Origen:* griego. *Significado:* que ha obtenido una buena victoria, triunfador glorioso. *Onomástica:* 29 de julio. En el santoral aparecen dos mártires, uno africano y otro palestino, ambos de los primeros siglos. En la mitología griega, se comprueba que Calínico es uno de los sobrenombres de Hércules.

Calíope. *Origen:* griego. *Significado:* la de una hermosa voz. *Onomástica:* 8 de junio. En el santoral, se encuentran dos mártires de Asia menor de los siglos III y IV. En la mitología griega, Calíope es considerada la más sabia de las nueve ninfas, ya que preside la retórica, la elocuencia y la poesía. Además pasa por ser madre de Orfeo y de Lino.

Calirroe. *Origen:* griego. *Significado:* anda con hermosura. En la mitología griega, Calirroe es la primera reina de Troya y la madre de Ganímedes.

Calistena. *Origen:* griego. *Significado:* de bella fortaleza. Santa Calistena fue hija del mártir efesio San Adaucto en el siglo IV.

Calixto-Calixta. *Origen:* griego. *Significado:* muy hermoso, belleza. *Onomástica:* 14 de octubre. San Calixto fue Papa luego de haber sido banquero. Murió en el año 222. Varios Papas llevaron el nombre de Calixto. *Otros personajes:* el general cubano Calixto García Íñiguez es considerado el caudillo de la independencia de su país; murió en 1898. El argentino Calixto Oyuela escribió crítica y ensayos, como la «Antología poética hispanoamericana»; falleció en 1936.

Calógero. *Origen:* griego. *Significado:* monje, buen anciano. *Onomástica:* 19 de mayo. San Calógero fue un ermitaño siciliano del siglo IV.

Camelia. *Origen:* latín. *Significado:* camello. Camelia es el nombre de una flor descubierta por el botánico y jesuita italiano Camelli.

Camerino. *Origen:* latín. *Significado:* camarero. También puede ser el gentilicio de Cameria, que es una ciudad de la región italiana de Lacio. *Onomástica:* 21 de agosto. San Camerino fue mártir en Cerdeña en el siglo IV.

Camilo-Camila. *Origen:* etrusco. *Significado:* poder, ministro. *Onomástica:* 14 de julio. San Camilo Constanzo fue un estudiante calabrés de derecho, que se unió a la Compañía de Jesús. Terminó asado en la parrilla por orden del Emperador de Japón en el año 1622. San Camilo de Lelis consiguió que entrara la higiene en los hospitales de Roma y fundó el Ministerio de los Enfermos, a los que se llamó «camilos». Murió en 1614, para convertirse en el patrón de los enfermeros y de los enfermos. Santa Camila Gentili se casó con un hombre tan bruto, que la mató por ser cristiana en el siglo XV. *Otros personajes:* en la mitología griega, Camilo también es uno de los sobrenombres del dios Mercurio. Camilo José Cela consiguió el Premio Nobel de Literatura en el año 1990, pero sus mejores obras las escribió en las décadas de los cuarenta y los cincuenta, fue un excelente articulista. El pintor Camille (Camilo en francés) Pissarro llegó, a finales del siglo XIX, al neoimpresionismo en el momento que se iniciaba como corriente artística, luego de mostrar sus habilidades como grabador. El compositor francés Camille Saint-Saéns probó su habilidad como orquestador y escribió varias sinfonías; falleció en 1921. El periodista francés Camille Desmoulins participó en la Revolución pero, al final, por ser indulgente se le llevó a la guillotina, en 1794, junto con Danton. El astrónomo Camille Flammarion escribió obras divulgativas; murió en 1925. El pintor francés Camille Corot se hizo famoso por sus paisajes brumosos. El portugués Camilo Castelo Branco escribió novelas rurales en el siglo XIX.

Cancianila. *Origen:* latín. *Onomástica:* 31 de mayo. Santa Cancianila fue mártir en el siglo III.

Canciano. *Origen:* latín. *Significado:* pertenece a Cancio. *Onomástica:* 31 de mayo. San Canciano fue mártir en el siglo III.

Cancio. *Origen:* latín. *Significado:* canción. *Onomástica:* 31 de mayo. San Juan Cancio fue un misionero polaco. A San Cancio se le martirizó en Aquileya, junto con sus hermanos Canciano y Cancianila, a finales del siglo III.

Candelaria. *Origen:* latín. *Significado:* candela, vela, arder. *Onomástica:* 2 de febrero. También supone este nombre una advocación de la Virgen de la Candelaria, que es patrona de las islas Canarias.

Candidiano. *Origen:* latín. *Significado:* corresponde a la familia de Cándido. *Onomástica:* 5 de agosto. San Candidiano fue un mártir egipcio del siglo III.

Cándido-Cándida. *Origen:* latín. *Significado:* ser resplandeciente. *Onomástica:* 2 de febrero. Cándido fue un nombre muy común en la antigua Roma. San Cándido dio tantas muestras de bondad que siendo un joven montañés terminó en la hoguera por negarse a renegar de su fe (siglo IV). Santa Cándida es venerada en Tortosa por su condición de virgen y mártir (siglo III). Una tercera Santa Cándida, también catalana, dio a luz un hijo cuando creía haber superado la edad de la maternidad; este hijo fue San Emenio, abad de Bañolas (siglo VIII). *Otros personajes:* el español Cándido Nocedal practicó el periodismo y la política. Llegó a ser ministro de la Gobernación, representando una de las ideologías más conservadoras de la época. Murió en 1885.

Canuto-Canuta. *Origen:* indoeuropeo. *Significado:* generar. *Onomástica:* 7 de enero. San Canuto fue rey de Dinamarca, hasta que el pueblo le asesinó. Luego se comprobó la injusticia y se reconoció la gran bondad del monarca. El nombre Canuto lo llevaron varios reyes de Dinamarca e Inglaterra.

Caralampio. *Origen:* griego. *Significado:* refulgente o el que hace brillar la alegría. San Caralampio fue mártir en Antioquía de Pisidia en el siglo V.

Caralipo. *Origen:* griego. *Significado:* regocijo, tristeza o el que da grandes muestras de alegría a pesar de su tristeza. *Onomástica:* 28 de abril. San Caralipo fue un mártir alejandrino del siglo I.

Caridad. *Origen:* latín. *Significado:* caridad. *Onomástica:* 1 de agosto. La caridad es una de las virtudes teologales. Santa Caridad fue mártir en Roma junto a sus hermanas Fe y Esperanza (siglo II).

Carilao. *Origen:* griego. *Significado:* gracia, pueblo o la gracia del pueblo. Carilao fue el sobrino de Licurgo.

Carino-Carina. *Origen:* griego. *Significado:* sonriente, graciosa, atractiva, amigable. Onomástica: 7 de noviembre. San Carino fue mártir en el puerto portugués de Aveiro, junto a San Melasipo, en el siglo IV.

Carisa. *Origen:* griego. *Significado:* hermosura, amabilidad. Santa Carisa fue mártir en Corinto durante el siglo III.

Caritina. *Origen:* latín. *Significado:* graciosa. Santa Caritina fue virgen y mártir a comienzos del siglo IV.

Caritón. *Origen:* griego. *Significado:* graciosa. *Onomástica:* 3 de septiembre. San Caritón fue mártir en Nicomedia a principios del siglo IV.

Carlomagno. *Origen:* latín. Carlomagno fue emperador de los francos e hijo de Pipino «el Breve». Su vida debió ser ejemplar ya que la Iglesia le beatificó.

Carlomán. *Origen:* germánico. *Significado:* el que vive. *Onomástica:* 17 de agosto. El beato Carlomán, hijo mayor de Carlos Marvel, fue monje de Montecassino durante el siglo VIII.

Carlos-Carla. *Origen:* germánico. *Significado:* hombre maduro, hombre experto. *Onomástica:* 4 de noviembre. San Carlos Borromeo fue arzobispo de Milán y secretario del Concilio de Trento; murió en el año 1584. San Carlos «el Bueno» desempeñó el título de conde de Flandes hasta que le asesinaron por prohibir el mercado negro en época de mucha hambre; este desenlace ocurrió en 1127. *Otros personajes:* el nombre de Carlos lo han llevado emperadores, reyes y príncipes de España y Francia. Carlos I de Anjou, rey de Sicilia. acompañó a su hermano Luis IX de Francia, en la Séptima Cruzada. El cubano Carlos Manuel de Céspedes luchó por la independencia de su país y luego, se le eligió presidente interino del mismo en 1893. El militar argentino Carlos María de Alvear presidió la Asamblea constituyente de su nación en 1813; después se le nombró director supremo de las Provincias Unidas de Río de la Plata. El físico Charles (Carlos en francés) Agustín de Coulomb inventó la balanza de torsión y dio su nombre a la unidad de carga eléctrica (culombio). El francés Charles Perrault escribió cuentos inolvidables, como «El gato con botas» o «La Cenicienta». Carlo (Carlos en italiano) María Bonaparte tuvo como hijo a Napoleón. El naturalista Charles (Carlos en inglés) Robert Darwin escandalizó al mundo, sobre todo a la Iglesia, con su libro «El origen de las especies»; este se publicó en 1859. El escritor inglés Charles Dickens reflejó de una forma genial la época victoriana, a la vez que se adentraba en la historia con una visión propia de un genio. Karl (Carlos en alemán) Marx sembró las raíces del socialismo con su obra «El Capital», que había escrito con la ayuda de Engels. Murió en 1883. Charlotte (Carlota en inglés) Brontë publicó «Jane Eyre». El francés Charles Baudelaire escribió poesía y prosa muy audaz, sobre todo en el terreno social y sexual; murió en 1867. El general Charles de Gaulle llegó a presidente de su país en dos etapas. Antes había sido un héroe durante la Segunda Guerra Mundial; falleció en 1970. El francés Charles Boyer triunfó en Hollywood con películas como «Luz que agoniza». El alicantino Carlos Arniches supo reflejar en su teatro el ingenio del pueblo de Madrid. Carlos Fernández Shaw escribió poesía, teatro y libretos para zarzuelas, como el de «La Revoltosa». El norteamericano Charles David Anderson obtuvo el Premio Nobel de Física en 1936. El jurista argentino Carlos Saavedra Laipas recibió el Premio Nobel de la Paz en 1936. El escritor mexicano Carlos Arruza toreó en España haciendo pareja con Manolete. El español Carlos Saura recogió el Oso de Oro del Festival de Berlín, en 1981, por su película «Deprisa, deprisa». El mexicano Carlos Fuentes recibió el Premio Príncipe de Asturias de 1994.

Carmelo-Carmela. Variante de Carmen. El monte Carmelo se encuentra en Palestina; es en este lugar donde se fundó la Orden de las Carmelitas.

Carmen. *Origen:* hebreo. *Significado:* viña de Dios, jardín. La Virgen del Carmen es patrona de los marineros. También es la Virgen homónima de Granada. *Otros personajes:* la escritora Carmen Laforet ganó el Premio Nadal en 1964. La escritora Carmen Conde es la primera mujer que ha entrado en la Real Academia de la Lengua. La escritora Carmen de Icaza cargó sus novelas de sentimentalismo, como en «Cristina Guzmán»; falleció en 1979. La escritora Carmen Martín Gaite obtuvo el Premio Nacional de las Letras en 1994. Carmen Sevilla llenó de gracia y belleza la pantalla del cine español, hizo sus cosas con el «destape» y hoy es una entrañable presentadora de televisión. Carmen Maura tras ser «chica Almodóvar» se proyectó internacionalmente.

Carolina. Variante de Carla. Santa Carolina vivió como carmelita en Compiégne, hasta que fue guillotinada el 7 de julio de 1794. *Otros personajes:* la bella princesa Carolina de Mónaco.

Carpo-Carpa. *Origen:* griego. *Significado:* fruto. *Onomástica:* 13 de octubre. San Carpo fue discípulo de San Pablo y murió martirizado en Tracia. Un segundo San Carpo desempeñó el cargo de obispo de Pérgamo, en Asia menor, hasta que le hicieron mártir durante el siglo III. En la mitología griega Carpa aparece como hija de Céfiro y una de las cuatro estaciones del año, a la que convirtió Júpiter en flor.

Carpóforo-Carpófora. *Origen:* griego. *Significado:* el que porta los frutos. *Onomástica:* 10 de diciembre. San Carpóforo se ganó el martirio durante el siglo II. En la mitología griega, se comprueba que Carpófora es uno de los sobrenombres de Proserpina.

Casandro-Casandra. *Origen:* griego. *Significado:* hermana, hombre, hermana de los hombres. En la mitología griega, Casandra es la hermana de los héroes griegos Héctor y Paris, pero los mayores méritos de ella son las profecías.

Casiano-Casiana. *Origen:* latín. *Onomástica:* 3 de diciembre. San Casiano estuvo quince años entrevistando a los egipcios, y otro tiempo parecido escribiendo. Además llevó una vida ejemplar en su monasterio de Marsella, hasta que murió en el año 435.

Casildo-Casilda. *Origen:* germánico. *Significado:* la batalladora, la combatiente. *Onomástica:* 9 de abril. Santa Casilda fue hija del rey moro de Toledo. Escapó de la corte para ayudar a los pobres. Perseguida por su padre, se escondió en una ermita de Burgos, donde murió en 1126.

Casimiro. *Origen:* polaco. *Significado:* el que impone la paz. *Onomástica:* 4 de marzo. San Casimiro fue hijo del rey de Polonia, pero también se dedicó a los pobres. Murió tuberculoso a los veintiséis años en 1484. Hoy día es patrón de Polonia. *Otros personajes:* el nombre de Casimiro lo llevaron varios reyes de Polonia. Casimir (Casimiro en francés) Delavigne destacó como poeta y autor teatral.

Casio-Casia. *Origen:* latín. *Significado:* cubierto con yelmo. *Onomástica:* 10 de octubre. San Casio fue obispo de Narni hasta su muerte en el año 558.

Casiodoro. *Origen:* griego. *Significado:* don del hermano o don de Casio. *Onomástica:* 24 de septiembre. El beato Casiodoro fue un escritor latino del siglo VI, que desempeñó el cargo de secretario de Teodorico y aún dispuso de tiempo para fundar un monasterio.

Castalia. *Origen:* griego. *Significado:* blancura, castidad. Según la mitología griega, Castalia era la fuente del Parnaso dedicada a las Musas, ya que sus aguas otorgaban dones proféticos.

Casto-Casta. *Origen:* latín. *Significado:* casto, íntegro, inmaculado. *Onomástica:* 22 de marzo. San Casto fue un mártir español del siglo II.

Cástulo. *Onomástica:* 12 de enero. Forma diminutiva de Casto. El nombre de Cástulo lo llevó una antigua ciudad romana de España.

Cataldo. *Origen:* germánico. *Significado:* riña, combate, gobierno o el mando del combate. *Onomástica:* 10 de mayo. San Cataldo fue obispo de Tarento, cargo que debió desempeñar muy bien, ya que hoy es patrón de esa ciudad.

Catalina. *Origen:* griego. *Significado:* puro, inmaculado. *Onomástica:* 29 de abril. Santa Catalina de Alejandría mantuvo contacto con Juana de Arco, rebatió a los filósofos de la época y fue martirizada; hoy es patrona de los filósofos. Santa Catalina de Bolonia se recluyó como clarisa, sin que esto le impidiera destacar en la música, la pintura y la humildad hasta que murió en 1463. Santa Catalina de Génova convirtió su mal matrimonio en una dedicación absoluta a los leprosos, siempre acompañada de su esposo arrepentido. Santa Catalina Labouré recibió la visita de la Virgen, pero lo mantuvo en secreto hasta que alguien lo descubrió. Santa Catalina de Siena sirvió de embajadora del mismo Dios, para trasladar unos mensajes al Papa; actualmente, es patrona de Roma. *Otros personajes:* Catalina de Aragón, hija de los Reyes Católicos, contrajo matrimonio con Enrique VIII de Inglaterra. Catalina de Médicis, reina de Francia, se casó con Enrique II. Catalina de Erauso, la famosa monja Alférez, escapó de un convento vestida de hombre, luchó contra los indios de Perú y, cuando se descubrió su disfraz, el rey Felipe IV la recompensó generosamente. Khatarina (Catalina en alemán) von Bora escapó de un convento para casarse con Martín Lutero en la mitad del siglo XVI. Catalina II «la Grande» llegó a emperatriz de Rusia en 1762. Catherine (Catalina en francés) Deneuve ha intervenido en películas como «Repulsión», de Polanski.

Catón. *Origen:* latín. *Significado:* puntiagudo, fino, penetrante. San Catón fue mártir en África. En la historia de la Roma antigua aparecen Catón «el Uticense» y Catón «el Censor».

Catulino. *Origen:* latín. Es patronímico de Cátulo. San Catulino fue un mártir africano del siglo V.

Cátulo. *Origen:* latín. *Significado:* sutil, sagaz, sabio o cachorro. *Onomástica:* 15 de julio. Cátulo fue un poeta lírico griego del siglo I a.C.

Cayetano-Cayetana. *Origen:* latín. *Significado:* de Caieta. *Onomástica:* 8 de agosto. Este es un puerto de Campania que fue llamado así por la nodriza de Eneas. Caieta, a la que dieron muerte y enterraron allí. San Cayetano de Thiene es conocido como el sacerdote italiano que fundó la Orden de los Teatinos, para ayudar a los pobres, labor que realizó hasta su muerte en el año 1547. *Otros personajes:* Cayetana Fitz-James Stuart, duquesa de Alba, pasa por ser la noble con más títulos del mundo. El poeta argentino Cayetano Córdova Iturburu escribió «La danza de la luna»; falleció en 1977. Gaetano (Cayetano en italiano) Donizzetti compuso la ópera «Lucía de Lammermor».

Cayo. *Origen:* latín. *Significado:* grajo. *Onomástica:* 10 de marzo. San Cayo llegó a ser Papa, hasta que murió martirizado en el siglo II. También en el santoral aparecen otros Cayos, uno de los cuales recibió el martirio en la Zaragoza del siglo IV. Cayo Julio César Octavio fue el primer emperador romano. Cayo Plinio Segundo «el Viejo» ha quedado en la historia como escritor y naturalista latino.

Ceciliano. *Origen:* latín. *Significado:* relativo a Cecilio. *Onomástica:* 16 de abril. Patronímico de Cecilio.

Cecilio-Cecilia. *Origen:* latín. *Significado:* corto de vista. *Onomástica:* 22 de noviembre. Santa Cecilia convirtió su casa en iglesia durante el siglo III. Como murió sin dejar de cantar, hoy día es la patrona de la música. Santa Cecilia de Remiremont llevó el báculo de abadesa treinta años. Cuentan que perdió la vista en el siglo VI de tanto llorar de felicidad. San Cecilio formó en el grupo de siete evangelizadores que llegaron a España, luego de recibir los consejos de los santos Pedro y Pablo. *Otros personajes:* Cecilio Metelo Pío ocupó el cargo de pretor y procónsul en la España romana. Cecilia Böhl de Faber fue el verdadero nombre de «Fernán Caballero»; escribía en francés, alemán y español. Sus temas eran románticos con una clara tendencia al realismo; publicó «Cuadro de costumbres populares andaluzas» en 1852. El norteamericano Cecil (Cecilio en inglés) B. de Mille dirigió películas monumentales como «El mayor espectáculo del mundo» y «Los diez mandamientos».

Ceferino. *Origen:* latín. *Significado:* el que porta la vida. *Onomástica:* 22 de agosto. San Ceferino fue Papá hasta que le llevaron al martirio en el siglo II. El dominico fray Ceferino González destacó como filósofo en el siglo XIX.

Celedonio-Celedonia. *Origen:* griego. *Significado:* golondrinito. *Onomástica:* 3 de marzo. San Celedonio fue un soldado romano, al que dieron martirio en Calahorra a comienzos del siglo IV. Santa Celedonia es una virgen de Subiaco (Italia), que falleció en el siglo XII.

Celeste. *Origen:* latín. *Significado:* celestial, perteneciente al cielo. Celeste fue la diosa púnica a la que los griegos dieron el nombre de Urania.

Celestino-Celestina. *Origen:* latín. *Significado:* relativo a Celeste. *Onomástica:* 17 de mayo. Proviene de Celeste. Celestino es otro de los sobrenombres de Júpiter. San Celestino fue Papa hasta el año 432. El nombre de Celestino lo llevaron varios Papas.

Celiano. *Origen:* latín. *Significado:* relativo al monte Celio. *Onomástica:* 15 de febrero. Es un patronímico de Calius. San Celiano fue martirizado en África.

Celino-Celina. *Origen:* latín. *Significado:* perteneciente a Celios. *Onomástica:* 21 de octubre. Santa Celina fue madre del apóstol de los francos San Remigio (siglo IV). Otra Santa Celina acompañó a Santa Genoveva en París durante el siglo VI.

Celio-Celia. *Origen:* latín. Celia es una de las colinas de Roma.

Celso. *Origen:* latín. *Significado:* elevado, alto, excelso, sublime. *Onomástica:* 2 de abril. San Celso fue un santo milanés del siglo I. El griego Celso se halla en el grupo de los filósofos platónicos. Escribió una apología del paganismo.

Cenobio. *Origen:* latín. *Significado:* vida en común. San Cenobio fue obispo de Florencia durante el siglo V.

César. *Origen:* latín. *Significado:* pelo, de abundante cabellera. *Onomástica:* 15 de marzo. César es sinónimo de emperador. *Otros personajes:* César Borgia o Borja, duque de Valentinos y de Romaña, fue aconsejado por Maquiavelo, que le tomó como ejemplo para su libro «El Príncipe». El duque y jurisconsulto Cesare (César en italiano) Bonesana Beccaria practicó la filosofía; escribió la obra «De los delitos y las penas», que sirvió de base a la ciencia penal moderna. El italiano Cesare Pavese escribió «El oficio de vivir»; falleció en 1950. El poeta peruano César Vallejo practicó un estilo modernista; sus últimas creaciones las dedicó a la guerra civil española. César González Ruano poseía un estilo literario muy refinado, que exhibió en sus novelas y artículos periodísticos. El colombiano César Uribe Piedrata escribió la novela «Mancha de aceite». El ensayista venezolano César Zumeta destacó como diplomático y novelista. Una de sus obras es «La ley del cabestro».

Cesáreo-Cesárea. *Origen:* latín. *Significado:* que pertenece a César. *Onomástica:* 27 de agosto. San Cesáreo llegó a ser obispo de Arlés hasta el año 543. Santa Cesárea, hermana del anterior, llevó su devoción hasta unos grados sublimes; falleció en el año 529.

Chaim. *Origen:* hebreo. *Significado:* viviente. En muchos países latinoamericanos este nombre se ha hispanizado al convertirlo en Jaime.

Cibeles. *Origen:* griego. *Significado:* cabeza. Cibeles fue adorada por los frigios, a la que consideraban la madre de los dioses. Los griegos y los romanos convirtieron a Cibeles en la diosa de la tierra.

Cielo. Morada de Dios, el techo que rodea la Tierra, lo más grande que se puede concebir.

Cipriano. *Origen:* latín. *Significado:* de Chipre. San Cipriano fue obispo de Cartago, hasta que le decapitaron en el año 258. *Otros personajes:* el sacerdote y humanista Cipriano Valera, monje en San Isidoro de Sevilla, se pasó al luteranismo a finales del siglo XVI. El venezolano Cipriano Castro ocupó la presidencia de su país de 1900 a 1909.

Cirenia. *Origen:* latín. *Significado:* originario de Cirene. *Onomástica:* 1 de noviembre. Simón Cireneo, que era de Cirene, ayudó a Jesús a llevar la cruz. Santa Cirenia fue una mártir de Tarso en Cilicia.

Ciriaco-Ciriaca. *Origen:* griego. *Significado:* señorial, perteneciente al Señor. San Ciriaco tenía una gran facilidad para expulsar a los demonios, lo que no le sirvió para escapar de la espada que le decapitó en el año 300. Un segundo San Ciriaco fue un mártir malagueño del siglo III.

Cirilo. *Origen:* griego. *Significado:* señor, mando, autoridad. *Onomástica:* 27 de junio. San Cirilo fue patriarca de Alejandría hasta el año 444. San Cirilo de Jerusalén promulgó el catecismo para adultos y luchó contra el arrianismo, con un tesón que sólo frenó su muerte en el siglo IV. *Otros personajes:* el cubano Cirilo Villaverde escribió la magnífica novela «Cecilia Valdés» en 1839.

Cirino. *Origen posible:* griego. *Onomástica:* 12 de junio. San Cirino fue un mártir siciliano del siglo III.

Ciro-Cira. *Origen:* hebreo. *Significado:* pastor. *Onomástica:* 3 de agosto. San Ciro recibió el báculo de obispo de Alejandría, aunque siguió practicando la medicina, hasta que murió en martirio durante el siglo III. *Otros personajes:* Ciro II fue el fundador del imperio persa en el siglo VI a.C.; se apoderó de Babilonia, poniendo fin a la cautividad de los judíos. El escritor peruano Ciro Alegría cultivó una literatura de tipo indigenista; publicó su obra maestra, «El mundo es ancho y ajeno», en 1941.

Clarencio. *Origen:* latín. *Significado:* alumbrar, aclarar. *Onomástica:* 26 de abril. San Clarencio fue obispo de Viena en el Delfinado, hasta que murió en martirio durante el siglo VII.

Clarisa. *Origen:* latín. *Significado:* volverse famoso. Derivado de Clara. Santa Clarisa fue una religiosa de la Orden fundada por Santa Clara de Asís.

Claro-Clara. *Origen:* latín. *Significado:* llamar, proclamar, convocar. *Onomástica:* 10 de octubre. Santa Clara nació en Asís. Dejó una Regla para las Clarisas, y por sus habilidades ha quedado como patrona de las lavanderas y los vidrieros. San Claro fue el primer obispo de Nantes (Francia) en el siglo III. *Otros personajes:* Clara Campoamor ocupó un puesto de diputada durante la Segunda República española. La italiana Clara Petacci tuvo como amante a Benito Mussolini, junto al cual encontró la muerte.

Claudiano. *Origen:* latín. *Significado:* perteneciente a la familia de Claudio. *Onomástica:* 26 de febrero. Claudiano es patronímico de «Claudius». En el santoral aparece tres veces este nombre: un Papa del siglo I, un abad siciliano del XI y un mártir en Japón del XVII.

Claudio-Claudia. *Origen:* latín. *Significado:* sin una pierna, cojo. *Onomástica:* 18 de febrero. Claudio fue un emperador romano. San Claudio llevó el obispado de Besanion con tanta habilidad, que ha quedado como patrón de los curtidores, guarnicioneros, torneros y fabricantes de juguetes. Pero en el santoral aparecen once hombres y mujeres con estos nombres. *Otros personajes:* el nombre Claudio lo llevaron varios emperadores romanos. El astrónomo grecoegipcio Claudio Tolomeo expuso la teoría egocéntrica del universo: el sol, la luna y los planetas giran alrededor de la tierra. Esta idea del siglo I a.C. se mantuvo en pie hasta el Renacimiento. El médico y filósofo griego Claudio Galeno está considerado, junto con Hipócrates. la máxima autoridad en materia médica de la antigüedad; por algo los médicos actuales se llaman «galenos». El español Claudio Coello fue uno de los primeros representantes de la escuela barroca madrileña. Tuvo el empleo de pintor de cámara de Carlos II. El italiano Claudio Monteverdi es considerado el creador de la ópera en Italia. Claude (Claudio en francés) Debussy compuso una música impresionista, como se puede apreciar en sus nocturnos, sinfonías y óperas. El francés Claude Monet inició la pintura impresionista en la exposición de París de 1874. El francés Claude Lelouch dirigió la película de gran éxito «Un hombre y una mujer». Claudio Williman llegó a ser presidente de la República de Uruguay de 1907 a 1911. La actriz italiana Claudia Cardinale, protagonista de películas como «La chica de la maleta». La modelo Claudia Schiffer, que con su belleza magnetiza.

Cleandro. *Origen:* griego. *Significado:* gloria, hombre o el hombre glorioso. Cleandro fue uno de los lugartenientes de Alejandro Magno en el siglo IV a.C.

Clelia. *Origen:* latín. Significado posible: gloria, cliente. Santa Clelia fue una virgen romana que, luego de ser entregada como rehén al rey Porsena, logró escapar del campo etrusco cruzando a nado el río Tíber.

Clemencio-Clemencia. *Origen:* latín. *Significado:* indulgencia, benignidad. Santa Clemencia al enviudar, luego de ser condesa de Spanhein, se hizo religiosa en un convento de Tréveris. Allí murió en el año 1176.

Clemente. *Origen:* latín. *Significado:* dulce, bondadoso, clemente. *Onomástica:* 23 de noviembre. San Clemente fue Papa a finales del siglo I, hasta que le mataron en una cantera del Quersoneso. Se le enterró en una capilla submarina. Por eso pasó a convertirse en el patrón de los marmolistas, barqueros y marineros. San Clemente-

María se cuidó, luego de ser panadero, de propagar la fe en Polonia y Austria durante el siglo XX. *Otros personajes:* el nombre de Clemente lo llevaron varios Papas. Clemente de Alejandría está considerado uno de los más grandes apologistas del siglo II. Clément (Clemente en francés) Jancquin compuso numerosas canciones polifónicas en el siglo XVI. Clemens (Clemente en alemán) Brentano formó parte del grupo de poetas y escritores románticos de Alemania. Murió en 1842. El peruano Clemente Althaus escribió poesías patrióticas.

Clementino-Clementina. *Origen:* latín. *Onomástica:* 14 de noviembre. Es patronímico de Clemente. San Clementino fue mártir en Heraclea Tracia). *Otros personajes:* Clementina Ardeniu, poetisa española en lengua catalana, estuvo casada con el poeta C. Riba. Falleció en 1976.

Cleo. *Origen:* griego. *Significado:* celebridad. Según la mitología griega, Cleo es la musa de la historia.

Cleóbulo. *Origen:* griego. *Significado:* gloria, consejo o consejero glorioso. Cleóbulo de Rodas fue uno de los siete sabios de Grecia. Vivió en el siglo VI a.C.

Cleófanes. *Origen:* griego. *Significado:* brillar, mostrar o radiante de tanta gloria.

Cleofás. *Origen:* griego. *Onomástica:* 25 de septiembre. San Cleofás buscó a Jesús por los caminos, hasta que le vio repartir el pan luego de haber resucitado de su muerte en la cruz. Está considerado como uno de los siete discípulos de Emaús.

Cleómaco. *Origen:* griego. *Significado:* combate, batalla o el que combate gloriosamente.

Cleómenes. *Origen:* griego. *Significado:* valor, proeza o hazaña gloriosa. San Cleómenes murió martirizado en Creta. Cleómenes fue un escultor ateniense del siglo I a.C. Se le atribuye la Venus de Médicis.

Cleónico-Cleónice. *Origen:* griego. *Significado:* gloria, victoria o el que vence con gloria. *Onomástica:* 3 de marzo. San Cleónico fue un soldado martirizado en el Ponto a principios del siglo IV.

Cleopatra. *Origen:* griego. *Significado:* gloria, padre o la gloria del padre. *Onomástica:* 11 de octubre. La beata Cleopatra recibió martirio en Siria en el siglo IV. *Otros personajes:* en la mitología griega, Cleopatra es una de las danaides. También otra Cleopatra fue esposa de Meleagro. Sin embargo, la más famosa llegó a ser reina de Egipto, desde cuyo trono enamoró a los dos personajes más poderosos de Roma: Julio César y Marco Antonio.

Cleto-Cleta. *Origen:* griego. *Significado:* ínclito, ilustre. *Onomástica:* 26 de abril. San Cleto tuvo el honor de ser el tercer Papa: además, su destino fue el martirio en el año 90 d.C.

Clímaco. *Origen:* griego. *Significado:* escalera. *Onomástica:* 30 de marzo. San Juan Clímaco fue doctor de la Iglesia en el siglo II y autor de la obra teológica «La escala espiritual».

Climena. *Origen:* griego. *Significado:* el valor de la gloria. En la mitología griega, Climena es la madre de Atlas y de Prometeo.

Clitarco. *Origen:* griego. *Significado:* ala del ejército, el jefe del ala del ejército. *Onomástica:* 19 de agosto. Clitarco fue el historiador griego que escribió sobre las expediciones de Alejandro en Asia.

Clodoaldo. *Origen:* germánico. *Significado:* famoso por su poder. *Onomástica:* 7 de septiembre. San Clodoaldo fue un príncipe merovingio que en lugar de vengar la muerte de sus hermanos prefirió tomar los hábitos en el monasterio que hoy día lleva su nombre (siglo V).

Clodomiro. *Origen:* germánico. *Significado:* gloria, grande, insigne o grandioso en su fama. Clodomiro fue un rey franco, hijo de Clodoveo y de Clotilde.

Clodoveo. Clodoveo fue un rey franco que se convirtió al cristianismo.

Clodulfo. *Origen:* germánico. *Significado:* lobo de gloria. *Onomástica:* 8 de junio. San Clodulfo fue obispo de Metz (Alsacia) en el siglo VII.

Cloe. *Origen:* griego. *Significado:* hierba. Cloe es la heroína de la novela pastoral «Dafnis y Cloe» del griego Longo.

Clorinda. *Origen:* griego. *Significado:* verde.

Clotilde. *Origen:* germánico. *Significado:* gloria, batalla, batalla gloriosa o la que lucha por la gloria. *Onomástica:* 6 de mayo. Santa Clotilde consiguió que su esposo, el rey Clodoveo, se bautizara. Pero no impidió que sus nietos fueran demasiado crueles. Por eso ella se encerró en el convento de Tours, donde murió en el año 545.

Cointa. *Onomástica:* 8 de febrero. Variación de Quinta. Santa Cointa murió martirizada durante el gobierno del emperador Decio, a mediados del siglo III.

Coleta. *Origen:* francés. *Onomástica:* 6 de marzo. Puede considerarse un diminutivo de Nicolás. Santa Coleta fue una monja clarisa francesa del siglo XV, que se cuidó de mejorar esta Orden, sobre todo en la pobreza.

Colman. *Origen:* latín. *Significado:* paloma. San Colman fue abad de Dromore en el siglo VI. En Irlanda hay 119 santos, además del mencionado, con este nombre.

Colombino-Colombina. *Origen:* latín. *Significado:* relativo a la «columba» (paloma). *Onomástica:* 21 de octubre. San Colombino fue un rico irlandés, discípulo de San Columbano, que llegó a ser abad en Francia a finales del siglo VI. Colombina es un famoso personaje de la «Comedia del Arte», novia o esposa de Arlequín.

Colomo-Coloma. *Onomástica:* 17 de septiembre. Variante de Columba. Santa Coloma fue una mártir francesa del siglo III.

Columbano. *Origen:* latín. *Onomástica:* 24 de noviembre. San Columbano fue un gigante irlandés que mataba a los osos a puñetazos y dirigía a los monjes con una vara de suavidad. Murió en el año 615.

Columbo-Columba. *Origen:* latín. *Significado:* pichón doméstico, paloma. *Onomástica:* 10 de junio. Santa Columba de Córdoba fue una virgen entregada a Dios, hasta que murió martirizada por los árabes el año 853.

Concepción. *Origen:* latín. *Significado:* junto a tomar, aferrar. *Onomástica:* 8 de diciembre. Nombre alusivo a la Concepción de la Virgen María. *Otros personajes:* Concepción Arenal fue una socióloga y escritora española del siglo XIX; publicó «Cartas a los delincuentes». Concepción Espina escribió poesía y novela; acaso su mejor obra sea «La esfinge maragata»; falleció en 1955.

Concha. Forma hipocorística de Concepción. *Otros personajes:* la tonadillera Concha Piquer, la número uno, que actuó en el cine de los cuarenta del siglo XX y se retiró de los escenarios en pleno éxito. La actriz Concha Velasco, genial intérprete de la serie televisiva «Santa Teresa», que ha cantado, bailado y presentado programas de televisión.

Concordio-Concordia. *Origen:* latín. *Significado:* corazón, de idéntico corazón, unido de corazón. *Onomástica:* 13 de agosto. Los romanos adoraban a la diosa Concordia. San Concordio fue un sacerdote romano martirizado a bastonazos en Espoleta (Umbría).

Condel. *Origen posible:* celta. *Significado:* intrépido. *Onomástica:* 21 de octubre. San Condel fue un inglés que, pretendiendo ser ermitaño en Normandía, terminó construyéndose su propia ermita en el Sena. Allí vivió hasta su muerte en el año 185.

Conón. *Origen:* griego. *Significado:* polvo. *Onomástica:* 6 de marzo. San Conón pasó de jardinero a mártir en Panfilia a mediados del siglo III. Conón fue el astrónomo que dio nombre a la constelación «Cabellera de Berenice» en el siglo III a.C.

Conradino. Diminutivo de Conrado. El beato Conradino tomó los hábitos franciscanos, que mantuvo hasta su muerte en el siglo XV. Conradino fue el último de los Hohenstaufen, cuya ejecución desató las Vísperas Sicilianas en el siglo XIII.

Conrado. *Origen:* germánico. *Significado:* consejero, atrevido en el consejo. *Onomástica:* 21 de abril. San Conrado provocó un incendio en el bosque durante una cacería. Esto le arruinó por completo, lo que le llevó a la orden franciscana y, luego, a ser ermitaño en Sicilia hasta 1351. San Conrado Nantuin peregrinó hasta las proximidades de Munich, donde le quemaron en la hoguera en 1286. *Otros personajes:* Conrado se han llamado varios reyes y emperadores alemanes. El arqueólogo Konrad (Conrado en alemán) Peutinger trazó el mapa de las rutas del Imperio Romano, que hoy día se llama «Tabla de Peutinger», en el siglo XVI. Konrad Adenauer ocupó el cargo de canciller general de Alemania Occidental hasta 1963. El argentino Conrado Nale Roxlo escribió poesía, teatro y narrativa; falleció en 1971. Conrado Sanmartín ha realizado una labor digna como actor de cine y televisión.

Consejo. *Origen:* latín. *Significado:* deliberación, consejo que se da a alguien. *Onomástica:* 26 de abril. Advocación de la Virgen María. Nuestra Señora del Buen Consejo.

Consolación. *Origen:* latín. *Significado:* consuelo, reconfortamiento. *Onomástica:* 31 de agosto.

Constancio-Constanza. *Origen:* latín. *Significado:* permanecer. *Onomástica:* 29 de enero. San Constancio ocupó el cargo de sacristán de Ancona durante el siglo IV. Santa Constanza quiso imitar a Santa Inés, a pesar de ser hija del emperador Constantino, y lo consiguió hasta su fallecimiento en el año 354. Constancio se llamaron varios emperadores romanos.

Constante. *Origen:* latín. *Significado:* estar, quedarse, el que se mantiene firme. Constante fue un emperador romano de Occidente, hijo de Constantino «el Grande», en el siglo IV.

Constantino. *Origen:* latín. *Onomástica:* 27 de julio. San Constantino fue patriarca de esta ciudad hasta el año 677. *Otros personajes:* tres emperadores de Oriente llevaron el nombre de Constantino, el primero de ellos se perpetuó en Constantinopla. Constantin (Constantino en francés) Meunier mostró en sus pinturas y esculturas las reivindicaciones de los trabajadores belgas; murió en 1905. Konstantin (Constantino en ruso) Rokossvski obtuvo en 1943 la victoria de Stalingrado frente al ejército del III Reich. Constantino II, rey de Grecia, tuvo que abandonar su país en 1967 luego de fracasar en el intento de dar un golpe contra el gobierno de los coroneles. Constantino Karamanlis ocupó la presidencia de la República de Grecia en 1980. Constantino Romero es un gran presentador de televisión, a la vez que un excelente «actor doblador» de películas.

Contardo. *Origen posible:* de «Kouni-hard». *Significado:* intrépido. *Onomástica:* 27 de octubre. San Contardo Ferrini fue profesor de derecho penal en la Universidad de Pavía, donde mostró su bondad hasta 1902.

Cora. *Origen:* latín. *Significado:* corazón. *Onomástica:* 14 de mayo. En la mitología griega se puede ver que Cora es uno de los sobrenombres que se da a Proserpina.

Coral. *Origen:* latín. *Significado:* piedrecita.

Coralia. *Origen:* griego. *Significado:* muchacha, doncella.

Corbiniano. *Origen:* latín. *Significado:* cuervo. *Onomástica:* 8 de septiembre. San Corbiniano fue obispo de Frisinea, evangelizó Alemania y murió mártir en el siglo VIII.

Cordelia. *Origen:* latín. *Significado:* cordial, amigo, amigable. Cordelia aparece en la obra teatral «El rey Lear», de Shakeaspeare. Es posible que equivalga a la Córdula del santoral, a la que se venera en Gales.

Córdulo-Córdula. *Origen:* latín. *Significado:* corazón. *Onomástica:* 22 de octubre. Santa Córdula fue una virgen y mártir britana del siglo IV.

Corentino. *Origen:* latín. *Significado:* el que ayuda, el que socorre. *Onomástica:* 12 de diciembre. San Corentino fue el primer obispo de Quimper y el que propagó la fe entre los bretones en el siglo VII.

Corina. *Origen:* latín. *Significado:* virgen, doncella, muchacha. *Onomástica:* 10 de marzo. Corina fue una poetisa griega del siglo V a.C. También se llamó Corina la amante de Ovidio.

Cornelio-Cornelia. *Origen:* latín. *Significado:* hombre de cuerno o guerrero invulnerable a las flechas. *Onomástica:* 31 de marzo. San Cornelio llegó a ser Papa, hasta que murió martirizado en Civitávecchia en el año 253. *Otros personajes:* Cornelio fue el nombre de una de las más importantes familias romanas, a la que pertenecieron los Escipiones. La hija de Escipión «el Africano» se llamó Cornelia. Fue madre de los Gracos y adquirió una gran fama por la dedicación que prestó a sus hijos.

Corona. *Origen:* latín. *Significado:* corona, guirnalda de flores. Ésta era puesta sobre la cabeza de los reyes y generales romanos victoriosos. *Onomástica:* 14 de mayo. Santa Corona fue una mártir siria del siglo II.

Corpus. *Origen:* latín. *Significado:* cuerpo. Nombre que se daba a los niños y niñas nacidos el jueves de Corpus, que es la fiesta de institución de la Eucaristía.

Cosme-Cósima. *Origen:* griego. *Significado:* regalado, adornado, cosmos, mundo. *Onomástica:* 26 de septiembre. San Cosme fue médico en Arabia, junto a su hermano Damián. Los dos terminaron por morir martirizados en el año 287. Desde entonces pasaron a ser patrones de los médicos. *Otros personajes:* el italiano Cosme de Médicis, primer gran duque de Toscana, conquistó Siena; murió en 1574. Cósima Listz no vivió un matrimonio muy tranquilo junto a Richard Wagner.

Covadonga. *Origen:* de «cova longa». *Significado:* cueva larga. *Onomástica:* 8 de septiembre. Advocación de la Virgen María, venerada en Asturias cerca de la famosa cueva. En ésta don Pelayo inició la reconquista de España.

Crescenciano. *Origen:* latín. *Onomástica:* 24 de noviembre. Varios santos cristianos de los primeros siglos llevaron este nombre, sobre todo mártires.

Crescencio-Crescencia. *Origen:* latín. *Onomástica:* 15 de julio. Santa Crescencia fue nodriza de San Vito, al que acompañó en el martirio en el año 303.

Crescente. *Origen:* latín. *Significado:* aumenta, que crece. *Onomástica:* 10 de marzo. Crescente era otro de los sobrenombres que los romanos concedían a Júpiter. San Crescente siguió a San Pablo como discípulo, bajo cuya recomendación llegó a las Galias en el siglo I.

Crescentiano. Variante de Crescenciano. San Crescentiano fue obispo, pero debió desterrarse a África por culpa del acoso de los reyes vándalos en el siglo V.

Crescentino. *Origen:* latín. San Crescentino mártir es el patrón de Gubio y de Urbino.

Crisantemo-Crisantema. *Origen:* griego. *Significado:* la planta de las flores doradas.

Crisanto-Crisanta. *Origen:* griego. *Significado:* flor de oro. *Onomástica:* 25 de octubre. San Crisanto llegó al Evangelio por el camino de la filosofía. Su facilidad de palabra le permitió convertir a muchos amigos, junto a los cuales fue martirizado en el siglo III.

Crisipo. *Origen:* griego. *Significado:* juzgar, elegir. En la mitología griega aparece Crisipo como un hijo del rey de Frigia y de Pélope. También se llamaron Crisipo un filósofo y un médico griegos del siglo IV a.C.

Crisóforo. *Origen:* griego. *Significado:* oro, llevar o el que lleva oro. *Onomástica:* 20 de abril. San Crisóforo fue mártir en los comienzos del siglo IV.

Crisógono. *Origen:* griego. *Significado:* nacimiento, origen, cuna, descendencia. *Onomástica:* 24 de noviembre. San Crisógono fue un romano que entregó su casa para convertirla en una iglesia, la cual se dedicó a un mártir de Aquilea a principios del siglo IV.

Crisol. *Origen:* latín. *Onomástica:* 7 de febrero. San Crisol fue un armenio que predicó el evangelio a los flamencos en el siglo IV. En esas tierras se conservan sus reliquias.

Crisóstomo. *Origen:* griego. *Significado:* dorado, oro, boca. *Onomástica:* 27 de enero. San Juan Crisóstomo fue llamado «pico de oro».

Crisóteles. *Origen:* griego. *Significado:* resultado, objeto o el que tiene como meta el oro. San Crisóteles fue un mártir persa a mediados del siglo III.

Crispín-Crispina. *Origen:* latín. *Onomástica:* 19 de noviembre. San Crispín fue un zapatero que caminó, junto con su hermano, desde Roma a Soisson. Aquí los dos perdieron la piel en el martirio. Por eso se convirtieron en los patronos de los zapateros y los remendones. Santa Crispina dejó su cabeza, bajo la espada del verdugo, por no querer adorar a unos ídolos en el año 304.

Crispiniano. *Origen:* latín. *Onomástica:* 25 de octubre. San Crispiniano fue el hermano de San Crispín.

Crispo. *Origen:* latín. *Significado:* de pelo crespo, rizado. *Onomástica:* 4 de octubre. San Crispo fue arquisinagogo de Corinto, hasta que San Pablo le bautizó en el siglo I.

Críspulo. *Origen:* latín. *Onomástica:* 30 de mayo. San Críspulo fue mártir en España junto a San Restituto.

Cristián-Cristiana. *Origen:* latín. *Significado:* perteneciente a la religión de Jesucristo, cristiano. *Onomástica:* 15 de diciembre. Santa Cristiana cambió la nobleza de su familia por el convento de las Agustinas, donde recibió el nombre que la inmortalizó desde el año 1310. *Otros personajes:* Cristián es un nombre muy común entre los reyes de Noruega, Dinamarca y Suecia. Christian (Cristián en danés) Hans Andersen es el famoso cuentista danés, autor de «El

patito feo» o «El soldado de plomo»; vivió en el siglo XIX. El austríaco Christian Doppler descubrió el efecto físico sobre el sonido y la
luz; murió en 1853. El médico sudafricano Christian Barnard inició
los trasplantes de corazón. La cantante inglesa Christine Keeler provocó, junto con su amante el ministro Profumo, uno de los mayores
escándalos que ha conocido el Reino Unido en las últimas décadas.

Cristina. *Onomástica:* 24 de julio. Variante de Cristiana. Santa Cristina
Ninón se entregó a curar y a convertir a los bárbaros en el siglo IV.
Santa Cristina «la Admirable» volvió de la muerte, cuando tenía
veinte años, para contar que regresaba del purgatorio. Vivió
muchos años más en un convento de Bélgica, donde falleció en
1224. *Otros personajes:* Cristina reinó en Suecia desde 1632; abdi-
có doce años más tarde en favor de su primo Carlos Gustavo.
Cristina Almeida es la abogada comunista que se ha convertido en
comentarista. Cristina Alberdi fue abogada independiente, hasta
que entró a formar parte del gobierno socialista como ministra de
Asuntos Sociales.

Cristo. *Origen:* griego. *Significado:* útil, servicial. Este Cristo no tiene
nada que ver con Jesús, ni con la Iglesia. Se refiere a la costumbre
de los griegos modernos y otras personas de querer llamarse así.

Cristóbal. *Origen:* griego. *Significado:* llevar a Cristo. *Onomástica:* 28
de julio. San Cristóbal supone un ser legendario, que cargó sobre
sus brazos al niño Jesús para ayudarle a cruzar un río. Es el patrón
de los descargadores y de los conductores. Un segundo San
Cristóbal fue un mártir español decapitado en Córdoba a mediados
del siglo IX. *Otros personajes:* el nombre de Cristóbal lo llevaron
varios reyes de Dinamarca. El genovés Cristóbal Colón descubrió
América en 1492 para el reino de España. El poeta español
Cristóbal de Castillejos escribió coplas amorosas en el siglo XVI. El
eclesiástico español Cristóbal Vaca de Castro se proclamó emperador de Perú, al saber que Pizarro había sido asesinado, y luego
mandó que se ejecutara a Almagro a mediados del siglo XVI.
Christopher (Cristóbal en inglés) Marlowe creó el teatro trágico en
Inglaterra, abriendo la puerta al mismo Shakespeare. El conquistador español Cristóbal Olid traicionó a Hernán Cortés; se le ejecutó
en 1524. El agustino español Cristóbal de Fonseca escribió el

«Tratado del amor de Dios». El inglés Christopher Lee interpretó el papel de «Drácula».

Cristódulo. *Origen:* griego. *Significado:* esclavo de Cristo. San Cristódulo fue un monje de Patmos en el siglo XI.

Cruz. *Origen:* latín. *Onomástica:* 14 de septiembre. La cruz era un instrumento de suplicio de los romanos, hasta que adquirió el tono sagrado con la muerte de Jesús.

Cuadrato. *Origen:* latín. *Significado:* cuadrado, de media estatura. San Cuadrato fue obispo de Verona en el siglo II.

Cuartila. *Origen:* latín. *Onomástica:* 19 de marzo. Este nombre es un diminutivo de «Quarta». Santa Cuartila fue llevada al martirio, junto con San Quinto y Santa Quintila, en Sorrento.

Cuarto. *Origen:* latín. *Significado:* el cuarto nacido, hijo. *Onomástica:* 6 de agosto. San Cuarto fue discípulo de los apóstoles. San Pedro le hizo obispo de Beirut. Se cuenta que viajó dos veces a España, para predicar en Salamanca.

Cuauhtémoc. *Origen:* náhuatl. *Significado:* águila que desciende. Cuauhtémoc fue el último emperador azteca. En México este nombre es una afirmación nacionalista.

Cucufate. *Origen:* de «Cucuphate». *Onomástica:* 25 de julio. Nombre que entró en Europa con el santo que lo porta. San Cucufate nació en Cesarea, de donde viajó a Barcelona en plan evangelizador. En este lugar le decapitaron en el año 304. Por eso tiene en Cataluña un monasterio bajo su advocación y en París un lago.

Cunegunda. *Origen:* germánico. *Significado:* familia. *Onomástica:* 3 de septiembre. Santa Cunegunda ayudó a su marido, el emperador de Alemania Enrique II, a cumplir con tanta perfección sus obligaciones, que los dos fueron llevados a los altares. Por cierto, construyeron la catedral de Bamberg.

Cuniberto. *Origen:* germánico. *Significado:* estirpe, brillo o el brillo de la estirpe. *Onomástica:* 12 de noviembre. San Cuniberto fue obispo de Colonia, donde destacó por su dedicación al pueblo en el siglo VII.

Cunón. *Origen:* germánico. *Significado:* atrevido, temerario. *Onomástica:* 19 de abril. San Cunón fue un mártir sajón del siglo X.

Curcio. *Origen:* latín. *Significado:* cortado, mutilado.

Custodio-Custodia. *Origen:* latín. *Significado:* guardar, custodiar. Estos nombres se refieren a la fiesta de los Ángeles Custodios y al misterio de la Eucaristía.

Cutberto. *Origen:* anglosajón. *Significado:* fama, sabiduría, brillo o el que brilla por su fama. *Onomástica:* 3 de agosto. San Cutberto fue un obispo inglés del siglo VII, al cual están dedicadas 72 iglesias, sobre todo en el norte de Inglaterra. Es el patrono de los marineros.

Cutmano. *Origen:* anglosajón. *Significado:* el hombre que tiene buena fama. *Onomástica:* 8 de febrero. San Cutmano de Steninges fue un santo inglés del siglo IX.

D

Dacio. *Origen:* latín. *Significado:* relativo a Dacus. *Onomástica:* 14 de enero. San Dacio fue obispo de Milán.

Dafne. *Origen:* griego. En la mitología griega, aparece Dafne como una ninfa hija del río Peneo. Al ser acosada por Apolo, su padre la convirtió en laurel. Pero el dios arrancó una rama de esta planta y se hizo una corona. De aquí proviene la costumbre de premiar a los poetas con una corona de laurel.

Dagoberto. *Origen:* germánico. *Significado:* claridad, resplandeciente como el día. *Onomástica:* 23 de diciembre. San Dagoberto reinó en Austrasia unos cuatro años, hasta que un rival le dio muerte en el año 679. San Dagoberto de Pisa fue arzobispo de esta ciudad hasta 1107.

Dagomaro. *Origen:* germánico. *Significado:* ilustre, famoso o brillante como la mañana.

Daisy. *Significado:* flor, ojo del día. Hipocorístico inglés de Margaret. Luego se parece al castellano Margarita.

Dalia. *Origen posible:* sueco. *Significado:* valle. Dalia es una flor mexicana, que fue descubierta por el español Canilles. Éste eligió el nombre para homenajear a su colega sueco Dahl.

Dalila. *Origen:* hebreo. *Significado:* languidece, debilitarse. En la Biblia aparece Dalila como una filistea amante de Sansón, al que arrebató su fuerza portentosa cuando le cortó la larga cabellera.

Dalmacio. *Origen:* latín. *Significado:* originario de Dalmacia. *Onomástica:* 25 de septiembre. San Dalmacio encabezó, por su condición de guerrero y Archimandrita de Constantinopla, el batallón monástico contra los que negaban a la Virgen el título de «Madre de Dios». San Dalmacio Moner fue un dominico catalán que comenzó a hacer milagros, pero como la gente le agobiaba con sus peticiones, se escondió en Girona, hasta que murió en 1341. *Otros personajes:* Dalmacio Langarica fue un gran ciclista y, años después, dirigió la selección española.

Dámaso. *Origen:* griego. *Significado:* domador. *Onomástica:* 11 de diciembre. San Dámaso fue un Papa español, partidario de las letras y de las bellas artes en el siglo IV. *Otros personajes:* el nombre Dámaso lo llevaron dos Papas. Dámaso Alonso pertenece a la generación del 27 como poeta y crítico; dirigió la Real Academia Española de 1968 a 1982. El general Dámaso Berenguer ocupó la presidencia del gobierno de España de 1930 a 1931.

Damián. *Origen:* griego. *Significado:* consagrado al culto de Damia. Este era otro de los sobrenombres que se dedicaba a la diosa Cibeles. *Onomástica:* 27 de septiembre. San Damián fue hermano de San Cosme, al que dio aliento de espiritualidad. Juntos fueron martirizados por orden de Diocleciano en el año 287. *Otros personajes:* Damián Campeny y Estrany está considerado entre los escultores españoles neoclásicos. Sus dos mejores obras, «Lucrecia» y «Cleopatra», las esculpió en 1804.

Damocles. *Origen:* griego. *Significado:* gloria del pueblo. Damocles fue un cortesano de Dionisio de Siracusa, de quien cuenta la leyenda que curó a un león al quitarle una espina de la pata. Años más tarde, en la arena del circo romano, la fiera «recordó» la ayuda y no le devoró.

Dánae. *Origen:* griego. *Significado:* quemar, encender, incendiar. En la mitología griega, Dánae es la joven griega a la que Júpiter conquistó luego de volverse lluvia de oro.

Daniel. *Origen:* hebreo. *Significado:* mi juez sólo es Dios. *Onomástica:* 21 de julio. San Daniel es uno de los profetas mayores, escritor de textos enigmáticos y amigo de los leones. Un segundo San Daniel vivió como anacoreta, hasta que murió martirizado en Girona en el siglo IX. *Otros personajes:* el inglés Daniel Defoe escribió «Robinson Crusoe» en 1719. El científico suizo Daniel Bernouli descubrió en el siglo XVIII que la presión de todos los fluidos se reduce al aumentar la velocidad. La actriz Danielle (Daniela en francés) Darrieux intervino en películas como «Cena de acusados». El español Daniel Sueiro ha escrito cuentos y novelas como «Corte de corteza».

Daniel Ortega Saavedra fue elegido presidente de la República de Nicaragua en 1984, cinco años más tarde de la dimisión de Somoza.

Dante. *Origen:* germánico. *Significado:* el cuervo de Thor. *Otros personajes:* Dante Alighieri fue un poeta italiano, autor de «La Divina Comedia», acaso la mejor obra de toda la Edad Media europea. Murió en 1321.

Dario-Daría. *Origen:* griego. *Significado:* represor. A San Darío le llevaron al martirio en la Nicea del siglo IV. El destino de la romana Santa Daría corrió la misma suerte, pero en el siglo III. *Otros personajes:* el nombre de Darío lo llevaron varios reyes persas. Darius (Dario en francés) Milhaud compuso óperas, «ballets» y sinfonías con una cierta influencia brasileña. Estrenó la ópera «Bolívar» en 1943.

Dativo. *Origen:* latín. *Significado:* perteneciente al hecho de dar. *Onomástica:* 10 de septiembre.

Dato. *Origen:* latín. *Significado:* regalar. *Onomástica:* 3 de julio. San Dato fue obispo de Ravena en el siglo II.

David-Davidia. *Origen:* hebreo. Significado: querido, amado. *Onomástica:* 26 de junio. San David de Tesalónica destacó como un brillante ermitaño, ya que durante sus setenta y seis años dio buenos consejos a los habitantes de su ciudad en el siglo VI. San David fue rey y profeta de Israel, gran combatiente y amante de la música. Por eso es patrono de los cantantes y músicos en un plano general. *Otros personajes:* dos reyes de Escocia llevaron el nombre de David. El inglés David Hume destacó como filósofo e historiador en el siglo XVIII; defendió la importancia de las percepciones personales. El israelí David Ben Gurion ocupó el cargo de primer ministro de su país en dos etapas: 1945-1953 y 1961-1963; es considerado uno de los «padres» del moderno Israel; falleció en 1973. El inglés David Lean dirigió películas como «Lawrence de Arabia» y «El puente sobre el río Kwai», por la que obtuvo varios Óscar en 1957. El inglés David Niven intervino en «Los cañones de Navarone» y «En la vuelta al mundo en 80 días», donde quedaba retratado a la perfección.

Davino. *Origen:* latín. *Significado:* de la casta de Davus. *Onomástica:* 3 de junio. San Davino fue un rico armenio que prefirió vivir en la pobreza. Con su ejemplo convenció a una rica cristiana de Lucca para que se desprendiera de los bienes materiales. También hizo lo mismo con otra mucha gente, hasta que murió en el año 1051.

Dea. *Origen:* latín. *Significado:* diosa, un dios.

Débora. *Origen:* latín. *Significado:* abeja. Débora fue una profetisa judía que escribió un cántico a Yahvé. *Otros personajes:* la actriz inglesa Deborah Kerr, que ha protagonizado películas como «Las minas del rey Salomón», «Quo Vadis?» y «Mesas separadas».

Decio-Decia. *Origen:* latín. *Significado:* décimo hijo. *Onomástica:* 9 de abril. Decio fue emperador de Roma del año 249 al 251. Murió en una batalla contra los godos.

Decoroso. *Origen:* latín. *Significado:* que ha quedado bien, elegante. *Onomástica:* 15 de febrero. San Decoroso fue obispo de Capua en el siglo VII.

Deícola. *Origen:* latín. *Significado:* cultivar, habitar o el que cultiva a Dios. *Onomástica:* 18 de enero. San Deícola fue un abad bretón entre los siglos VI y VII.

Deifila. *Origen:* griego. *Significado:* de cara a Zeus, amada de Dios. En la mitología griega, encontramos a Deifila como la esposa de Tideo y madre del héroe Diomedes.

Delfín-Delfina. *Origen:* latín. *Significado:* bestia feroz. *Onomástica:* 24 de diciembre. San Delfín fue obispo de Burdeos del año 380 al 403. Delfín era otro de los sobrenombres que se le daba al dios Apolo. También conviene recordar al simpático cetáceo, que ya forma parte de las especies protegidas.

Delia. *Origen:* griego. Delia era un sobrenombre de Artemisa, basado en el hecho de que había nacido, igual que su hermano Apolo, en la isla de Delos.

Demetrio-Demetria. *Origen:* griego. *Significado:* perteneciente a Demeter. *Onomástica:* 14 de agosto. San Demetrio fue procónsul romano, hasta que se convirtió al cristianismo. Esto le llevó al martirio en el siglo IV. En la misma época perdió la vida la virgen Santa Demetria, pero su sacrificio tuvo a Roma como doloroso escenario.

Otros personajes: Demetrio se llamaron dos reyes de Macedonia y varios gobernantes rusos. Demetrio de Falero gobernó Atenas, al ser impuesto por Casandro, desde el año 317 al 307 a.C.

Demócrito. *Origen:* griego. *Significado:* juzgar o escogido por el pueblo. Demócrito fue un filósofo griego del siglo V a.C. Se cuidó de desarrollar la doctrina atomista de Leucipo.

Demófilo-Demófila. *Origen:* griego. Significado: pueblo, amigo o amigo del pueblo. Demófila fue la sibila de Cumas, que vendió a Tarquino Prisco los tres libros sibilinos.

Demóstenes. *Origen:* griego. *Significado:* pueblo, fuerza o la fuerza del pueblo. Demóstenes fue un orador y político ateniense. Gran guerrero y estratega, sus mayores méritos se hallaban en la oratoria. Se suicidó en el año 322 a.C. al verse acosado por sus enemigos.

Deocaro. *Origen:* latín. *Significado:* caro a Dios, amado por Dios. *Onomástica:* 7 de junio. San Deocaro fue un monje de Franconia que terminó por ser el confesor favorito del emperador Carlomagno.

Deodato. *Origen:* latín. *Significado:* regalado, donado por Dios. *Onomástica:* 15 de octubre.

Deogracias. *Origen:* latín. *Significado:* favor, gracias a Dios. *Onomástica:* 22 de marzo. San Deogracias vendió, al ser nombrado obispo de Cartago, todos sus tesoros para rescatar esclavos y, además, convirtió dos iglesias en refugios de mendigantes. Murió en el año 457.

Desdémona. *Origen:* griego. *Significado:* la desdichada, la desposeída. Desdémona es la protagonista de «Otelo», de Shakespeare. Pero éste tomó la historia de «Hecatommithi», que es una obra escrita por Cinthio.

Deseado. *Origen:* latín. *Significado:* deseado, pedido, solicitado. *Onomástica:* 8 de mayo. San Deseado desempeñó el cargo de ministro de Gracia y Justicia de los reyes Clotario y Childeberto. Luego pasó a ser obispo de Bourges, hasta su muerte en el año 550.

Desiderio. *Origen:* latín. *Significado:* pena, sentimiento, fuera de las estrellas. *Onomástica:* 23 de mayo. El francés San Desiderio de Langres fue asesinado por los vándalos en el siglo V. San Desiderio de Vienne fue otro obispo, éste de Saint-Didier-sur-Chalaronne, al que mataron a porrazos en el siglo VII. *Otros personajes:* el holandés Desiderio Erasmo de Rotterdam pretendió reformar la Iglesia, devolviéndola a las formas primitivas, a las Sagradas Escrituras y a la desaparición de los ceremoniales. Contó con importantes aliados, como Carlos V. Falleció en 1536.

Desierto. *Origen:* latín. *Significado:* salvaje. *Onomástica:* 26 de junio. San Desierto fue un sacerdote francés del siglo XI que poseía un poder sanador y mucha bondad.

Devoto-Devota. *Origen:* latín. *Significado:* consagrado, dedicado. *Onomástica:* 27 de enero. Santa Devota viajó de Italia a Mónaco, donde recibió martirio en el año 300. Es la patrona de este pequeño país.

Deyanira. *Origen:* griego. *Significado:* devastar, aplastar, hombre o destructora de hombres. Según la mitología griega, Deyanira fue la esposa de Hércules, cuya muerte la provocó la túnica envenenada del centauro Neso.

Diadelfo. *Origen:* griego. *Significado:* hermano de Zeus.

Diamante. *Origen:* latín. *Significado:* enamorarse, amar intensamente. Este nombre también ofrece una relación con la piedra preciosa.

Diana. *Origen:* latín. *Significado:* claridad, de naturaleza celestial. *Onomástica:* 9 de junio. Santa Diana de Andalo fue una noble boloñesa, a la que sus hermanos rompieron una costilla al saber que pretendía ser dominica; pero, luego, le ayudaron a fundar un convento en el año 1236. *Otros personajes:* en la mitología griega, la diosa Diana es la cazadora, la lunar y la luminosa, acaso por su condición de hija de Júpiter. Diana de Poitiers se entregó a Enrique II, rey de Francia, como su amante. La norteamericana Diana Durbin despertó pasiones entre los espectadores que iban al cine en la década de los cuarenta del siglo XX; pero había empezado de niña prodigio, que cantaba como «los ángeles». La inglesa Diana Dors fue una de las «bombas sexy» de los sesenta, esas rubias de gran delantera que pretendían competir con Marilyn Monroe.

Dídimo. *Origen:* griego. *Significado:* hermano gemelo, doble. *Onomástica:* 28 de abril. San Dídimo abandonó su responsabilidad como soldado de la guarnición de Alejandría, para sacar a Teodora de una casa de citas. Esto no impidió que los dos fueran decapitados en el año 304.

Diego. *Origen:* latín. *Significado:* instruido. *Onomástica:* 13 de noviembre. Supone una forma abreviada de Santiago. San Diego de Alcalá fue un franciscano andaluz, cuya mayor obra la realizó en Canarias y en Roma, donde murió en 1463. San Diego de Cádiz destacó por su labor misionera, que no abandonó hasta su muerte en el año 1801. *Otros personajes:* el arquitecto Diego de Siloé construyó las catedrales de Granada, Málaga, Plasencia y Guadix. Es considerado un maestro dentro del Renacimiento español. Diego Colón, hijo mayor del descubridor de América, recibió el título de almirante y virrey de las Indias, como una forma de reparar el daño hecho a su padre. Diego de Almagro acompañó a Pizarro en la conquista de Perú; luego se enfrentaría al mismo, le derrotaría y, más tarde, le ejecutaría. Diego Almagro, «el Mozo», hijo del anterior, participó en la ejecución de Pizarro. Diego de Silva Velázquez ha quedado en la historia como uno de los más grandes pintores de todos los tiempos; una de sus mayores obras, «Las Meninas», terminó de realizarla en 1656. El militar español Diego Velázquez de Cuéllar fundó la ciudad de Santiago de Cuba, además de otras; pero, luego, se convirtió en uno de los peores enemigos de Hernán Cortés. Diego Hurtado de Mendoza llevó las embajadas de España en Inglaterra y Venecia, representó a Carlos V en el Concilio de Trento y escribió una obra muy variada y de gran calidad. El teólogo español Diego Laínez asistió al Concilio de Trento como General de la Compañía de Jesús. El franciscano Diego Estella escribió «Tratado de la vanidad en el mundo»; murió en 1578. El diplomático español Diego de Saavedra Fajardo escribió ensayos, diálogos satíricos y crítica burlona en el siglo XVII. Diego de León, conde de Belascoáin, tomó parte como general en la conspiración contra Espartero; esto le condujo ante un piquete de fusilamiento en 1841. Diego Torres Villarroel ocupó una cátedra en la Universidad de Salamanca; escribió sonetos, seguidillas y otras obras, que seguían la senda marcada por Quevedo. Falleció en 1770. El erudito Diego Clemencín llegó a ser presidente de las Cortes a principios del siglo XIX. El mexicano Diego Rivera inició en su país la escuela muralista, luego de haber pasado por París; entre sus obras destacan los murales para el Palacio Nacional; murió en 1957. El argentino Diego Armando Maradona está considerado como una estrella del fútbol mundial, a pesar de las drogas.

Digno-Digna. *Origen:* latín. *Significado:* digno de lo mejor. *Onomástica:* 4 de junio. Santa Digna fue una religiosa española que recibió martirio en la Córdoba del siglo IX.

Dimas. *Origen:* hebreo. *Significado:* el que busca a Dios. *Onomástica:* 25 de marzo. San Dimas es el buen ladrón, que fue crucificado junto a Jesús.

Dimna. *Origen:* irlandés. *Significado posible:* conveniente, bondadoso. *Onomástica:* 15 de mayo. Santa Dimna se trasladó de Irlanda a Amberes, luego de hacerse cristiana, pero su padre la siguió para decapitarla en el siglo VI.

Dina. *Origen:* hebreo. *Significado:* juzgada. Dina fue la única hija del patriarca Jacob. En la mitología griega, se encuentra Dina como amante de Hércules e hija de Evandro, rey de Italia.

Dinorah. *Origen:* arameo. *Significado:* luz, que la luz te dé. El nombre de Dinorah aparece en la Cábala. El compositor alemán Jakob Meyerbeer compuso la ópera «Dinorah», dentro de sus obras melodramáticas.

Diodoro. *Origen:* griego. *Significado:* don recibido de Júpiter. *Onomástica:* 17 de enero. En la mitología griega, aparece Diodoro como el nieto de Hércules que sometió a infinidad de pueblos africanos. *Otros personajes:* Diodoro de Cronos fue un filósofo griego del siglo IV a.C. Se le considera uno de los mejores dialécticos. El griego Diodoro de Sicilia escribió «Biblioteca histórica» en el siglo I a.C. Diodoro de Tarso, obispo de esta ciudad, fue combatido por sus ideas religiosas. Murió en el año 392.

Diógenes. *Origen:* griego. *Significado:* nacido, generado, generado por Zeus. *Onomástica:* 14 de diciembre. San Diógenes fue llamado así por las gentes de Arras, cuando su nombre verdadero era Gaugerico de Cambrai. Debió ser muy sabio en aquel período del siglo VII. *Otros personajes:* Diógenes de Apolonia es recordado como un filósofo y médico griego del siglo IV a.C. Diógenes, «el Cínico», enseñó a buscar la felicidad mirando a la Naturaleza. Como despreciaba las reglas sociales, llegó a vivir dentro de un tonel; murió en el año 327 a.C. Diógenes Laercio escribió «Vida y opiniones de los filósofos ilustres» en el siglo II de nuestra era.

Diomedes. *Origen:* griego. *Significado:* meditación. *Onomástica:* 16 de agosto. San Diomedes fue un médico turco que se dedicó a los más humildes; recibió martirio en la época de Diocleciano (siglo IV). En la mitología griega, Diomedes es el rey de Tracia; poseía unas yeguas antropófagas, a las que echaba a los extranjeros que llegaban a su país; le mató Heracles en uno de sus trabajos.

Dión. *Origen:* griego. *Significado:* el hombre de Zeus. *Onomástica:* 6 de julio. San Dión recibió martirio en Campania durante el siglo III. Dión de Siracusa formó parte del numeroso grupo de discípulos de Platón.

Dionisio-Dionisia. *Origen:* latín. *Significado:* consagrado al dios Dionisio. *Onomástica:* 6 de diciembre. San Dionisio Aeropagita fue el primer obispo de Atenas, hasta que le llevaron a martirio en el siglo III. A Santa Dionisia la arrestaron, cerca de Túnez, junto a su hija. Las dos terminaron siendo mártires en el año 484. Según la mitología griega, Dionisio es el dios del vino y del delirio místico. *Otros personajes:* dos tiranos de Siracusa se llamaron Dionisio. El griego Dionisio de Halicarnaso escribió «Historia primitiva de Roma» en el siglo I a.C. El pintor flamenco Dionisio Calvaert mostró un estilo manierista en sus cuadros; falleció en 1619. El escritor Denis (Dionisio en francés) Diderot pasa por ser la mayor figura de la ilustración de su país. Dirigió la «Enciclopedia francesa» y escribió grandes obras; murió en 1784. El francés Denis Papin inventó la marmita que lleva su nombre: una primitiva autoclave. También utilizó el vapor para mover vehículos en el siglo XVIII. El español Dionisio Ridruejo se separó de la Falange, a la que había servido, y se convirtió en un gran demócrata; su poesía pertenece a la generación del 36; falleció en 1975.

Dioscórides. *Origen:* griego. *Significado:* relativo a Dioscoro. *Onomástica:* 10 de mayo. San Dioscórides fue un mártir de Esmirna.

Diosdado. *Origen:* latín. *Significado:* Dios proporcionó. *Onomástica:* 2 de julio. San Diosdado fue un sacerdote que murió en Lombardía, luego de una vida entregada a la oración. Un segundo San Diosdado llegó a ser Papa, y de él se cuenta que sanó a un leproso con un beso.

Dirce. *Origen:* griego. *Significado:* piña o fruto del pino. En la mitología griega, Dirce es la reina de Tebas, a la que Dionisio transformó en una fuente; pero antes había muerto al ser atada a un toro por los hijos de Antíope.

Disibodo. *Origen:* germánico. *Significado:* pueblo, dominador, jefe. *Onomástica:* 8 de septiembre. San Disibodo fue apóstol de Alemania y obispo de Maguncia en el siglo VII.

Divina. *Origen:* latín. *Significado:* hermosa en un grado extraordinario. Se refiere a lo que pertenece a Dios. También hace mención a la divina Providencia.

Dolores. *Origen:* latín. *Significado:* experimentar dolor, sufrir. *Onomástica:* 15 de septiembre. Dolores es una forma hipocarística de Lola. Con este nombre se evocan los Dolores Gloriosos de la Virgen María. *Otros personajes:* Dolores Ibarruri Gómez, «la Pasionaria», fue miembro del Partido Comunista de España desde 1930, en 1977, salió elegida diputada de las Cortes por Asturias. Falleció en 1991. Dolores Abril es una intérprete de la «canción española»; estuvo casada con Juanito Valderrama.

Domiciano. *Origen:* latín. *Onomástica:* 9 de agosto. Domiciano fue emperador de Roma del 51 al 96 de nuestra era. Ejerció el poder como un dictador. También en su debe se encuentran las persecuciones que ordenó contra los cristianos, cientos de los cuales acabaron siendo mártires.

Domicio. *Origen:* latín. *Significado:* domar, domeñar, subyugar. *Onomástica:* 23 de abril. San Domicio fue un mártir de Asia menor en el siglo IV.

Domingo-Dominga. *Origen:* latín. *Significado:* consagrado al Señor. *Onomástica:* 12 de mayo. Santo Domingo de la Calzada construyó una ermita para acoger a los peregrinos que iban a Santiago. Santo Domingo de Guzmán fundó la Orden de los Dominicos y creó el rosario. Santo Domingo Loricato es considerado el campeón de los penitentes. Santo Domingo Sarracino Yáñez fue degollado por los árabes de Córdoba. Domingo de Silos fundó un monasterio en el que se reunió toda la cultura de su tiempo. (En el santoral aparecen muchos hombres y mujeres con este nombre.) *Otros personajes:* el filósofo español Domingo Gundisalvo tuvo bajo su responsabilidad, en el siglo XII, a los traductores de Toledo. Domenico Theoto-kópoulos, «el Greco», era natural de Grecia, pero se educó y formó en España. Su pintura se halla cargada de una sublime espirituali-dad; terminó de realizar «El entierro del conde de Orgaz» en 1588. El geógrafo español Domingo Badía y Leblich viajó por Asia y África; murió envenenado por el bajá de Damasco en 1822. Domenico (Domingo en italiano) Fancelli introdujo con su escultura el renacimiento en España. Esculpió el sepulcro de los Reyes Católicos en la Capilla Real de Granada; murió en 1519. El con-quistador español Domingo Martínez de Irala desempeñó el cargo de gobernador de Río de la Plata, creó el primer ayuntamiento de Asunción y destruyó Buenos Aires; todo ello en el siglo XVI. Domingo Ortega puso el toreo en su sitio, al conceder una gran importancia al dominio de la lidia; con escasa preparación cultural al llegar a los ruedos, supo educarse con los mejores maestros. El italiano Dome-nico Modugno compuso y cantó unas canciones populares que die-ron la vuelta al mundo en los años cincuenta y sesenta del siglo XX; ganó varias veces el Festival de San Remo.

Dominica. *Significado:* guardada para el Señor. *Onomástica:* 6 de julio. Forma femenina de Domingo. Santa Dominica fue una joven mártir calabresa del siglo IV.

Domitila. *Origen:* latín. *Onomástica:* 12 de mayo. Diminutivo femenino de Domicio. Santa Domitila convirtió, en el siglo I, un enorme jardín de su propiedad en cementerio cristiano, cerca de Roma. Hoy día este paraje se conoce como «las catacumbas de Domitila».

Domnino. *Origen:* latín. *Significado:* señor, amo, propietario. *Onomástica:* 16 de julio. San Domnino fue un mártir de Fidencia en el siglo IV.

Donaciano. *Origen:* latín. *Onomástica:* 24 de mayo. Patronímico de «Donatus». San Donaciano y su hermano San Rogaciano sufrieron juntos las persecuciones ordenadas por Diocleciano, hasta que fue-ron mártires en el año 304. *Otros personajes:* Donaciano, Marqués de Sade, fue un escritor francés, cuya obra «revolucionaria» en lo moral y social quedó malamente resumida con el término «sadismo». Concluyó su obra «Las ciento veinte jornadas de Sodoma» en 1785.

Donají. *Origen:* zapoteco. *Significado:* será amada, virgen, mujer joven o la virgen amada. Donají es la legendaria princesa zapoteca de México.

Donaldo. *Origen:* gaélico. *Significado:* poderoso en el mundo, el que gobierna el mundo. *Onomástica:* 15 de julio. San Donaldo fue un escocés, padre de nueve hijas, para todas las cuales construyó un convento en el siglo VIII. *Otros personajes:* el primer rey de Escocia se llamó Donaldo. Tengamos en cuenta que este nombre en inglés es «Donald», lo que nos permite recordar al Pato Donald, personaje de Disney, y a un sinfín de actores, escritores y militares de habla inglesa.

Donatila. *Origen:* latín. *Onomástica:* 25 de julio. Diminutivo de Donata. Santa Donatila fue una mártir del siglo IV.

Donato-Donata. *Origen:* latín. *Significado:* dado por Dios. *Onomástica:* 25 de febrero. En el santoral, aparecen 21 hombres y mujeres con estos nombres. *Otros personajes:* Donato d´Angeli Bramante fue un arquitecto y pintor italiano del Renacimiento. Trazó los planos de la nueva Basílica de San Pedro. Murió en 1514.

Dora. *Origen:* griego. *Significado:* don, bienaventurado. Diminutivo de Dorotea.

Dorinda. *Origen:* la fantasía. *Significado:* dulce. Dorinda es la amante de Silvio en la obra «Il Pastor Fido», de Guarini.

Doris. *Origen:* griego. *Significado:* muchacha doria o nacida en Dórida. Variante inglesa de Dora. En la mitología griega, Doris es la ninfa marina esposa de Nereo y madre de las cincuenta nereidas. *Otros personajes:* la actriz y cantante Doris Day, que llegó a ser la «más taquillera», es decir, la más querida del público, norteamericano, en la década de los cincuenta del siglo XX. También obtuvo varios discos de oro por sus canciones. La recordamos en la película «El hombre que sabía demasiado», de Hitchcock.

Doroteo-Dorotea. *Origen:* griego. *Significado:* don, dios, donado por Dios. *Onomástica:* 5 de junio. San Doroteo fue obispo en Tiro, hasta que debió exilarse por culpa de Diocleciano; luego sufrió martirio, en el siglo IV, durante una de las persecuciones ordenadas por Juliano. Santa Dorotea también es una mártir, pero en Cesarea de Capadocia a lo largo del siglo III. *Otros personajes:* Doroteo

Arango, más conocido por el sobrenombre de «Pancho Villa», es el famoso jefe guerrillero mexicano; murió asesinado en 1923. Doroteo Vasconcelos ocupó la presidencia de la República de El Salvador, su país, de 1848 a 1851. Doroteo Martín es considerado, junto con Guillermo Sautier Casaseca, el rey del melodrama español, sobre todo por el serial radiofónico «Ama Rosa», que luego se llevó al cine y al teatro.

Dositeo-Dositea. *Origen:* griego. *Significado:* donación de Dios. *Onomástica:* 23 de febrero. San Dositeo fue paje en la corte de Constantinopla, hasta que se hizo monje para entregarse a la penitencia en un monasterio de Gaza (Palestina) en el siglo VI.

Dulce. *Origen:* latín. *Significado:* dulce, grato, agradable, delicioso. *Onomástica:* 12 de septiembre. Este nombre es alusivo al Dulce Nombre de María.

Dulcidio. *Origen:* latín. *Significado:* dulce. San Dulcidio fue obispo de Agen (Francia) en el siglo VII.

Dunstano. *Origen:* anglosajón. *Significado:* colina, piedra o piedra de la colina. *Onomástica:* 19 de mayo. San Dunstano practicó casi todas las bellas artes, lo que no le impidió ser obispo de Canterbury hasta que falleció en el año 988.

Durando. *Origen:* germánico. *Significado:* lo que ha de permanecer, duradero.

E

Eberardo. *Origen:* germánico. *Significado:* jabalí, señor, fuerte, enérgico, intrépido, audaz como un jabalí o el príncipe fuerte. *Onomástica:* 7 de abril. San Eberardo fue un abad suizo de Einsiedeh en el siglo X. Un segundo San Eberardo ocupó el arzobispado de Salzburgo en el siglo XII. Y un tercer San Eberardo aprovechó su condición de conde para fundar el monasterio de Schaffhausen.

Edberto. *Origen:* germánico. *Significado:* espada, brillo, resplandor, el que brilla con su espada. Onomástica: 6 de mayo. San Edberto fue un monje irlandés del siglo VII. Edberto consiguió ser el primer rey de toda Inglaterra.

Edburga. *Origen:* anglosajón. *Significado:* propiedad, riqueza, protección, la buena protección de la propiedad. *Onomástica:* 7 de julio. Santa Edburga fue hija de Eduardo I y reina de Inglaterra en el siglo X.

Edelberto. *Origen:* anglosajón. *Onomástica:* 24 de febrero. San Edelberto fue rey de Inglaterra en el siglo VII.

Edelbtirga. *Origen:* anglosajón. *Significado:* estirpe noble, el amparo de la nobleza. Santa Edelburga fue hija de San Edelberto en el siglo VII.

Edgar. *Origen:* anglosajón. *Significado:* propiedad, riqueza, lanza o la lanza protectora de la propiedad. *Onomástica:* 8 de julio. San Edgar fue rey de Inglaterra en el siglo IX. *Otros personajes:* el estadounidense Edgar Allan Poe está considerado como el mejor escritor de cuentos de terror, además de ser el «padre» de la novela de misterio; terminó de realizar sus «Narraciones extraordinarias» en 1840. El francés Edgar Quinet destacó como historiador y político en el siglo XIX. El inglés Edgar Wallace convirtió la novela de aventuras, misterios y robos en la pasión de muchos lectores y lectoras de medio mundo; falleció en 1932. El pintor francés Edgar Degas combinó el impresionismo con el naturalismo, hasta crear unas nuevas formas de movimiento; finalizó su cuadro «Clase de baile» en 1874.

Edgardo. *Onomástica:* 8 de julio. Variante de Edgar. San Edgardo fue rey de Inglaterra. Siempre le preocupó la moral pública, hasta su muerte en el año 975.

Ediltrudis. *Onomástica:* 23 de junio. Santa Ediltrudis fue una virtuosa princesa británica que se mantuvo virgen a pesar de casarse dos veces. Terminó refugiándose en el convento de Ely, donde murió en el año 679.

Edita. *Origen:* anglosajón. *Significado:* riqueza, combate o la lucha por la riqueza. *Onomástica:* 16 de septiembre. Santa Edita fue hija ilegítima de un reyezuelo inglés. Abandonó la corte para entrar en el convento de Santa María de Wiltorn, donde murió en el año 984. *Otros personajes:* la cantante Edith (Edita en francés) Piaf, cuyo nombre era Edith Giovanna Gassion, se hizo famosa por la emoción que transmitía con su voz desgarrada y su menuda figura; se han convertido en inmortales sus canciones «La vie en rose», «Hymne a l´amour», etc. La francesa Edith Cresson, que fue primera ministra de Francia.

Edmundo. *Origen:* anglosajón. *Significado:* protección, riqueza, la protección de la riqueza. *Onomástica:* 20 de noviembre. San Edmundo fue rey de un pequeño territorio situado al este de Inglaterra, hasta que los vikingos le dieron muerte en el año 870. *Otros personajes:* Edmondo (Edmundo en italiano) de Amicis conmovió a los niños y a los padres del mundo entero con su novela «Corazón». Edmond (Edmundo en francés) Rostand ha quedado en la historia del teatro por su obra «Cyrano de Bergerac». Edmund (Edmundo en inglés) Spencer escribió, en el siglo XVI, el libro de poemas «La reina de las hadas». El inglés Edmund Burke se convirtió en enemigo de la Revolución francesa, para impedir que se extendiera a su país. El francés Edmond Goncourt escribió novelas, en colaboración con su hermano Jules, de un gran realismo; al morir, en 1896, dejó una gran suma de dinero para que se instituyera un premio literario; este se creó en 1903 y todavía se sigue concediendo. El neozelandés sir Edmund Hillary fue el primero que llegó, junto con el sherpa Tensing, a la cima del Everest; la hazaña se culminó en 1953.

Edna. *Origen:* hebreo. *Significado:* rejuvenecimiento. *Otros personajes:* la novelista inglesa Ada Ellen Baily escribió toda su obra con el seudónimo de «Edna Lyall»; esto concedió una gran popularidad al nombre de Edna.

Eduardo. *Origen:* anglosajón. *Significado:* riqueza, guardián o el guardián de la riqueza. *Onomástica:* 13 de octubre. San Eduardo fue rey de Inglaterra hasta el año 1066. *Otros personajes:* ocho reyes ingleses han llevado el nombre de Eduardo. Eduardo Rosales y Martínez se dedicó preferentemente a pintar motivos históricos, como «El testamento de Isabel la Católica». El político Eduardo Benot escribió «Diccionario de ideas afines» a finales del siglo XIX. El pintor Edouard (Eduardo en francés) Manet es considerado el precursor del impresionismo, como se aprecia en su cuadro «La merienda campestre». El jurista uruguayo Eduardo Acevedo redactó el «Código de Comercio» en su país hacia 1840. Edvar (Eduardo en checo) Benes ocupó la presidencia de Checoslovaquia de 1935 a 1938; dimitió al sufrir una enfermedad mortal. El español Eduardo Dato Iradier ocupó tres veces la jefatura del Gobierno entre 1913 y 1920. El español Eduardo Marquina escribió con un estilo modernista poesía, novelas y teatro; entre sus obras destaca «En Flandes se ha puesto el sol». El chileno Eduardo Frei ocupó la presidencia de su país de 1964 a 1970; se opuso a Salvador Allende, con lo que apoyó materialmente el golpe de estado de Pinochet. El músico Eduardo Toldrá tocaba el violín, componía y dirigía; en este terreno se encargó de la Orquesta Municipal de Barcelona. El escultor Eduardo Chillida nunca ha sido figurativo; obtuvo el Premio Europa de Artes Plásticas en 1983. Eduardo Mendoza es un novelista de éxito desde su primer título: «La verdad sobre el caso Savolta».

Edurne. Forma moderna vasca de Nieves.

Eduvigis. *Origen:* germánico. *Significado:* lucha, combate, la que combate en las batallas. *Onomástica:* 13 de septiembre. Santa Eduvigis de Herford fue abadesa benedictina en Westfalia durante el siglo IX. Santa Eduvigis de Silesia llevó un condado en Polonia, pero casi se arruinó de tanto socorrer a los pobres hasta el año 1243, año en que murió.

Efisio. *Origen posible:* latín. *Significado:* habitante de Éfeso. Ésta era una ciudad jonia del Asia menor, muy famosa por su templo de

Diana. *Onomástica:* 15 de enero. San Efisio fue un soldado mártir en Cagliari en el siglo III.

Efraín. *Origen:* hebreo. *Significado:* muy fructífero, provechoso. Efraín fue jefe de una tribu hebrea por su condición de hijo del patriarca José.

Efrén. *Onomástica:* 18 de junio. Variante de Efraín. San Efrén, «el Sirio», fue monje y diácono en Siria, donde escribió poemas religiosos que le hicieron merecedor del apodo de «lira del Espíritu Santo». Falleció en el año 373.

Egidio. *Origen:* latín. *Significado:* el protegido, el que se encuentra bajo la égida. Esta era, según la mitología griega, la piel de la cabra Amaltea, que fue la nodriza de Júpiter. *Onomástica:* 1 de septiembre. San Egidio es recordado como un ermitaño provenzal del siglo VII. El beato Egidio acompañó a San Francisco de Asís desde 1209. Egidio fue un general galorromano del siglo V. Creó un pequeño estado independiente de Roma.

Egisto. *Origen:* griego. En la mitología griega, aparece Egisto como amante de Clitemenestra (una de las Tindárides) y asesino de Agamenón.

Eglantina. *Origen:* francés. *Significado:* rosa silvestre. La eglantina supone un escaramujo, cuya flor es una rosita encarnada.

Egvino. *Origen:* anglosajón. *Significado:* espada, amigo de la espada. *Onomástica:* 11 de enero. San Egvino fue obispo de Worcester a principios del siglo VIII.

Eira. Diosa escandinava de la salud, gracias a la cual todo el paraíso se encontraba lleno de alegría.

Elba. *Origen:* germánico. *Significado:* elfo. Éste era un duende nórdico. *Onomástica:* 2 de abril. Santa Elba fue abadesa en Escocia durante el siglo IX.

Eleazar. *Origen:* hebreo. *Significado:* Dios es mi auxilio. San Eleazar fue martirizado en Lyon junto con sus ocho hijos. Eleazar, hijo de Onías, fue un sumo sacerdote hebreo del siglo III a.C. Otro Eleazar, hijo de Matatías, murió en la batalla de Batzacarías aplastado por un elefante.

Electra. *Origen:* griego. *Significado:* brillante, ámbar. Según la mitología griega, Electra fue hija de Clitemnestra y de Agamenón. Ayudó a su hermano Orestes en la venganza por la muerte de su padre.

Elena. *Origen:* griego. *Significado:* la resplandeciente. *Onomástica:* 18 de agosto. Variante de Helena. Santa Elena fue madre del emperador Constantino «el Grande». Elena de Troya es considerada la mujer más bella del mundo, lo que no debió suponer ningún mérito ya que ha pasado a la historia «como la destructora de hombres». En realidad ella fue la causante de la guerra de Troya.

Eleonor. *Origen:* provenzal. *Significado:* crecer. *Onomástica:* 22 de febrero. *Otros personajes:* Eleonor de Aquitania, esposa de Luis VII de Francia. La norteamericana Eleonor Roosevelt, esposa del presidente de los Estados Unidos Theodore, de la que se cuenta que en muchas épocas fue la que llevó realmente la Casa Blanca. La actriz norteamericana Eleonor Parker, a la que nunca olvidaremos en la película «Cuando ruge la marabunta». Eleonora (Eleonor en italiano) Duse ha sido una de las grandes actrices teatrales de este siglo XX. Famosos autores escribieron sus obras pensando en ella, como Ibsen y d'Annunzio.

Eleucadio. *Origen:* griego. *Significado:* blanco. *Onomástica:* 14 de febrero. Variante de Leucadio. San Eleucadio fue obispo de Ravena a principios del siglo II.

Eleusipo. *Origen:* griego. *Significado:* llegada, venir, caminar, caballo o el que llega a caballo. *Onomástica:* 17 de enero. San Eleusipo fue un mártir galo del siglo II.

Eleuterio-Eleuteria. *Origen:* griego. *Significado:* libre, elevarse. *Onomástica:* 26 de mayo. San Eleuterio fue Papa hasta el año 186, que se convirtió en mártir. Según la mitología griega, Eleuteria es la diosa de la libertad. *Otros personajes:* Eleutherios (Eleuterio en griego) Venizelos fue primer ministro de Grecia en 1917, 1924 y en posteriores gobiernos. Eleuterio Sánchez, «el Lute», se hizo famoso en los años 60 del siglo XX por sus continuas detenciones y fugas, en la actualidad, completamente rehabilitado, es un abogado en ejercicio.

Elfego-Elfega. *Origen:* germánico. *Significado:* espíritu del aire. *Onomástica:* 10 de abril. San Elfego fue obispo de Canterbury, hasta que le martirizaron los daneses en el año 1012.

Elfleda. *Origen:* anglosajón. *Significado:* hermosa entre los elfos. *Onomástica:* 8 de febrero. Santa Elfleda fue abadesa de Whitby (Inglaterra) en el siglo VIII.

Elías-Elia. *Origen:* hebreo. *Significado:* mi Dios es Yahvé. *Onomástica:* 20 de junio. San Elías fue un profeta judío que jugaba con el fuego, como se puede leer en la Biblia. *Otros personajes:* Elia Eudoxia llegó a ser emperatriz de Oriente, en el año 404. Estuvo casada con Teodosio II. El marino peruano Elías Aguirre mandó el «Huáscar», en 1879, durante la guerra con Chile. El biólogo Elie (Elías en ruso) Mechnikov descubrió los fagocitos; además introdujo el uso de los fermentos lácteos; obtuvo el Premio Nobel en 1908. Elie (Elías en francés), marqués de Decazes, pasó de bonapartista a unirse a los borbones. Ocupó la cartera de Interior con Luis XVIII. El norteamericano Elia (Elías en inglés) Kazan dirigió grandes películas, luego de haber pasado por el teatro. Descubrió a actores como Marlon Brando. Obtuvo dos veces el Óscar: en 1947, por «La barrera invisible» y en 1954, por «La ley del silencio». Elías Canetti escribió en alemán, pero era búlgaro de nacimiento y estaba nacionalizado británico; en sus novelas analizó en profundidad las acciones humanas; obtuvo el Premio Nobel en 1981.

Elido-Elida. *Origen:* griego. Elida es una región del Peloponeso, donde se celebraban los juegos olímpicos. San Elido fue martirizado en Francia, junto con San Proyecto, en el siglo VII.

Eligio. *Origen:* latín. *Significado:* elegir, seleccionar, el predestinado. *Onomástica:* 16 de octubre. San Eligio fue tesorero del rey Dagoberto, a la vez que el más famoso orfebre francés del siglo VII.

Elisa. *Origen:* bíblico. *Significado:* Dios ha ayudado. *Onomástica:* 2 de diciembre. Apócope de Elisabeth. *Otros personajes:* Elisa Bonaparte fue princesa de Lucca por deseo de su hermano Napoleón.

Elisabeth. *Onomástica:* 5 de noviembre. Lo mismo que Isabel. Variante gráfica inglesa: Elizabeth. *Otros personajes:* Elizabeth Taylor es una estrella cinematográfica de origen inglés, aunque toda su carrera la haya realizado en Estados Unidos; ha protagonizado películas como «Gigante» y «Un lugar en el sol». La norteamericana Bette (forma hipocorística de Elizabeth) Davis mostró en sus películas una personalidad trágica de mujer dura; por eso recibió el Óscar dos veces: en 1936, por «Peligrosa», y en 1938, por «Jezabel».

Eliseo. *Origen:* hebreo. *Significado:* Dios es mi salud. *Onomástica:* 14 de junio. San Eliseo fue un profeta de Israel, discípulo de Elías, entre los años 850 y 800 a.C. *Otros personajes:* el escritor y geógrafo Elisée (Eliseo en francés) Reclus defendió el movimiento anarquista. Falleció en 1905.

Eloísa. *Onomástica:* 1 de diciembre. Eloísa fue sobrina de Fulberto, un famoso canónigo. Se hizo famosa por sus amores con Abelardo en el siglo XII.

Eloy. *Origen:* francés. *Onomástica:* 1 de diciembre. San Eloy fue orfebre en Limoges, ministro de Dagoberto y obispo de Noyon. Es patrón de los joyeros, forjadores, cerrajeros y herreros. También de los carreteros, cocheros, mecánicos y garajistas. *Otros personajes:* Eloy Alfaro llegó a ser presidente de la República de Ecuador, su país, en dos períodos: 1895-1901 y 1906-1911. El español Eloy Gonzalo García, llamado «el Héroe de Cascorro», se distinguió en la última guerra de Cuba. El director Eloy de la Iglesia se ha caracterizado por sus películas «oportunistas», como «El Diputado», en las que toca los problemas sociales. Eloy Arenas es uno de los actores cómicos que más ha cambiado su repertorio.

Elpidio. *Origen:* griego. *Significado:* esperanza, el que espera. *Onomástica:* 2 de septiembre. San Elpidio fue obispo de Lyon. *Otros personajes:* Elpidio Quinino ocupó la presidencia de Filipinas desde 1948 a 1953.

Elsa. Variante germánica de Elisa.

Elvia. *Origen:* latín. *Significado:* variedad de amarillo, rubio. Variante de Helvia.

Elvira. *Origen:* germánico. *Significado:* lanza arrojadiza, amigable o lanza amistosa. *Onomástica:* 25 de enero. *Otros personajes:* la princesa leonesa Elvira fue hija de Ramiro II; murió en el año 982. Elvira Díaz tuvo como padres al Cid Campeador y a doña Jimena. La actriz Elvira Quintillá siempre ha sido una magnífica «secundaria» en cine y televisión; estuvo casada con el actor José María Rodero.

Emeberto. *Origen:* germánico. *Significado:* fuerza, resplandor o el resplandor de la fuerza. *Onomástica:* 15 de enero. San Emeberto fue obispo de Cambrai en el siglo VII.

Emelia. *Origen:* griego. *Significado:* armonía, afinación en los acordes del canto. *Onomástica:* 30 de mayo. Santa Emelia tuvo tres hijos santos, lo mismo que lo fue su marido: San Basilio. Todos vivieron en Cesarea (Turquía) durante el siglo IV.

Emerenciano-Emerenciana. *Origen:* latín. *Significado:* merecer. *Onomástica:* 23 de enero. Santa Emerenciana fue hermana de leche de Santa Inés, la romana. También la siguió en la senda del martirio el año 304.

Emérico. *Origen:* gótico. *Significado:* ganado mayor, rey, jefe, poderoso o poderoso por su ganado. *Onomástica:* 4 de noviembre. San Emérico fue hijo de San Esteban, rey de Hungría, donde murió en el año 1031.

Emérito-Emérita. *Origen:* latín. *Significado:* guerrero, soldado emérito. *Onomástica:* 3 de marzo. Santa Emérita fue llevada al martirio junto a Santa Digna en el siglo III.

Emeterio. *Origen:* latín. *Significado*: mitad, fiera o media fiera. *Onomástica:* 3 de marzo. San Emeterio fue un militar leonés, al que se decapitó en Calahorra en el siglo IV.

Emiliano-Emiliana. *Origen:* latín. *Significado:* relativo a la familia de Emilio. Patronímico de este último nombre. *Onomástica:* 18 de julio. San Emiliano fue un soldado romano, al que se llevó a la hoguera en el año 302 por haberse atrevido a romper los ídolos paganos. Santa Emiliana recibió el honor de la santidad por iniciativa de su sobrino, el papa San Gregorio, en el siglo VI. *Otros personajes:* Emiliano Zapata destacó entre los revolucionarios mexicanos. Murió asesinado en 1919.

Emilio-Emilia. *Origen:* latín. *Significado:* hinchado, inflado. *Onomástica:* 24 de agosto. Santa Emilia Bicchieri no siguió a sus seis hermanas, todas las cuales se habían casado, ya que prefirió entregarse al Señor. Sus padres la construyeron un monasterio, donde ella murió el año 1314. Santa Emilia de Vialar hizo algo más que fundar edificios religiosos en Francia, ya que llevó sus ideas a Argelia y al cercano Oriente. Falleció en 1852. *Otros personajes:* Emile (Emilio en francés) Zola formó parte de los escritores «naturalistas»; su gran obra es «La bestia humana»; murió en 1902. Emilio Castelar ocupó la presidencia de la República española, destacó como orador y escribió novelas y ensayos; falleció en 1899. El italiano Emilio Salgari hizo gala de tanta «fantasía-realidad», que escribió todas sus novelas de aventuras, que se desarrollan en Asia y otros continentes, sin salir de su ciudad; murió en 1911. Emilia Pardo Bazán aportó a la literatura española su fuerte personalidad femenina; acaso su mejor novela sea «Los pazos de Ulloa». Murió en 1921. El ingeniero y matemático francés Emile Clapeyron contribuyó al estudio de la termodinámica. La norteamericana Emily (Emilia en inglés) Dickinson fue descubierta como poetisa luego de su muerte, ya que hasta entonces no se habían publicado sus extraordinarios poemas; ejerció una gran influencia en su país a partir de finales del siglo XIX. El español Emilio Carrere escribió poesías modernistas, como se aprecia en «Románticas». Emilio Romero dirigió el diario «Pueblo» con habilidad, siendo maestro de muchos grandes periodistas; escribió teatro y novela; falleció en 2003. El cómico Emilio Aragón, hijo de payasos, ha triunfado como presentador de televisión.

Emma. *Origen:* germánico. *Significado:* fuerza. *Onomástica:* 29 de junio. Santa Emma fue condesa en la Carintia. Nada más perder a su marido y a su hijo, entregó materialmente toda su fortuna en la construcción de conventos y parroquias. Falleció en el año 1045. *Otros personajes:* Carlomagno tuvo una hija llamada Emma, la cual amó al secretario de su padre: Eginardo. La actriz española Emma Penella demostró su calidad interpretativa en la película «Los peces rojos»; luego ha dejado su buen hacer en el cine y la televisión.

Emmanuel. *Ver Manuel. Otros personajes:* Immanuel (Emmanuel en alemán) Kant es uno de los filósofos más importantes de la historia. Su «cricismo» ha tenido muchos seguidores.

Emperatriz. *Origen:* latín. *Significado:* general, soberano, emperador romano.

Encarnación. *Origen:* latín. *Significado:* dentro, carne, pedazo de carne. *Onomástica:* 25 de marzo. Encarnación es un nombre místico, que alude al misterio cristiano del Verbo que se hace carne.

Eneas. *Origen:* latín. *Significado:* alabar, alabado o el que alaba. En la mitología griega, Eneas es el héroe troyano, hijo de Anquises y Afrodita, que fundó en el Lacio la estirpe romana.

Eneida. *Origen:* latín. «La Eneida» es el famoso poema épico escrito por Virgilio.

Engelberto. *Origen:* germánico. *Significado:* anglo, resplandor, el resplandor de los anglos. *Onomástica:* 7 de noviembre. San Engelberto fue arzobispo de Colonia, hasta que murió asesinado en el año 1225.

Engracia. *Origen:* latín. *Significado:* la que ha recibido la gracia del Señor. *Onomástica:* 16 de abril. Santa Engracia fue la única joven que acompañó a los dieciocho hombres que fueron martirizados en Zaragoza durante el año 303.

Enoch. *Origen:* hebreo. *Significado:* consagración, consagrado a Dios. *Onomástica:* 1 de marzo. En la Biblia aparece Enoch como el padre de Matusalén. Otro Enoch es hijo de Caín.

Enrique-Enrica. *Origen:* germánico. *Significado:* morada, patria, jefe o el príncipe de la casa. *Onomástica:* 15 de julio. San Enrique se convirtió en la cabeza del Sacro Imperio Romano Germánico poco después de acatar los evangelios; esto sucedió en el siglo XI. San Enrique de Dinamarca dejó la corona para vivir como un ermitaño; luego viajó a Perusa (Italia), donde murió en el año 1415. San Enrique Suso escribió el «Reloj de la Sabiduría», cuando ya era un dominico alemán. Vivió en Constanza y falleció en Ulm hacia 1366. *Otros personajes:* Enrique es un nombre frecuente entre los reyes y emperadores de Portugal, Castilla, Alemania y otros países. Henry (Enrique en francés) de Toulouse-Lautrec formó en el grupo de los pintores impresionistas parisinos; entre sus cuadros destaca «Baile en el Moulin Rouge». Heinrich (Enrique en alemán) Heine puso en sus poesías una extraordinaria carga de ironía y política, dentro de una forma romántica; terminó de escribir «Cuadros de viaje» en 1831. El filósofo francés Henri Bergson concedió una gran importancia a la intuición para llegar a la verdad de los hechos; obtuvo el Premio Nobel de Literatura en 1927. El pintor francés Henri Matisse inició el fauvismo, para convertirse en uno de los más importantes artistas plásticos del siglo XX; puede decirse que cubrió todas las formas de trabajo: vidrieras, ilustraciones, decoración, grabados. etc.; terminó el cuadro «La tristeza del rey» en 1952. Enrique Jardiel Poncela acaso sea uno de los mejores humoristas españoles del siglo XX; su teatro entró en el terreno del absurdo, como en «Los ladrones somos gente honrada». Enrique Granados supo plasmar en sus partituras el latido de España; compuso la ópera «Goyescas». Enrico (Enrique en italiano) Caruso está considerado como el gran tenor de todos los tiempos. El español Enrique Gil y Carrasco escribió poesías y la novela «El señor de Bembibre» en la mitad del siglo XIX. El italiano Enrico Fermi empleó los neutrones para la desintegración de los átomos; recibió el Premio Nobel de Física en 1938. El ecuatoriano Enrique Gil Gilbert escribió novelas sobre la clase obrera, como «Nuestro pan». El español Enrique de Mesa escribió poesías como «Cancionero castellano». Heinrich (Enrique en alemán) Rudolph Hert es el precursor de la telegrafía y la telefonía sin hilos. El actor Enrique Borrás interpretó lo mismo obras teatrales en español como en catalán. Enrique Tierno Galván, «el viejo profesor», demostró que el hecho de ser catedrático, culto y refinado no impedía convertirse en un gran alcalde; lo fue de Madrid hasta 1986.

Enriqueta. Femenino de Enrique. *Otros personajes:* Harriet (Enriqueta en inglés) Beecher Stowe escribió «La cabaña del tío Tom». Esta novela antiesclavista ejerció tanta influencia en los Estados Unidos, que llevó a la guerra de Secesión.

Epicteto. *Origen:* griego. *Significado:* poseer, adquirir, recién adquirido. *Onomástica:* 9 de enero. Epicteto fue un filósofo estoico griego, que vivió en Roma como esclavo y luego como liberto entre los siglos I y II.

Epifanio-Epifanía. *Origen:* griego. *Significado:* relativo a la Epifanía, brillar, aparecer. *Onomástica:* 6 de enero. Con la fiesta de Epifanía la Iglesia reconoce que al ser visto por los Reyes Magos, Jesús se dejo conocer por «todo el mundo». San Epifanio fue obispo de Pavía en el siglo VI. Un segundo San Epifanio está considerado como uno de los padres y doctores de la Iglesia griega. Epifanio de Salamina, obispo de esta ciudad, escribió obras de gran erudición en el siglo IV.

Epigmenio. *Origen:* latín. *Significado:* apresurado, rápido, desear ardientemente. *Onomástica:* 24 de marzo. San Epigmenio fue un sacerdote martirizado en Roma a principios del siglo IV.

Epímaco. *Origen:* griego. *Significado:* sobre, combatir o fácil de atacar. *Onomástica:* 10 de mayo. San Epímaco sufrió martirio en la Roma del siglo IV.

Epipodio. *Origen:* griego. *Significado:* el que tiene los pies encima. *Onomástica:* 22 de abril. San Epipodio fue un lionés que, junto a San Alejandro, marchó al martirio con el mismo entusiasmo que iba al colegio de niño. Por algo llevaba a su lado al compañero de siempre.

Epitacio. *Origen:* griego. *Significado:* listo. *Onomástica:* 23 de mayo. San Epitacio fue un obispo español.

Equicio. *Origen:* latín. *Significado:* palafrenero, mozo de caballos. *Onomástica:* 11 de agosto. San Equicio fue un abad italiano contemporáneo de San Benito, que fundó un gran número de monasterios.

Erardo. *Origen:* germánico. *Significado:* honor, audaz o el que se atreve a todo por su honor. San Erardo fue obispo de Ratisbona en el siglo VII.

Erasmo. *Origen:* griego. *Significado:* amable, amado, querer, muy deseable o desear ardientemente. *Onomástica:* 2 de junio. San Erasmo fue obispo de Antioquía, al que un ángel trasladó a Formia, en la Campania (Italia) durante el año 303. Es patrono de los marinos.

Erasto. *Origen:* griego. *Significado:* amado, querido, amigable. *Onomástica:* 26 de julio. San Erasto fue mártir en Macedonia durante el siglo I.

Erconvaldo. *Origen:* germánico. *Significado:* nacido libre, noble, el mando del noble. San Erconvaldo fue obispo de Londres en el siglo VII.

Eréndira. *Origen:* tarasco. *Significado:* la que sonríe, risueña. Eréndira fue una princesa purépecha de México.

Erico-Erica. *Origen:* germánico. *Significado:* eternidad, regidor, caudillo o el que dirige eternamente. *Onomástica:* 18 de mayo. San Erico fue rey de Suecia, pero fracasó al querer extender el cristianismo a

Finlandia. Terminó siendo asesinado pon el danés Eniksson en el año 1160. *Otros personajes:* el nombre Erico o Erik lo llevaron varios reyes noruegos, daneses y suecos. Se dice que el noruego Erico «el Rojo» descubrió Groenlandia en el siglo XI, luego de haber escapado de una amenaza de muerte. Erich (Erico en alemán) Oswald Stroheim realizó un cine tan fastuoso y personal, que muy pocos comprendieron. Como además resultaba muy caro, los estudios le impidieron seguir dirigiendo; sin embargo, este norteamericano de origen austríaco siguió trabajando como actor. Le recordamos en su papel de mayordomo en «El crepúsculo de los dioses», de Billy Wilder.

Ermenburga. *Origen:* germánico. *Significado:* fuerza, amparo o el amparo de la fuerza. *Onomástica:* 21 de enero. Santa Ermenburga fue una abadesa inglesa del siglo VII.

Ermenfrido. *Origen:* germánico. *Significado:* fuerza, la protección de la fuerza. *Onomástica:* 25 de septiembre. San Ermenfrido fue un abad borgoñón del siglo VII.

Ermengardo-Ermengarda. *Origen:* germánico. *Significado:* la morada de la fuerza. *Onomástica:* 4 de septiembre.

Ermengol. *Origen:* germánico. *Significado:* dispuesto para el combate. *Onomástica:* 3 de noviembre. San Ermengol restauró el obispado de Urgell, pero se cayó por un puente que estaba construyendo en el año 1025.

Ermenilda. *Origen:* germánico. *Significado:* fuerza, batalla o la batalla de la fuerza. *Onomástica:* 13 de diciembre. Santa Ermenilda fue reina de Mercia, en Inglaterra, durante el siglo VII.

Erminio-Erminia. *Origen:* germánico. *Significado:* hombre del ejército. *Onomástica:* 25 de abril. San Erminio siempre destacó en los estudios, lo mismo que en su condición de obispo de Lobbes hasta su muerte, en el año 737.

Erminoldo. *Origen:* germánico. *Significado:* fuerza, gobierno, mando o el gobierno de la fuerza. San Erminoldo fue abad de Püfening (Alemania) entre los siglos XI y XII.

Ermintruda. *Origen:* germánico. *Significado:* fuerza, querido, fiel, valioso o querido por su fuerza.

Ernestino-Ernestina. Diminutivos masculino y femenino de Ernesto.

Ernesto-Ernesta. *Origen:* germánico. *Significado:* lucha, firmeza, fortaleza, serio, grave. *Onomástica:* 7 de noviembre. San Ernesto fue abad de un monasterio próximo a Constanza y, luego, limosnero militar en la segunda Cruzada. Desapareció en una batalla hacia el año 1147. *Otros personajes:* Ernst (Ernesto en alemán) Abbe perfeccionó la construcción de vidrios e instrumentos ópticos. Ernest (Ernesto en francés) Mérimee escribió «Ensayo sobre la vida y obra de Quevedo». El filósofo alemán Ernst Bloch renovó el marxismo teórico. El alemán Ernest Chain recibió el Premio Nobel de Medicina en 1945. El francés Ernest Renan estudió las religiones con un sentido racionalista, finalizó su obra «Historia de los orígenes del cristianismo» en 1881. Al irlandés Ernest (Ernesto en inglés) Walton se le otorgó el Premio Nobel de Física en 1951. Ernest Hemingway obtuvo el Premio Nobel de Literatura en 1954 por novelas como «El viejo y el mar». Ernesto «Che» Guevara estudió la carrera de medicina, se unió a Fidel Castro en Sierra Maestra y ayudó a la revolución; murió estando con los guerrilleros bolivianos en 1967; desde entonces le ha rodeado la leyenda.

Erquembodo. *Origen:* germánico. *Significado:* nacido libre, franco o el mando del guerrero franco. San Erquembodo fue un obispo francés del siglo VIII.

Ervigio. *Origen:* germánico. *Significado:* ejército, honor, guerra, combate. Ervigio fue un rey visigodo español del siglo VII, que sucedió a Wamba.

Ervino. *Origen:* germánico. *Significado:* ejército, amigo, honor o el amigo del honor.

Esaú. *Origen:* hebreo. *Significado:* peludo, velludo. Según los textos bíblicos, Esaú fue el hermano gemelo de Jacob, hijo de Rebeca e Isaac. Se hizo famoso por haber vendido su primogenitura por un plato de lentejas.

Escolástico-Escolástica. *Origen:* latín. *Significado:* perteneciente a la escuela o maestro, erudito. *Onomástica:* 10 de febrero. Santa Escolástica fundó la Orden de las Benedictinas cerca de Montecassino (Italia) en el año 547.

Esdras. *Origen:* hebreo. *Significado:* fuerza, ayuda. *Onomástica:* 13 de julio. El profeta Esdras fue elegido para devolver a los israelitas a la nación que habían dejado, luego de su cautividad en Babilonia. Perdió la vida, al poco tiempo de cumplir la empresa, en el siglo V a.C.

Esmeralda. *Origen:* latín. *Significado:* brillar. *Onomástica:* 8 de agosto. La esmeralda es una piedra preciosa.

Espartaco. *Origen:* latín. Espartaco fue el jefe de los esclavos que se alzaron contra Roma en el siglo I a.C. Antes había sido gladiador. Obtuvo varios éxitos en su avance hacia el mar; pero, traicionado, terminó por ser derrotado por Licinio Craso en la batalla de Silaro (año 71 a.C.).

Esperandea. *Origen:* latín. *Significado:* tiene esperanza en Dios. *Onomástica:* 11 de septiembre. Santa Esperandea abandonó Gubbio a los nueve años y, a pesar de ser una niña, se entregó a predicar el amor a Jesús. Murió en 1276.

Esperanza. *Origen:* latín. *Significado:* esperar. *Onomástica:* 1 de agosto. Santa Esperanza fue la segunda hija de una virtuosa familia rusa del siglo II. Su madre se llamaba Sofía, y sus hermanas Fe y Caridad.

Esperato. *Origen:* latín. *Significado:* esperar, el esperado. *Onomástica:* 17 de julio. San Esperato fue un siciliano martirizado en Cartago a finales del siglo II.

Espiridión. *Origen:* griego. *Significado:* canasta, el de la canasta. *Onomástica:* 14 de diciembre. San Espiridión pasó de pastor de ovejas a obispo en la isla de Chipre, cargo que desempeñó hasta el año 348. Es el patrón de los marineros en el Mediterráneo oriental. Espiridión era el sobrenombre que se le daba al poeta griego Glicón.

Esquilo. *Origen:* griego. *Significado:* vergüenza. *Onomástica:* 12 de junio. San Esquilo fue un obispo misionero que de Gran Bretaña pasó a Suecia. Como hizo caer un rayo en medio de una fiesta pagana, pronto le persiguieron sus enemigos. Éstos terminaron por lapidarle en el año 1080. Esquilo ha quedado en la historia como el mayor poeta trágico griego. Escribió «La Orestiada» y otras obras teatrales, que hoy día se siguen representando.

Estanislao. *Origen:* griego. *Significado:* campamento militar, gloria o la gloria que rodea el campamento. *Onomástica:* 7 de mayo. San Estanislao fue obispo de Cracovia hasta el año1079. El polaco San Estanislao de Kostka se hizo jesuita en Roma, donde murió en 1568. *Otros personajes:* varios reyes de Polonia llevaron el nombre de Estanislao. Estanislao Figueras y Moragas ocupó la presidencia de la República española en 1873, pero a los pocos meses tuvo que dimitir.

Esteban. *Origen:* latín. *Significado:* guirnalda, corona. *Onomástica:* 26 de diciembre. San Esteban fue el primer mártir a manos de los judíos, que le cubrieron el cuerpo de flechas en el siglo I. San Esteban de Catillon siguió curando hasta en su lecho de muerte; era obispo de Dié. San Esteban Harding dejó Inglaterra, su país de origen, para someterse al rigor de los benedictinos franceses; fundó varios monasterios. San Esteban de Hungría tuvo como padre a un duque; además, propagó el cristianismo por el país. Cuando murió, en el año 1038, se supone que marchó a reunirse con su hijo, San Emerico, que se le había anticipado en el vuelo hasta el cielo. Esteban I estrenó el trono de Hungría, en el año 1038, pues hasta entonces esa nación no había conocido a un rey; es considerado santo. *Otros personajes:* varios Papas han llevado el nombre de Esteban. También reyes de Hungría, Inglaterra y Polonia se han llamado Esteban. El jesuita Esteban de Arteaga escribió el tratado de estética «La belleza ideal». El austríaco Stefan (Esteban en alemán) Zweig escribió teatro, poesía, novela y, sobre todo, biografía; en este terreno mostró una gran capacidad de observación; publicó «Verlaine» en 1938. Stephen (Esteban en inglés) Hawking ha realizado importantes investigaciones sobre el espacio; escribió «Historia del tiempo: del big bang a los agujeros negros» en 1988. El norteamericano Stephen King se ha convertido en el «rey del terror» literario actual; además, casi todas sus obras son llevadas al cine; uno de sus grandes éxitos fue «El Resplandor».

Estefanía. *Onomástica:* 2 de enero. Forma femenina de Esteban. Santa Estefanía nació en las proximidades de Brescia, en 1457. No conforme con vestir el hábito de Santo Domingo, se preciaba de lucir en su cuerpo los estigmas de Jesucristo. *Otros personajes:* la bella princesa Estefanía de Mónaco.

Estela. *Significado:* estrella de la mañana. *Onomástica:* 11 de mayo. Variante de Estrella. Santa Estela es venerada en Saintes como mártir.

Ester. *Origen posible:* hebreo. *Significado:* astro, estrella. *Onomástica:* 1 de julio. Santa Ester era tan bella y elocuente, que pudo convencer a su marido, el rey Asueno, para que dejase en libertad a millares de judíos, todos los cuales se hallaban amenazados de muerte.

Estervino. *Origen:* germánico. *Significado:* Oriente, amigo o el amigo de Oriente. *Onomástica:* 7 de marzo. San Estervino fue un abad inglés del siglo VII.

Esther. Forma inglesa de Ester. *Otros personajes:* la actriz y nadadora Esther Williams intervino en películas como «Escuela de sirenas».

Estíbalitz. *Significado:* es de miel, muy dulce. *Onomástica:* 1 de mayo. Nombre femenino vasco.

Estratón. *Origen:* griego. *Significado:* ejército, el hombre del ejército. *Onomástica:* 9 de septiembre.

Estratónico. *Origen:* griego. *Significado:* ejército, victoria o vencedor de ejércitos. *Onomástica:* 13 de enero. San Estratónico fue mártir en Misia Superior (la actual Serbia), junto con San Hermilo, a comienzos del siglo IV.

Estrella. *Origen:* latín. *Significado:* estrella. *Onomástica:* 15 de agosto. Santa Estrella fue una virgen y mártir gala del siglo III. *Otros personajes:* la cantante Estrellita Castro, que intervino en varias películas de los años cuarenta del siglo XX. Se agarró al escenario como nadie.

Etelberto. *Onomástica:* 17 de octubre. Variante anglosajona de Adalberto. San Etelberto fue mártir en Inglaterra a lo largo del siglo VII.

Etelredo. *Origen:* anglosajón. *Significado:* estirpe noble, consejo o el consejo de la nobleza. *Onomástica:* 12 de enero. San Etelredo fue un abad cisterciense de Rielvaulx (Inglaterra), cuyo carácter era tan dulce que no se le conocieron enemigos, a excepción de quienes le hicieron mártir en 1167.

Etelvino-Etelvina. *Origen:* anglosajón. *Significado:* estirpe noble, amigo, o amigo de la nobleza.

Etelvoldo. *Origen:* variante anglosajona del germánico. *Significado:* estirpe, nobleza, mando o el mando de la nobleza. *Onomástica:* 1 de agosto. San Etelvoldo dejó la corte del rey de Inglaterra para encerrarse en las cocinas de un monasterio. Y de aquí ascendió a la sede episcopal de Winchester, para alimentar el espíritu monástico de su país durante el siglo X.

Eterio. *Origen:* latín. *Significado:* éter, puro, sereno. *Onomástica:* 7 de octubre.

Euberto. *Origen:* germánico. *Significado:* eternidad, resplandor o resplandor eterno. San Euberto fue obispo de Orleáns en el siglo IV.

Eubulo. *Origen:* griego. *Significado:* bueno, consejo o buen consejero. *Onomástica:* 7 de marzo. San Eubulo fue mártir en Palestina a principios del siglo IV.

Eucario. *Origen:* griego. *Significado:* gracioso, caritativo. *Onomástica:* 8 de diciembre. San Eucanio fue discípulo de San Pedro, como todos los obispos. Llevó el báculo en Tréveris durante el siglo III.

Eucarpo. *Origen:* griego. *Significado:* proporciona buenos frutos. *Onomástica:* 18 de marzo. San Eucarpo fue mártir en Nicomedia a principios del siglo IV.

Euclides. *Origen:* griego. *Significado:* el glorioso, el ínclito. Euclides fue un famoso geómetra griego del siglo II a.C. Euclides de Megara, discípulo de Sócrates, creó la escuela sofística en el siglo IV a.C.

Eudaldo. *Origen:* germánico. *Significado:* gobernante famoso. *Onomástica:* 11 de mayo. El cadáver de San Eudaldo llegó a la Costa Brava y fue llevado a Ripoll entre los siglos II y IV, de donde es patrón. Pero poco más se puede asegurar sobre su biografía, ya que se ve invadida por la leyenda.

Eudocio. *Origen:* griego. *Significado:* bueno, opinar, de buena voluntad. *Onomástica:* 1 de marzo.

Eudoro-Eudora. *Origen:* griego. *Significado:* bien, don.

Eudoxio-Eudoxia. *Origen:* griego. *Significado:* bueno, juicioso. *Onomástica:* 1 de marzo. Santa Eudoxia fue una virgen siria, martirizada en el siglo I. Eudoxia es el nombre de dos emperatrices romanas y rusas.

Eufebio. *Origen:* latín. *Significado:* temer, buen o el del buen temor. *Onomástica:* 23 de mayo. San Eufebio fue obispo de Nápoles en el siglo VIII.

Eufemio-Eufemia. *Origen:* griego. *Significado:* lo revelado, respuesta de un oráculo, reputación. *Onomástica:* 16 de agosto. El cadáver de Santa Eufemia fue descubierto por una pastorcilla, luego de ver un anillo sobre la hierba. Al recoger esta pequeña joya, apareció la mano de la santa y todo lo demás. Como el cuerpo se hallaba incorrupto, se guardó en Orense el anillo y la sábana de la mortaja. El resto forma parte de la leyenda. El nombre de Eufemia lo llevó una emperatriz de Oriente.

Eufrasio-Eufrasia. *Origen:* griego. *Significado:* bueno, lenguaje, discurso, la que habla bien. *Onomástica:* 13 de marzo. Santa Eufrasia rechazó un marido a los cinco años de edad, a los siete entró en un convento y a los doce era una campeona del ayuno. A los treinta murió en Egipto hacia el año 413. San Eufrasio formó parte de los siete apóstoles que San Pedro y San Pablo enviaron a España.

Eufronio. *Origen:* griego. *Significado:* bueno, mente o de buena mente. *Onomástica:* 4 de agosto.

Eufrosina. *Origen:* griego. *Significado:* alegre, gozoso. *Onomástica:* 8 de noviembre. Santa Eufrosina fue una mártir egipcia del siglo V. En la mitología griega, Eufrosina forma parte de las tres Gracias, precisamente la que presidía las festividades.

Eugenio-Eugenia. *Origen:* griego. *Significado:* bueno, nacimiento, descendencia o bien nacido. *Onomástica:* 26 de marzo. Santa Eugenia de Córdoba fue decapitada por los árabes en el año 921. San Eugenio llevó el obispado de Toledo, hasta que le martirizaron en París. *Otros personajes:* varios Papas se llamaron Eugenio. Eugenio Aguilar desempeñó la presidencia de la República de El Salvador de 1846 a 1848. El español Eugenio Ochoa escribió el ensayo histórico «El auto de fe». Eugenio González de Nora publicó poesía y crítica literaria, como «España, pasión de vida». Eugenio d'Ors escribió en español, catalán y francés ensayos, críticas y otros temas, como la novela «La bien plantada». La española Eugenia de Montijo se casó en 1853 con Napoleón III, emperador de Francia. Eugéne (Eugenio en francés) Sue escribió unas novelas de tendencia socialista, como «El judío errante» y «Los enemigos del pueblo». El francés Eugéne Delacroix es uno de los máximos representantes del romanticismo. Realizó grandes obras murales. Finalizó el cuadro «La libertad guiando al pueblo» en 1830. El francés de origen rumano Eugene Ionesco puede ser considerado el padre del teatro del absurdo: «El Rinoceronte», «La cantante calva», etc.

Eugrafo. *Origen:* griego. *Significado:* grabar, escribir o el que escribe bien. *Onomástica:* 10 de diciembre. San Eugrafo fue mártir en Egipto a comienzos del siglo IV.

Eulalia. *Origen:* griego. *Significado:* charla, sonidos, cantar, la bien hablada. *Onomástica:* 12 de febrero. Santa Eulalia de Barcelona fue torturada y su cadáver se exhibió en la cruz, pero la nieve lo cubrió de blanco, acaso para simbolizar la pureza. Es la patrona de Barcelona. Santa Eulalia de Mérida mostró en la hoguera su entereza de mártir, ante la atónita mirada de las gentes del año 304.

Eulampio-Eulampia. *Origen:* griego. *Significado:* de buen resplandor, muy resplandeciente. *Onomástica:* 10 de octubre. San Eulampio fue mártir en Nicomedia, junto a su hermana, Santa Eulampia, a principios del siglo IV.

Eulogio. *Origen:* griego. *Significado:* hablar, bueno o el que habla bien. *Onomástica:* 11 de marzo. San Eulogio fue profesor de los mozárabes cordobeses; por haber escrito «Documento de mártires» los árabes le decapitaron en el año 859. Un segundo San Eulogio es patriarca de Alejandría; murió en el año 608.

Eumelio-Eumelia. *Origen:* griego. *Significado:* bueno, melodiosa o la que canta bien. *Onomástica:* 16 de septiembre. Santa Eumelia fue una mártir gallega del siglo II.

Eumenio. *Origen:* griego. *Significado:* favorable, bien dispuesto, ánimo, voluntarioso. *Onomástica:* 18 de septiembre. San Eumenio fue un obispo egipcio del siglo II. Eumenio formó parte del grupo de generales que acompañaron a Alejandro Magno en sus conquistas.

Eunice. *Origen:* griego. *Significado:* la victoriosa. En la Biblia aparece Eunice como la madre de Timoteo.

Euniciano. *Origen:* latín. *Onomástica:* 23 de diciembre. San Euniciano fue un mártir de Creta a mediados del siglo III.

Euno. *Origen:* griego. *Significado:* de buen sentimiento. *Onomástica:* 30 de octubre. San Euno fue un esclavo de San Julián, al que martirizaron en el siglo III.

Eunomio-Eunomia. *Origen:* griego. *Significado:* ley, costumbre. *Onomástica:* 12 de agosto. Santa Eunomia fue una criada de Santa Hilania, a la que llevaron al martirio en Augsburgo en los comienzos del siglo IV. En la mitología griega, Eunomia es la hija de Temis, la justicia.

Eupilo. *Origen:* griego. *Significado:* de buena puerta. San Eupilo fue un mártir siciliano del siglo IV. Otro San Eupilo recibió el báculo obispal de Utrech en el siglo VI.

Euprepio-Euprepia. *Origen:* griego. *Significado:* distinguirse. *Onomástica:* 30 de septiembre. San Euprepio fue obispo de Verona en el siglo II. Otro San Euprepio alcanzó el martirio en Arabia durante el siglo III.

Eupsiquio. *Origen:* griego. *Significado:* bueno, alma o de buen alma. *Onomástica:* 7 de agosto. San Eupsiquio fue mártir en el Asia menor durante el siglo II.

Euquerio. *Origen:* griego. *Significado:* de buena mano. *Onomástica:* 20 de febrero. San Euquerio fue obispo de Orleáns y un famoso taumaturgo del siglo VIII.

Euríalo. *Origen:* griego. *Significado:* el dueño de unas eras extensas. Euríalo era uno los sobrenombres que se daba al dios Apolo. En la «Eneida» a Eneas le acompaña hasta Italia un guerrero troyano llamado Euríalo.

Eurico. *Origen:* germánico. *Significado:* poderoso, rico. Es una variante de Erich. Eurico fue un rey visigodo del siglo V, que inició la conquista de España y de las Galias.

Eurídice. *Origen:* griego. *Significado:* justicia. En la mitología griega, Eurídice es la esposa de Orfeo.

Eurípides. *Origen:* griego. *Significado:* el de Eunipos. Éste era el estrecho que separaba Grecia de la isla de Eubea. Eurípides fue el famoso poeta trágico griego del siglo V a.C. Escribió «Las Bacantes», «Las troyanas» y otras obras, que se siguen representando actualmente.

Europa. *Origen:* griego. *Significado:* tierra de la oscuridad. Europa es «el viejo continente», la cuna de la civilización occidental. En la mitología griega, Europa es hija de Agenor. Su belleza era tanta que fascinó a Júpiter; por eso éste se transformó en un toro blanco para raptarla.

Eusebio-Eusebia. *Origen:* griego. *Significado:* bueno, piadoso. *Onomástica:* 16 de marzo. Santa Eusebia fue hija de Santa Rictrudis. Dirigió a la perfección el monasterio de Hamay a pesar de contar únicamente doce años. San Eusebio convirtió su casa en iglesia durante el siglo IV. Un tercer San Eusebio ocupó la silla papal en el año 310. *Otros personajes:* el poeta chileno Eusebio Lillo compuso el himno de su país. Eusebio Güell y Bacigalupi, conde de Güell, encargó a Gaudí que construyera en Barcelona el Parque Güell. El actor Eusebio Poncela consiguió su mayor éxito con la serie televisiva «Los gozos y las sombras».

Eustacio. *Origen:* griego. *Significado:* sólidamente fundado. *Onomástica:* 28 de julio. San Eustacio fue un obispo martirizado en Ancira, la actual ciudad de Ankara (Turquía).

Eustaquio. *Origen:* griego. *Significado:* bien espigado o rico de espigas. *Onomástica:* 20 de septiembre. San Eustaquio es posible que muriera dentro del vientre de un toro de bronce, en la época del emperador Adriano (siglo II). Como era, además, un amante de los animales, por eso se convirtió en el patrono de los cazadores.

Eustasio. *Origen:* latín. *Significado:* bueno, estabilidad. *Onomástica:* 2 de junio. San Eustasio fue abad de Luxeuil en el Franco Condado entre los siglos VI y VII.

Eustoquio-Eustoquia. *Origen:* griego. *Significado:* hábil para lograr un objetivo. *Onomástica:* 28 de septiembre. Santa Eustoquia fue una virgen romana del siglo IV, hija de Santa Paula y colaboradora en Belén de San Jerónimo.

Eustorgio. *Origen:* griego. *Significado:* bueno, amar o bien amado. San Eustorgio fue el obispo que en el siglo IV llevó a Milán los restos de los Reyes Magos.

Eustosio. *Origen:* latín. Supone una variante de Eustoquio. *Onomástica:* 19 de noviembre. San Eustosio fue un mártir de Antioquía.

Eustrato. *Origen:* griego. *Significado:* bueno, ejército o buen soldado. *Onomástica:* 9 de enero. San Eustrato fue mártir en Grecia durante el siglo IV.

Eutalia. *Origen:* latín. *Significado:* la floreciente. *Onomástica:* 27 de agosto. Santa Eutalia fue una mártir siciliana del siglo IV, a la que condujo al cristianismo San Alfio.

Euterpe. *Origen:* griego. *Significado:* la que deleita. En la mitología griega, Euterpe es la musa de la música. Siempre llevaba una doble flauta.

Eutimio-Eutimia. *Origen:* griego. *Significado:* movimiento del alma, de buen humor. *Onomástica:* 20 de enero. San Eutimio, «el Grande», fue un cenobita armenio del siglo V.

Eutiques. *Origen:* griego. *Significado:* feliz. *Onomástica:* 15 de abril. San Eutiques fue martirizado en Puzol, junto a San Jenaro, durante el siglo IV.

Eutiquiano. *Onomástica:* 8 de diciembre. Proviene de Eutiquio. San Eutiquiano fue un Papa del siglo III.

Eutiquio. *Origen:* griego. *Significado:* afortunado, bien auspiciado. *Onomástica:* 26 de marzo. San Eutiquio tuvo como maestro espiritual a San Juan Evangelista; luego, fue martirizado en el siglo II.

Eutropio-Eutropia. *Origen:* griego. *Significado:* el que se vuelve con facilidad. *Onomástica:* 30 de abril. San Eutropio fue obispo de Saintes, hasta que sus enemigos le cortaron la cabeza de un hachazo en el siglo III.

Euvaldo. *Origen:* germánico. *Significado:* eternidad, gobierno o el mando eterno. *Onomástica:* 7 de mayo. San Euvaldo fue un mártir de Gerona en el siglo IV.

Eva. *Origen:* hebreo. *Significado:* que proporciona la vida. *Onomástica:* el domingo anterior a la Navidad. Santa Eva es la primera mujer, la mujer de Adán. *Otros personajes:* Eva Duarte, «Evita», fue esposa de Perón, el presidente de Argentina. Todos sus compatriotas lloraron la muerte, en 1952, de esta «heroína nacional».

Evagrio. *Origen:* griego. *Significado:* relativo a Evagro o que tiene fortuna en la caza. *Onomástica:* 10 de octubre.

Evandro. *Origen:* griego. *Significado:* hombre bondadoso. Cuenta la leyenda que Evandro dirigió la colonia de arcadios que fundaron, a orillas del Tíber, la ciudad de Palantea. Esto ocurrió medio siglo antes de la caída de Troya.

Evangelina. *Origen posible:* griego. *Significado:* porta la buena nueva. Se cree que el nombre de Evangelina fue inventado por Longfellow en su poema «Evangeline».

Evangelista. *Origen:* griego. *Significado:* el que lleva siempre el Evangelio. *Onomástica:* 27 de diciembre. La enorme fama de Juan Evangelista consiguió que este apellido se convirtiera en nombre.

Evaristo. *Origen:* griego. *Significado:* complacer. *Onomástica:* 26 de octubre. San Evaristo fue Papa entre los años 97 y 105. Entonces el «Vaticano» era un cementerio. *Otros personajes:* el general Evaristo San Miguel y Valledor participó en la guerra de la Independencia y escribió la letra del himno de Riego. Presidió la Junta de Salvación en 1854.

Evelino-Evelina. *Origen:* celta. Variante de Evelio.

Evelio-Evelia. *Origen:* griego. *Significado:* bien soleado. *Onomástica:* 11 de mayo. San Evelio fue mártir en Roma durante el siglo I.

Evencio. *Origen:* latín. *Significado:* acontecimiento, tener exito. *Onomástica:* 3 de mayo. San Evencio fue un mártir romano del siglo II. Un segundo San Evencio llevó el obispado de Pavía. Y un tercer San Evencio llegó al martirio en la Zaragoza de comienzos del siglo IV.

Everardo. *Onomástica:* 8 de enero. Variante de Eberardo. San Everardo fue misionero en Alemania en el siglo VIII.

Everilda. *Origen:* latín. *Significado:* príncipe, combate o la lucha del príncipe. Santa Evenilda mostró su bondad cristiana en Yorkshire (Inglaterra) en el siglo VII.

Evodio-Evodia. *Origen:* latín. *Significado:* el que lleva el mejor camino, afortunado. *Onomástica:* 2 de agosto. San Evodio fue conducido al martirio, junto a su madre Santa Teodota y sus dos hermanos, en el siglo IV.

Evrardo. *Onomástica:* 22 de junio. Otra forma de Everardo. San Evrardo de Salzburgo impartió sus enseñanzas en Austria y París, hasta que se le nombró obispo de la ciudad que le dio «apellido». Desde este puesto hizo frente al emperador Barbarroja y salió vencedor gracias a su elocuencia. Murió en el año 1164.

Evrulfo. *Origen:* germánico. *Significado:* jabalí, lobo. San Evrulfo fue un abad normando del siglo VIII.

Exaltación. *Origen:* latín. *Significado:* fuera, exterior, alto. *Onomástica:* 14 de septiembre. Este nombre alude a la fiesta de la Exaltación de la Santa Cruz.

Expectación. *Origen:* latín. *Significado:* mirar desde lejos, esperar. *Onomástica:* 18 de diciembre. Nombre que evoca la fiesta católica de la Expectación o de Nuestra Señora de la O. La fiesta se aprobó en el décimo Concilio de Toledo del año 654.

Expedito-Expedita. *Origen:* latín. *Significado:* desembarazado, expedito, arreglar. *Onomástica:* 19 de abril. San Expedito fue martirizado en Armenia. Desde entonces se convirtió en el patrón de las causas urgentes.

Expósito. *Origen:* latín. *Significado:* puesto fuera. Nombre que se aplica a los niños abandonados por sus padres en los hospicios y otras instituciones.

Exuperancio-Exuperancia. *Origen:* latín. *Significado:* resaltable, el que destaca. *Onomástica:* 26 de abril. Santa Exuperancia fue una virgen gala, mártir en Troyes durante el siglo IV. San Exuperancio ocupó el obispado de Ravena entre los siglos IV y V.

Exuperio-Exuperia. *Origen:* latín. *Significado:* supera, adelanta. *Onomástica:* 28 de septiembre. San Exuperio fue el quinto obispo de Toulouse. No dudó en vender los vasos sagrados para socorrer a sus feligreses, luego de que la ciudad hubiera sido saqueada por los vándalos, acción que le hizo merecedor del título de «Padre de la Ciudad». Santa Exuperia llegó al martirio con su condición de virgen en el siglo VIII.

Ezequías. *Origen:* hebreo. *Significado:* fortaleza o la fortaleza de Yahvé. *Onomástica:* 20 de agosto. Ezequías fue rey de Judá en el siglo VIII a.C. Restableció el culto a Yahvé y luchó contra los asirios.

Ezequiel. *Origen:* hebreo. *Significado:* fortaleza, Dios o la fortaleza de Dios. *Onomástica:* 10 de abril. San Ezequiel fue profeta en el lugar donde se hallaban recluidos los judíos dentro de Babilonia. Anunció que los muertos volverían a la vida.

Ezio. *Origen:* latín. *Significado:* águila, aguileño. Ezio fue el general romano que venció a Atila.

Ezra. *Origen:* hebreo. *Significado:* fuerza de Dios. Variante de Esdras. *Otros personajes:* Ezra Pound fue un poeta estadounidense, cuya obra en la actualidad ha sido reconocida, luego de haber pesado sobre su nombre el hecho de que apoyara el fascismo de Mussolini.

F

Fabián. *Origen:* latín. *Onomástica:* 20 de enero. Patronímico de Fabio. San Fabián pasó de laico a Papa por la intervención de una paloma. Fue decapitado en el año 250.

Fabio. *Origen:* latín. *Significado:* haba. *Onomástica:* 31 de junio. Fabio era un nombre muy común entre los patricios romanos. San Fabio fue un mártir africano del siglo II. El nombre Fabio lo llevaron varios patricios romanos.

Fabiola. *Origen:* latín. *Onomástica:* 27 de diciembre. Diminutivo femenino de Fabio. Santa Fabiola fue una matrona romana del siglo IV. Pertenecía a una de las familias más importantes. Fundó en Ostia un hospital, acaso el primero de Italia. Murió en el año 339. *Otros personajes:* Fabiola de Mora y Aragón se convirtió en reina de Bélgica, luego de casarse con Balduino I el año 1960.

Fabriciano. *Origen:* latín. *Significado:* de la familia de Fabricio. *Onomástica:* 22 de agosto. San Fabriciano fue un mártir español del siglo IV. Antes vivió en la región de Toledo y, luego, ya como monje residió en Aranjuez.

Fabricio. *Origen:* latín. *Significado:* artífice que trabaja duros materiales.

Facundo. *Origen:* latín. *Significado:* el que habla con facilidad, elocuente. *Onomástica:* 27 de noviembre. San Facundo fue un mártir leonés del siglo IV.

Fanurio. *Origen:* griego. *Significado:* el que hace aparecer. En Grecia se dice que encomendándose a San Fanurio se pueden encontrar todas las cosas perdidas.

Faraón. *Origen:* egipcio. *Significado:* doble palacio. *Onomástica:* 28 de octubre. Faraón era el nombre que recibían los monarcas egipcios.

Farid-Farida. *Origen:* árabe. *Significado:* único, sin par. Farid en castellano es Alfredo.

Fátima. *Origen:* árabe. *Significado:* niña destetada. *Onomástica:* 13 de mayo. Con este nombre se recuerda a la Virgen María: Nuestra Señora del Rosario de Fátima; en este lugar se apareció a unos pastorcitos. Fátima fue la hija del profeta Mahoma; se casó con su primo Alí, con el que tuvo tres hijos.

Faustino-Faustina. *Origen:* latín. *Onomástica:* 18 de enero. Patronímico de «Faustus». San Faustino fue un mártir de Córdoba.

Fausto. *Origen:* latín. *Significado:* fausto, próspero. *Onomástica:* 28 de septiembre. San Fausto fue un viejo monje y filósofo, que llegó a obispo de las Galias en el siglo V. *Otros personajes:* Fausto Coppi está considerado como el mejor ciclista italiano; fue campeón del mundo en distintas modalidades. El químico español Fausto de Elhúyar fundó la Escuela de Minas de Madrid. «Fausto» es una de las principales novelas de Goethe.

Favila. *Origen:* germánico. *Significado:* hombre. *Onomástica:* 9 de enero. Favila fue hijo de don Pelayo, al que sucedió en el año 737. Construyó la basílica de Santa Cruz en Cangas de Onís. Le mató un oso en una cacería.

Fe. *Origen:* latín. *Onomástica:* 1 de agosto. Santa Fe fue una de las tres hijas de Santa Sofía. Sus hermanas se llamaban Esperanza y Caridad. A ella le dieron martirio por orden del emperador Adriano hacia el año 120. También la fe es una virtud teologal.

Febe. *Origen:* latín. *Significado:* la unidad. *Onomástica:* 3 de septiembre. Febe es otro de los sobrenombres dedicados a la diosa Artemisa, que es la Diana de los romanos.

Febo. *Origen:* griego. *Significado:* brillante, resplandeciente. En la mitología griega, Febo aparece como uno de los sobrenombres poéticos del dios Apolo.

Febronia. *Origen:* latín. *Significado:* purificador, febrero. *Onomástica:* 24 de junio. Santa Febronia fue una virgen martirizada a principios del siglo IV.

Federico-Federica. *Origen:* germánico. *Significado:* caudillo, poderoso o poderoso en la paz. *Onomástica:* 18 de julio. San Federico fue obispo de Utrecht en el siglo IX. Se le considera el «apóstol de los frisones». *Otros personajes:* el nombre de Federico lo llevaron varios reyes y emperadores de Prusia y del imperio de Occidente. Friedrich (Federico en alemán) Nietzsche condujo su filosofía hasta los mitos del «superhombre» y del eterno retorno; una de sus obras más importantes es «Así hablaba Zaratrusta». El filosofo y sociólogo alemán Friedrich Engels colaboró con Karl Marx; se le debe la teoría del materialismo dialéctico. Federico García Lorca dejó una maravillosa poesía, pero al ser asesinado en 1936 se truncó un futuro acaso sublime. El norteamericano Fred (forma hipocorística en inglés de Federico) Astaire convirtió el baile en todo un espectáculo, a la vez que en una mina de oro para el cine de los años treinta del siglo XX; tuvo varias parejas femeninas, pero la más importante fue Ginger Rogers. Recordemos la película «Sombrero de copa». Federico Martín Bahamontes, «el Águila de Toledo», gestó sus proezas de escalador en las montañas de Francia y España. Fréderic (Federico en polaco) Chopin trasladó a sus partituras, lo mismo que a las teclas de su piano, el alma popular de Polonia; sus nocturnos deben ser considerados geniales. Federico Chueca compuso las zarzuelas «La Gran Vía» y «Agua, azucarillos y aguardiente». El alemán Friedrich Karl Rudolhp Bergius obtuvo el Premio Nobel de Química en 1931. Federica Montseny llegó a ser ministra de Sanidad, en 1937, en el gobierno de la República. El italiano Federico Fellini mostró la genialidad de su cine en películas como «La dolce vita» y «Amarcord». El compositor español Federico Moreno Torroba compuso la zarzuela «La Revoltosa».

Fedro-Fedra. *Origen:* latín. *Significado:* refulgente, brillante, espléndido. Fedro fue el liberto de Augusto, que había nacido en Tracia y escribió unas fábulas esópicas en latín. En la mitología griega, Fedra es la esposa de Teseo, a la vez que hija de Pasifae y de Minos. Fedra representa a la madre que pretende arrebatar el novio o el marido de su hija porque aún se siente deseable.

Felicia o Felisa. Las dos son formas femeninas de Félix.

Feliciano-Feliciana. *Origen:* latín. *Onomástica:* 9 de junio. Este nombre es patronímico de Félix. San Feliciano fue obispo de Foligno. Apresado a los noventa y cuatro años, se le condujo a Roma a paso de caballo. Murió por el camino en el año 250.

Felicidad. *Origen:* latín. *Significado:* felicidad, buenaventuranza, condiciones felices. *Onomástica:* 23 de noviembre. Santa Felicidad tuvo siete hijos; junto con ellos fue llevada al martirio. En la mitología griega, Felicidad es una diosa romana que porta el cuerno de la abundancia.

Felicísimo-Felicísima. Forma superlativa de Félix.

Felino. *Origen:* latín. *Significado:* felino, gatuno, relativo al gato. *Onomástica:* 1 de junio. Felino es el nombre genérico de unos carnívoros, como el león o el mismo gato. San Felino fue mártir en Perusa a mediados del siglo III.

Felipe-Felipa. *Origen:* griego. *Significado:* amigo, caballo o aficionado a los caballos. *Onomástica:* 11 de mayo. San Felipe fue apóstol de Jesús. San Felipe Benizzi nació en Florencia y se hizo servita; era tanta su humildad que no aceptó un obispado, como tampoco que se le hiciera Papa. San Felipe Diácono llevó el Evangelio a Samaria y jamás se cansó de ir a pie, aunque siempre encontraba quien le llevara en su caballo o en un carro. San Felipe de Jesús dejó su México natal para ser mártir en Japón. San Felipe Neri fundó la Congregación del Oratorio; era tan alegre que hoy día es considerado el patrón de todos los humoristas. *Otros personajes:* el nombre de Felipe lo llevaron varios reyes de España, Francia y Borgoña. Felipe de Borbón y Grecia es Príncipe de Asturias e hijo del rey Juan Carlos I y doña Sofía. Sir Philip (Felipe en inglés) Sidney se dedicó a la política y escribió ensayos, sonetos amorosos y novelas pastoriles; terminó de realizar «La Arcadia» en 1590. El alemán Felix Mendelssohn-Bartholdy resucitó la obra de Bach, cuyas partituras encontró archivadas, pero cubiertas por el polvo del olvido; además, compuso una magnífica producción propia: sinfonías, oratorios, música de escena, oberturas, etc. Philippe (Felipe en francés) de Hauteloque, llamado Leclerc, llegó a ser mariscal de Francia; desembarcó en Normandía y entró en París, en 1944, al frente del ejército de su país; tuvo bajo su mando las tropas galas en Indochina, hasta que murió en 1947. Philippe Petain también llegó a mariscal de Francia en la Primera Guerra Mundial, gloria que enturbió al colaborar con los nazis. Felipe González Márquez fue elegido Presidente de España durante 1982-1996.

Félix-Felisa. *Origen:* latín: *Significado:* la que amamanta, la que fecunda. *Onomástica:* 29 de mayo. San Félix «el Africano» predicó el cristianismo en la Gerona romana, donde fue martirizado; en esta ciudad se le dedicó uno de los templos más hermosos. San Félix de Cantalicio estuvo 40 años pidiendo limosna en Roma, vestido con su hábito de capuchino y armado de una gran paciencia. San Félix de Nola escapó de prisión gracias a un ángel; luego llegó a ser catedrático y murió sin dejar de enseñar. San Félix de Valios fundó la Orden de los Trinitarios y representó la máxima honestidad. *Otros personajes:* el nombre de Félix lo llevaron varios Papas. Félix María de Samaniego está considerado como el mejor fabulista español; también escribió cuentos eróticos en verso. Félix de Azara destacó como marino y naturalista. Félix Faure fue presidente de la República francesa de 1895 a 1899. El estadounidense Felix Bloch consiguió el Premio Nobel de Física en 1952. Félix Rodríguez de la Fuente mostró su amor a los animales desde la televisión, los libros y los fascículos; era tanta su calidad profesional, que pudo igualarse a los mejores naturalistas y comunicadores del mundo.

Fermín-Fermina. *Origen:* latín. Este nombre es patronímico de «Firmus». *Onomástica:* 7 de julio. San Fermín de Pamplona fue obispo de esta ciudad en el siglo IV, hasta que se le martirizó en Amiens (Francia); los panaderos de Orleáns le tienen como su patrón. Santa Fermina convirtió al cristianismo al oficial que la amaba y, luego, ella se entregó a Cristo en el año 303. *Otros personajes:* Fermín Cacho obtuvo la medalla de oro de los 1.500 metros en la Olimpiada de Barcelona de 1992.

Fernán. Forma apocopada de Fernando. *Otros personajes:* Fernán González fue el primer Conde independiente de Castilla. Tras la muerte de Ramiro II, separó Castilla de León. Fernán Pérez de Guzmán destacó por su labor como historiador español en el siglo XV.

Fernando-Fernanda. *Origen:* germánico. *Significado:* audaz, atrevido o atrevido en la paz. *Onomástica:* 30 de mayo. San Fernando III fue rey de Castilla y León en el siglo XIII. San Fernando de Portugal dirigió una Cruzada contra Marruecos, que fracasó. Los árabes le hicieron caballerizo, hasta que fue liberado en el siglo XV. *Otros personajes:* el nombre de Fernando lo portaron varios emperadores, reyes y príncipes de España, Alemania y otros países. Fernando Alvárez de Toledo, el «Duque de Alba», ocupó el cargo de general con Carlos I y Felipe II. Fernando de Rojas escribió «La Celestina». El navegante portugués Fernando de Magallanes, al servicio de Carlos V, inició en el año 1519 la primera vuelta al mundo en barco. No la concluiría, ya que le mataron los indígenas de la isla de Mactán. Fernando Francisco de Ávalos, marqués de Pescara, como general español conquistó el Milanesado, ocupó Génova y dirigió la famosa batalla de Pavía en 1525. El vizconde Ferdinand (Fernando en francés) Lesseps hizo construir el canal de Suez en 1869 y proyectó el de Panamá. Fernando de los Ríos alimentó el socialismo como político y escritor español del siglo XIX y el primer tercio del XX. El actor Fernando Fernán Gómez se ha dedicado a dirigir películas y escribir teatro, novelas y artículos de prensa; puede decirse que ha obtenido premios nacionales e internacionales en casi todas estas parcelas. Fernando Rey mostró su versatilidad interpretativa en España, Estados Unidos y en Europa, se le llegó a considerar el «actor más internacional del cine español». Fernando Arrabal es uno de los creadores, en Francia, del «teatro pánico»; luego, más moderado, se ha dedicado a escribir novelas y ensayos.

Fiacro. *Origen:* latín. *Significado:* el combatiente. San Fiacro fue un religioso francés de Meaux en el siglo VI.

Fidel. *Origen:* latín. *Significado:* digno de fe. *Onomástica:* 24 de abril. San Fidel de Sigmaringen fue un abogado de Colmar que se hizo capuchino y llegó a mártir por el odio que le tenían los calvinistas del siglo XVII. *Otros personajes:* Fidel Castro es presidente del Consejo de Estado de la República de Cuba desde 1976. Sin embargo, en 1959 ya era jefe del Gobierno, luego de vencer a las tropas de Batista.

Fidelio-Fidelia. *Origen:* latín. «Fidelio» es el título de la única ópera de Beethoven.

Fidenciano. *Origen:* latín. Este nombre es patronímico de «Fidentius». *Onomástica:* 15 de noviembre. San Fidenciano fue mártir en África junto con San Segundo.

Fidencio. *Origen:* latín. *Significado:* confiado, seguro de sí mismo. *Onomástica:* 16 de noviembre. San Fidencio fue obispo de Padua en el siglo I.

Fidias. *Origen:* griego. *Significado:* parsimonioso, lento. Fidias fue el mayor escultor griego del siglo V a.C. Dirigió las obras del Partenón y esculpió tres estatuas de Atenea, dos en bronce y una en oro y marfil.

Filadelfo. *Origen:* griego. *Significado:* amigo, hermano.

Fileas. *Origen:* griego. *Significado:* entrañable, amigo, amistad. *Onomástica:* 4 de febrero. San Fileas fue obispo de Egipto hasta que se le llevó al martirio en el siglo IV.

Filemón. *Origen:* griego. *Significado:* amante. *Onomástica:* 21 de marzo. San Filemón fue discípulo de San Pablo, a la vez que el primer obispo de Colosos en el siglo I. En la mitología griega, Filemón compone con Baucis la célebre pareja de viejos enamorados, que dieron hospedaje a Zeus y a Hermes. Filemón fue un poeta cómico griego del siglo II a.C. Sus comedias le sirvieron a Plauto de inspiración.

Filiberto. *Origen:* germánico. *Significado:* brillo, el multibrillante. *Onomástica:* 20 de agosto. San Filiberto fundó tres monasterios en Francia y se enfrentó al verdugo de Leodegario. Como salió ileso, pudo montar unas salinas, cuyos beneficios dedicó a los pobres en el año 685.

Filipe. Variante de Felipe.

Filógeno. Variante de Filogonio. San Filógeno fue obispo de toda Antioquía en el siglo IV.

Filogonio. *Origen:* griego. *Significado:* amigo, generación o amigo de su generación. *Onomástica:* 20 de diciembre.

Filomela. *Origen:* griego. *Significado:* amiga del canto. En la mitología griega, Filomela es convertida en ruiseñor para que no pueda contar lo que sabe.

Filomeno-Filomena. *Onomástica:* 5 de julio. Variante de Filomela. Santa Filomena fue una virgen romana martirizada en el siglo III.

Filón. *Origen:* griego. *Significado:* amigo. *Onomástica:* 25 de abril. San Filón fue un diácono al servicio de Ignacio de Antioquía, hasta que se le nombró obispo en el siglo II. Filón de Alejandría intentó conciliar el Antiguo Testamento con la filosofía griega.

Filoteo-Filotea. *Origen:* griego. *Significado:* el que ama a Dios. *Onomástica:* 3 de noviembre. San Filoteo fue un mártir romano de los primeros siglos, mientras que Santa Filotea destacó por su misticismo en la Alemania del Renacimiento.

Fina. *Onomástica:* 12 de marzo. Diminutivo de Josefina o Serafina. Santa Fina vivió en el siglo XIII. En la actualidad es la patrona de San Gimignano en Toscana (Italia).

Fintano. *Origen:* latín. *Significado:* blanco, anciano, viejo. *Onomástica:* 25 de noviembre. San Fintano fue un confesor irlandés del siglo VI.

Fiona. *Origen:* galés. *Significado:* limpio. Se cree que este nombre fue inventado por el escritor William Sharp.

Firmo. *Origen:* latín. *Significado:* firme, sólido, duradero. *Onomástica:* 31 de julio.

Flaminio-Flaminia. *Origen:* latín. *Significado:* perteneciente al «flamen». Éste era un sacerdote pagano dedicado al culto de una divinidad en particular. *Onomástica:* 2 de mayo. San Flaminio fue martirizado en Nicomedia durante el siglo IV; se acostumbra a invocarle cuando no se ven las cosas claras. Santa Flaminia fue una mártir gala del siglo V.

Flaviano-Flaviana. *Origen:* latín. *Significado:* rubio. *Onomástica:* 20 de junio. Este nombre es patronímico de «Flaus». San Flaviano ocupó el obispado de Antioquía en el siglo VI. Santa Flaviana fue una virgen gala, a la que se martirizó en Auxerre (Francia) junto con su hermano San Firmato.

Flavio-Flavia. *Origen:* latín. *Significado:* amarillo dorado, rubio. *Onomástica:* 18 de febrero. San Flavio está considerado como uno de los patriarcas de Constantinopla. Santa Flavia Domitila fue desterrada a la isla de Ponza, para luego terminar siendo martirizada en Terracina (Campania) en el año 95. Flavio Arcadio tuvo como padre a Teodosio, el primer emperador de Oriente. Flavio Estilicón sirvió como general a Honorio y a Teodosio. Se le ejecutó en el año 408 a.C. al ser acusado de conspirar contra el emperador.

Flérida. *Origen:* griego. *Significado:* rebosar.

Flocelo. *Origen:* latín. *Significado:* niño. *Onomástica:* 17 de septiembre. San Flocelo fue un niño galo martirizado en Autun a mediados del siglo III.

Flor. *Origen posible:* italiano. *Onomástica:* 5 de octubre. Santa Flor fue una religiosa hospitalaria francesa, que se enfrentó varias veces al diablo, y hasta en el día de su muerte en el año 1347.

Florenciano. *Origen:* latín. *Onomástica:* 28 de noviembre. Nombre derivado de «Florentius». San Florenciano fue un confesor sevillano del siglo V.

Florencio-Florencia. *Origen:* latín. *Onomástica:* 1 de diciembre. Nombre derivado de «Floreus». Santa Florencia fue una joven frigia, a la que condujo al cristianismo San Hilario en el siglo IV. San Florencio organizó un zoológico en Alsacia y, después, fundó la diócesis de Estrasburgo en el año 600. San Florencio de Aumur nació en Austria, predicó en Francia y fundó el monasterio que lleva su nombre; murió a los 123 años en el siglo IV. *Otros personajes:* el dramaturgo uruguayo Florencio Sánchez escribió un teatro social con obras como «La Gringa» y «Barranca abajo». El argentino Florencio Valera perteneció al Partido Unitario y, además, escribió sobre temas muy variados.

Florente. *Origen:* latín. *Significado:* florecer, el floreciente.

Florentino-Florentina. *Origen:* latín. *Onomástica:* 20 de junio. Este nombre es patronímico de «Florens». Santa Florentina fue hermana de San Leandro. Entró como benedictina en el convento de Écija, del que fue abadesa. Murió en el año 633. *Otros personajes:* Florentino forma parte del grupo de artistas italianos que compartieron la pintura con la escultura. El naturalista argentino Florentino Ameghino escribió «La ambigüedad del hombre en el Plata».

Florián. *Origen:* latín. *Onomástica:* 4 de mayo. Nombre patronímico de «Florus». San Florián fue un oficial romano que se dejó convencer por los cristianos, a los que debía vigilar. Por eso compartió con ellos el martirio en la Austria del año 304. *Otros personajes:* Florián

Rey se casó con Imperio Argentina, junto a la cual rodó varias películas. El historiador Florián de Ocampo terminó de escribir «Los cuatro libros primeros de la crónica general de España» en 1550.

Floriano-Floriana. *Onomástica:* 4 de mayo. Variante de Florián. San Floriano fue martirizado por los árabes en Tierra Santa durante el siglo VII.

Floriberto. *Origen:* germánico. *Significado:* amo, brillante. *Onomástica:* 1 de noviembre.

Florido-Florida. *Origen:* latín. *Significado:* que tiene flores, floreciente. *Onomástica:* 10 de enero. Santa Florida fue una virgen y mártir de Dijon (Francia) en el siglo III. Florida es uno de los Estados de EE.UU. precisamente de los primeros colonizados por los españoles.

Floro-Flora. *Origen:* latín. *Significado:* flor, flora, florecer. *Onomástica:* 24 de noviembre. Santa Flora fue decapitada por un alfanje musulmán en la Córdoba del siglo IX. En la mitología griega, Flora es la diosa de las flores y de la primavera.

Flósculo. *Origen:* latín. *Significado:* florecilla silvestre. *Onomástica:* 2 de febrero. San Flósculo fue obispo de Orleáns a finales del siglo V.

Florindo-Florinda. *Origen:* germánico. *Significado:* amo, señor o el escudo del señor. En algunos romances españoles aparece el nombre de Florinda o «La Cava», como la trágica amante del rey Rodrigo.

Focas. *Origen:* griego. *Significado:* foca. *Onomástica:* 22 de septiembre. San Focas fue jardinero en las orillas del mar Negro; por eso cavó su propia fosa mientras sus verdugos cenaban una noche del siglo IV. Es patrono de las gentes del mar y de los jardineros en la Iglesia de Oriente.

Focio. *Origen:* latín. *Significado:* iluminado, claro, sereno. *Onomástica:* 4 de marzo. Focio fue el patriarca de Constantinopla que provocó la separación de la Iglesia oriental de la Iglesia de Roma. Para la primera es un santo.

Foción. *Origen:* griego. *Significado:* relativo a la foca, el hombre de la foca. Foción fue un general y estadista ateniense del siglo IV a.C. Acusado de traición se le obligó a beber cicuta.

Formerio. *Origen:* latín. *Significado:* belleza. *Onomástica:* 25 de septiembre. San Formerio fue un anacoreta español, al que se martirizó en el siglo II. Otro San Formerio es recordado en Treviño (Burgos), donde se guardan sus restos. Antes había sido mártir en Capadocia en el siglo IV.

Formoso-Formosa. *Origen:* latín. *Significado:* bien hecho, bello, hecho con molde. Formoso fue un Papa del siglo IX que había nacido en Portugal.

Fortino. *Origen:* latín. *Significado:* fuerte, azar.

Fortuna. *Origen:* latín. En la mitología griega, Fortuna es la diosa de la suerte.

Fortunato-Fortunata. *Origen:* latín. *Significado:* afortunado, feliz. *Onomástica:* 20 de octubre. Santa Fortunata fue una joven valenciana, a la que se llevó al martirio en una de las primeras persecuciones contra los cristianos organizadas en la España romana. San Fortunato ocupó el obispado de Lombardía, donde murió en el año 569.

Fortunio. *Origen:* latín. *Significado:* el afortunado. Fortunio fue el abad benedictino de Silos, que en el siglo XI obtuvo importantes donaciones del mismo Cid Campeador para mejorar el edificio religioso.

Fótide. *Origen:* griego. *Significado:* luz, forma o semejante a la luz. Santa Fótide fue llevada al martirio en compañía de sus hermanos San Focio y Santa Fotina en el siglo IV.

Fotino-Fotina. *Origen:* griego. *Significado:* nítido, claro, resplandeciente. Onomástica: 2 de junio. San Fotino fue obispo de Lyon. A los noventa años se encontró con su verdugo; era un día del año 177. Santa Fotina fue la samaritana a la que Jesús convirtió personalmente.

Francisco-Francisca. *Origen posible:* francés o italiano. *Significado:* pobre, humilde. *Onomástica:* 4 de octubre. San Francisco de Asís amó tanto a los hombres y a los animales, que rechazó la riqueza y se entregó a los pobres con todo su ser; revolucionó la Iglesia de su tiempo. San Francisco de Borja ocupó el cargo de virrey de Cataluña, hasta que la visión del cadáver corrompido de su amada le hizo entregarse a la Compañía de Jesús. San Francisco

Caracciolo siguió al «Poverello de Asís», hasta fundar la Congregación de los clérigos regulares. San Francisco Gil nació en Tortosa, se hizo dominico y terminó siendo martirizado en Indochina. San Francisco de Paula fundó la Orden de los Mínimos y acompañó a Luis XI de Francia en su lecho de muerte. San Francisco de Sales ocupó el obispado de Ginebra y es patrón de los periodistas. San Francisco Javier está considerado como el apóstol de las Indias. Santa Francisca Romana fundó la Orden de las Oblatas; como sobrevivió cinco años a su marido es la patrona de las viudas. *Otros personajes:* el nombre de Francisco lo llevaron soberanos y reyes de España, Austria y Alemania. Francesco (Francisco en italiano) Petrarca abrió el paso al Renacimiento de su país por medio de sus sonetos, a la vez que ejerció una gran influencia en el romanticismo universal de siglos posteriores. Sir Francis (Francisco en inglés) Drake se convirtió en el terror de la flota española en todos los mares, lo mismo que de los puertos, como el de Cádiz; pirata para sus enemigos, la reina de Inglaterra le colmó de honores. François (Francisco en francés) Rabelais era franciscano, médico y aventurero; por eso supo ironizar como nadie sobre la nobleza. Finalizó las dos novelas sobre «Pantagruel y Gargantúa» en 1534. El general Francisco Javier Castaños y Aragnoni llegó a ser capitán general de Andalucía; venció a las tropas de Napoleón en la batalla de Bailén. El filósofo y político inglés Francis Bacon, barón de Verulam, llegó a ser canciller de su país; además, escribió una enciclopedia y rechazó el método deductivo de Aristóteles; publicó «Instaurato magna» en 1623. Franz (Francisco en alemán) Schubert compuso más de 600 lieder (música popular), además de sinfonías y obras de cámara; finalizó «La bella molinera» en 1823. El húngaro Franz Liszt hechizaba al público con su piano; por eso frenó un tanto su genialidad creativa al pensar más en agradar a sus coetáneos. Terminó de componer «Fausto» en 1857. El checo Franz Kafka mostró en sus escritos la angustia del ser humano frente a lo absurdo de la vida. Finalizó la novela «La Metamorfosis» en 1915. Francisco Franco Bahamonde llegó a jefe del Estado español luego de provocar una guerra civil. Francisco Maldonado mandó a los comuneros, junto con Padilla y Bravo, que se enfrentaron a Carlos V; derrotado en Villalar, murió decapitado en 1521. Francisco Pizarro conquistó Perú, pero terminó siendo asesinado por los almagristas en el año 1541. Francisco de Rojas Zorrilla escribió tragedias de estilo clásico siguiendo la escuela de Calderón. Francisco de Quevedo y Villegas es considerado por algunos como el mejor escritor español de todos los tiempos. Francisco José de Goya y Lucientes abrió nuevos senderos a la pintura universal, en especial con sus últimas obras. Franklin (Francisco en inglés) D. Roosevelt ocupó la presidencia de los Estados Unidos desde 1933 a 1945; murió desempeñando este cargo. El norteamericano Frank (forma hipocorística inglesa de Francisco) Capra dirigió películas en los años treinta del siglo XX que se adaptaban perfectamente a las necesidades del momento; idealizó al héroe anónimo de su país y obtuvo tres veces el Óscar: en 1934, por «Sucedió aquella noche»; en 1936, por «El secreto de vivir», y en 1938, por «Vive como quieras». François (Francisco en francés) Mitterrand fue elegido presidente de la República francesa en el año 1981. El mexicano Fray Francisco de Guadalupe Mojica, cuyo nombre de seglar había sido José Mojica, cambió la vida de actor de cine, en pleno éxito, por una celda franciscana. El cantante norteamericano Frank Sinatra, «la voz», pasó un racha muy mala en los años cuarenta, luego de haber sido el ídolo de las «chicas norteamericanas»; sin embargo, el Óscar al actor secundario logrado, en 1953, por la película «De aquí a la eternidad», le hizo remontar el vuelo. Francisco Gento, «la galerna del Cantábrico», ha sido uno de los mejores extremos izquierdos del fútbol mundial; ganó seis copas de Europa con el Real Madrid y otros muchos campeonatos. Francisco Fernández Ordóñez ocupó el cargo de ministro de Exteriores en el gobierno de Felipe González. El actor Francisco Rabal trabajó con algunos de los mejores directores de cine; también cosechó grandes premios, sobre todo por su trabajo en la película «Los santos inocentes».

Franco-Franca. *Origen:* germánico. *Onomástica:* 15 de mayo. San Franco fue hijo de Nevers y residió casi toda su vida en el monasterio de San Martín durante el siglo VIII. San Franco Lippi vivió sus primeros sesenta años como un ciudadano cualquiera; pero, luego, pasó otros veinte de carmelita y ermitaño de Siena, hasta 1292. Los francos pertenecían a unas tribus de bárbaros, que se apoderaron de la Galia en el siglo V.

Fraterno. *Origen:* latín. *Significado:* fraterno, entrañable, relativo al hermano. *Onomástica:* 29 de septiembre. San Fraterno fue obispo de Auxerre (Francia), hasta que le llevaron al martirio en el siglo IV.

Fredegundo-Fredegunda. *Origen:* germánico. *Significado:* paz, batalla o la batalla por la paz. Fredegunda fue la cruel reina francesa, esposa de Chilperico I en el siglo IV.

Fredesvinda. *Origen:* anglosajón. *Significado:* fuerte, sabio. *Onomástica:* 19 de octubre. Santa Fredesvinda fue hija de un rey de Mercia y fundó un convento en Oxford; luego, la catedral de esta ciudad inglesa se construyó sobre la tumba de la santa.

Fridolino. *Origen:* germánico. *Significado:* protección, seguridad. *Onomástica:* 2 de marzo. San Fridolino fue abad de un convento cerca de la actual Basilea, en Suiza, durante el siglo VI.

Frigidiano. *Origen:* latín: *Significado:* frío. San Frigidiano fue obispo de Luca (Toscana) en el siglo VI.

Friné. *Origen:* griego. *Significado:* hembra del sapo. Friné fue el sobrenombre que recibían algunas cortesanas atenienses de piel morena. Friné era tan hermosa que sedujo a los jueces que le acusaban de impiedad. Antes había sido amante y modelo de Praxíteles.

Froberto. Variante de Roberto. San Froberto fue abad de Troyes (Francia) en el siglo VII.

Froila. Variante de Froilán. San Froila fue un cordobés martirizado por los árabes en el siglo IX.

Froilán. *Origen:* germánico. *Significado:* amo, dueño, señor. *Onomástica:* 5 de octubre. San Froilán construyó monasterios en Galicia y fue nombrado obispo de León entre los siglos IX y X. Es patrono de Lugo y de León.

Frúctulo. *Origen:* latín. *Significado:* fruto. *Onomástica:* 18 de febrero.

Fructuoso. *Origen:* latín. *Significado:* provechoso, gozar de los frutos. *Onomástica:* 21 de enero. San Fructuoso fue obispo de Tarragona en el siglo II, hasta que murió en la hoguera junto con los diáconos Augurio y Eulogio. San Fructuoso de Braga era visigodo y fundó varios conventos, que pronto rebosaron de monjes. Se le nombró obispo de la ciudad portuguesa que le ha dado «apellido» para que no se marchara a Oriente en el año 665. *Otros personajes:*

Fructuoso Gelabert se merece el honor de ser el creador de la industria cinematográfica española.

Frumencio. *Origen:* latín. *Significado:* que pertenece al «frumentum». *Onomástica:* 27 de octubre. Éste era el nombre que se daba a todos los cereales, en especial al trigo.

Frutos. *Origen:* latín. *Significado:* fruto. San Frutos fue un eremita español del siglo VII, que hoy es patrón de Segovia.

Fuensanta. *Onomástica:* 8 de septiembre. Advocación española de la Virgen María a través de Nuestra Señora de la Fuensanta. Ésta es la patrona de Murcia.

Fulberto. *Origen:* germánico. *Significado:* pueblo, resplandor o el que resplandece entre el pueblo. *Onomástica:* 27 de marzo. Variante de Filiberto. San Fulberto fue un teólogo francés del siglo XI. Cuando se le nombró obispo de Chartres inició la construcción de la catedral.

Fulco. *Origen:* germánico. *Significado:* pueblo. *Onomástica:* 22 de mayo. San Fulco fue un peregrino inglés que se quedó en el Lacio al volver de Tierra Santa. Allí se hizo padre de los enfermos y de los pobres, en el siglo XII.

Fulcrán. *Origen:* germánico. *Significado:* pueblo célebre. *Onomástica:* 13 de febrero. San Fulcrán fue obispo de Languedoc en el siglo XI.

Fulgencio. *Origen:* latín. *Significado:* resplandeciente. *Onomástica:* 1 de enero. San Fulgencio fue obispo de Ruspe, en las proximidades de Cartago; le persiguieron reyes, los arrianos y hasta su madre; descansó al morir en el año 533. Un segundo San Fulgencio ocupó el obispado de Écija y de Cartagena, ciudad donde había nacido, y fue hermano de San Leandro, San Isidoro y Santa Florentina. *Otros personajes:* Fulgencio Batista ocupó la presidencia de Cuba desde 1940 a 1954. Luego de un período en la oposición, derrocó a Prio Socarrás y se hizo con el poder, hasta 1958. Entonces lo abandonó al ser derrotado por las tropas de Fidel Castro.

Fúlgido. *Origen:* latín. *Significado:* brillante.

Fulquerio. *Origen:* germánico. *Significado:* ejército del pueblo. Fulquerio fue un patriarca de Aquileya.

Fulrado. *Origen:* germánico. *Significado:* el consejero del pueblo. *Onomástica:* 17 de febrero. San Fulrado fue abad y capellán del rey Pipino de Francia en el siglo VIII.

Fulvio-Fulvia. *Origen:* latín. *Significado:* brillante, color de fuego. Fulvio fue un general romano del siglo III a.C.

Fusco-Fusca. *Origen:* latín. *Significado:* fosco, oscuro, negro. *Onomástica:* 13 de febrero. Santa Fusca fue una virgen martirizada en Ravena durante el siglo III.

G

Gabino. *Origen:* latín. *Onomástica:* 29 de febrero. Nombre que es un gentilicio de «Gabi». Este pueblo pertenecía al Lacio y se hallaba entre Roma y Preneste. San Gabino fue un romano que murió de hambre en la prisión, un día del año 296. Se cree que era hermano del papa Cayo. *Otros personajes:* el mexicano Gabino Barreda luchó porque en su país se implantara la enseñanza laica, gratuita y obligatoria. El actor español Gabino Diego, al que recordamos por su excelente interpretación en «El rey pasmado».

Gabriel-Gabriela. *Origen:* hebreo. *Significado:* hombre, mi protector es Dios. *Onomástica:* 29 de septiembre. El arcángel Gabriel se encargó de anunciar a María que iba a ser Madre de Jesús. San Gabriel de la Dolorosa nació en Asís; ya de muy joven, al entrar en el convento de los Pasionistas, se hizo devoto de la Virgen de los Dolores; murió tuberculoso en el año 1862. *Otros personajes:* Gabriele (Gabriel en italiano) d´Annunzio escribió poesía, teatro y novela. Gabriel Téllez era un fraile que presentaba sus obras teatrales con el seudónimo de «Tirso de Molina»; dos de sus mejores creaciones son «El condenado por desconfiado» y «Don Gil de las calzas verdes». El francés Gabriel Fauré compuso obras para piano, como «Penélope» y «Peleas y Melisendra». Gabriel García Márquez puso un techo muy alto a la literatura colombiana al ganar el Premio Nobel en 1982. Gabriela Mistral dio alas a la poesía chilena; en 1945 obtuvo el Premio Nobel de Literatura. El alicantino Gabriel Miró escribió con un estilo modernista prosa poética y novelas; una de éstas es «El obispo leproso». El mallorquín Gabriel Alomar se dedicó a la política, como socialista, y a la poesía futurista. Gabriel Celaya, seudónimo de Rafael Múgica, entró de lleno en la poesía social con «Las cosas como son». Gabrielle (Gabriela en francés) Chanel, más conocida por «Coco Chanel», renovó la moda occidental de 1930 a 1960 con un estilo muy sencillo; a su alrededor se creó un imperio industrial, que no sólo cubrió Francia, su país natal.

Galación. Variante de Galaxión.

Gálatas-Galatea. *Origen:* griego. *Significado:* leche, blanca. *Onomástica:* 19 de marzo. En la mitología griega, se menciona a Galatea como la nereida amada por Polifemo.

Galaxión. *Origen:* griego. *Onomástica:* 4 de noviembre. San Galaxión fue un mártir fenicio del siglo III. Galaxión era la fiesta en honor de Cibeles, en la que se comía un pan amasado con leche. Galaxión también es otro de los sobrenombres que se daba al dios Apolo.

Galdino. *Origen:* latín. *Onomástica:* 18 de abril. Este nombre es un diminutivo de Galdo. San Galdino fue arzobispo de Milán. Murió mientras pronunciaba su habitual sermón apasionado un domingo de 1176.

Galeote. *Origen:* bíblico. *Significado:* montículo de piedra, testimonio o el montículo del testimonio. Galeote era el remero de las galeras: por lo general, un condenado a remar sujeto a un banco hasta que muriera. Galeote también es un personaje de las novelas arturianas, es decir, las dedicadas al Rey Arturo y a su famosa Tabla Redonda.

Galiano. *Origen:* latín. Patronímico de Galo.

Galicano. *Origen:* latín. *Significado:* habitante de la «Gallia Provincia». Ésta era la Provenza actual. San Galicano fue un mártir egipcio del siglo IV.

Galileo. *Origen:* hebreo. *Significado:* originario de Galilea. También Galileo se utilizaba como sustitución de Jesús en su sentido de Salvador. *Otros personajes:* el italiano Galileo Galilei revolucionó la astronomía universal al demostrar que la Tierra giraba alrededor del Sol. Pero su obra fue secuestrada por la Iglesia, y a él le obligaron los cardenales a abjurar de la misma. Recientemente, Juan Pablo II reconoció «oficialmente» este inmenso error.

Galo-Gala. *Origen:* latín. *Significado:* originario de la Galia. *Onomástica:* 16 de octubre. San Galo fue un misionero irlandés, que pasó a las Galias en compañía de San Columbiano. Fundó muchos monasterios, hasta que se reservó en una ermita humilde, donde murió en el siglo VII. *Otros personajes:* Galo sólo ocupó el cargo de emperador romano del 251 al 253. Gala Plácida tuvo como padre al emperador romano Teodosio. Gala estuvo unida al pintor Salvador Dalí.

Gamaliel. *Origen:* hebreo. *Significado:* la recompensa de Dios. *Onomástica:* 3 de agosto. San Gamaliel, «el Viejo», fue un famoso exegeta que defendió a los apóstoles, pero su mayor honor lo obtuvo al ser maestro de San Pablo.

Gamelberto. *Origen:* germánico. *Significado:* viejo, resplandor o ilustre por su vejez. *Onomástica:* 27 de enero. San Gamelberto fue un sacerdote bávaro del siglo VIII.

Gandulfo. Variante de Gandolfo. San Gandulfo fue un obispo francés del siglo VIII.

Gangolfo. *Origen:* germánico. *Significado:* expedición bélica, guerrero o el guerrero de la expedición.

García. *Origen:* vasco. *Significado:* peñascal. *Onomástica:* 25 de noviembre. San García fue abad del monasterio de San Pedro de Arlanza; como hizo el milagro de convertir el agua en vino durante un Viernes Santo, Berceo le dedicó uno de sus poemas. Varios reyes de Navarra, un conde de Castilla y un rey de León se llamaron García.

Garcilaso. *Origen:* latín. El historiador peruano Garcilaso de la Vega, «el Inca», fue hijo de un conquistador español. Escribió sobre el imperio de los incas, la conquista y la colonización de su país.

Gardenia. *Origen:* germánico. *Significado:* agarrar, encerrar. La gardenia es un arbusto originario de Asia, cuyo nombre occidental dedicó a su descubridor, en el siglo XVIII, el naturalista escocés Alejandro Garden.

Garemberto. *Origen:* germánico. *Significado:* el que brilla por la defensa. San Garemberto de Wulpen fundó un monasterio en Francia durante el siglo XII.

Garibaldo. *Origen:* germánico. *Significado:* lanza, audaz.

Gaspar. *Origen:* persa. *Significado:* administrador del tesoro. *Onomástica:* 6 de enero. San Gaspar era el más joven de los tres Reyes Magos, precisamente el que portó el incienso. San Gaspar de

Bono abandonó la Armada española con el cargo de suboficial, para entrar en el convento de los Mínimos de Valencia; devolvió la disciplina a los monjes, pero con tanto amor que le llamaron «Gaspar Buenhombre». *Otros personajes:* Gaspar Espinosa forma parte de la gran tropa de los conquistadores españoles de América. Gaspar de Guzmán, más conocido por el Conde-duque de Olivares, supo ganarse la voluntad de dos reyes españoles. Gaspar Melchor de Jovellanos no abandonó la pluma de escritor al dedicarse a la política en la España que cabalgaba del siglo XVIII al XIX. Gaspar Aguilar escribió en el siglo XVI el poema épico «Expulsión de los moros de España». El valenciano Gaspar Gil Polo publicó la novela pastoril «La dama enamorada» en 1570. Kaspar (Gaspar en alemán) Hauser fue un extraño personaje, que un día de 1828 apareció en la ciudad de Nuremberg vestido de campesino; las gentes le identificaron al momento con el hijo abandonado del gran duque Carlos de Baden.

Gastón. *Origen:* germánico. *Significado:* forastero, huésped. *Otros personajes:* Gastón Maspero fue un egiptólogo francés que exploró las pirámides de Sakkara y descubrió las pinturas coptas del siglo VI en Bauit. El filósofo francés Gastón Bachelard trató la ciencia del psicoanálisis.

Gaudencio. *Origen:* latín. *Significado:* contento, que se alegra. *Onomástica:* 30 de agosto. San Gaudencio fue apóstol de Hungría en el siglo X.

Gaudioso-Gaudiosa. *Origen:* latín. *Significado:* alegre, gozoso. San Gaudioso fue un obispo africano del siglo V, que murió en Nápoles. Otro San Gaudosio ocupó el obispado de Tarragona en el siglo VI.

Gaugerico. *Origen:* germánico. *Significado:* espada, poderoso. *Onomástica:* 11 de agosto. San Gaugerico fue obispo de Cambrai. Su primera decisión consistió en conceder la libertad a los esclavos. Dio ejemplo de bondad hasta su muerte en el año 625.

Gausberto. *Origen:* germánico. *Significado:* godo, brillo o el brillo del godo. *Onomástica:* 27 de mayo. San Gausberto fue obispo de Cahors (Francia) en el siglo X.

Gedeón. *Origen:* hebreo. *Significado:* el que humilla. *Onomástica:* 1 de septiembre. San Gedeón es el juez bíblico de Israel, que liberó a su pueblo de la esclavitud de los madianitas.

Gelasio. *Origen:* griego. *Significado:* risa. *Onomástica:* 21 de noviembre. San Gelasio fue un comediante fenicio lapidado en el siglo III. Un segundo San Gelasio llegó a ser Papa del año 492 al 496. Sucedió a Félix III. En la mitología griega, Gelasio es el dios de la risa y de la alegría. El papa Gelasio II ocupó la silla de San Pedro desde 1118 a 1119.

Gelio. *Origen:* latín. Gelio era el nombre de una de las familias más importantes de Roma.

Gelmiro. *Origen:* germánico. *Significado:* lanza famosa.

Gema. *Significado:* piedra preciosa. *Onomástica:* 14 de mayo. Variante gráfica de Gemma. Santa Gema fue la hija precoz del farmacéutico Galgani. Nunca encontró el convento donde poder ocultar el hecho de que en su cuerpo se manifestaran los estigmas de la Cruz. Murió en Lucca (Italia) el año 1903.

Gemelo. *Origen:* latín. *Onomástica:* 10 de diciembre. Este nombre es un diminutivo de «geminus». San Gemelo fue crucificado en Ancira (la actual Ankara) durante el imperio de Juliano «el Apóstata» en el siglo IV.

Geminiano. *Origen:* latín. *Onomástica:* 31 de enero. Este nombre es patronímico de «Geminus». San Geminiano fue obispo de Módena en el siglo IV.

Gemino-Gemina. *Origen:* latín. *Significado:* gemelo, mellizo, reunir. *Onomástica:* 4 de enero. En la mitología griega, Gemino era otro de los sobrenombres que se dedicaba a Jano por el hecho de tener dos caras.

Gemma. *Origen:* latín. *Significado:* gema, brote. Santa Gemma fue una mártir gala del siglo II. También se llamó Gemma la esposa de Dante.

Genadio. *Origen:* griego. *Significado:* noble de cuna y de sentimientos, generoso. *Onomástica:* 25 de mayo. San Genadio fue ermitaño y, después, obispo de Astorga. Restauró el monasterio de esta ciudad y construyó otros durante el siglo X.

Genardo. *Origen:* germánico. *Significado:* engendrado, nacido, de origen. *Onomástica:* 6 de abril. San Genardo fue prelado de Rouen, monje en Saint-Wandrile y abad en Beauvais. Falleció en el año 720.

Genaro-Genara. Variante gráfica de Jenaro-Jenara. San Genaro fue un religioso español del siglo IV. *Otros personajes:* el mexicano Genaro Estrada llevó el Ministerio de Exteriores de su país; además, escribió poesías y novelas.

Genciano-Genciana. *Origen:* latín. *Onomástica:* 11 de diciembre. Este nombre es patronímico de «Gentius». El galo San Genciano se encontró con el martirio en Amiens durante el siglo IV. Genciano fue rey de Iliria; además, se le atribuye el descubrimiento de las propiedades de la genciana.

Generoso-Generosa. *Origen:* latín. *Significado:* noble por su nacimiento. *Onomástica:* 17 de julio. San Generoso fue mártir en Tívoli. Santa Generosa corrió la misma suerte en África a finales del siglo II.

Genoveva. *Origen:* galés. *Significado:* ola blanca. *Onomástica:* 3 de enero. En realidad el nombre de Genoveva supone una variante de Ginebra. Genoveva fue pastora de corderos y hombres en los tiempos de Atila. Murió en el año 451. Es patrona de París y de las pastoras. *Otros personajes:* Genoveva de Brabante es la protagonista de una antigua leyenda alemana; hija de un duque y esposa del conde Sigfrido, al ser acusada de adulterio tuvo que vivir con su hijo en el bosque, pero se reconoció, al final, su inocencia. La actriz Geneviéve (Genoveva en inglés) Bujold se consagró internacionalmente al interpretar el personaje principal de la película «Ana de los mil días». La actriz norteamericana Jennifer (forma inglesa de Genoveva) Jones interpretó los papeles más variados en una misma década: desde la apasionada mestiza de «Duelo al sol» a una santa en «La canción de Bernadette», por la que consiguió el Óscar en 1943.

Gentil. *Origen:* latín. *Significado:* de la misma estirpe. *Onomástica:* 28 de enero. Santa Gentil fue una veneciana, casada con un hombre cruel, pero al que ella supo amansar; como también hizo lo mismo con mucha otra gente, se mereció el cielo en el año 1530. El beato Gentil de Matélica acabó martirizado en Persia un día del siglo XIV.

Geraldo. *Origen:* germanico. *Significado:* lanza, gobierno o el mandato de la lanza. *Onomástica:* 13 de marzo. San Geraldo fue un inglés que dirigió el monasterio de Mayo, en Irlanda, a condición de que el té fuera de su país; vivió hasta el año 722. San Geraldo llevó el título de conde de Autillac (Francia) durante el siglo X.

Gerardo. *Origen:* germánico. *Significado:* lanza, osado u osado con la lanza. *Onomástica:* 1 de junio. San Gerardo de Brou fue obispo de Mácon a lo largo de cuarenta años; luego, fundó el monasterio de Brou, donde falleció en el año 940. San Gerardo de Budapest destacó como benedictino, tanto en Venecia como en Hungría, pero en esta nación debió hacerlo algo mejor, ya que le convirtieron en su patrón, pero antes había sido lapidado en Buda un día de 1046. San Gerardo de Gallinaro murió cuando participaba en la primera Cruzada, hacia 1100. San Gerardo de Majela ejerció de redentorista en Lombardía; cuentan que murió de tanto amar la Cruz. *Otros personajes:* el poeta Gerardo Diego forma parte de la generación del 27; obtuvo el Premio Miguel de Cervantes en 1979. El matemático y geógrafo Gerhard (Gerardo en flamenco) Kremer Mercátor dibujo uno de los primeros mapas mundiales para navegantes en el siglo XVI. Gerard (Gerardo en francés) Nerval escribió poesías y relatos dentro de un estilo romántico; publicó el libro de poemas «Las Quimeras» en 1852. El actor francés Gerard Depardieu nos dejó con la boca abierta con su gran interpretación en la película «Cyrano de Bergerac». El norteamericano Gerald (Gerardo en inglés) Ford ocupó la presidencia de los Estados Unidos de 1974 a 1977, luego de haber sustituido a Nixon por el escándalo del Watergate. El español Gerardo Iglesias sucedió en la dirección del Partido Comunista de España a Santiago Carrillo.

Gerásimo. *Origen:* griego. *Significado:* premio, recompensa. *Onomástica:* 5 de marzo. San Gerásimo fue un abad calabrés. Otro San Gerásimo se conformó con ser anacoreta en la Palestina del siglo V.

Gerberga. *Origen:* germánico. *Significado:* lanza, protección o la protección de la lanza.

Gerberto. *Origen:* germánico. *Significado:* el resplandor de la lanza. Gerberto fue Papa en el año 1000.

Gerbrando. *Origen:* germánico. *Significado:* lanza, incendio. *Onomástica:* 13 de octubre. San Gerbrando fue un abad cisterciense de Frisia en el siglo XIII.

Gerda. *Origen:* germánico. Este nombre es hipocorístico de Gertrude. En la mitología nórdica, la diosa Gerda es la esposa de Freyr, el dios de la fertilidad.

Geremaro. *Origen:* germánico. *Significado:* lanza, famoso o famoso en el manejo de la lanza. *Onomástica:* 24 de septiembre. San Geremaro fue rechazado como abad del monasterio de Eure (Francia); pero construyó otro, en Flay, donde dio muestras de que si había abandonado a su familia civil era porque pretendía ser un excelente religioso. Todo esto sucedió en el siglo VIII.

Gerlaco. *Origen:* germánico. *Onomástica:* 5 de enero. San Gerlaco se convirtió al ver muerta a su esposa. El resto de su vida lo pasó como peregrino. Al volver de Jerusalén, ya anciano, se hizo ermitaño en Holanda, su tierra natal.

Germán-Germana. *Origen:* latín. *Significado:* lanza, hombre o el hombre de la lanza. *Onomástica:* 31 de julio. San Germán de Auxerre fue un obispo que vivía con la mayor intensidad todos los problemas, hasta que falleció en el año 448. San Germán de París se cuidó de aconsejar a tres reyes y a toda una corte; debió hacerlo bien, ya que una iglesia lleva su nombre: Saint-Germain-des-Prés; murió en el año 576. Santa Germana Cousin se dedicó al pastoreo en las proximidades de Toulouse; más de la mitad de su tiempo se lo entregaba a Dios, hasta que éste se la llevó en 1601. *Otros personajes:* Germana de Foix contrajo matrimonio con el rey Fernando el Católico, luego de que éste hubiera enviudado de la reina Isabel. El colombiano Germán Arcienegas ocupó el Ministerio de Educación en su país; además, escribió ensayos y novelas.

Germánico. *Origen:* latín. *Significado:* germano. *Onomástica:* 19 de enero. San Germánico fue un adolescente martirizado en Esmirna durante el siglo II.

Gernando. *Origen:* germánico. *Significado:* lanza, atrevido.

Geroldo. *Origen:* germánico. *Significado:* el gobierno de la lanza. *Onomástica:* 7 de octubre. San Geroldo fue un peregrino alemán bastante aficionado a los lugares famosos. Cruzando los Alpes, en una de sus múltiples peregrinaciones, le dieron muerte unos bandidos. Era el año 1241.

Geroncio. *Origen:* griego. *Significado:* viejo. *Onomástica:* 25 de agosto. San Geroncio fue el primer obispo de Itálica (España), al que se martirizó en el siglo I. Otro San Geroncio tomó el báculo del obispado de Milán en el siglo V.

Gertrudis. *Origen:* germánico. *Significado:* lanza, querido, valioso. *Onomástica:* 17 de marzo. Santa Gertrudis fue hija de San Pepino, el cual le construyó un convento en Nivelles (Francia); en este lugar ella realizó toda su labor, hasta que le llegó la muerte en el año 659. Santa Gertrudis de Helfta entró a los cinco años en un convento de Sajonia, donde se entregó a Cristo; falleció en 1302. *Otros personajes:* la cubana Gertrudis Gómez de Avellaneda forma parte de las poetisas románticas del siglo XIX. Gertrud (Gertrudis en alemán) von le Fort escribió poemas y novelas; entre éstas destaca «El velo de Verónica». La estadounidense Gertrude (Gertrudis en inglés) Stein escribió la excelente novela «Tres vidas».

Gervasio. *Origen posible:* griego. *Significado:* bello, atractivo. *Onomástica:* 19 de junio. San Gervasio murió en martirio junto con San Protasio. Los restos de ambos fueron encontrados por San Ambrosio en una iglesia milanesa durante el año 386. Se desconoce el origen de los dos mártires, aunque en Barcelona se siente por ellos una gran devoción: a San Gervasio se le ha dedicado una iglesia y toda una barriada.

Getulio. *Onomástica:* 10 de junio. Variante de Gétulo. *Otros personajes:* Getulio Dornelles Vargas fue presidente de Brasil desde 1930 a 1945. Llegó al cargo gracias a los generales. Fue elegido en 1951 por el pueblo; sin embargo, a los tres años, como se le obligó a dimitir, se suicidó.

Getulo. *Origen:* latín. *Significado:* perteneciente a la tribu de los gétulos. Éstos vivían en las zonas que hoy ocupan Mauritania y Numidia. San Getulo fue mártir en Roma durante el siglo II.

Gil. *Origen:* del latín medieval. *Onomástica:* 1 de septiembre. San Gil de Casavo fue abad del monasterio de San Martín de Castañeda, hasta que se entregó a la enseñanza; pero terminó por encerrarse en una ermita, cerca del lago de Sanabria, en cuyas paredes escribió su vida; claro que como esta pared fue derribada, la vida del santo ha entrado en la leyenda. San Gil de Portugal vivió siete años de pecado, hasta que se hizo dominico; en Nuestra Señora del Camino realizó toda su obra, hasta que le llegó el descanso eterno en 1265. *Otros personajes:* Gil Alvárez de Albornoz ocupó el arzobispado de Toledo hasta el año 1367. El portugués Gil Vicente lo mismo escribió en su idioma que en español; casi todas sus obras presentan una temática religiosa. Gil Sánchez Muñoz es el verdadero nombre del «antipapa» Clemente VIII. El escultor Gil de Siloé tomó el barroco como estilo; esto se puede comprobar en la catedral de Burgos y en la Cartuja de Miraflores.

Gilberto-Gilberta. *Origen:* germánico. *Significado:* lanza, resplandor o el resplandor de la lanza. *Onomástica:* 11 de agosto. San Gilberto de Neuffontaines pasó de ser un cruzado a constructor de monasterios y hospitales, empresa que sólo abandonó al morir, en el año 1152. Santa Gilberta llegó a ser abadesa en Francia; curiosamente, su sepulcro se halla decorado con unos motivos que nadie ha podido descifrar a pesar de que correspondan al siglo VII. *Otros personajes:* Gilbert (Gilberto en inglés) Keith Chesterton hizo gala de un humor muy agudo; uno de sus personajes favoritos se llama «Padre Brown»: el sacerdote detective. El poeta chileno Gilberto Concha Riffo, más conocido por el seudónimo de Juvencio, publicó «Nimbo de piedra». El mexicano Gilberto Owen escribió poesías y novela. Entre éstas destaca «Desvelo».

Gildardo. *Origen:* germánico. *Significado:* intrépido en el valor. *Onomástica:* 8 de junio. San Gildardo fue arzobispo de Roten en el siglo VI. Cuenta la leyenda que tuvo un hermano gemelo, que es conocido como San Medardo.

Gina. Diminutivo italiano de Luigina y del español Luisa. *Otros personajes:* Gina Lollobrigida formó parte de las «bombas italianas» de los años cincuenta del siglo XX. Intervino en películas como «Pan amor y fantasía» y «Trapecio».

Ginebra. *Origen:* galés. *Significado:* como la espuma del mar. Este nombre supone una variante de Genoveva. Ginebra era la esposa del rey Arturo de Inglaterra, el eje central de toda la literatura montada alrededor de la Mesa Redonda y los Caballeros del Santo Grial.

Ginés. *Origen:* griego. *Significado:* raíz. *Onomástica:* 25 de agosto. San Ginés de Arlés fue un joven notario que se negó a escribir un edicto contra los cristianos. Por eso la policía le decapitó; luego arrojó su cabeza al Ródano en el año 323. Es el patrono de los escribanos, los notarios y los estenógrafos. San Ginés de Roma presenta una biografía similar al anterior. En el teatro interpretó el papel de «El cristiano a la fuerza», pero con tanto realismo que se convirtió, hasta el punto de aceptar el martirio en el siglo IV. Es el patrono de los comediantes. *Otros personajes:* Ginés Pérez de Hita escribió en el siglo XII novelas moriscas, como «Las guerras civiles».

Giocondo-Gioconda. *Onomástica:* 27 de julio. *Véase Jucundo.* Santa Gioconda vivió en el siglo III, pero su biografía se halla tan cargada de leyendas, que necesitaríamos muchas páginas para describirla.

Giraldo. *Onomástica:* 29 de diciembre. Variante de Geraldo. San Giraldo fue el abad reformador del monasterio francés de Fontenelle.

Gisela. *Origen:* germánico. *Onomástica:* 21 de mayo. Santa Gisela fue hermana de Carlomagno y fundadora de un soberbio monasterio benedictino. Otra Santa Gisela reinó en Hungría durante el siglo XI.

Gisleno. *Origen:* francés. *Significado:* flecha. *Onomástica:* 9 de octubre. San Gisleno fundó en Francia un monasterio, donde murió en el año 681. Pero nada se sabe de su nacionalidad, ni de su infancia.

Gladys. *Origen:* galés. Pudo llamarse realmente Gladys esa Claudia a la que San Pablo menciona en la segunda epístola a Timoteo, pues dice que es galesa.

Gláfira. *Origen:* griego. *Significado:* alisado, pulcro, pulido. *Onomástica:* 13 de enero. Santa Gláfira fue una virgen y mártir microasiática en el siglo IV.

Glenda. *Origen:* gaélico. *Significado:* valle estrecho y boscoso. Forma femenina del topónimo irlandés Glenn. *Otros personajes:* Glenda Jackson obtuvo el Óscar de interpretación en 1970 por la película «Un toque de distinción».

Glicerio-Gliceria. *Origen:* griego. *Significado:* grato, dulce. *Onomástica:* 13 de mayo. Santa Gliceria sólo tenía quince años cuando rompió la estatua de Júpiter, debido a que sólo creía en un único Dios. A pesar de ser hija de un oficial romano, no se libró del martirio. Esto sucedió en Heraclea (Tracia) el año 177.

Gloria. *Origen:* latín. *Significado:* fama, bienaventuranza. *Onomástica:* 25 de marzo. La gloria supone el lugar donde los ángeles y los santos gozan de la presencia de Dios. *Otros personajes:* Gloria Fuertes poetisa española dedicada a los niños. La norteamericana Gloria Swanson fue una de las más destacadas estrellas del cine mudo; su eclipse al llegar el sonoro se plasmó en la película «El crepúsculo de los dioses», de Billy Wilder, que ella misma interpretó.

Godardo. Variante de Gotardo.

Godeardo. Variante de Gotardo.

Godeberto-Godeberta. *Origen:* germánico. *Significado:* brillo, resplandor, Dios o el resplandor de Dios. Santa Godeberta fue una virgen francesa del siglo VII.

Godeliva. *Origen:* germánico. *Significado:* querido por Dios. Santa Godeliva fue una mártir francesa del siglo XI.

Godescalco. *Origen:* germánico. *Significado:* Dios, siervo. *Onomástica:* 21 de mayo. San Godescalco fue un príncipe alemán del siglo XI, que se encargó de evangelizar los pueblos desde el Elba hasta Mecklenburgo. Otro San Godescalco llevó una abadía francesa en el siglo XII.

Godiva. *Origen:* anglosajón. *Significado:* Dios, regalo o don de Dios. Lady Godiva es la famosa amazona desnuda. Fundó varios monasterios ingleses en el siglo XI.

Godofredo. *Origen:* germánico. *Significado:* el amparo de Dios. *Onomástica:* 13 de enero. San Godofredo convirtió el castillo de Cappenberg en un convento de premonstratenses; pero su esposa nunca se lo perdonó. Godofredo de Savigni llegó a ser abad de

Savigni; este cargó lo desempeñó hasta su muerte, en el siglo XII. *Otros personajes:* Godofredo de Bouillón, duque de la Baja Lorena, formó parte del grupo de jefes que dirigieron la Primera Cruzada en Tierra Santa.

Godoleva. *Origen:* germánico. *Significado:* bueno, amada de Dios. *Onomástica:* 6 de julio. Santa Godoleva poseía todas las virtudes, pero no supo ganarse a su suegra. Ésta era tan cruel, que ordenó el secuestro de su nuera y, después, la hizo estrangular por dos criados. Esto sucedió en Flandes el año 1070.

Godón. *Origen:* germánico. *Onomástica:* 26 de mayo. San Godón fue sobrino de San Vanderilio, junto al cual se hizo monje; luego fundó un monasterio próximo a unas lagunas que llevan su nombre. Falleció en el año 690.

Godovino. *Origen:* germánico. *Significado:* Dios, amigo o amigo de Dios.

Gómaro. *Origen:* germánico. *Significado:* famoso y distinguido. *Onomástica:* 11 de octubre. San Gómaro se entregó a la religión luego de perder una batalla y de separarse de su mujer. No hay duda de que en el cambio triunfó, ya que vivió en paz hasta sus últimos días. Éstos llegaron en el año 690.

Gondolfo. *Origen:* germánico. *Significado:* batalla, lobo o el lobo de la batalla. San Gondolfo fue padre del teólogo San Anselmo.

Gontrán. *Origen:* germánico. *Significado:* batalla, cuervo o el cuervo de la batalla. *Onomástica:* 28 de marzo. San Gontrán fue rey de Borgoña en el siglo VI. Impuso la paz entre su belicosa familia de francos, a costa de tener que matar a unos cuantos, algo que en aquellos tiempos no se veía tan mal.

Gonzalo. *Origen:* germánico. *Significado:* lucha. San Gonzalo fue un obispo gallego del siglo VIII. Otro San Gonzalo profesó como dominico en Portugal a lo largo del siglo XIII. El beato Gonzalo de Sagos también era un religioso portugués de la misma época. Gonzalo llegó a ser rey de Sobrarbe y Ribagorza en el siglo XI. *Otros personajes:* Gonzalo de Berceo marcó una etapa en la poesía medieval española. Gonzalo Fernández de Córdoba, «el Gran Capitán», dejó bien patente su habilidad de estratega militar en la conquista de Granada y en la campaña de Italia; se le nombró virrey de

Nápoles de 1504 a 1507. Gonzalo Pizarro, hermano del conquistador de Perú, participó en esta empresa; se sublevó contra el virrey Núñez de Vela y, vencido, se le ejecutó en 1548. Gonzalo Jiménez de Quesada fundó Santa Fe de Bogotá en 1538; luego participó en una expedición a El Dorado. Gonzalo Torrente Ballester fue catedrático y miembro de la Real Academia Española; consiguió el Premio Miguel de Cervantes en 1985.

Gordiano. *Origen:* latín. *Onomástica:* 17 de septiembre. Este nombre es patronímico de Gordio. Tres emperadores romanos se llamaron Gordiano. También dos santos mártires de los primeros siglos.

Gordio. *Origen:* griego. *Onomástica:* 3 de enero. San Gordio pasó de centurión romano a mártir en la Cesarea del siglo IV. Gordio fue el nombre de varios reyes de Frigia; como uno de éstos poseía un carruaje atado con un nudo imposible, cierto oráculo había predicho que a quien lo desatara se le abrirían las puertas de Asia; Alejandro Magno cortó este nudo «gordiano» con su espada, lo que le permitió cabalgar de victoria en victoria desde Macedonia hasta el centro de la India.

Gorgonio-Gorgonia. *Origen:* griego. *Significado:* terrorífico. *Onomástica:* 9 de septiembre. Este nombre es un sobrenombre de la diosa Selene, que es la Luna. Santa Gorgonia fue hermana de San Gregorio Nianceno, martirizada en el siglo IV. Las Gorgonas eran unos monstruos mitológicos que tenían serpientes por cabellos.

Gosvino. *Origen:* germánico. *Significado:* godo, amigo o el amigo de los godos. San Gosvino fue un abad benedictino francés del siglo XII.

Gotardo. *Origen:* germánico. *Significado:* atrevido. Onomástica: 4 de mayo. San Gotardo fue el famoso obispo de Hildesheim (Alemania), que se entregó a la reforma de los monasterios y a reavivar la cultura en el siglo XI. Su nombre se ha perpetuado en uno de los pasos de los Alpes.

Gotzon-Gotzone. Formas vascas de Ángel y Ángela.

Gozos. *Origen:* latín. *Significado:* alegría. Supone una advocación de la Virgen María: Nuestra Señora de los Gozos.

Gracia. *Origen:* latín. *Significado:* garbo, gracia, donaire, ser agradable. En su interpretación teológica, gracia puede querer decir: el socorro que Dios concede a sus hijos, con el fin de que obtengan el derecho a la vida eterna. *Onomástica:* 23 de julio. Santa Gracia de Valencia fue una doncella musulmana, hermana de San Bernardo y Santa María. Recibió martirio en Valencia en el siglo XI. *Otros personajes:* la princesa Grace (Gracia en francés) de Mónaco, que antes fue la actriz norteamericana Grace Kelly. Consiguió un Óscar en 1954 por la película «La angustia de vivir».

Graciano-Graciana. *Origen:* latín. *Onomástica:* 18 de diciembre. Este nombre es patronímico de Grato. San Graciano fue el primer obispo de Tours, el que inició la misión de extender el cristianismo por Francia. Le hicieron mártir en el año 337.

Graciliano. *Origen:* latín. *Significado:* delgado, menudo, grácil. *Onomástica:* 18 de diciembre. San Graciliano fue un mártir italiano de Falena en el siglo IV.

Grato-Grata. *Origen:* latín. *Significado:* grato, agradable. *Onomástica:* 5 de diciembre. San Grato fue mártir en África durante una de las persecuciones ordenadas por Diocleciano (siglos III y IV). A Santa Grata la llevaron al martirio en Bérgamo un día del siglo II.

Gregorio-Gregoria. *Origen:* griego. *Significado:* vigilante, despertar. *Onomástica:* 24 de abril. San Gregorio fue arzobispo de Granada; ante las acusaciones que le hizo un obispo envidioso, pudo ver como éste, de repente, sufría una gran transformación en el rostro, hasta volverse tan feo como las mentiras que había soltado; esto ocurrió en la Andalucía del siglo IV. San Gregorio o Hildebrando tomó el primer nombre al ser nombrado Papa; falleció en el año 1085. San Gregorio de Barbarigo obtuvo el título de abogado luego de haber recibido el hábito de sacerdote; más tarde llegó a cardenal de Padua en 1697. San Gregorio «el Grande» alcanzó el papado, en el siglo VI, para engrandecer a la Iglesia en todos los sentidos; implantó el canto gregoriano. Hoy día es patrón de los músicos. San Gregorio Nianceno, «el Teólogo», nunca dejó la poesía y la oratoria, a pesar de ser obispo de Nacianzo, en Capadocia, hasta el año 389; está considerado como el patrono de los poetas cristianos. San Gregorio de Nyssa tuvo como hermano a San Basilio; fue obispo en Turquía, donde se cuidó de mostrar sus conocimientos filosóficos y místicos; murió en el año 396. *Otros personajes:* Gregorio Marañón acaso destacó más por sus ensayos que como médico, aunque en esto fue muy bueno; falleció en 1960. Grigori (Gregorio en ruso) Rasputín embaucó a los últimos zares de Rusia, hasta el punto de provocar la Revolución. El príncipe ruso Grigori Potemkin contó con el favor de su amante la zarina Catalina II. Gregorio Peces Barba ocupó el cargo de presidente de las Cortes Españolas en 1982. Gregory (Gregorio en inglés) Peck siempre destacó en el cine norteamericano por sus papeles de héroe, aunque al pasar de los sesenta años no le importó interpretar papeles de «malo»; ganó un Óscar por «Matar un ruiseñor» en 1962. Gregorio López Bravo ocupó el Ministerio de Asuntos Exteriores en la época franquista.

Greta. *Origen:* vikingo. Diminutivo germánico de Margaret. *Otros personajes:* Greta Garbo, «la divina», fue una actriz sueca que reinó en Hollywood hasta la década de los 30 del siglo XX. Repentinamente, se retiró en «plena gloria».

Grimaldo. *Origen:* germánico. *Significado:* casco, gobierno o el poder del casco. San Grimaldo fue un confesor que murió en Pontecorvo (el Lacio italiano) en el siglo XII.

Grimbaldo. *Origen:* germánico. *Significado:* casco, intrépido o intrépido con el casco. San Grimbaldo fue un monje francés de San Olmer; inauguró el cargo de abad en el monasterio de Winchester (Inglaterra), donde murió en el año 903. Más tarde se le relacionó con los comienzos de la famosa Universidad de Oxford.

Griselda. *Origen:* germánico. *Significado:* gris, combate. *Onomástica:* 21 de octubre. Griselda es una de las damas que aparecen en «El Decamerón», el magistral libro de Bocaccio. También el nombre de Griselda se encuentra en «Los cuentos de Canterbury», del inglés Chaucer.

Guadalupe. *Origen posible:* árabe. *Significado:* río de amor. *Onomástica:* 12 de diciembre. Guadalupe es un río extremeño que dio nombre al santuario de Nuestra Señora de Guadalupe. Es la patrona de la Hispanidad. Hernán Cortés y sus paisanos introdujeron el culto en México, donde arraigó profundamente. Hoy día es la patrona de este país.

Gualberto. *Origen:* germánico. *Significado:* gobierno, brillo o el brillo del gobierno. *Onomástica:* 12 de julio. San Gualberto fue un abad francés del siglo VII. Otro San Gualberto aparece como monje florentino del siglo XI.

Gualterio. *Onomástica:* 2 de agosto. Forma hispanizada del francés «Gautier». La forma española es Gutierre. San Gautier fue obispo de Poitiers entre los siglos XIII y XIV.

Guarino. *Origen:* germánico. *Significado:* protección. *Onomástica:* 6 de febrero. San Guarino fue obispo-cardenal de Palestina, en la provincia de Roma.

Gudelia. *Origen posible:* germánico. *Significado:* combate, batalla. *Onomástica:* 29 de septiembre. Santa Gudelia fue mártir en Persia durante el siglo IV.

Gudrun-Gudruna. *Origen:* germánico. *Significado:* batalla, secreto o la hechicera de la batalla. Gudruna es la protagonista de un poema alemán del siglo XIII.

Gúdula. *Origen:* germánico. *Significado:* combate, pelea. *Onomástica:* 8 de enero. Santa Gúdula siguió a su familia en el camino de la bondad cristiana y la entrega a los humildes de Bélgica y otros países. Murió en el año 712. Hoy día es patrona de Bruselas.

Guedas. *Onomástica:* 29 de enero. Variante de Gildas. San Guedas se entregó en cuerpo y alma al monasterio de San Gildas, en la Bretaña. Allí le concedieron el apodo de «El sabio». Falleció en el año 570.

Güendolina. *Origen:* galés. *Significado:* blancas pestañas.

Guerembaldo. *Origen:* germánico. *Significado:* el que ejerce su protección con audacia. *Onomástica:* 10 de noviembre. San Guerembaldo fue un religioso alemán del siglo X.

Guerín. Variante de Guanino. San Guerín, hermano del obispo francés Loedeganio, fue mártir en el siglo VII.

Guerrico. *Origen:* germánico. *Significado:* lanza poderosa. *Onomástica:* 9 de agosto. San Guerrico estudió en Tournai, pero lo dejó todo al oír a San Bernardo. Se hizo cisterciense y llegó a ser abad en la Champagne. Siempre destacó por su elocuencia, un don que no le abandonó ni en el día de su muerte. Esta se presentó en 1151.

San Guerrico tuvo una hija llamada Regemberna y dirigió un monasterio alemán, al que dieron el nombre de Gerresheim en el siglo IX.

Guiberto. *Origen:* germánico. *Significado:* célebre por la paz. *Onomástica:* 23 de mayo. San Guiberto fue un monje de Lorena, Gorze y Gembloux. En todos estos lugares destacó por su bondad. Subió al cielo en el año 962.

Guido. *Origen:* germánico. *Significado:* fronda, selva, bosque. *Onomástica:* 12 de septiembre. San Guido fue un campesino de Brabante, que se limitaba a tocar la campana y pasar el cestito de la colecta durante las misas, algo normal en un sacristán; por fin se marchó a Roma y a Jerusalén; un largo camino que, a su vuelta, le postró en el lecho de muerte; esta le encontró un día de 1012; es el patrono de los sacristanes y de los cocheros. Otro San Guido fue abad de Pomposa y restaurador de la vida monástica italiana en el siglo XI. El beato Guido de Borgoña llegó a ser Papa, en el siglo XII, con el nombre de Calixto II. *Otros personajes:* el italiano Guido Reni mostró ser un excelente dibujante y un pintor que dominaba el cromatismo. Un cuadro suyo, «Atalanta», se encuentra en el Museo del Prado.

Guillermo-Guillermina. *Origen posible:* germánico. *Significado:* decisión, voluntad o aquel al que su voluntad le sirve de protección. *Onomástica:* 10 de febrero. San Guillermo dejó de ser un militar licencioso en el momento que vistió una simple piel, para convertirse en ermitaño de la Toscana. Una vez hubo muerto, en 1157, sus seguidores se llamaron «guillermistas»; es el patrón de los armeros. San Guillermo de Bourges pretendió entrar en la orden del Císter, nada más llegar a Pontigny; pero no debieron aceptarle, ya que terminó siendo arzobispo de Bourges; en este destino le encontró la muerte en 1209. *Otros personajes:* Guillermo es un nombre que aparece entre los reyes, príncipes y emperadores de Alemania, Holanda y otros países. William (Guillermo en inglés) Shakespeare puso techo máximo a la literatura inglesa y a toda la mundial. Wilhelm (Guillermo en alemán) Grimm escribió, en colaboración con su hermano Jacob, una recopilación de «Cuentos populares». El inglés sir William Crookes demostró en 1878 que los rayos catódicos estaban formados por partículas eléctricas. Guillaume (Guillermo en francés) Apollinaire, cuyo nombre era Wilhelm

Apollinaris de Kostrowitzky, apoyó todas las corrientes artísticas más vanguardistas; se le considera precursor del surrealismo; escribió «Caligramas» en 1918. El norteamericano William Burroughs es el más genuino representante de la generación «beat»; publicó «El almuerzo desnudo» en 1959. William F. Cody es el verdadero nombre del mítico «Búfalo Bill», que dirigió un gran circo y alcanzó el grado de coronel en el ejército norteamericano. Guillermo Díaz Plaja es catedrático y miembro de la Real Academia. Obtuvo el Premio Nacional de Literatura por sus ensayos. William Mac Kinley llegó a la presidencia de los Estados Unidos en 1896. Guglielmo (Guillermo en italiano) Marconi logró la telegrafía sin hilos. Más tarde comunicó, sin alambres, Europa con América; recibió el Premio Nobel de Física en 1909. Willen (Guillermo en holandés) Einthoven obtuvo el Premio Nobel de Medicina en 1924 por sus investigaciones sobre electrocardiografía. El norteamericano William Faulkner mostró en sus novelas la crudeza del Sur de su país con un estilo literario insuperable; se le concedió el Premio Nobel en 1949. Guillermo Fernández Shaw escribió el libreto de las zarzuelas «Doña Francisquita» y «Luisa Fernanda». El ciclista mallorquín Guillermo Timoner ganó el campeonato del mundo de persecución tras moto varios años. El cubano Guillermo Cabrera Infante ha escrito guiones para cine, crítica y novelas; una de éstas es «Tres tristes tigres». Willy (Guillermo en alemán) Brandt llevó la alcaldía de Berlín y llegó a ser canciller de la Alemania Occidental. Obtuvo el premio Nobel de la Paz en 1971; sin embargo, tuvo que dimitir de su cargo más importante por un caso de espionaje entre sus colaboradores. Willian Jefferson Clinton fue presidente de los Estados Unidos.

Guiomar. *Origen:* germánico. *Significado:* batalla, famoso o famoso en la batalla. Guiomar fue el nombre de la amada de Antonio Machado, con la que terminó casándose. El nombre Guiomar es muy popular entre las mujeres de los países de lengua portuguesa.

Guivorada. *Origen:* germánico. *Significado:* mujer, consejo. Santa Guivorada fue una monja del convento suizo de San Galo, a la que martirizaron los húngaros en el siglo X.

Gumaro. *Origen:* germánico. *Significado:* ejército de hombres. San Gumaro fue un confesor belga del siglo VIII.

Gumersindo. *Origen:* germánico. *Significado:* hombre, camino, senda o la expedición de los hombres. *Onomástica:* 13 de enero. San Gumersindo había nacido en Toledo y fue a morir martirizado por los árabes en la Córdoba del año 852. Luego el rey Alfonso VI le canonizó.

Gundebaldo. *Origen:* germánico. *Significado:* audaz en batalla. Gundebaldo fue rey de los borgoñones en el siglo V.

Gundelberto. *Origen:* germánico. *Significado:* el resplandor de la batalla. San Gundelberto fue obispo de Sens (Francia) y ermitaño en los Vosgos durante el siglo VII.

Gundelina. Variante de Gundelinda.

Gundelinda. *Origen:* germánico. *Significado:* escudo de la batalla. *Onomástica:* 28 de marzo. Santa Gundelinda fue abadesa en Alsacia en el siglo VIII y sobrina de Santa Otilia.

Gundemaro. Variante de Gundomaro.

Gundoaldo. *Origen:* germánico. *Significado:* combate, gobierno o el gobierno del combate.

Gundoniaro. *Origen:* germánico. *Significado:* batalla, célebre o célebre en la batalla. San Gundoniaro fundó el convento de Lierre, en el Brabante, a finales del siglo VIII.

Gunilda. *Ver Guntilde.*

Gunter. *Origen:* germánico. *Significado:* pueblo célebre. *Onomástica:* 30 de septiembre.

Guntero. *Origen:* germánico. *Significado:* ejército, batalla o el ejército de la batalla. El beato Guntero fue un monje bávaro del siglo XI.

Gunther. *Onomástica:* 13 de enero. Forma alemana de Gunter. San Gunther nació en Tuningia. Pasó un tercio de su vida peregrinando a Roma, otro tercio en un convento y el resto en la soledad de las oraciones. Concluyó su recorrido en 1045.

Guntilde. *Origen:* germánico. *Significado:* la batalladora.

Guntrano. Variante de Gontrán.

Gustavo. *Origen:* germánico. *Significado:* el bastón de la batalla. *Onomástica:* 3 de agosto. *Otros personajes:* el nombre de Gustavo lo llevaron varios reyes suecos. Gustave (Gustavo en francés) Flaubert es el genial escritor de «Madame Bovary». Gustave Doré vino a España a dibujar y pintar motivos andaluces; luego ilustró grandes obras, como «El Quijote». Gustavo Adolfo Bécquer dio un toque de gran sensibilidad al romanticismo español del siglo XIX. El pintor francés Gustave Courbet perteneció a la escuela realista; ejerció una gran influencia en el arte del siglo XIX. El psicólogo Gustav (Gustavo en alemán) Theodor Fechner estableció una ley sobre la relación entre el estímulo y la reacción. El músico austriaco Gustav Mahler dirigió orquestas y compuso una obra sinfónica de un lirismo posromántico; murió en 1911. El político alemán Gustav Stresemann obtuvo el Premio Nobel de la Paz en 1929. El general y político colombiano Guillermo Rojas Pinilla llegó al poder de su país con un golpe de estado; sin embargo, una junta militar le depuso en 1953.

Gutierre. *Origen:* germánico. *Significado:* mando, dirigir. *Otros personajes:* el soldado Gutierre de Cetina escribió madrigales, sonetos y epístolas. Sigue siendo famoso su madrigal que comienza: «Ojos claros, serenos...». Murió debido a un lance amoroso.

Guzmán. *Origen:* gótico. *Significado:* bueno, conveniente, apto, hombre o el hombre apto para las armas. En la España medieval, el «guzmán» era el noble que llegaba al ejército en condiciones de soldado elegido.

H

Habacuc. *Origen:* hebreo. *Significado:* abrazar. Habacuc fue el octavo de los Profetas menores.

Habib. *Origen:* hebreo. *Significado:* querido. *Otros personajes:* Habib ben Alí Burguiba fue el primer presidente de Túnez en 1957. Contribuyó de una forma decisiva a la independencia de su país. Se le reeligió en varias ocasiones como primer mandatario.

Hada. *Origen:* latín. *Significado:* destino, futuro. Antiguamente, las hadas eran confundidas con las parcas: divinidades que señalaban el destino de los seres humanos. Sin embargo, la literatura popular ha terminado por colocar a las hadas como mujeres fantásticas, que ayudan a sus elegidos. Ejemplos los tenemos en los cuentos de «La Cenicienta» y «Pinocho».

Hadulfo. *Origen:* germánico. *Significado:* combate, lobo o guerrero muy osado. *Onomástica:* 19 de marzo. San Hadulfo fue obispo de Arrás (Francia) en el siglo VIII.

Haidée. *Origen:* griego. *Significado:* la acariciada.

Hamlet. *Origen:* islandés. *Significado:* aldea, caserío. «Hamlet» es el príncipe de Dinamarca, que aparece en la obra teatral de Shakespeare.

Harmodio. *Origen:* griego. *Significado:* conveniente.

Haroldo. *Origen:* germánico. *Significado:* ejército, gobierno o el gobierno del ejército. *Onomástica:* 17 de marzo. *Otros personajes:* el nombre de Haroldo lo llevaron varios reyes de Inglaterra. Harold (Haroldo en inglés) Wilson fue primer ministro del Reino Unido en los períodos 1964-1970 y 1974-1976. El mismo cargo ocupó Harold MacMillan, pero de 1957 a 1963. El norteamericano Harold Clayton Urey consiguió el Premio Nobel de Química en el año 1934. Harold Lloyd destacó en el cine mudo de Hollywood por su comicidad de «alto riesgo».

Hebe. *Origen:* griego. *Significado:* juventud o estar en la flor de la edad. En la mitología griega, Hebe es la diosa que escancia el néctar que proporciona la inmortalidad.

Hecateo. *Origen:* griego. Nombre derivado de «Hecatea», que era otro de los sobrenombres de la diosa Diana. Hecateo de Mileto fue un historiador y geógrafo griego del siglo VI a.C.

Héctor. *Origen:* griego. *Significado:* el que posee. En la mitología griega, Héctor es el héroe troyano, que en la «Ilíada» de Homero tiene un papel predominante. *Otros personajes:* el francés Héctor Berlioz compuso una música grandiosa: oratorios, sinfonías y óperas, como «La Gran Misa de los Muertos». Héctor García Godoy ocupó provisionalmente la presidencia de la República Dominicana de 1965 a 1966. El argentino Héctor Alterio ha trabajado con los mejores directores españoles de cine, luego de haber realizado un gran trabajo como actor dramático en su país.

Hegesipo. *Origen:* griego. *Significado:* el que guía el caballo, jinete. *Onomástica:* 7 de abril. San Hegesipo fue un judío errante, que se atrevió a escribir una «Historia de la Iglesia», luego de entrevistar a varios obispos y al mismo Papa. Esta obra la finalizó en el año 180.

Heladio. *Origen:* griego. *Significado:* el que ha sobrevivido, el que nació vivo. *Onomástica:* 28 de mayo. San Heladio fue un obispo galo del siglo IV.

Heldrado. *Origen:* germánico. *Significado:* guerrero perseverante. *Onomástica:* 13 de marzo. San Heldrado fue un abad piamontés del siglo IX.

Helena. *Onomástica:* 18 de agosto. Variante gráfica de Elena. Santa Helena fue esposa de un oficial superior del Imperio romano. Madre del primer emperador cristiano, Constantino, viajó con éste a Oriente. Aquí encontró la verdadera fe, que le acompañó hasta el último día de su vida. Éste llegó en el año 329.

Heleno. Según la mitología griega, Heleno es el padre de Grecia. Otro Heleno nació de Hécuba y Príamo para convertirse en un adivino troyano. Un tercer Heleno tuvo como padres a Pirra y a Deucalión.

Helga. *Origen:* germánico. *Significado:* cielo.

Heli. *Origen:* hebreo. *Significado:* Jahvé es grande. Heli fue juez y sumo sacerdote de los israelitas.

Heliano-Heliana. Variante gráfica de Eliano y Eliana.

Heliena. *Origen:* griego. *Significado:* sol. *Onomástica:* 20 de abril. Santa Heliena fue una joven de la Campania, que se refugió en una cueva. Sólo comía hierbas y rezaba. Cuando murió en el siglo IX, su obispo llevó el cadáver a la catedral.

Heliodoro. *Origen:* griego. *Significado:* el sol, don o don del sol. *Onomástica:* 6 de mayo. San Heliodoro fue un obispo italiano, amigo de San Jerónimo. *Otros personajes:* Heliodoro es un novelista griego del siglo IV; se le considera creador de la novela bizantina, llena de amores y aventuras. Heliodoro Villazón ocupó la presidencia de Bolivia entre los años 1908 y 1912.

Helmetrudis. *Origen:* germánico. *Significado:* defensor, protector fuerte. *Onomástica:* 31 de mayo. Santa Helmetrudis fue recluida en las proximidades de Osnabrück, en el año 1000. En la Westfalia alemana guardan un hermoso recuerdo de ella.

Henedina. *Origen:* griego. *Significado:* ser complaciente. *Onomástica:* 14 de mayo. Santa Henedina fue una mártir sarda sacrificada, junto con Santa Justa, en el siglo III.

Hera. En la mitología griega, Hera es la diosa casada con Zeus, el cual ocupa el primer lugar en el Olimpo.

Heracleo-Heraclea. *Origen:* griego. *Significado:* femenino de Heracleos. *Onomástica:* 29 de septiembre. Santa Heraclea fue una mártir de Tracia.

Heracleos. *Origen:* griego. *Significado:* el fuerte, perteneciente a Hércules. *Onomástica:* 14 de julio. San Heracleos fue un patriarca de Alejandría en el siglo III.

Heracles. *Significado:* gloria de Hera. En la mitología griega, Heracles es un famoso héroe, hijo de Zeus, famoso por los doce trabajos a los que fue sometido. Heracles también es el Hércules de los romanos.

Heráclido. *Origen:* griego. *Significado:* hijo de, descendiente de Hércules. *Onomástica:* 1 de septiembre. San Heráclido fue un mártir egipcio de comienzos del siglo III.

Heraclio. *Origen:* griego. *Significado:* perteneciente a Hércules. *Onomástica:* 14 de julio. San Heraclio fue discípulo de Orígenes. Murió en el año 248. *Otros personajes:* el emperador bizantino Heraclio recuperó la Santa Cruz en una guerra contra los persas, ya que éstos la habían robado en Jerusalén. El acontecimiento sucedió en el siglo VII.

Heráclito. *Origen:* griego. *Significado:* ilustre como Hera. Heráclito de Efeso fue un famoso filósofo griego de los siglos VI y V a.C. Afirmaba que el cambio era la única realidad del mundo.

Herculano. *Origen:* latín. *Significado:* el fuerte, perteneciente a Hércules. *Onomástica:* 7 de noviembre. San Herculano fue un obispo persa, cuyo cadáver se desenterró para desollarlo, como un martirio póstumo, en el año 549.

Hércules. *Origen:* griego. *Significado:* gloria de Hera. En la mitología romana, Hércules significa la fuerza incansable, capaz de afrontar cientos de peligros. Por ejemplo, recién nacido tuvo que estrangular a dos serpientes que la diosa Hera había enviado para que le devorasen. Hércules es el mismo Heracles de los griegos.

Heriberto. *Origen:* germánico. *Significado:* el resplandor del ejército. *Onomástica:* 16 de marzo. San Heriberto fue canciller de Otón III; luego, el mismo pueblo le eligió como obispo de Colonia; falleció en 1021. Un segundo San Heriberto es un inglés anacoreta del siglo VII. *Otros personajes:* el austríaco Heriberto von Karajan forma parte del quinteto de grandes directores de orquesta del siglo XX. Heriberto Herrera dirigió varios equipos de fútbol españoles, entre ellos el Atlético de Madrid. Luego, en Italia, con el Juventus, obtuvo la Copa de Europa.

Herlinda. *Origen:* germánico. *Significado:* escudo, ejército o el escudo del ejército. *Onomástica:* 12 de marzo. Santa Herlinda fue una abadesa belga del siglo VIII.

Hermágoras. *Origen:* griego. *Significado:* ágora. *Onomástica:* 12 de julio. Hermágoras era la plaza de Atenas. San Hermágoras fue discípulo de San Marcos, para terminar siendo mártir en Aquileya. Hoy día es patrono de la ciudad italiana de Udine. Hermágoras es el nombre de un famoso orador de Temmos en el siglo I.

Hermán. *Origen:* germánico. *Significado:* ejército, hombre u hombre del ejército. *Onomástica:* 25 de septiembre. San Hermán sufría una parálisis, lo que no le impidió trabajar; escribió varios libros y algunos himnos religiosos, como la «Salve Regina»; murió en 1054. Otro San Hermán ocupó el cargo de premonstratense en un convento renano; como era tan apasionado de la Virgen, sus compañeros le pusieron el sobrenombre de «José»; falleció en 1241. *Otros personajes:* el norteamericano Herman Melville publicó su novela «Moby Dick» en el siglo XIX; ejerció una gran influencia sobre escritores del mundo entero. Hermann (Herman en alemán) Suderman se dedicó a la novela naturalista, como se aprecia en «El fin de Sodoma».

Hermenegildo. *Origen:* germánico. *Significado:* ganado mayor, valor o el valor del ganado. *Onomástica:* 13 de abril. San Hermenegildo fue convertido por su esposa, pero a su padre, el rey visigodo Leovigildo, no le gustó el cambio. Por eso dio orden, en el año 586, de que le cortasen la cabeza. *Otros personajes:* Hermenegildo Anglada Camarasa es un pintor español que en 1957 obtuvo el Premio March; sus cuadros muestran un modernismo muy personal. El conde Hermenegildo Arruga ha sido uno de los mejores oftalmólogos españoles del siglo XX.

Hermes. *Origen:* griego. *Significado:* proclamar, anunciar, decir. *Onomástica:* 9 de mayo. San Hermes se hizo pasar por hermano de Pío I, con el fin de vender mejor su obra «El Pastor» en el siglo II; seguro que no hubiera necesitado el truco, ya que este libro se sigue editando en la actualidad. En la mitología griega, aparece el dios Hermes como hijo de Maya y de Zeus. *Otros personajes:* Hermes Trimegisto era el nombre que los griegos dedicaban al dios egipcio Tot, que había escrito unos 17 tratados sobre revelaciones, conocimientos ocultos y teología. Estas obras influyeron en los pensadores del Renacimiento.

Hermilda. *Origen:* germánico. *Significado:* fuerza, batalla.

Hermilo. *Origen:* griego. *Significado:* diminuto, pequeño Hermes. *Onomástica:* 3 de enero. San Hermilo fue mártir en una ciudad de Misia (la actual Belgrado) en el siglo IV.

Herminio-Herminia. *Onomástica:* 28 de febrero. Variante de Erminio. Santa Herminia vivió en la Irlanda del siglo VI, pero se desconoce cuándo murió.

Hermión. *Origen:* latín. Este nombre deriva de Hermes. San Hermión fue un soldado romano martirizado en el siglo III. Su cuerpo momificado permaneció en el cementerio romano de Santa Ciríaca hasta 1790. En ese año llegó a México, donde es venerado en Lagos de Moreno.

Hermione. *Origen:* griego. Este nombre es femenino de Hermión. En las obras de Homero, se cuenta que Hermione, hija de Menelao y Helena, se casó con Orestes después de conseguir que asesinaran a su primer esposo, Pirro.

Hermipo. *Origen:* griego. *Significado:* caballo o caballo de Hermes. *Onomástica:* 27 de julio. San Hermipo fue mártir en Nicomedia durante el siglo IV.

Hermisenda. *Origen:* germánico. *Significado:* fuerza, camino o el camino de la fuerza. *Otros personajes:* Hermisenda fue hija de los primeros reyes de Asturias: Pelayo y Gaudiosa. Hermisenda también es un municipio de Zamora.

Hermócrates. *Origen:* griego. *Significado:* fuerza, poder o poderoso como Hermes. *Onomástica:* 27 de julio. San Hermócrates fue un mártir de Nicomedia en el siglo IV. *Otros personajes:* Hermócrates ha pasado a la Historia por ser un general y político de la Siracusa del siglo V a.C.

Hermógenes. *Origen:* griego. *Significado:* generado por Hermes. *Onomástica:* 3 de septiembre. San Hermógenes fue un mártir alejandrino de principios del siglo IV. Hermógenes es recordado por su condición de retórico griego.

Hermogio. *Origen:* griego. *Significado:* tierra o el que procede de la tierra de Mercurio. *Onomástica:* 26 de junio. San Hermogio fue obispo de Tuy (Galicia) y tío del mártir San Pelayo en el siglo X.

Hermolao. *Origen:* griego. *Significado:* el mensajero de los dioses. *Onomástica:* 27 de julio. San Hermolao fue un anacoreta de Nicomedia en el siglo IV.

Hermoso-Hermosa. *Origen:* latín. *Significado:* con forma.

Hernán. Forma apocopada de Hernando. *Otros personajes:* Hernán Pérez de Pulgar fue un historiador español del siglo XVI. Hernán Cortés realizó una de las hazañas más prodigiosas de la Humanidad al conquistar México; la controversia que rodea su nombre no puede ocultar la condición excepcional del personaje, acaso de niveles similares a los de Alejandro Magno. El escritor Hernán Pérez de Oliva es autor de «La venganza de Agamenón», una novela en la que siguió el estilo de Sófocles.

Hernando. Variante de Fernando. *Otros personajes:* Hernando de Luque fue el primer obispo de Perú en el siglo XVI. Se le concedió el título de «Protector de las Indias». Hernando de Soto dirigió varias expediciones en América, llegó a ser gobernador de Cuba y descubrió y atravesó el Mississippi. El poeta Hernando del Castillo recopiló el «Cancionero general» en 1551. El humanista Hernando del Pulgar llegó a ser secretario de los Reyes Católicos; además, escribió cartas, glosas y biografías. El escritor Hernando de Acuña fue un soldado-poeta en el siglo XVI; conocemos lo que escribió gracias a su viuda, ya que se encargó de publicar las canciones, los madrigales y los sonetos de su marido.

Hernani. *Origen:* vasco. *Significado:* lugar despejado o el lugar más alto de la colina despejada. Hernani es una villa de Guipúzcoa. Este nombre se popularizó mucho en Italia luego de que se estrenara la ópera «Hernani», de Verdi.

Herodes-Herodías. *Origen:* griego. *Significado:* caudillo. *Otros personajes:* Herodes Atico fue un retórico griego del siglo II. Con la muerte de Herodes «el Grande» ya no hubo más reyes judíos. Herodes Antipas alcanzó el grado de tetrarca de Galilea, a la vez que era monarca de los judíos. Herodías estuvo casada con el personaje anterior.

Heródoto. *Origen:* griego. *Significado:* don de Hera. Heródoto de Halicarnaso fue un historiador griego. Cicerón le llamo «el Padre de la Historia». En su «Historia» abarcó los tiempos mitológicos y el resto hasta el año 409 a.C.

Herón. *Origen:* griego. *Significado:* héroe, valiente en la guerra. *Onomástica:* 28 de junio. Herón fue un famoso matemático alejandrino del siglo I a.C. Enunció el área de un triángulo en función de sus tres lados.

Heros. *Origen:* griego. *Significado:* héroe. *Onomástica:* 24 de junio. San Heros fue mártir en Armenia en el siglo IV.

Hersilia. *Origen:* latín. *Significado:* rocío. En la mitología griega, Hersilia es la bellísima sabina a la que raptó Rómulo, fundador de Roma, para convertirla en su esposa.

Hervé. *Origen:* bretón. *Significado:* activo en el combate. *Onomástica:* 17 de junio. San Hervé nació ciego en Armona. Luego de hacerse sacerdote, con la guía de un lobo condujo a sus discípulos hasta el convento, de donde habían sido expulsados. Murió en el año 568. Es implorado cuando se padecen dolencias oculares o si se presiente la amenaza de los lobos.

Hesiquio. *Origen:* griego. *Significado:* tranquilo. *Onomástica:* 18 de noviembre. San Hesiquio, discípulo de Santiago el Mayor, fue mártir en Cazorla (Jaén) a finales del siglo I.

Hesperia. *Origen:* griego. *Significado:* el que sigue a la estrella vespertina. Hesperia es un nombre mítico que corresponde a la península Ibérica.

Higinio. *Origen:* griego. *Significado:* sano, vigoroso, bien conservado. *Onomástica:* 11 de enero. San Higinio fue un Papa mártir en Roma a finales del siglo II. Un segundo San Higinio corrió la misma suerte, pero era un soldado galo, y la muerte le llegó en la Gascuña del siglo IV. *Otros personajes:* Higinio Angles ha sido uno de los musicólogos más admirados a mediados del siglo XX. Higinio Uriarte ocupó la presidencia de Uruguay desde 1877 a 1878.

Hilario-Hilaria. *Origen:* latín. *Significado:* alegre, contento. *Onomástica:* 14 de enero. San Hilario fue obispo de Poitiers cuando pesaba la amenaza de un cisma; se le desterró a Oriente, debido a que no cesaba de combatir la herejía arriana; curiosamente, le devolvieron desde Oriente por el mismo motivo; a su regreso murió en el año 367. Un segundo San Hilario ocupó la silla papal entre los años 461 y 468.

Hilarión. *Origen:* griego. *Significado:* tranquilo, sereno, alegre. *Onomástica:* 21 de octubre. San Hilarión fue un anacoreta nacido en Gaza, que vivió en el desierto queriendo imitar a San Antonio «el Grande». Terminó sus días en la isla de Chipre el año 371. *Otros personajes:* el español Hilarión Eslava destacó por su música religiosa, a la vez que por la condición de erudito en este terreno. Escribió un «Método completo de solfeo».

Hilda. *Origen:* germánico. *Significado:* combate. *Onomástica:* 17 de noviembre. Santa Hilda fue abadesa de Whitby (Inglaterra) en el siglo VII. En la mitología nórdica, Hilda es la valquiria más importante.

Hildeberto. *Origen:* germánico. *Significado:* el resplandor del combate. *Onomástica:* 1 de diciembre. San Hildeberto fue abad de Fontenelle (Francia) en el siglo VII.

Hildebrando. *Origen:* germánico. *Significado:* la espada de la batalla. *Onomástica:* 11 de abril. San Hildebrando fue un monje francés, martirizado en el siglo XIII.

Hildegardo-Hildegarda. *Origen:* germánico. *Significado:* la morada del combate. *Onomástica:* 17 de septiembre. Santa Hildegarda fue una abadesa benedictina alemana en el siglo XII. Se atrevió a escribir sobre la Santísima Trinidad, lo que asombró a la Europa cristiana. Hildegarda es el nombre de una princesa alemana del siglo VIII.

Hildegunda. *Origen:* germánico. *Significado:* guerrero célebre. *Onomástica:* 20 de abril. San Hildegunda se vistió de muchacho para poder estudiar. Luego entró en el convento de los monjes de Schonau (Renania), con el nombre de fray José. Con este disfraz viajó a Tierra Santa, donde conservó su virginidad a pesar del gran número de peripecias que vivió. Falleció en el año 1188.

Hildemaro. *Origen:* germánico. *Significado:* famoso en el combate. *Onomástica:* 13 de enero. El beato Hildemano fundó una abadía en Francia durante el siglo XI.

Hipacio. *Origen:* griego. *Significado:* sumo. *Onomástica:* 3 de junio. San Hipacio fue un mártir de Bizancio en el siglo II. Un segundo San Hipacio llegó a obispo de la misma ciudad, pero su martirio tuvo lugar en el siglo VIII.

Hipócrates. *Origen:* griego. *Significado:* caballo, poder o poderoso por su caballería. El griego Hipócrates es el más famoso médico de la antigüedad: en el siglo VI a.C. Su código deontológico continúa marcando una frontera de responsabilidades dentro de la Medicina actual.

Hipodamo-Hipodamia. *Origen:* griego. *Significado:* caballo, domesticar o la que domestica caballos. En la mitología griega, aparece Hipodamia como la hermosa hija de Atrax, cuyas bodas con Piritoo provocaron la célebre guerra entre los centauros y los lapitas.

Hipólito-Hipólita. *Origen:* griego. *Significado:* caballo, desatar o el que desata los caballos. *Onomástica:* 13 de agosto. San Hipólito fue un sacerdote romano que no dudó en oponerse al Papa, con lo que inauguró el sendero de los «antipapas»; sin embargo, terminó por reconciliarse con el heredero de San Pedro al verse todos los cristianos perseguidos por el emperador Maximino, en el siglo III. En la mitología griega, se encuentra Hipólito, hijo de Teseo e Hipólita, la reina de las amazonas. *Otros personajes:* el tenor Hipólito Lázaro mostró su temperamento artístico en los teatros de todo el mundo; también escribió una obra didáctica. Hipólito Yrigoyen ocupó la presidencia de la República argentina en dos períodos: 1916-1922 y 1928-1934; sin embargo, el segundo no pudo completarlo, ya que en 1930 fue depuesto por una junta militar. Hippolyte (Hipólito en francés) Taine se dedicó a escribir libros de historia; además, con su filosofía crítica ejerció una gran influencia en el naturalismo.

Hiram. *Origen:* hebreo. *Significado:* el hermano excelso. *Otros personajes:* Hiram fue rey de Tiro en el siglo X a.C.; tuvo como amigos a David y Salomón; a éste le ayudó a edificar el Templo de Jerusalén. Un segundo Hiram destacó en Fenicia como arquitecto.

Holda. *Origen:* hebreo. *Significado:* comadreja. *Onomástica:* 10 de abril. Santa Holda fue una profetisa, a la que consultaban los reyes de Israel en el siglo VII a.C.

Hombelina. *Origen:* germánico. *Significado:* guía, conductor, caudillo. *Onomástica:* 21 de agosto. Santa Hombelina fue hermana de San Bernardo. Dejó a su esposo para entrar en un convento, donde vivió de una forma ejemplar.

Homero. *Origen:* griego. *Significado:* ciego o el que no ve. Homero fue un poeta épico griego (siglo VIII a.C.), cuyas obras abrieron miles de caminos a la literatura universal.

Homobono. *Origen:* latín. *Significado:* hombre, bondadoso o el hombre bondadoso. *Onomástica:* 13 de noviembre. San Homobono fue un sastre de Cremona en el siglo XII.

Honesto. *Origen:* latín. *Significado:* honesto, honorable. *Onomástica:* 16 de febrero. San Honesto u Honorato es el apóstol de Navarra desde el siglo III.

Honorato-Honorata. *Origen:* latín. *Significado:* honrado, honorable. *Onomástica:* 11 de enero. Santa Honorata vivió en el convento de San Vicente de Pavía, de donde tuvo que escapar, junto con sus compañeras, ante la invasión de los godos; murió en el año 500. San Honorato entregó una Regla a los monjes de Leris (Francia), dio su nombre a una isla y pasó sus últimos días en la Iglesia de Arlés; falleció en el año 429. San Honorato de Amiens ocupó el obispado de esta ciudad francesa en el siglo VI; panaderos y pasteleros le honran como a su patrón. San Honorato de Buzanïais hizo la vida de un humilde padre de familia. Como confiaba en todos, no se dio cuenta de que alojaba en su casa a los dos granujas que terminaron por asesinarle, en el año 1250, creyendo que podrían robarle; sin embargo, el mártir vivía al día, ya que todo el dinero que le sobraba lo entregaba a la Iglesia. *Otros personajes:* Honoré (Honorato en francés) Balzac dejó con su obra, en especial «La comedia humana», el más preciso reflejo de la Francia de su época. El francés Honoré Daumier es considerado uno de los mejores caricaturistas de su país en el siglo XIX.

Honorina. *Onomástica:* 27 de febrero. Forma femenina de Honorio. Santa Honorina fue arrojada al Sena, en Tancarville. Su cadáver se halló en las proximidades del Havre en el siglo III.

Honorio-Honoria. *Origen:* latín. *Significado:* honorífico, honorable. *Onomástica:* 24 de abril. San Honorio fue obispo de Canterbury (Inglaterra) en el siglo VII. El nombre de Honorio lo llevaron varios Papas.

Horacio. *Origen:* latín. *Significado:* hora, horario. *Otros personajes:* Horace (Horacio en inglés) Nelson fue el famoso almirante inglés de los siglos XVIII y XIX que murió en la batalla de Trafalgar. Horacio Vázquez llevó la presidencia de la República Dominicana desde 1902 a 1924. El uruguayo Horacio Quiroga escribió cuentos en los que combinaba lo fantástico con lo real.

Hormisdas. *Origen:* persa. *Significado:* el gran señor sabio. *Onomástica:* 6 de agosto. San Hormisdas fue Papa del año 514 al 523. Otro San Hormisdas tuvo como hijo al papa San Silverio. El nombre de Hormisdas lo llevaron varios reyes persas de la dinastía sasánida.

Hortensio-Hortensia. *Origen:* latín. *Significado:* huerta, hortelano. *Onomástica:* 11 de enero. La hortensia es un arbusto de origen japonés, al que el botánico francés Commerson dio ese nombre en honor de Hortense Lepaute, que era la esposa de un famoso relojero parisino del siglo XVIII. *Otros personajes:* Hortensia Beauharnais fue la madre de Napoleón III. El español Hortensio Feliz Paravicino destacó como trinitario en el siglo XVII.

Hortulano. *Origen:* latín. *Significado:* cultivador de la huerta. San Hortulano fue obispo. Murió desterrado en África por los vándalos en el siglo V.

Hosanna. *Origen:* hebreo. *Significado:* sano, salud, alegría. *Onomástica:* 18 de junio. Santa Hosanna entró en el convento a los seis años. Fue novicia de las dominicas a lo largo de otros treinta y siete. Pero los últimos los pasó en la corte de Francisco II e Isabel de Este, los cuales tuvieron los herederos que deseaban gracias a las oraciones de la religiosa. La muerte de ésta ocurrió en 1505.

Hospicio. *Origen:* latín. *Significado:* hospitalidad, huésped. *Onomástica:* 21 de mayo. San Hospicio fue un ermitaño que vivió cerca de Niza en el siglo VI. Hospicio era un establecimiento oficial, la mayoría de las veces regentado por monjas, donde se recogía a los niños y niñas abandonados por sus padres. Para que la personalidad de éstos permaneciera en el anonimato, estaban obligados a entrar en una estancia, donde había un torno. En el mismo dejaban a su hijo, tocaban una campanilla y...

Huascar. *Origen:* quechua. *Significado:* soga, cadena. Huascar es el sobrenombre de Inti Cusi Hualpa, hermano de Atahualpa.

Huberto. *Origen:* germánico. *Significado:* el que brilla por su pensamiento. *Onomástica:* 3 de noviembre. San Huberto fue obispo de Lieja en el siglo VIII; en su juventud había destacado como cazador de ciervos; luego cambió estas presas por los ídolos paganos; cuenta la leyenda que su conversión se produjo al tropezarse, en medio del bosque, con un enorme ciervo, que en medio de la cornamenta llevaba una cruz resplandeciente; es el patrón de los cazadores y de los guardas forestales. San Huberto de Bertigny vivió en la misma época que el anterior, pero su biografía es más modesta: la propia de un místico. *Otros personajes:* el pintor Hubert (Huberto en flamenco) van Eyck tuvo como hermano y maestro a Jan; sin embargo, él también dejó una estimable obra.

Hugo-Hugues. *Origen:* germánico. *Significado:* inteligencia. *Onomástica:* 1 de abril. San Hugo de Grenoble fue obispo de esta ciudad francesa; tuvo en su diócesis a San Bruno, lo mismo que a los primeros cartujos; falleció en 1132. San Hugo de Cluny llegó a ser abad en 1109. *Otros personajes:* el nombre de Hugo lo llevaron varios condes de Ampurias y algunos reyes de Chipre. Hugo «Capeto» fundó la tercera dinastía de los reyes de Francia; ésta ocupó el trono desde el año 987 al 1328. El italiano Hugo Foscolo es autor de poesías y novelas epistolares de carácter romántico. El alemán Hugo Junkers perfeccionó los primeros motores de aceite pesado para aviones. El italiano Hugo Pratt mejoró su estilo de dibujo, a la vez que aprendió la técnica del guión, durante el largo período que permaneció en Argentina. Por eso ha podido crear el personaje «Corto Maltés». El mexicano Hugo Sánchez obtuvo el galardón de máximo goleador de la Liga española de fútbol varios años siendo jugador del Real Madrid.

Hugolino-Hugolina. *Onomástica:* 13 de octubre. Forma italiana en diminutivo de Hugo. San Hugolino fue mártir en Ceuta durante el siglo XIII. Santa Hugolina se hizo ermitaña en la misma centuria.

Humbaldo. *Origen:* germánico. *Significado:* cachorro, cachorro osado. *Onomástica:* 20 de octubre. El francés San Humbaldo fue obispo de Auxerre en el siglo XI.

Humberto. *Origen:* germánico. *Significado:* cachorro de oso, osezno. *Onomástica:* 4 de marzo. San Humberto de Savoya fue un conde que se recluyó en la abadía de Hautecombe, pero debió abandonarla muchas veces para guerrear o dar un heredero. Se casó en cuatro ocasiones. Por último, encontró el descanso eterno el 4 de marzo de 1189. *Otros personajes:* Humberto es un nombre frecuente en los reyes de Italia y en los condes de Saboya. Humberto Nobile destacó en Italia por su condición de general y explorador. Sobrevoló el Polo Norte con Amundsen en 1926; sin embargo, fracasó dos años más tarde; el propio Amundsen murió al intentar rescatarle. El ecuatoriano Humberto Salvador ha escrito cuentos, teatro y novelas.

Humboldo. *Onomástica:* 20 de octubre. Variante de Humbaldo. San Humboldo fue obispo de Auxerre, donde impuso la disciplina religiosa. Murió en un naufragio, en 1114, cuando volvía de Jerusalén.

Humildad. *Origen:* germánico. *Significado:* poca altura, modestia. *Onomástica:* 22 de mayo. Santa Humildad se llamó Rosana; fue la esposa de Hulotto, de quien se separó no sin dificultad. Luego se convirtió en abadesa benedictina, en las proximidades de Faenza. Fundó la Orden de las monjas de Valleumbrosa, hasta que murió en 1310.

Hunfredo. *Origen:* germánico. *Significado:* casa, morada.

Hunfrido. Variante de Hunfredo. San Hunfrido fue un benedictino del siglo VIII, obispo de Thérouanne (Francia).

I

Iara. Variante gráfica de Yara.

Ibo. Variante de Ivo, Ivón e Ives.

Ícaro. *Origen:* griego. *Significado:* imagen. En la mitología griega, Ícaro es el hijo de Dédalo.

Iciar. Variante gráfica de Iziar.

Ida. *Origen:* germánico. *Onomástica:* 13 de abril. Santa Ida fue condesa de Bolonia; ayudó a su hijo Godofredo de Bouillon con sus oraciones; también ayudó a los conventos con sus generosas limosnas, falleció en 1113. Otra Santa Ida tuvo como padre a Carlos Martel una vez quedó viuda, se entregó a cuidar de los pobres de Alsacia y de los alrededores; murió en el año 825. En la mitología nórdica, Ida es uno de los sobrenombres de las valquirias.

Idalia. *Origen:* griego. *Significado:* yo vi el sol. El nombre de Idalia supone una advocación de la diosa Afrodita, en lo que se refiere al promontorio «Idalium» de la isla de Chipre. En ésta se había construido un templo, a la vez que se cuidaba un bosque en honor de la divinidad.

Idolina. *Origen:* latín. *Significado:* ídolo. Éste es una imagen, por medio de la cual se adora a un dios o a una potencia divina.

Iduberga. *Origen:* germánico. *Significado:* amparo, protección o la protección de las valquirias. *Onomástica:* 8 de mayo. Iduberga fue la madre de Santa Gertrudis en el siglo VII.

Ifigenia. *Origen:* griego. *Significado:* fuerte, gallardo, estirpe o la mujer de una estirpe fuerte. *Onomástica:* 9 de julio. Santa Ifigenia fue una religiosa del Santísimo Sacramento, cuyo nombre era María Susana de Gaillard; la condenaron a la guillotina los republicanos de Orange en julio de 1794. Otra Santa Ifigenia vivió en Abisinia y llegó virgen al martirio, luego de haber sido convertida por San

Mateo en el siglo I. En la mitología griega, aparece Ifigenia como la hija de Clitemnestra y Agamenón.

Ignacio. *Origen:* latín. *Significado:* fuego. *Onomástica:* 31 de julio. San Ignacio de Antioquía fue obispo de esta ciudad y mártir en el circo de Roma, en el año 107. San Ignacio de Loyola fundó la Orden de los Jesuitas y murió en 1556. Un tercer San Ignacio es considerado uno de los patriarcas de Constantinopla. *Otros personajes:* Ignacio Agramonte recibió el título del «Washington cubano», porque fue uno de los primeros jefes de la lucha por la independencia y, además, redactó la Constitución de su país. Ignacio Andrade ocupó la presidencia de Venezuela de 1898 a 1899. Ignacio Comonfort desempeñó el cargo de presidente de México de 1855 a 1858. Ignacio Zuloaga llenó de vigor sus cuadros, en los que plasmó paisajes y retratos. Ignacio Aldecoa convirtió el cuento y el relato corto en la mejor manera de narrar la realidad social del franquismo; su estilo literario era depuradísimo. Ignacio Barraquer ha situado la oftalmología española en el primer lugar del mundo. El mexicano Ignacio Manuel Altamirano combatió al lado de Juárez contra los franceses; además, cultivó varios estilos literarios, pero destacó en la narrativa, con obras como «La Navidad en las montañas». El español Ignacio Agustí representó a la burguesía catalana en una serie de novelas, cuyo primer título es «Mariona Rebull».

Igor. *Origen:* ruso, aunque es de procedencia escandinava. *Significado:* defensa, verdadero. *Otros personajes:* Igor fue un gran príncipe de Kiev en el siglo X. Igor Fedorovich Stravinsky acaso sea el más famoso compositor ruso del siglo XX; para la inmortalidad dejó «El pájaro de fuego».

Ildefonso. *Origen:* germánico. *Significado:* combate, listo o listo para el combate. *Onomástica:* 23 de enero. San Ildefonso fue arzobispo de Toledo en el siglo VII. Destacó como teólogo, tuvo de maestro a San Isidoro y está considerado como uno de los doctores de la Iglesia visigoda.

Ileana. Forma rumana de Elena.

Ilidio. *Origen:* latín. *Significado:* de la tropa. *Onomástica:* 7 de julio. San Ilidio fue un obispo galo del siglo III.

Ilona. Forma húngara de Elena.

Iluminado. *Origen:* latín. *Significado:* iluminar, esclarecer, ser luminoso. *Onomástica:* 11 de mayo. San Iluminado vivió en el convento de San Severino (Ancona) durante el siglo XII. Otro San Iluminado realizaba milagros en Citta di Castello, en la italiana región de Umbria.

Imanol. Forma vasca de Manuel. *Otros personajes:* Imanol Arias interpretó el personaje de un abogado en «Anillos de oro» y al «Lute» en dos series de televisión así como en «Cuéntame».

Imelda. *Origen:* germánico. *Significado:* la batalla de la fuerza. *Onomástica:* 17 de septiembre. La beata Imelda Lambertini fue una monja boloñesa del siglo XIV. *Otros personajes:* la filipina Imelda Marcos estuvo casada con el dictador Ferdinand, que había sido elegido presidente de su país en 1969, pero en 1973 asumió poderes absolutos. Los dos debieron abandonar Filipinas.

Imma. Variante de Emma.

Imógene. *Origen:* inglés. Imógene es un personaje shakesperiano, precisamente la protagonista de «Cimbelino».

Imperio. *Origen:* latín. *Significado:* gobierno, imperio. *Otros personajes:* Imperio Argentina, cuyo nombre real era Magdalena Nile del Río, fue la máxima estrella del cine español en la década de los treinta del siglo XX.

Indalecio. *Origen:* íbero. *Significado:* fuerza. *Onomástica:* 15 de mayo. San Indalecio fue uno de los primeros evangelizadores de España. Se cree que fundó la Iglesia de Urci, en las proximidades de Almería. *Otros personajes:* Indalecio Prieto destacó en el Partido Socialista. Ocupó los ministerios de Hacienda y Obras Públicas en el gobierno de Azaña. También llevó carteras ministeriales durante la guerra civil. Exiliado en México, murió el año 1962.

Indiano-Indiana. *Origen:* sánscrito. *Significado:* río Indo. Este nombre se relaciona con las Indias Occidentales, es decir, con América. Popularmente, se llamaba «indiano» al emigrante español que regresaba «del otro lado del Atlántico» con mucho dinero y ganas de regalarlo.

Inés. *Origen:* griego. *Significado:* puro, casto. *Onomástica:* 21 de enero. Santa Inés fue una niña que a los doce años ya se convirtió en mártir en la Roma del año 304; es la patrona de los enamorados. Otra Santa Inés nació en Beniganim (Valencia); cuando entró en el convento de las monjas Agustinas, se colocó en el último lugar; ya nadie pudo retirarle de ese sitio, aunque mereciera el puesto más destacado; murió en 1696. *Otros personajes:* Inés ocupó el reino conjunto de Aragón y Navarra hasta 1097. Inés de Castro se casó en secreto con Pedro I de Portugal; Alfonso IV la mando matar, a pesar de ser su suegro; luego, derrocado aquél por su hijo, éste sentó en el trono el cadáver de su esposa. Inés de Poitiers llevó el reino de Aragón en el siglo XII. Agnés (Inés en francés) de Francia, hija del rey Luis VII, se convirtió en emperatriz de Bizancio al casarse, en 1180, con Alejo II Coimneno. La francesa Agnés Soler fue favorita de Carlos VII de Francia.

Inga. *Origen:* sueco.

Ingrid. *Origen:* germánico. *Otro personaje:* Ingrid Bergman fue una actriz sueca que triunfó en Hollywood. Obtuvo dos veces el Óscar de interpretación femenina: en 1944, por «Luz que agoniza», y en 1956, por «Anastasia».

Inmaculada. *Origen:* latín. *Significado:* mancha de la piel. *Onomástica:* 8 de diciembre. Este nombre es una advocación a la Inmaculada Concepción de la Virgen María.

Inocencio. *Onomástica:* 28 de julio. Derivado de Inocente. San Inocencio fue un obispo de Mérida en el siglo VII. Trece Papas llevaron el nombre de Inocencio.

Inocentes. *Origen:* latín. *Significado:* el que está libre de toda culpa. *Onomástica:* 28 de diciembre. Con este nombre se recuerda a los Santos Inocentes, que fueron los niños menores de dos años degollados por orden de Herodes.

Iñaki. Forma hipocorística de Ignacio. *Otros personajes:* Iñaki Gabilondo es uno de los más populares periodistas radiofónicos de España. También ha hecho un gran papel como entrevistador en televisión.

Íñigo. *Origen posible:* celtibérico. *Onomástica:* 1 de junio. San Íñigo fue abad del monasterio benedictino de Oña, en las proximidades de Burgos, durante el siglo XI; resolvía todos sus problemas haciendo milagros. Singularmente, al morir le lloraron árabes, judíos y cristianos. Íñigo López de Recalde era el nombre de San Ignacio de

Loyola. *Otros personajes:* Íñigo Arista dio comienzo al reino de Pamplona en el año 852. Íñigo López de Mendoza, marqués de Santillana, incorporó unos toques universales a la poesía española del siglo XV. Inigo (Íñigo en inglés) Jones se hizo famoso en Inglaterra por su labor de arquitecto durante el siglo XVII.

Ion. *Origen:* griego. *Significado:* el que camina, el caminante. *Onomástica:* 22 de septiembre. En la mitología griega, Ion es el héroe de los jonios. San Ion fue un sacerdote galo martirizado en Chartres durante el siglo II.

Ione. Variante gráfica de Yone.

Iracema. *Origen:* tupí. *Significado:* salida de la miel. Iracema es el nombre de la heroína de una novela de José Martiniano de Alendar.

Iraida. *Origen:* griego. *Significado:* descendiente de Hera. Santa Iraida fue una virgen y mártir alejandrina.

Irene. *Origen:* griego. *Significado:* paz. *Onomástica:* 20 de octubre. Santa Irene fue una joven religiosa portuguesa. Se cuenta que como era tan bonita se veía asediada por los hombres. Algunos de éstos la mataron, acaso por resistirse, y su cadáver lo arrojaron al Tajo en el siglo VI. En la mitología griega, Irene es la diosa de la paz. *Otros personajes:* Irene aparece como emperatriz de Oriente en el siglo IX. La física francesa Iréne Joliot-Curie, hija de Pierre y Marie Curie, colaboró con su marido, Jean Fredéric Joliot, en todos sus proyectos. La actriz Irene Gutiérrez Caba ha dejado un recuerdo imborrable en el teatro y en la televisión de España. La actriz norteamericana Irenne Dunne, que intervino en películas como «Sublime enemiga». La actriz griega Irene Papas, a la que admiramos en la película «Zorba el griego».

Ireneo. *Origen:* griego. *Significado:* pacífico. *Onomástica:* 3 de julio. San Ireneo de Lyon fue obispo de esta ciudad francesa. Poseía el don de convencer con amor y caridad a los más herejes del siglo II. Otro San Ireneo ocupó el obispado de Tiro en el siglo V.

Irenión. *Origen:* griego. Este nombre es una variante de Ireneo. San Irenión fue obispo de Gaza en el siglo IV.

Iris. *Origen:* griego. *Significado:* la mensajera de los dioses. En la mitología griega, Iris cumplía esa misión.

Irma. *Origen:* germánico. *Significado:* fuerza.

Irmina. *Onomástica:* 24 de diciembre. Variante de Irma. Santa Irmina, hija de Dagoberto II, rey de Austrasia, entregó todas sus riquezas a San Wilibrodo. Además, convirtió en monasterio un castillo de su padre, con el fin de obtener el derecho de entrar en el convento de Tréveris. En éste murió el año 708.

Isa. Abreviatura de Elisa o Luisa.

Isaac. *Origen:* hebreo. *Significado:* risa, o el que ríe. *Onomástica:* 25 de marzo. Isaac fue hijo de Abraham y Sara. Se dice que vivió ciento ochenta años. San Isaac de Córdoba ejerció de notario en esta ciudad durante la ocupación árabe. Luego de haber permanecido en un monasterio, se atrevió a discutir de teología con un juez musulmán. El desenlace consistió en que al cristiano se le condujo al martirio en el año 851. *Otros personajes:* Isaac Albéniz plasmó en sus partituras el ambiente de España, a la vez que con su piano emocionaba a medio mundo. El inglés Isaac Newton reunió en su cerebro más conocimientos que todos sus coetáneos del siglo XVIII, ya que fue físico, matemático, astrónomo y humanista; suyo es el descubrimiento de la gravedad. Isaac Peral inventó el submarino en su versión española; sin embargo, luego de unas pruebas satisfactorias, el gobierno no lo consideró aprovechable. Isaac Stern, violinista ucraniano nacionalizado norteamericano, formó un trío, hacia 1950, para interpretar el repertorio romántico.

Isabel. *Origen:* hebreo. *Significado:* juramento de Dios. *Onomástica:* 5 de noviembre. Santa Isabel fue la madre de San Juan Bautista, ella tuvo el honor de ser la primera en darse cuenta de que la Virgen ya llevaba en su vientre al Hijo de Dios. Santa Isabel de Francia, hermana de San Luis, no quiso casarse, a pesar de que se lo imponían éste, como rey, y el Papa; prefirió fundar un convento de clarisas, como le aconsejaron las hermanas Pobreza y Humildad; murió en 1270. Santa Isabel de Hungría a los cuatro años estaba prometida a Luis de Turingia, a los quince tuvo a su hijo Herman y a los veinte perdió a su marido. Además, a los veintidós abrió un hospital y a los veinticuatro subió al cielo; era el año 1231. Isabel de Portugal reinó en este país. Pasó treinta y cinco años junto a un marido guerrero y otros diez al lado de unas mansas clarisas. Murió en 1336. *Otros personajes:* el nombre de Isabel lo llevaron varias reinas de España,

Rusia, Portugal e Inglaterra. Isabel Allende, una escritora chilena de mucho éxito, es sobrina del asesinado presidente de Chile Salvador Allende. La modelo y actriz italiana Isabel Rosellini, cuyo rostro y figura ha representado a una famosa marca de cosméticos. La popular Isabel Preisler, ex mujer de Julio Iglesias y casada en la actualidad con el ex ministro Miguel Boyer.

Isabela. Variante de Isabel.

Isadora. Variante de Isidora. *Otros personajes:* la bailarina Isadora Duncan, norteamericana de origen irlandés, creó la danza moderna sin tener en cuenta las leyes académicas y las formas clásicas del «ballet». Murió en 1927.

Isaías. *Origen:* hebreo. *Significado:* Yahvé salva. *Onomástica:* 6 de julio. Isaías fue un profeta mayor, hijo de Amós y el primero que habló de la llegada de Jesús. San Isaías alcanzó el martirio en la Palestina del siglo IV. *Otros personajes:* Isaías Medina Angarita ocupó la presidencia de Venezuela de 1941 a 1944. Esaias (Isaías en sueco) Tegner escribió poesías, como «La saga de Frithiof».

Isarno. *Origen:* germánico. *Significado:* águila de hierro. San Isarno fue abad del convento de San Víctor, en Marsella, durante el siglo XI.

Isauro-Isaura. *Origen:* latín. *Significado:* perteneciente a los isauros. Estos vivieron en Microasia. *Onomástica:* 17 de junio. San Isauro fue mártir en Valona (Albania).

Isberga. *Origen:* germánico. *Significado:* hierro, protección o la protección del hierro. *Onomástica:* 21 de mayo. Santa Isberga fue hermana de Carlomagno. A pesar de que el matrimonio le hubiera permitido ser reina en Constantinopla o Londres, rechazó estas maniobras políticas para entrar en el convento de Artois durante el siglo IX.

Isidoro-Isidora. *Origen:* griego. *Significado:* don, regalo, don de Isis. *Onomástica:* 4 de abril. Isis era una diosa egipcia, que también tuvo templos en Grecia y Roma.San Isidoro de Sevilla fue arzobispo de esta ciudad. Se le consideró el hombre más sabio de su época. Utilizó la ciencia y la caridad para llegar a Dios en el año 636. *Otros personajes:* Isidoro de Alejandría forma en el grupo de los filósofos neoplatónicos. El norteamericano Isidor (Isidoro en inglés)

Isaac Rabi obtuvo el Premio Nobel de Física en 1944 por haber registrado las propiedades magnéticas del núcleo del átomo.

Isidro. *Onomástica:* 15 de mayo. Variante de Isidoro. San Isidro Labrador fue un humilde vecino de Madrid que mientras se postraba a rezar sus oraciones, contaba con la ayuda de un ángel que le araba las tierras. Murió en el siglo XII. Es patrono de Madrid y de los labradores. *Otros personajes:* el español Isidro Gomá llegó a cardenal de Toledo en 1935. Ingresó en la Real Academia por su extensa producción literaria.

Ismael. *Origen:* hebreo. *Significado:* Dios oye. *Onomástica:* 17 de junio. San Ismael fue un mártir de Calcedonia (Asia menor) a principios del siglo IV. *Otros personajes:* Ismael tuvo como padres a Abraham y a Agar, la criada de éste; los árabes le consideran su progenitor. Ismael Enrique Arciniegas es un poeta colombiano que perteneció al modernismo.

Isócrates. *Origen:* griego. *Significado:* que comparte el poder con la misma potestad. Isócrates fue un filósofo y orador ateniense del siglo IV a.C. Se le considera seguidor de Sócrates. Se conservan de él varios discursos.

Isolda. *Origen:* germánico. *Significado:* hierro, gobierno o la que gobierna con hierro. Nombre popularizado por la leyenda artúrica «Tristán e Isolda».

Israel. *Origen:* hebreo. *Significado:* el que dominó a Dios. Esto se dijo de Jacob después de su pelea contra el ángel enviado por el Señor. *Onomástica:* 13 de septiembre. San Israel fue un canónigo francés de Dorat, en la región del Lemosín.

Italo. *Origen:* latín. *Significado:* italo, italiano.

Iván. Forma rusa y búlgara de Juan. El nombre Iván lo llevaron príncipes y zares rusos. San Iván fue un santo checo del siglo X. *Otros personajes:* el ruso Ivan Alexandrovich Goncharov escribió novelas intimistas, como «El Declive». El ruso Ivan Alexeievich Bunin publicó poesías, novelas y cuentos. Obtuvo el Premio Nobel de Literatura en 1933. El mariscal ruso Ivan Fiodorovich Paskievich venció a los persas, a los turcos y reprimió las insurrecciones polacas y húngaras en la primera mitad del siglo XIX. El mariscal soviético Ivan Koniev se distinguió durante la Segunda Guerra Mundial; ocupó el cargo de comandante de las fuerzas del Pacto de Varsovia hasta 1960.

Ivo. Variante de Ivón. Onomástica: 19 de mayo. San Ivo fue un sacerdote francés. *Otros personajes:* el novelista y diplomático yugoslavo Ivo Andric consiguió el Premio Nobel de Literatura en 1961, sobre todo por su novela «El puente sobre el Drina».

Ivón. *Onomástica:* 19 de mayo. San Ivón nació en Tréguier, estudio derecho en Orleáns y fue nombrado juez eclesiastico. Estuvo al servicio del obispo de Reune hasta su muerte, en 1303. Es patrono de los ahogados, procuradores, notarios y ujieres.

Izaskum. *Origen:* vasco. *Significado:* retama arriba del valle. Advocación vasca de la Virgen María. El santuario de Nuestra Señora de Izaskum se alza sobre la villa guipuzcoana de Tolosa.

Iziar. *Origen:* protovasco. *Significado:* altura empinada que mira al mar. Este nombre es una advocación vasca de la Virgen María. El santuario de Nuestra Señora de Iziar se encuentra en Guipúzcoa, entre Deva y Zumaya.

J

Jacaranda. *Origen:* tupí. *Significado:* intenso olor. La jacaranda es un árbol de los trópicos americanos.

Jacinto-Jacinta. *Origen:* griego. *Significado:* flora abundante, flor. *Onomástica:* 17 de agosto. San Jacinto fue un polaco que al llegar a Roma recibió el hábito de las manos de Santo Domingo; predicó en su país, hasta que le llegó la muerte en Cracovia durante 1257. San Jacinto Orfanell desde Tortosa pasó a un convento dominico y, años más tarde, viajó a Japón como misionero; allí le llevaron al martirio en 1622. Santa Jacinta Mariscotti se hizo monja clarisa en su Italia, donde mostró una gran bondad, durante el siglo XVII. En la mitología griega, Jacinto fue convertido por Apolo en una flor, que por cierto tenía todo el aspecto de los gladiolos actuales. *Otros personajes:* el poeta y sacerdote Jacinto Verdaguer se dedicó por entero a la literatura catalana; recibió el premio en los Juegos Florales de 1865. El dramaturgo español Jacinto Benavente obtuvo el Premio Nobel de Literatura en 1922; su teatro abarcó la crítica a la burguesía, la tragedia rural y otros temas, siempre alejado de las vanguardias europeas; le acompañó el éxito hasta el último día; estrenó «Los interes creados» en 1907. El español Jacinto Guerrero compuso, entre otras, las zarzuelas «La rosa del azafrán» y «El huésped del sevillano». El dramaturgo español Jacinto Grau escribió comedias, tragedias y sobre el tema de don Juan: «El burlador que no se burla». Jacinto Octavio Picón acercó sus novelas al naturalismo francés; publicó «La hijastra del amor» en 1884.

Jacob. *Origen:* hebreo. *Significado:* el segundo de dos gemelos. *Onomástica:* 5 de febrero. El patriarca San Jacob tuvo doce hijos. Su hermano gemelo se llamo Esaú y sus padres Rebeca e Isaac. Se cuenta que vivió ciento cuarenta y siete años. *Otros personajes:* el italiano Jacopo (Jacob en italiano) Robusti Tintoretto estudió con Tiziano y siguió el estilo de Miguel Ángel; su obra máxima es el cuadro «El milagro de San Marcos». El filólogo alemán Jacob Ludwig Grimm es el autor de una «Gramática alemana»; además, colaboró con su hermano, Wilhelm, en los «Cuentos populares». Al italiano Jacopo Bellini se le atribuye la fundación de la escuela veneciana de pintura en el siglo XV. El poeta renacentista italiano Jacopo Sannazaro es el autor de la «Arcadia», que escribió en prosa y verso; esta fue muy imitada en España. Jacques (Jacob en francés) Benigne Bossuet, obispo de Meaux, renovó la oratoria sacra en Francia durante el siglo XVII. El pintor flamenco Jacob Jordaens, representante del barroco, realizó cuadros de gran tamaño con temas mitológicos y costumbristas.

Jacoberto. *Origen:* germánico. *Significado:* famoso. Este nombre también supone una variante de Gilberto.

Jacobo. *Origen:* hebreo. *Onomástica:* 23 de junio. Este nombre es una variante de Jacob. San Jacobo fue obispo de Toul en el siglo VII. Murió en Dijón, donde se le enterró cerca de la tumba de San Benigno.

Jaime. *Origen:* hebreo. Este nombre es una variante moderna de Jacob. *Onomástica:* 28 de enero. San Jaime «el Ermitaño» tuvo fama en Palestina de libertino, luego de un ermitaño que realizaba milagros, más tarde de ermitaño que combatía el pecado y, al final, de un penitente muy sufrido; todo esto en el siglo IV. San Jaime «el Interciso» sufrió los mayores martirios en la Persia del año 420. San Jaime de la Marca partió de Italia hasta todos los rumbos de Europa, siempre predicando la paz; falleció en 1476. San Jaime el Mayor (también llamado Santiago) tuvo como padre a Zebedeo; se cree que murió decapitado en Jerusalén el año 44 d.C.; en el 830 se encontró su tumba en Compostela; patrono de España, de los caballeros y de los peregrinos. San Jaime el Menor tomó el báculo obispal en Jerusalén. Le mataron arrojándole desde la parte más alta del templo. San Jaime de Ulm abandonó el ejército alemán para convertirse en dominico; vivió en Bolonia, donde construyó vidrieras para las catedrales. *Otros personajes:* el nombre de Jaime lo llevaron varios reyes de la Corona de Aragón. Jaime Balmes acaso sea el mayor filósofo español del siglo XIX. James (Jaime en inglés) Cook es considerado el más grande explorador y navegante inglés del siglo XVIII; descubrió las costas de Nueva Zelanda y varios grupos de islas del océano Pacífico. El estadounidense James Fenimore Cooper mostró la vida de la frontera y la experiencia colonizadora en sus novelas, como se puede apreciar en «El último mohicano». James Abraham Garfield ocupó la presidencia de los Estados Unidos de 1880 a 1881; murió asesinado este mismo año. El inglés James Prescott Joule determinó los equivalentes mecánico y eléctrico de la caloría; también inventó un instrumento para medir las corrientes eléctricas; por eso lleva su nombre una unidad de energía: el joule o julio. El bacteriólogo Jaime Ferrán y Clúa descubrió la primera vacuna anticolérica; también creó una vacuna antirrábica. Jaime Vicens Vives escribió «Aproximación a la Historia de España». El director de cine y televisión Jaime de Armiñán; sirvan de ejemplo de su creación la película «Mi querida señorita» y la serie «Juncal». Jaime de Mora y Aragón, hermano de la reina Fabiola de Grecia; un vividor en el mejor sentido de la palabra. El actor norteamericano James (Jaime en inglés) Cagney, el «gángster» por excelencia desde su película «Al rojo vivo», pero que consiguió el Óscar, en 1942, por un papel muy distinto en «Yanqui dandy». James Stewart es otro actor norteamericano de un estilo opuesto al anterior; recibió el Óscar, en 1940, por «Historias de Filadelfia»; ha interpretado preferentemente papeles de «héroe casual». James Earl, llamado Jimmy, Carter fue presidente de los Estados Unidos desde 1977 a 1981; se le debe un primer intento de pacificar la zona de Oriente Medio al poner de acuerdo a Egipto e Israel.

Jalil. *Origen:* árabe. *Significado:* amigo.

Jamila. *Origen:* árabe. *Significado:* bella, hermosa.

Jasón. *Origen:* griego. *Significado:* sanará. *Onomástica:* 12 de julio. San Jasón, hijo de San Claudio, fue un mártir de Chipre en el siglo I. En la mitología griega, Jasón es el caudillo de los argonautas en la conquista del Vellocino de Oro. En el Nuevo Testamento, Jasón aparece como discípulo de San Pablo, perseguido en Salónica.

Jaume. Forma catalana de Jaime.

Javier. *Origen:* vasco. *Significado:* casa nueva. *Onomástica:* 3 de diciembre. *Otros personajes:* Javier Espoz y Mina fue un general español que combatió en la guerra de la Independencia; una vez finalizada esta contienda, se opuso a la entrada del ejército francés en España, por eso fue desterrado; cuando se le permitió el regreso, luchó contra Zumalacarregui en la primera guerra carlista. Javier Clemente no pudo destacar como jugador de fútbol debido a las lesiones; de entrenador le han ido mejor las cosas.

Jazmín. *Origen:* latín. *Significado:* morera. El jazmín es una flor originaria de la India.

Jenaro-Jenara. *Origen:* latín. *Significado:* frialdad, enero. *Onomástica:* 19 de septiembre. San Jenaro fue obispo de Benavente y mártir en el año 305. Es patrón de Nápoles, donde una vez al año su sangre se licúa.

Jenofonte. *Origen:* griego. *Significado:* extranjero, brillar o el que brilla entre los extranjeros. *Onomástica:* 26 de enero. San Jenofonte fue senador de Bizancio y padre de dos hijos: Juan y Arcadio. Luego de perderlos en un naufragio, los encontró a los pocos años recluidos voluntariamente en un monasterio. Todo esto sucedió en el siglo VI. Jenofonte es un escritor y filósofo griego del siglo IV a.C.

Jeremías. *Origen:* hebreo. *Significado:* exaltado por Yahvé. *Onomástica:* 1 de mayo. San Jeremías es el profeta de las lamentaciones, que pasó una gran parte de su vida en la cárcel durante el siglo VII a.C.

Jerónimo. *Origen:* griego. *Significado:* el de nombre sagrado. *Onomástica:* 30 de septiembre. San Jerónimo es uno de los doctores de la Iglesia. Tradujo la Biblia en el siglo V. Por eso se le considera el patrón de los traductores. *Otros personajes:* con el nombre de Jerónimo se conoció a un famoso jefe apache, que murió en 1909. Jérme (Jerónimo en francés) Bonaparte ocupó el reino de Westfalia desde 1807 a 1813. Jerónimo Merino, llamado «el cura Merino», no dejó de combatir como un guerrillero, ya fuera contra los franceses, durante la guerra de la Independencia, contra los liberales y en favor de los carlistas; murió en 1844. Gerolamo (Jerónimo en italiano) Cardamo resolvió la ecuación de tercer grado en 1540; luego se entregó a realizar otras proezas matemáticas; además, inventó un sistema de transmisión mecanica, que se llamó «cardán» en su honor. El español Jerónimo de Contreras escribió la novela de estilo bizantino «Selva de aventuras». El historiador español Jerónimo de Zurita es el autor de la obra «Anales de la corona de

Aragón», en la que introdujo muchos datos sobre el período hispa-no-árabe. El dominico español Jerónimo Bermúdez escribió sobre la tragedia de Inés de Castro. Jeroen (Jerónimo en flamenco) Anthoniszoon van Aeken, «El Bosco», pintó unos cuadros imaginativos o visionarios, en los que mostraba las inquietudes religiosas del siglo XVI.

Jesús. *Origen:* hebreo. Este nombre es una forma abreviada de Josué. Jesús es el hijo de Dios hecho hombre. *Otros personajes:* el compositor Jesús Guridi Bidaola se inspiró sobre todo en temas vascos; es suya la ópera «Amaya». Jesús Jiménez Zamora ocupó la presidencia de Costa Rica en dos ocasiones: 1863-1866 y 1868-1870. El director de orquesta Jesús López Cobos, que se ha especializado en grandes arreglos de música ajena. El controvertido Jesús Gil y Gil, presidente del Atlético de Madrid y alcalde de Marbella, ya fallecido. El inmarchitable Jesús Hermida, al que nunca olvidaremos transmitiendo la primera llegada de un hombre a la Luna.

Jesusa. Forma femenina de Jesús.

Jezabel. *Origen:* hebreo. Jezabel fue esposa del rey Acab.

Jimeno-Jimena. *Origen:* navarro. *Significado:* fiera de la montaña. Forma medieval de Simeón. *Otros personajes:* Jimeno Garcés fue hermano de Sancho Garcés I, rey de Navarra. Jimena reinó en León hasta el año 912. Jimena Díaz estuvo casada con el Cid Campeador.

Joab. *Origen:* hebreo. *Significado:* Yahvé es el padre. En la Biblia, Joab aparece como jefe del ejército de David. Se le dio muerte por orden de Salomón.

Joan. Forma catalana de Juan.

Joaquín-Joaquina. *Origen:* hebreo. *Significado:* Yahvé dispondrá. *Onomástica:* 16 de agosto. San Joaquín fue esposo de Santa Ana y padre de la Virgen. Santa Joaquina Vedruna nació en Barcelona; fundó en Vic la Orden de las Carmelitas de la Caridad; en esta ciudad murió en 1854. *Otros personajes:* Joaquín Alvárez Quintero escribió, junto con su hermano, algunas de las mejores comedias del siglo XX. Joachim (Joaquín en francés) Murat se casó con Caroline Bonaparte, hermana de Napoleón; mandó las tropas francesas durante el 2 de mayo de 1808 en Madrid; luego llegó a ser rey de Nápoles, trono que abandonó ante la derrota de su cuñado. El prelado Joaquín Abarca llegó a ser obispo de León; se le considera uno de los instigadores del levantamiento carlista. Joaquín Costa abarcó los campos del ensayo, la justicia y la política a caballo entre los siglos XIX y XX. Joaquín Sorolla supo como nadie plasmar en sus cuadros la luz del Mediterráneo valenciano. Joaquín Gaztambide contribuyó al resurgimiento de la zarzuela. Joaquín Dicenta escribió novela y teatro; en éste siguió la escuela de Echegaray, aunque forzó el tema social, como en «Juan José». El gimnasta Joaquín Blume falleció en un accidente de aviación, luego de haber ganado, en 1957, cuatro medallas de oro en el Campeonato de Europa celebrado en París. Joaquín Rodrigo se inmortalizó al componer «El concierto de Aranjuez» en el siglo XX. Joaquín Prat fue uno de los presentadores de televisión más populares.

Job. *Origen:* hebreo. *Significado:* perseguido o el afligido. *Onomástica:* 10 de mayo. El Santo Job sufrió todas las calamidades a las que le sometió Dios, para probarle, con su ya famosa paciencia. Un acontecimiento que pudo suceder en el siglo V a.C. Es patrono de los leprosos.

Jocelin. *Onomástica:* 7 de septiembre. San Jocelin fue obispo de Toul y fundador de una abadía. En ésta se le enterró en el año 962.

Jocundo. *Origen:* latín. *Significado:* risueño, agradable, festivo. *Onomástica:* 27 de julio. San Jocundo fue un mártir africano del siglo III.

Joel. *Origen:* hebreo. *Significado:* Yahvé es Dios. *Onomástica:* 13 de julio. San Joel fue un profeta menor que escribió un libro sobre el Juicio Final.

Jonás. *Origen:* hebreo. *Significado:* paloma. *Onomástica:* 21 de septiembre. San Jonás fue un profeta del Antiguo Testamento. Se ha escrito que se lo tragó una ballena cuando estaba viajando hacia Ninive; sin embargo, el cetáceo le expulsó a los tres días, vivo y con el mismo entusiasmo anterior. *Otros personajes:* Jonah (Jonás en inglés) Salk descubrió una vacuna contra la poliomielitis, que desde la mitad del siglo XX ha salvado millones de vidas.

Jonatán. *Origen:* hebreo. *Significado:* Yahvé da. En la Biblia, aparece Jonatán como hijo de Saúl y amigo de David.

Jordán-Jordana. *Origen:* hebreo. *Significado:* el que desciende. *Onomástica:* 13 de febrero. El beato Jordán de Sajonia fue comandante de la Orden de Santo Domingo. Este mando concluyó en el momento que encontró la muerte, regresando de Tierra Santa, en el año 1237.

Jordi. Forma catalana de Jorge. *Otros personajes:* Jordi Pujol i Soley fue elegido presidente de la Generalitat de Cataluña en 1979 desde entonces ha repetido mandato hasta 2003.

Jorge-Jorgina. *Origen:* griego. *Significado:* el trabajo de la tierra. *Onomástica:* 23 de abril. San Jorge es el caballero que venció al dragón o al demonio, para luego ser mártir en Palestina hacia el año 303, pero el personaje se halla rodeado por completo de leyendas; quizá éste sea uno de los motivos que le han convertido en patrón de Inglaterra, Portugal, Lituania, Rusia, Serbia, Cataluña y Aragón. San Jorge «el Griego» edificó una ermita encima de un peñasco del Peloponeso; como no sabía escribir, además de que hablaba lo menos posible, se conoce de él lo que han contado sus coetáneos; vivió en el siglo VI. Un tercer San Jorge llegó a ser príncipe de Capadocia. *Otros personajes:* el nombre de Jorge lo han llevado reyes de Grecia e Inglaterra. Jorge Manrique destacó como poeta dedicado al amor y a la tragedia en los finales de la Edad Media; influyó bastante en escritores muy posteriores. El portugués Jorge de Montemayor inició, hacia 1550, la novela pastoril con su obra «Los siete libros de la Diana». George (Jorge en inglés) Stephenson inventó la máquina de vapor. Georges (Jorge en francés) Jacques Danton fue uno de los principales dirigentes de la Revolución francesa; intentó organizar la paz; sin embargo, al intentar acabar con el régimen de terror, Robespierre le denunció, y se le llevó a la guillotina en 1794. George Washington fue el jefe supremo de las fuerzas estadounidenses que vencieron a las tropas inglesas; una vez conseguida la independencia de su país, se le nombró presidente en 1789. George Gordon, «Lord Byron», es el representante máximo de la poesía romántica inglesa; murió mientras participaba en la guerra de independencia de Grecia. El filósofo de origen español Jorge Ruiz de Santayana vivió desde niño en Estados Unidos, por eso escribió su obra en inglés; ejerció una gran influencia en el pensamiento norteamericano y mundial. El músico francés

Georges Bizet compuso la ópera «Carmen» en 1874. El político francés George Clemenceau contribuyó a la victoria de los aliados en la Primera Guerra Mundial; luego intervino en el Tratado de Versalles. Georg (Jorge en alemán) F. Haendel compuso sinfonías y óperas en el siglo XVIII. El irlandés Georges Bernard Shaw destacó por su ingenio y mordacidad; acaso su mejor obra sea «Pigmalión»; recibió el Premio Nobel de Literatura en 1925. El escritor francés Georges Bernanos pretendió con sus novelas combatir la mediocridad humana; publicó «Los grandes cementerios bajo la luna», sobre la guerra civil española, en 1938. Jorge Guillén forma parte de la generación del 27 en su condición de poeta. Georg (Jorge en alemán) Simon Ohm descubrió las leyes de las corrientes eléctricas; dio su nombre al ohmio, unidad de resistencia eléctrica. El norteamericano George Gershwin creó «Rapsodia in blue» en 1924; en sus grandes obras consiguió combinar el jazz con la música romántica. El cantante francés Georges Brassens compuso unas canciones poéticas cargadas de inconformismo; falleció en 1981. Yuri (Jorge en ruso) Gagarin fue el primer hombre que, a bordo de un satélite artificial, dio la vuelta al planeta Tierra; este acontecimiento tuvo lugar en 1961. El escritor argentino Jorge Luis Borges es uno de los mejores prosistas en lengua castellana del siglo XX. En 1979 recibió el Premio Cervantes. El cantante mexicano Jorge Negrete causó una auténtica conmoción en la España de los años 40 del siglo XX. Estuvo casado con la actriz María Félix. El cantante Jorge Sepúlveda gozó del éxito popular durante los años 40, 50 y 60. El actor Jorge Sanz supo aprovechar su oportunidad cinematográfica en películas como «Amantes» y «Belle époque». El escritor Jorge Semprún obtuvo el Premio Planeta con la novela «Autobiografía de Federico Sánchez»; antes había escrito unos excelentes guiones cinematográficos; también aceptó ser nombrado ministro de Cultura en el gobierno de Felipe González, aunque salió del mismo no muy satisfecho.

Josafat. *Origen:* hebreo. *Significado:* Yahvé es el único juez. *Onomástica:* 12 de noviembre. San Josafat fue un arzobispo polaco, al que se hizo mártir en el siglo XVII. En la Biblia, aparece Josafat como rey de Judá.

José-Josefa. *Origen:* hebreo. *Significado:* el que aumenta. *Onomástica:* 19 de marzo. San José es el marido de la Virgen María, por lo tanto «padre civil» de Jesús; es patrón de los carpinteros. San José de Calasanz nació en Peralta de la Sal, desde donde comenzó a crear escuelas; ya no se detuvo hasta convertir la enseñanza en otra forma de apostolado; falleció en 1648. San José de Cupertino llenó Italia de risa y esperanza en aquel severo siglo XVIII; bailaba, saltaba y cantaba por cualquier motivo, con tanto entusiasmo que se creó muchos enemigos; pero fueron más sus amigos; murió en 1663. San José Oriol cubrió su sacerdocio en Barcelona, donde destacó como taumaturgo en el siglo XVIII. San José Diego de Cádiz regalaba los oídos con sus sermones, por eso le llamaban de todas las iglesias de España. Se fue al cielo en el año 1801; en la Biblia, aparece el gran José como hijo de Jacob y virrey de Egipto. Se dice que vivió cientodiez años. *Otros personajes:* el nombre de José lo llevaron muchos reyes y emperadores de casi todos los países de Europa. El general español José Fernando Abascal y Sousa, marqués de la Concordia, tiene el triste honor de haber sido el último virrey del Perú; no pudo sofocar la insurrección independentista. Giuseppe (José en italiano) Verdi compuso algunas de las mejores óperas de la historia, entre las cuales podemos mencionar «Aida», «La Traviatta» y «Rigoletto». El italiano Giuseppe Garibaldi preparó en América la inmensa tarea de conseguir la independencia de Italia; una vez en su país, encabezando su ejército de «Cazadores de los Alpes» conquistó varias ciudades; por último, pactó con Víctor Manuel de Saboya; no vio concluida totalmente su tarea; pero la dejó casi finalizada. José Napoleón Duarte ocupó la presidencia de El Salvador en 1984. José de Espronceda llenó de romanticismo la poesía española del siglo XIX. Casi todos recordamos su hermoso poema «Canción del pirata». José Canalejas y Méndez se encargó de varios ministerios y llegó a jefe del Gobierno español en 1910; murió asesinado por un anarquista dos años más tarde. José Martínez Ruiz, más conocido como «Azorín», hizo gala de un pulcro castellano en todos sus escritos. José Ortega y Gasset situó la filosofía española a nivel internacional. José Zorrilla escribió «El Tenorio» en el siglo XIX. José Echegaray obtuvo el Premio Nobel de Literatura en 1904 por sus obras teatrales. José Palafox acaso sea uno de los más famosos generales españoles del siglo XIX. José de

Ribera, «el Españoleto», llenó sus cuadros de un vigor prodigioso en el siglo XVII. José Francisco Isla, «Padre Isla», compaginó muy bien su condición de escritor con la de jesuita del siglo XVIII. El general José Manuel Pavía se atrevió a entrar en las Cortes acompañado de su ejército, con lo que dio por concluida la I República en 1874. José Benito Churriguera construyó, por encargo del banquero Juan de Goyeneche, el palacio que hoy es sede de la Academia de San Fernando. José María Gabriel y Galán centró preferentemente su poesía en los temas extremeños. José María de Torrijos se distinguió en la guerra de la Independencia. Como era de ideas liberales, participó en la Revolución de 1820 con Riego; esto le llevó ante un pelotón de fusilamiento en 1831. José Miguel Gómez ocupó la presidencia de Cuba desde 1909 a 1913. José Antonio Primo de Rivera fundó la Falange en 1933. Murió fusilado en 1936. Iosiv (José en ruso) Vissarionovich Dzhugachvili Stalin tomó la dirección de la Unión Soviética en 1922; desde entonces se cuidó de ir eliminando a todos sus rivales; en la actualidad, se le responsabiliza de la muerte de varios millones de rusos, al imponer una de las dictaduras más sangrientas que se ha conocido en la historia. Su único mérito es que frenó el avance del III Reich de Hitler; murió en 1953. Joseph Conrad, escritor británico de origen polaco, creó unas novelas de aventuras de aire fatalista dentro de una realidad moderna; publicó «Lord Jim» en 1900. José María Gironella obtuvo un gran éxito literario con su novela «Un millón de muertos», luego de haber ganado el Premio Nadal. José de Pereda llenó las páginas de sus novelas de un costumbrismo muy rico, fiel reflejo de los finales del siglo XIX. José Sánchez Silva escribió el cuento o relato largo «Marcelino Pan y Vino», además de otras obras de gran sensibilidad. José Bonaparte, «Pepe Botella», figura como rey de España entre los años 1808 a 1814. José Bonifacio de Andrada y Silva ayudó a la independencia de Brasil en los inicios del siglo XIX. La francesa Josefina estuvo casada con Napoleón; por eso su nombre ha entrado en la leyenda. Josep (José en catalán) Tarradellas fue presidente de la Generalidad de Barcelona en el exilio; con la llegada de la democracia a España, la presidió en el interior desde 1977 a 1980; se le considera uno de los responsables de la pacífica transición española. Josephine (Josefina en francés) Baker, francesa de origen norteamericano, comenzó escandalizando al público parisino de los años 20 del siglo XX, que al final la adoró; destacó como cantante, bailarina, actriz de cine y otras cosas más: adoptó niños de todas las razas del mundo; falleció en 1989. El filósofo José Luis Aranguren ocupó una cátedra en la Universidad de Madrid; le importan los problemas éticos, sociales y religiosos. El español José Carreras quizá se haya hecho más popular por haberse curado de la leucemia que por su gran calidad como tenor. José Sacristán es un actor que ha triunfado en la televisión, cuando ya en el cine había tenido muchos éxitos; puede decirse que «todas» las películas de los años 80 le tenían como protagonista; ha hecho sus pinitos como director de cine y teatro. José, Pepe, Isbert comenzó a actuar en el teatro, pasó al cine como un «secundario», hasta que se convirtió en primera figura en la inolvidable película «El Cochecito». José María Aznar fue presidente de la nación desde 1996 hasta el 2004. Antonio Gutiérrez dirige el sindicato de Comisiones Obreras. El director José Luis Garci o José Luis García Muñoz obtuvo el Óscar a la mejor película extranjera en 1983 por «Volver a empezar».

Josep. Forma catalana de José.

Josías. *Origen:* hebreo. *Significado:* el intenso fuego de Jahvé. *Onomástica:* 25 de junio. En la Biblia aparece Josías como un rey de Judá, que encontró la muerte cuando estaba luchando contra el faraón Necao.

Josué. *Origen:* hebreo. *Significado:* Yahvé salva. *Onomástica:* 1 de septiembre. San Josué fue uno de los jefes de la tribu elegida por Moisés, con el fin de que se encargara de las misiones militares exteriores. Esto debía permitir que los hebreos llegaran a la otra orilla del Jordán, donde se encontraba la tierra prometida de Canaán. Estamos mencionando hechos del siglo XVI a.C.

Joviniano. *Origen:* latín. *Onomástica:* 5 de mayo. Este nombre es patronímico de Jovino. San Joviniano fue un mártir siciliano sacrificado en Auxerre en el siglo IV.

Jovino. *Origen:* latín. *Onomástica:* 2 de marzo. Este nombre es genitivo de Júpiter. Jovino fue el seudónimo poético empleado por Jovellanos.

Jovita. *Origen:* latín. *Significado:* de la familia de Jove. *Onomástica:* 15 de febrero.

Juan-Juana. *Origen:* hebreo. *Significado:* Yahvé es misericordioso. *Onomástica:* 27 de diciembre. San Juan fue discípulo de Jesús, al que éste apellidó como «hijo del trueno»; escribió uno de los cuatro Evangelios y el Apocalipsis; por eso se convirtió en el patrono de los teólogos. San Juan de Alverna convirtió el ayuno y la penitencia en su vida, lo que acaso resultaba excesivo en un franciscano del siglo XIII. San Juan de Ávila nació en Castilla y residió en Andalucía, donde prefirió sobrevivir humildemente a pesar de los cargos importantes que le ofrecían; murió en 1569. San Juan Bautista de la Concepción supo de niño su destino, ya que así se lo predijo Santa Teresa de Jesús al verle; respetó fielmente lo anunciado, hasta que la muerte le abrazó en 1613. San Juan Bautista residió en Roma, lejos de los honores y entregado a los humildes y a su devoción por la Virgen; expiró en 1764. San Juan Bosco se entregó a la enseñanza ya desde Turín; luego, extendió su catequesis por todo el mundo; es el patrono de los aprendices. San Juan de Brébeuf se hizo jesuita en Normandía, para marchar a Canadá; allí se convirtió en mártir a manos de los iroqueses en el año 1649. Santa Juana de Arco es considerada la «Pastora de Francia»; nacida en Orleáns, de simple doncella se convirtió en la representación «guerrera» de un espíritu de libertad a través de la Cruz. Santa Juana de Valois se vio unida a Luis XII antes de que fuera nombrado rey de Francia, pero consiguió liberarse de este compromiso; fundó la orden de la Anunciata y falleció en 1505. (Sirva esta lista para representar a las decenas que aparecen en el santoral.) *Otros personajes:* el nombre de Juan lo llevaron Papas y reyes de España, Portugal, Inglaterra y algunos emperadores de Oriente. El papa Juan Pablo II es el polaco Karol Wojtyla. Juan de Borbón Battenberg, conde de Barcelona, tuvo como hijo a Juan Carlos I, actual rey de España. Juan Carlos I, rey de España, fue nombrado heredero de la Corona en 1969; una vez muerto Franco, las Cortes le reclamaron; pasó a ser jefe de la casa real española en 1978, tras la renuncia de su padre. Juan de Mena escribió en prosa y verso unas obras que marcaron la frontera entre lo medieval y el Renacimiento español. Juan Boscán y Almogáver tuvo como alumno al duque de Alba y de amigo a Garcilaso de la

Vega; escribió en verso y en prosa libre, siempre siguiendo pautas que había traído de Italia. Juan de la Encina se dedicó a la literatura y a la música; escribió un «Cancionero» e infinidad de obras profanas y religiosas. Juan Martorell, escritor catalán que utilizaba el seudónimo de «Joanot», publicó la extraordinaria novela «Tirant lo Blanc». El conquistador Juan Ponce de León fundó la ciudad de San Juan y descubrió la Florida en 1512. El teólogo francés Juan Calvino se unió a la Reforma de Lutero, aunque se mostró más severo en las normas; por eso a su doctrina se le llamó «calvinismo». John (Juan en inglés) Adans ocupó la presidencia de los Estados Unidos en 1797. El inglés John Milton se mostró enemigo del protestantismo y de la monarquía; secretario del consejo de estado de Cromwell, fue encarcelado con la restauración; sin embargo, lo que ha quedado de este personaje es su magnífica obra el «Paraíso perdido», poema sobre la caída del hombre. Juan Ruiz, el Arcipreste de Hita, escribió «El libro del buen amor». Joan (Juan en catalán) Maragall escribió en castellano y en su lengua natal; es uno de los representantes del modernismo. Juan Valera y Alcalá Galiano desempeñó cargos diplomáticos en distintas ciudades de Europa y Brasil; escribió crítica, cuento y novelas; curiosamente, este género no le mereció mucho aprecio; sin embargo, dio muestras de su conocimiento de la mujer andaluza con «Pepita Jiménez», su mejor obra. Juan Ruiz de Alarcón escribió su teatro en el siglo XVII. Johan (Juan en alemán) W. Goethe publicó «Fausto» y otras novelas, que le situaron en la cima de la literatura mundial. Johann Gutenberg inventó la imprenta en el siglo XV. Johannes Kepler aceptó entusiasmado las ideas que Copérnico y Galileo habían aportado a la astronomía; sin embargo, él incorporó a las mismas unas importantes teorías. Juan de la Cosa pudo realizar sus mapas mientras navegaba por medio mundo entre los siglos XV y XVI. Juan de Padilla y Juan Bravo formaron parte de los comuneros que se alzaron contra Carlos V en el siglo XVI. Juan de Herrera diseñó El Escorial. Giovanni (Juan en italiano) Boccaccio escribió «El Decameron» en el siglo XIV. Juan Díaz de Solís exploró el Yucatán y recorrió la costa sudamericana hasta el río de la Plata; aquí le mataron los indios en 1516. Juan de Escubedo descubrió la conspiración de Juan Pérez y la princesa de Éboli contra Felipe II; sin embargo, los traidores supieron reaccionar a tiempo y le culparon a él de lo mismo; por eso fue asesinado con autorización del rey.

Jean (Juan en francés) Jacques Rousseau con sus escritos dio los últimos impulsos a la Revolución Francesa a finales del siglo XVIII. Johann S. Bach compuso algunas de las mejores partituras de la música alemana del siglo XVIII; sin embargo, nunca hubieran sido conocidas de no haberlas encontrado Mendelssohn. Juan Sebastián Elcano completó la primera vuelta al mundo en 1522, luego de haber tenido que sustituir en el mando a Magallanes, por haber sido éste asesinado. Juan Prim y Prats llegó a ser capitán general de Puerto Rico, destacó en Marruecos y fracasó en México. Ayudó a derrocar a Isabel II y trajo a Amadeo de Saboya; murió asesinado en 1870. Juan Bravo Murillo inició la construcción del Canal de Isabel II, que abastece de agua a Madrid; ocupó varias carteras ministeriales e intentó imponer un gobierno absolutista. El poeta Juan Ramón Jiménez escribió con gran sensibilidad. Obtuvo el Premio Nobel de Literatura en 1956. John Fitzgerald Kennedy llegó a la presidencia de los Estados Unidos en 1961. Dos años más tarde sería abatido por las balas de un magnicida cuando atravesaba en coche la ciudad de Dallas. Juan Antonio San Epifanio, «Epi», es el jugador de baloncesto que más veces ha participado en la selección española. Juan Antonio Bardem cambió radicalmente la temática del cine español de los años 50 con películas como «La muerte de un ciclista» y «Calle Mayor»; también colaboró en las primeras películas de Luis García Berlanga.

Jucondo-Juconda. Variante de Jucundo. San Jucondo fue un mártir galo del siglo III.

Jucundiano. *Origen:* latín. *Onomástica:* 4 de julio. Este nombre es patronímico de Jucundo. San Jucundiano fue un mártir africano de los primeros siglos.

Jucundo. *Origen:* latín. *Significado:* lo que alegra. San Jucundo fue un sacerdote galo, al que martirizaron los bárbaros en el siglo V. Otro San Jucundo tomó el báculo de obispo de Bolonia en la misma centuria.

Judas. *Origen:* hebreo. *Significado:* honor, alabanza a Dios. *Onomástica:* 28 de octubre. San Judas Tadeo fue uno de los doce apóstoles de Jesús; hermano de San Jaime y primo del Hijo de Dios. Judas Iscariote es el «malo», aquel que vendió al Salvador por unas monedas. Judas Macabeo tuvo como padre al sacerdote judío Malatías.

Judit. *Origen:* hebreo. *Significado:* la bella mujer de Judá. *Onomástica:* 5 de mayo. Santa Judit viajó desde Turingia a Prusia, para vivir en una ermita cuando se pretendía casarla con un barón; esto sucedió en 1260; no se conoce mucho más de ella. En la Biblia, aparece Judit liberando a su padre, Betulia, del sitio de Holofernes, al cortarle a éste la cabeza.

Judoco. *Origen:* hebreo. *Onomástica:* 13 de diciembre. Este nombre supone una derivación de Judá. San Judoco fue un príncipe bretón del siglo VII que se hizo ermitaño en Picardía. En la actualidad se siguen organizando peregrinaciones para verle, siempre durante el domingo dedicado a la Santísima Trinidad.

Julián-Juliana. *Origen:* latín. *Onomástica:* 7 de enero. Este nombre es patronímico de Julio. San Julián fue obispo de Toledo, al que martirizaron con noventa años en el siglo VI. Otro San Julián, nacido en Burgos, ya empezó a hacer milagros siendo un niño; le nombraron obispo de Cuenca; se escribió que el día de su muerte, en 1208, tuvo a la Virgen junto a su cama. Un tercer San Julián ocupó el arzobispado de Toledo en el siglo VII. San Julián de Brioude era militar cuando se inició una de las persecuciones romanas. Pudo esconderse en la casa de una viuda de Brioude (Francia), pero se entregó para salvar a su protectora; esto le condujo al martirio en el siglo III. San Julián, «el Hospitalario», se puso al servicio de los peregrinos que recorrían Europa o iban a Tierra Santa; es el patrón de los viajeros. Santa Juliana de Mont-Cornillon entró con cinco años en el monasterio de Mont-Cornillon (Lieja), de donde fue expulsada a los cincuenta sólo porque apoyaba, como su Orden, la idea de que se celebrara la fiesta del Corpus Christi. Santa Juliana de Nicomedia nació en Turquía y murió mártir en el año 305. Santa Juliana Falconieri fundó la rama femenina de la Orden de los Servitas de María en 1341; como soportó con gran entereza todas las enfermedades, se la invoca cuando se sufre un malestar de estómago. *Otros personajes:* don Julián es un héroe legendario del reinado de don Rodrigo. Julián Gayarre está considerado como el mejor tenor español de todos los tiempos. Julián Besteiro tuvo como amigo y maestro a Pablo Iglesias, el fundador del PSOE; político pacifista, que creía en el diálogo, esperó en Madrid la entrada de las tropas franquistas; esto no le salvó de la muerte más injusta en 1940. Julien (Julián en francés) Green, norteamericano que escribía en el idioma galo, mostró en sus novelas una preocupación metafísica. Publicó «L´Automate» en 1985. El francés Jean Viaud, que escribió casi toda su obra con el seudónimo de Pierre Loti, mostró un estilo impresionista, que en ocasiones rozaba el erotismo más refinado; publicó «Madama Crisantemo» en 1887.

Juliano-Juliana. Variante de Julián. *Otros personajes:* Juliano «el Apóstata» fue emperador romano del año 361 al 363. Juliana ocupó el trono de Holanda en el año 1948, por haber abdicado su madre, la reina Guillermina; ella hizo lo mismo, en 1980, para que accediera al reinado su hija Beatriz.

Julieta. Diminutivo de Julia. Recordemos el nombre de la pareja femenina de los grandes amantes florentinos. A éstos los inmortalizó Shakespeare, a pesar de que tomó la historia de una obra italiana. *Otros personajes:* Julie (Julieta en francés) Bernard de Recamier, más conocida por «madame Recamier», reunió en su mansión a personalidades políticas y literarias de la época napoleónica.

Julio-Julia. *Origen:* latín. *Significado:* edén, paraíso, dios. *Onomástica:* 27 de mayo. San Julio fue el Papa del siglo IV que defendió la ortodoxia católica frente a los arrianos. Santa Julia Billiart no se rindió ante la parálisis, ya que fundó el Instituto de Hermanas de Nuestra Señora; más tarde, esta francesa lo trasladó de Amiens a Namur en 1816. El nombre de Julio lo llevaron varios Papas. *Otros personajes:* Julio César escaló hasta la cima del Imperio romano, al que ensanchó con sus conquistas; sin embargo, no supo rodearse de los más fieles en tiempo de paz. Jules (Julio en francés) Verne creó la «ciencia-ficción» literaria, a la vez que llenaba sus novelas de una gran amenidad. Giulio (Julio en italiano) Raimundo, o Jiules Mazarin, francés de origen italiano, fue un prelado que terminó por llegar a cardenal y primer ministro de Francia; regente de Ana de Austria, puso fin a la guerra de los treinta años en 1648. También firmó la paz con España. Jules Goncourt destacó entre los novelistas franceses del siglo XIX, aunque siempre escribió en colaboración con su hermano. Julio Rey Pastor se empeñó en extender el conocimiento de las matemáticas, por medio de un lenguaje más asequible al pueblo. El austriaco Julius (Julio en alemán) Wagner obtuvo el Premio Nobel de Medicina en 1927. El humorista Julio Camba escribió, entre otras novelas, «Un año en el otro mundo» y «La nana viajera». El argentino Julio Cortázar comenzó escribiendo poesía; luego se dedicó a los cuentos; sin embargo, su mejor obra es narrativa, con novelas de gran calidad, entre las que destacan «Rayuela» y «Queremos tanto a Blenda». Julio Caro Baroja, sobrino de Pío Baroja, siempre ha mostrado en sus escritos la erudición propia de un etnólogo e historiador; son suyas las obras «Los judíos y la España moderna» y «Ritos, mitos y leyendas»; pertenece a la Real Academia desde 1985. Julio Anguita fue secretario general de Izquierda Unida.

Julita. *Onomástica:* 30 de enero. Derivado de Julia. Santa Julita fue una mártir en Asia menor junto con su hijo San Quírico. Otra santa Julita es venerada en Santillana del Mar (Santander) con el nombre de Juliana.

Junípero. *Origen:* latín. *Significado:* ¡engibre. *Otros personajes:* Fray Junípero Serra fue el mallorquín que recorrió el este de México y casi toda California. En ésta edificó varias misiones, algunas de las cuales todavía se conservan.

Justiniano. *Origen:* latín. *Onomástica:* 17 de diciembre. Este nombre es patronímico de Justino. El nombre Justiniano lo llevaron varios emperadores de Oriente.

Justino-Justina. *Origen:* latín. *Onomástica:* 14 de abril. Este nombre es patronímico de Justo. San Justino, llamado «el Mártir» o «el Filósofo», está considerado como el primer padre de la Iglesia latina. San Justino de Jacobie nació en Italia, se hizo lazarista y viajó a Etiopía; aquí realizó su labor misionera con el nombre de Abouna Yacob, hasta que murió bajo el sol del desierto en 1860. El nombre de Justino lo portaron algunos emperadores de Oriente. *Otros personajes:* el uruguayo Justino Zavala Muñiz llevó el ministerio de Instrucción Pública de su país; también escribió varias novelas, entre las que hemos seleccionado «Crónica de un crimen» y «Crónica de la reja».

Justo-Justa. *Origen:* latín. *Significado:* justo, honrado, íntegro. *Onomástica:* 29 de mayo. San Justo fue el primer obispo de Urgell;

tomó parte en los concilios de Toledo y Lérida; los textos que escribió rezumaban el aroma de las flores de los Pirineos; falleció en el siglo VI. Otro San Justo ocupó el obispado de Lyon, hasta que se desterró voluntariamente a Egipto; de este país regresó a Francia en forma de reliquias durante el siglo V. Santa Justa llegó al martirio en Sevilla, junto con Santa Rufina, por romper la estatua de Venus en el siglo III; hoy día son las patronas de esa ciudad andaluza. *Otros personajes:* el militar argentino Justo José de Urquiza no dejó de combatir en una permanente guerra civil; le eligieron presidente provisional de la Confederación Argentina en 1852; un año más tarde asumió el mando supremo, aunque no contaba con la aprobación de Buenos Aires; esto provocó otra batalla, en la que cayó derrotado; poco más tarde le asesinaron en 1870. El prelado argentino Justo Santa María de Oro trabajó en favor de la independencia de su país; en 1834, se le nombró primer Obispo de Cuyo. El mexicano Justo Sierra O'Reilly llegó a ser presidente del Congreso Nacional; redactó el primer Código civil de su nación.

Jutta. *Origen:* germánico. *Significado:* justo. *Onomástica:* 22 de diciembre.

Juvenal. *Origen:* latín. *Significado:* juvenil, apto para jóvenes. *Onomástica:* 3 de mayo. San Juvenal de Narni fue médico. Para que ampliara su labor, curando las almas, se le nombró obispo de Narni, en la región italiana de Umbria, durante el siglo IV.

Juvencio. *Origen:* latín. *Significado:* juventud. *Onomástica:* 1 de junio. San Juvencio fundó un monasterio en Poitiers (Francia) en el siglo V, que hoy lleva su nombre.

Juvenciolo. Diminutivo de Juvencio. San Juvenciolo fue obispo de Lyon en el siglo VI.

Juventino. *Origen:* latín. *Significado:* juventud. *Onomástica:* 12 de septiembre. San Juventino fue un mártir de Antioquía durante las persecuciones del siglo IV.

K

Kaled. *Origen:* árabe. *Significado:* inmortal.

Kali. *Significado:* la negra, la gran negra. Kali es la diosa de la muerte en la religión brahmánica. Esposa de Siva.

Karen. Forma danesa de Catalina.

Karmel-Karmele. Formas vascas de Carmelo y Carmen.

Katixa. Nombre femenino vasco.

Kattalin. Variante vasca de Catalina.

Kenneth. *Origen:* gaélico. *Significado:* bien asentado, sólido. Kenneth Armitage es un escultor británico.

Kepa. Forma vasca de Pedro.

Kiliano. *Origen:* gaélico. San Kiliano nació en Irlanda y se hizo monje benedictino en Roma. Fue nombrado obispo de Vurzburgo en Franconia y sufrió martirio a finales del siglo VII.

Kinisburga. *Origen:* anglosajón. *Significado:* real, regio o fortaleza real. Santa Kinisburga fue una virgen, hija de Penda, rey pagano de Mercia (Inglaterra), a la que llevaron al martirio junto con sus hermanas Kineswida y Kinetrida en la segunda mitad del siglo VII.

Koldavica. *Origen:* latín. Pero actualmente se puede considerar una forma vasca de Luis.

Koldo-Koldobike. Formas vascas de Luis y Luisa.

Kontxexi. Forma vasca de Conchita.

Krishna. *Origen:* indio. *Significado:* el negro. Héroe nacional de la India, porque corresponde a la octava encarnación del dios Visnú.

Kusko. Nombre masculino vasco.

L

Labán. *Origen:* hebreo. *Significado:* blanco. En la Biblia, aparece Labán como un patriarca hebreo, hermano de Rebeca y padre de Lía y Raquel.

Ladislao. *Origen:* eslavo. *Significado:* señor, gloria o el señor es glorioso. *Onomástica:* 27 de junio. San Ladislao fue rey de Hungría. Le acompañan las leyendas desde su muerte, en 1095. *Otros personajes:* el nombre Ladislao lo han llevado varios reyes de Polonia, Hungría y Bohemia. Ladislao Kubala pasa por ser uno de los pocos jugadores de fútbol que ha competido con tres selecciones de países distintos; destacó en varios equipos, sobre todo en el Barcelona, y ocupó el cargo de seleccionador nacional español. El escritor Wlasdilaw (Ladislao en polaco) Stanislaw Reymont obtuvo el Premio Nobel de Literatura en 1924 por su tetralogía «Los Campesinos».

Laercio. Variante de Laertes.

Laertes. *Origen:* griego. *Significado:* levantador de piedras. En las obras de Homero, aparece Laertes como rey de Ítaca y padre de Ulises.

Lamberto. *Origen:* germánico. *Significado:* brillo, país o famoso en el país. *Onomástica:* 17 de septiembre. San Lamberto fue obispo de Maestrich. Siempre vivió preocupado por los resultados prácticos antes que por las pompas inútiles. Le asesinaron en el año 705, sin que se hayan podido conocer las razones.

Lamec. *Origen:* hebreo. *Onomástica:* 17 de marzo. En la Biblia se menciona a Lamec, un patriarca anterior al diluvio que vivió setecientos setenta y siete años.

Landelino. *Origen:* germánico. *Significado:* tierra, patria. *Onomástica:* 15 de junio. San Landelino nació en Artois, fue un bandido al que llamaron «el Taciturno». Sin embargo, una vez arrepentido de sus delitos, fundó un monasterio en Lobbes, donde pudo ayudar a algunas de sus víctimas. Falleció en el año 686. *Otros personajes:* Landelino Lavilla Alsina ocupó la presidencia del Congreso de los Diputados desde 1979 a 1982.

Lander. Forma vasca de Leandro.

Landerico. *Origen:* germánico. *Significado:* patria, poderoso o poderoso en su patria. San Landerico fue obispo de París en el siglo VII.

Lando. *Origen:* germánico. *Significado:* tierra, patria. San Lando es el patrón de Orte, en el Lacio italiano.

Landoaldo. *Origen:* germánico. *Significado:* tierra, mando o el que manda en su tierra. *Onomástica:* 19 de marzo. San Landoaldo fue predicador en Flandes y murió en Gante durante la segunda mitad del siglo VII.

Landolfo. *Origen:* germánico. *Significado:* nación, guerrero o el guerrero de la nación. San Landolfo fue obispo de Astí, en el Piamonte italiano, durante el siglo XII.

Landrada. *Origen:* germánico. *Significado:* el que da consejos a su patria. *Onomástica:* 8 de julio. Santa Landrada fue una abadesa belga.

Lanfranco. *Origen:* germánico. *Significado:* libre en su patria. *Onomástica:* 28 de mayo. El beato Lanfranco fue obispo de Canterbury (Inglaterra) en el siglo XI.

Lanzarote. *Origen:* francés. *Significado:* acero, lanza rota. *Onomástica:* 27 de junio. En las novelas de la Tabla Redonda, se cita a Lanzarote como el amante de la reina Ginebra, esposa del rey Arturo. Lanzarote es una de las islas que forman el archipiélago de las Canarias.

Largo. *Origen:* latín. *Significado:* anhelo, abundancia. *Onomástica:* 16 de marzo.

Latino. *Origen:* latín. *Significado:* latino. *Onomástica:* 24 de marzo. San Latino fue obispo de Brescia en el siglo I. En la mitología griega, Latino es el rey de Laurento, que hospedó a Eneas y, luego, le cedió su reino y le entregó a su hija Lavinia como esposa.

Laureano. *Origen:* latín. *Significado:* coronado de laurel. *Onomástica:* 4 de julio. San Laureano de Sevilla nació en Hungría y se convirtió en Milán. Luego pasó a ser arzobispo de Sevilla, donde fue decapitado por orden de Totila. Se cuenta que una vez muerto, pidió a sus verdugos que llevasen la cabeza a Totila, como prueba de que habían realizado «excelentemente» su trabajo. *Otros personajes:* Laureano Gómez ocupó la presidencia de Colombia de 1950 a 1953. Fue derrocado por el general Rojas Pinilla. También escribió ensayos.

Laurencio-Laurencia. *Origen:* latín. San Laurencio fue obispo de Dublín en el siglo XIII.

Laurentino. *Origen:* latín. *Significado:* laurel. *Onomástica:* 3 de febrero. Este nombre es un gentilicio de «Laurentum», que era una ciudad del Lacio italiano. San Laurentino fue un mártir africano en el siglo III.

Lauro-Laura. *Origen:* latín. *Significado:* laurel o victoria. *Onomástica:* 19 de octubre. Santa Laura nació en la Córdoba árabe, donde fue martirizada en el año 864. *Otros personajes:* Laura de Noves ha quedado en la historia por su enorme belleza, que causó asombro en el siglo XIV. El español Lauro Olmo escribió, entre otras, las obras teatrales «La Camisa» y «La pechuga de la sardina», que supuso un alegato social en pleno régimen franquista. La presentadora de televisión Laura Valenzuela. La actriz italiana Laura Antonelli. La bailarina española Laura del Sol, que también ha intervenido en algunas películas.

Lautaro. *Origen:* araucano. *Significado:* traro veloz. El traro es un ave de rapiña que se encuentra en la zona central y meridional de Chile. *Otros personajes:* Lautaro fue un caudillo araucano que intervino en la guerra de independencia de Chile. Derrotó y mató a Valdivia. Sin embargo, poco después, sorprendido por Francisco de Villagrán, murió asaeteado en 1557.

Lavinia. *Origen:* latín. *Significado:* piedra. En la mitología griega, aparece Lavinia como esposa de Eneas e hija del rey Latino.

Lázaro. *Origen:* latín. *Onomástica:* 17 de diciembre. San Lázaro fue resucitado por Jesús. Era hermano de Marta y María de Betania. Lo que hizo luego es difícil de saber a ciencia cierta, aunque la leyenda le sitúa como obispo de Chipre o de Marsella. *Otros personajes:*

Lázaro Cárdenas ocupó la presidencia de México de 1934 a 1940; en este tiempo recibió a los republicanos españoles, que habían huido de la Guerra Civil, con los que se portó extraordinariamente. Lazare (Lázaro en francés) Carnot ocupó el Ministerio de la Guerra en el gobierno de Napoleón.

Lea. *Onomástica:* 22 de marzo. Variante de Lía o femenino de Leo. Santa Lea fue una dama de Roma, que terminó sus días en un convento de Belén. Allí conoció a San Bernardo, el cual escribió sobre la muerte de esta santa.

Leandro. *Origen:* griego. *Significado:* león, hombre o el hombre león. *Onomástica:* 27 de febrero. San Leandro fue arzobispo de Sevilla. Toda su vida supuso una muestra de sabiduría religiosa; por algo es doctor de la Iglesia. Tuvo como hermano a San Isidoro. Murió en el año 596. *Otros personajes:* el español Leandro Fernández de Moratín escribió poesía lírica y satírica; sin embargo, destacó más como autor teatral, al crear comedias de la calidad de «El sí de las niñas». Ésta se centra en la educación femenina. Ha sido muy imitado.

Learco. *Origen:* griego. *Significado:* el jefe del pueblo. En la mitología, Learco es el joven griego al que su padre, Atamas, arrebató la vida en un ataque de locura.

Leda. *Origen:* griego. *Significado:* señora. En la mitología griega, Leda es la bella hija del rey de Etolia, esposa de Tindaro, a la que Júpiter amó tanto, que para conquistarla se transformó en un hermoso cisne.

Leila. *Origen:* hebreo. *Significado:* noche. Leila es un nombre que aparece en las obras del poeta inglés Lord Byron.

Leixandre. Forma gallega de Alejandro.

Lelio. *Origen:* latín. *Significado:* charlar, cantar. San Lelio fue un mártir español.

Lempira. *Origen:* lenca. Lempira fue el cacique de Honduras que se enfrentó a los conquistadores españoles en Cerquin. Murió en una trampa que le tendió el capitán Alonso de Cáceres el año 1537.

Lemuel. *Origen:* hebreo. *Significado:* ferviente de Dios. Lemuel es el nombre que Jonathan Swift dio a «Gulliver», ese personaje suyo que viajó a las tierras de los gigantes y a la de los liliputienses.

Lenin. *Origen:* ruso. *Significado:* el que pertenece al río Lena. Lenin es el seudónimo de Vladimiro Ilich Ulianov. Lo eligió basándose en el río Lena, en cuyas orillas permaneció desterrado durante tres años. El nombre Lenin se hizo muy común en los países comunistas.

Leo. Forma latina de León. Por eso Leo es un signo del Zodíaco, precisamente el que se representa con la figura de un león. *Otros personajes:* el francés Leo Delibes compuso óperas bufas y «ballets». Estrenó «Copella» en 1870.

Leobardo. *Origen:* germánico. *Significado:* pueblo célebre. *Onomástica:* 18 de enero. San Leobardo entregó a su hermano la herencia, además de a su novia, luego de ver la muerte de sus padres. Seguidamente, se fue a vivir a una caverna, en las proximidades de Tours, en donde se hizo rico en piedad, amor a los demás y aprecio de las gentes. Murió en el año 593.

Leobino. *Origen:* germánico. *Significado:* pueblo, amigo o amigo del pueblo. *Onomástica:* 15 de septiembre. San Leobino fue obispo de Chartres (Francia) en el siglo XVI.

Leocadio-Leocadia. *Origen:* griego. *Significado:* el que viene de Leucade. Ésta era una isla. *Onomástica:* 9 de diciembre. Santa Leocadia de Toledo fue una virgen española que recibió martirio en esta ciudad durante el siglo IV. Sus reliquias se guardan en un pueblo de Francia.

Leocricia. *Origen:* griego. *Significado:* justiciero, juez del pueblo. *Onomástica:* 15 de marzo. Santa Leocricia fue una doncella cordobesa, hija de padres musulmanes, martirizada hacia la mitad del siglo IX.

Leodegario. *Origen:* germánico. *Significado:* la lanza del pueblo. *Onomástica:* 2 de octubre. San Leodegario fue un obispo francés, el cual logró que Childerico II ciñera la corona de Austrasia en el siglo VII. Un segundo San Leodegario pretendió calmar al violento Ebroin, pero éste le sometió a un martirio despiadado en el año 680.

Leodovaldo. *Origen:* germánico. *Significado:* aquel que gobierna el pueblo. *Onomástica:* 4 de marzo. San Leodovaldo fue un obispo francés del siglo VII.

Leoduvino. Variante de Liduvino.

Leofrido. *Origen:* germánico. *Significado:* protección del pueblo. *Onomástica:* 21 de junio. San Leofrido fue un abad francés del siglo VI.

León-Leona. *Origen:* griego. *Significado:* león. *Onomástica:* 12 de junio. San León III fue un Papa famoso, porque supo manejar con habilidad y prudencia a Carlomagno; falleció en el año 816. San León, «el Grande», también alcanzó el papado; suyo fue el mérito de impedir que Atila entrase en Roma, a la vez que luchó para que la herejía no invadiese los textos religiosos; murió en el año 461. El nombre de León lo llevaron varios Papas más. También algunos emperadores de Oriente. *Otros personajes:* León, «el Africano», nació en Granada siendo árabe y destacó como geógrafo en el siglo XVI. Se convirtió al cristianismo y escribió «Descripción de África». Lev (León en ruso) Nicolaievich, conde de Tolstoi, está considerado como uno de los gigantes de la literatura universal, como lo prueban sus novelas «Guerra y Paz» y «Ana Karenina». El político Leon Trotski, seudónimo de Lev Davidovich Beroustein, tuvo un final trágico en 1940, estando exiliado en México; escribió «La revolución permanente». Leone (León en italiano) Battitas Alberti es otro de los hombres polifacéticos, ya que destacó como filósofo, poeta, escultor y arquitecto. El escritor francés León Bloy propuso un catolicismo combativo en favor de los pobres. El físico francés León Foucault demostró que la velocidad de la luz es superior en el aire que en el agua; además, explicó la rotación de la Tierra sobre su eje, por medio del péndulo; inventó el primer giróscopo. El político francés León Blum presidió el gobierno de su país de 1936 a 1937; procesado por los alemanes durante la Segunda Guerra Mundial, se le deportó; con la llegada de la paz, fue elegido presidente del Gobierno provisional en 1946. El economista francés León Marie Esprit Walras fundó la escuela matemática de Lausana y promocionó las cooperativas populares. León Felipe, cuyo verdadero nombre era León Felipe Camino y Galicia, escribió una poesía muy comprometida. Durante la guerra civil publicó «Español del éxodo y del llanto»; en el exilio de México, creó «Oh, este viejo y roto violín» entre otros poemas.

Leonardo. *Origen:* combinación latina y germánica. *Significado:* diestro en el combate, osado. *Onomástica:* 6 de noviembre. San Leonardo fue un ermitaño francés que salvó a la reina Clotilde; por eso el rey Clodoveo le concedió el derecho de poner en libertad a todos los presos que encontrara en su camino, privilegio que el santo utilizó muchas veces; por eso se convirtió en patrono de los prisioneros, forjadores y cerrajeros. *Otros personajes:* el italiano Leonardo da Vinci representó al genio humano como nadie; todo le despertaba curiosidad y ante nada se detenía su imaginación; inventó, esculpió, pintó y construyó, además de plasmar en sus escritos millares de ideas prodigiosas. El español Leonardo Torres Quevedo inventó otras cosas bastante curiosas como el «telekino», para dirigir barcos a distancia y un aparato que jugaba al ajedrez. Leonard (Leonardo en alemán) Euler es considerado uno de los matemáticos más importantes del mundo, ya que calculó las series algebraicas, y apoyó la teoría ondulatoria de la luz, además de otras cuestiones. El norteamericano Leonard (Leonardo inglés) Bernstein compuso y dirigió orquestas; escribió la partitura de «West Side Story» en 1957.

Leoncio. *Origen:* griego. *Significado:* leonino. *Onomástica:* 1 de enero. San Leoncio fue obispo de Frejus (Francia) hasta su muerte, en el año 433.

Leónidas-Leónida. *Origen:* griego. *Significado:* de la casta de los leones. *Onomástica:* 15 de junio. Santa Leónida fue una virgen procedente, como su hermana Libia, de Arabia. Juntas recibieron martirio en el siglo IV. *Otros personajes:* el nombre de Leónidas lo llevaron varios reyes de Esparta; uno de ellos destacó como héroe de la famosa batalla de las Termópilas. Leonid (Leónidas en ruso) Nicolaievich Andreiev escribió la novela «El Abismo», entre otras, y unos cuentos magníficos. Leonid Ilich Brezhnev ocupó la presidencia de la Unión Soviética en los años 1960-1964 y 1977-1982; ordenó las invasiones de Afganistán y Polonia. El argentino Leónidas Barletta escribió cuentos y novelas de estilo realista; entre éstas podemos destacar «El hombre que daba de comer a su sombra».

Leónides. *Origen:* griego. *Onomástica:* 15 de noviembre. San Leónides tuvo siete hijos, uno de los cuales fue Orígenes; como acostumbraba a rezar junto a la cuna de éste, en el momento que le llevaron al martirio, resultó normal que el niño quisiera acompañarle; pero la madre le salvó al esconderle entre las ropas, aunque no pudo evitar que su marido muriera en el siglo IV. Leónides impartió las primeras enseñanzas a Alejandro Magno.

Leonilda. *Origen:* germánico. *Significado:* aquella que combate como un león.

Leonilo-Leonila. *Onomástica:* 17 de enero. Diminutivo de León. Santa Leonila fue martirizada, junto con sus tres hijos, en la ciudad gala de Langres durante el siglo II.

Leonor. *Onomástica:* 1 de julio. Es posible que sea aféresis de Eleonor. Este nombre lo llevaron varias reinas de España, Francia y Portugal.

Leonora. Variante de Leonor.

Leopardo. *Origen:* latín. *Significado:* leopardo, pantera. *Onomástica:* 30 de septiembre. San Leopardo fue un alto funcionario romano, que recibió martirio por orden de Juliano «el Apóstata» en el siglo IV. Otro San Leopardo vivió como anacoreta en la Francia del siglo VI.

Leopoldo. *Origen:* germánico. *Significado:* atrevido en el pueblo. *Onomástica:* 15 de noviembre. San Leopoldo es el patrón de Austria. Tuvo dieciocho hijos, lo que no le impidió dedicarse a los más humildes, con tanto entusiasmo que se le dio el sobrenombre de «padre de los pobres». Murió en 1136. *Otros personajes:* el nombre de Leopoldo lo llevaron varios reyes de Bélgica y Alemania. Leopoldo O´Donell y Jons, conde de Lucena y duque de Tetuán, participó en la guerra carlista, conspiró contra Espartero, emigró a Francia, fue nombrado capitán general de Cuba, dirigió una sublevación llamada la «Vicalvarada», ocupó un ministerio y llegó a ser presidente del Gobierno; repitió en 1858-1863 y 1865; así fue de agitada la vida de éste gran militar. El italiano Leopoldo de Gregorio, marqués de Esquilache, ocupó un ministerio durante el reinado de Carlos III, pero se hizo famoso por un motín popular, al haber prohibido el uso de las capas largas y los sombreros de ala ancha. Leopoldo Calvo Sotelo ocupó la presidencia del Gobierno desde 1981 a 1982. El argentino Leopoldo Lugones vivió una actividad política muy comprometida, que le llevó al suicidio; antes había sido amigo de Rubén Darío, por eso escribió poesía modernista. El filósofo e historiador Leopold (Leopoldo en alemán) Ranke escribió «Historia de los Papas». El general Leopoldo Fortuno Galtieni formó parte del golpe militar de 1976; como presidente de la República Argentina, ordenó la invasión de Las Malvinas; esto provocó una guerra contra el Reino Unido; la derrota supuso que Galtieri fuese cesado en 1982.

Leovigildo. *Origen:* germánico. *Significado:* preferido, valiente. *Onomástica:* 20 de agosto. San Leovigildo fue un monje español, mártir en Córdoba en la mitad del siglo IX. *Otros personajes:* el rey visigodo Leovigildo, padre de San Hermenegildo, sucedió a su hermano Liuva.

Lesbia. *Origen:* griego. *Significado:* proviene de la isla de Lesbos. Ésta era la isla de Safo, la famosa poetisa griega.

Lesmes. *Onomástica:* 30 de enero. Variante de Adelelmo. San Lesmes fue un burgalés, ayudante del obispo San Julián. Se cuenta que su muerte se produjo al descargar unos sacos de trigo, que iban a entregarse a los pobres. Esto ocurrió en 1218.

Leticia. *Origen:* latín. *Significado:* abonar. *Onomástica:* 18 de agosto. Leticia proviene de la Virgen de la Alegría.

Leto. *Origen:* latín. *Significado:* alegre, jocoso, satisfecho. *Onomástica:* 1 de septiembre. San Leto, hermano de San Vicente, fue martirizado en España en el siglo III. En la mitología griega, Leto es la madre de Artemisa y Apolo.

Leucio. *Origen:* griego. *Significado:* el que pertenece a Leuco. *Onomástica:* 28 de octubre. San Leucio fue un mártir africano del siglo IV.

Leuco. *Origen:* griego. *Significado:* blanco, resplandeciente. *Onomástica:* 11 de enero. San Leuco fue obispo de Brindis, en las Pullas, durante el siglo II. En la mitología griega, Leuco es un compañero de Ulises, que muere delante de las murallas de Troya.

Leucofrina. *Origen:* latín. *Significado:* la de blancas pestañas. Leucofrina era uno de los sobrenombres que los magnesios dedicaban a la diosa Diana.

Levi-Levina. *Origen:* hebreo. *Significado:* el que se une. *Onomástica:* 22 de julio. En la Biblia se cuenta que Levi fue el tercer hijo de Jacob y Lía.

Lía. *Origen:* hebreo. *Significado:* agotada o vaca de monte. En la Biblia se cita que Lía fue la primera esposa de Jacob, hija de Labán, que a su vez era tío de Jacob.

Liana. Forma abreviada de Juliana.

Libanio. *Origen:* latín. *Significado:* árbol de incienso. Libanio fue el sofista griego del siglo IV que tuvo como alumnos a San Basilio y a San Juan Crisóstomo.

Liberato-Liberata. *Origen:* latín. *Significado:* el liberado. *Onomástica:* 18 de enero. Santa Liberata renunció, como su hermana Santa Faustina, a todo al contemplar la muerte de una viuda. Se negó a casarse, entró en un convento de Como (Italia) y se hizo penitente. Murió en el año 580.

Liberio. *Origen:* latín. *Significado:* libre. *Onomástica:* 30 de diciembre. San Liberio fue Papa del año 352 al 366.

Libertad. *Origen:* latín. *Significado:* libertad civil. *Otros personajes:* Libertad Lamarque fue una actriz y cantante argentina, cuyas películas tuvieron mucho éxito en las décadas de los 40 y 50 del siglo XX.

Liberto. *Origen:* latín y germánico. *Significado:* esclavo en libertad. *Onomástica:* 23 de junio. San Liberto de Cambrai fue obispo de esta ciudad, luego de sustituir a su tío Gerardo. Como no pudo peregrinar al Santo Sepulcro, junto con algunos de sus feligreses, se entregó a construir una iglesia dedicada a ese lugar soñado. Murió en 1076.

Libia. *Origen:* romano. *Onomástica:* 15 de junio. Santa Libia fue mártir en Palmira (Siria) en el siglo III. En la mitología griega, Libia es la esposa de Poseidón, y la que dio nombre a Libia, que era como se conocía antiguamente a todo el continente africano.

Liborio. *Origen:* latín. *Significado:* libre. *Onomástica:* 23 de julio. San Liborio, amigo de San Martín de Tours, fue obispo de Le Mans (Francia) a finales del siglo IV. *Otros personajes:* el colombiano Libonio Zenda destacó como etnógrafo y médico entre los siglos XIX y XX.

Librado-Librada. Una forma vulgarizada de Liberato. Santa Librada fue una virgen de Plasencia, que fundó un monasterio dedicado a San Juan Bautista en las proximidades de Como (Italia) en el siglo VI. Una segunda Santa Librada recibió martirio en Portugal, su país natal, durante la dominación musulmana.

Licerio-Liceria. *Origen:* griego. *Significado:* relativo al lobo. *Onomástica:* 4 de septiembre. San Licerio fue obispo de Lérida, acaso de origen francés. Dirigió una batalla contra los moros, pero murió en la misma. Era el siglo IX.

Licinio-Licinia. *Origen:* latín. Significado: los bueyes liemos con sus altos cuernos. *Onomástica:* 7 de agosto. San Licinio fue martirizado en Como durante el siglo II. *Otros personajes:* Licinia Eudoxia se casó con Valentiniano II y se convirtió en emperatriz de Occidente. Licinio llegó a ser emperador de Roma desde el año 308 al 324.

Licio-Licia. *Origen:* griego. Este nombre resulta análogo a Lidia. En la mitología griega, Licia es un sobrenombre de Diana. A la vez, aparece otra Licia como amante de Apolo. Éste también se hace apodar Licio.

Licurgo. *Origen:* griego. *Significado:* destructor de lobos. *Otros personajes:* Licurgo fue un legislador espartano del siglo IV a.C. Un segundo Licurgo destacó como orador y político ateniense en el siglo IV a.C.

Lida. Variante de Lidia.

Lidia. *Origen:* griego. *Significado:* el que viene de Lidia. Ésta era una región situada en Asia menor, uno de cuyos reyes fue Creso. *Onomástica:* 3 de agosto. Santa Lidia nació en Filipos (Asia menor). Tenía un comercio de tejidos, al que dedicaba la mitad de su tiempo. La otra parte la necesitaba para escuchar a los apóstoles de Jesús, luego de haber hospedado en su casa a San Pablo.

Lidón. Nombre de la Virgen patrona de Castellón de la Plana. Lidón (almez) corresponde a un arbusto que tiene relación con su imagen.

Liduvino-Liduvina. *Origen:* germánico. *Significado:* amiga de la gloria. *Onomástica:* 15 de abril. Santa Liduvina fue una virgen de los Países Bajos; hacía milagros, tenía visiones y se sumía en fases de éxtasis. Murió en Rotterdam el año 1433.

Lifardo. *Origen:* germánico. *Significado:* valioso. *Onomástica:* 3 de junio. San Lifardo fue juez de Orleáns (Francia), hasta que prefirió vivir como ermitaño y, luego, aceptó el cargo de abad de Meung-sur-Loire. Aquí le encontró la muerte en el año 550.

Ligia. *Origen:* griego. *Significado:* la melodiosa. En la mitología griega, Ligia es una sirena.

Ligorio. *Onomástica:* 13 de septiembre. Nombre que recuerda a San Alfonso de Ligorio o a la Liguria italiana.

Lilí. Forma hipocorística de Alicia o Carmelita.

Lilia. *Origen:* latín. *Significado:* lirio. *Onomástica:* 27 de marzo.

Liliana. Forma hispanizada del inglés Lilian o Lillian.

Liliosa. *Origen:* latín. *Significado:* lirio. *Onomástica:* 27 de julio. Santa Liliosa fue una mártir española, a la que Abderrahman mandó degollar en Córdoba a mediados del siglo IX.

Lina. Forma femenina de Lino. *Otros personajes:* la actriz cómica Lina Morgan, cuyo verdadero nombre es María de los Ángeles López Segovia, ha sabido llegar como nadie al público español.

Linda. *Origen:* germánico. *Significado:* flexible, suave.

Lino. *Origen:* latín. *Significado:* lino. *Onomástica:* 23 de septiembre. San Lino sucedió a San Pedro como obispo de Roma y fue martirizado en el siglo I. En la mitología griega, Lino es hijo de Apolo y de una musa. Personifica los himnos funerarios. *Otros personajes:* el escritor cubano de origen español Lino Novas Calvo es autor de la novela «No sé quién soy».

Lioba. *Origen:* germánico. *Significado:* amable, querido. *Onomástica:* 28 de septiembre. San Lioba fue una abadesa de Renania, durante el siglo VIII, que ayudó a San Bonifacio, su pariente, en la evangelización de Alemania. Disfrutó de un gran prestigio en la corte de Carlomagno.

Lisandro. *Origen:* griego. *Significado:* liberador de hombres. En la mitología griega, Lisandro es un guerrero troyano. Un Lisandro más real tuvo el grado de general en Esparta durante el siglo V a.C.

Lisimaco. *Origen:* griego. *Significado:* que arrasa combatiendo. Lisimaco fue el famoso capitán de Alejandro Magno, que era rey de Tracia.

Lisipo. *Origen:* griego. *Significado:* el que da libertad al caballo. Lisipo fue un escultor griego de la época de Alejandro, al que se le atribuye la Venus de Médici.

Lita. Diminutivo de Carmelita, Isabelita, etc.

Livio. *Origen:* latín. *Significado:* mostrarse pálido, descolorido. Livio fue un historiador romano de los siglos I a.C. a I d.C.

Lleïr. Forma catalana de Licerio.

Llorente. El San Llorente que menciona Cervantes en sus escritos es en realidad San Florente, acaso por el mismo motivo que la palabra «llama» proviene de «flama». Llorente en la actualidad es un apellido.

Lluç-Llúcia. Formas catalanas de Lucio y Lucía.

Lluis. Forma catalana de Luis.

Llull. Forma catalana de Lulio.

Lobo. *Onomástica:* 25 de septiembre. Una forma española de Lupo. San Lobo fue el obispo de Troyes, en la Galia, que libró a su ciudad del ataque de Atila en el siglo V.

Lola. Forma hipocorística de Dolores. *Otros personajes:* la irlandesa Lola Montes, cuyo nombre real era María Dolores Eliza Gilbert, fue amante de Luis, rey de Baviera, y otros nobles; terminó siendo exhibida en las ferias de Estados Unidos. Lola Flores destacó en el mundo del espectáculo español por su personalidad arrebatadora.

Lomero. *Origen:* germánico. *Significado:* glorioso e insigne. *Onomástica:* 19 de enero. San Lomero fue ecónomo del Capítulo de Chartres, hasta que prefirió vivir en un bosque. Luego se trasladó a un monasterio, donde le llegó la muerte en el año 593.

Longinos. *Origen:* latín. *Significado:* de gran estatura. *Onomástica:* 15 de marzo. San Longinos es el legendario soldado romano que atravesó con su lanza el costado de Jesús crucificado; sobre este personaje se han construido muchas leyendas, como que terminó por convertirse y, luego, le llevaron al martirio en Cesarea. Un segundo San Longinos tuvo a San Pablo como prisionero, hasta que se dejó convencer por éste y se hizo cristiano.

Lope. Una forma hispanizada del latín «lupus» o lobo. *Otros personajes:* Lope de Rueda fue un actor y autor dramático español muy influido por lo italiano; sin embargo, supo encontrar un estilo personal; esto se aprecia en su obra «Cornudo y contento». El jesuita «Lope de Vega», cuyo nombre era Félix de Vega y Carpio, escribió una obras teatrales que le hicieron merecedor del título de «fénix de los ingenios».

Lore. Forma vasca de Flora.

Lorena. *Origen:* francés. Lorena es una región situada en el este de Francia. Al mismo tiempo, el nombre supone una advocación a la Virgen patrona de esta comarca.

Lorenzo-Lorenza. *Origen:* latín. *Onomástica:* 10 de agosto. Este nombre es una forma evolucionada de Laurencio. San Lorenzo fue diácono en Roma y responsable de los pobres; se le quemó vivo en una parrilla por negarse a entregar el dinero que se le había confiado; es patrono de pobres, bibliotecarios, cocineros y planchadoras; el monasterio de El Escorial se edificó bajo su advocación. Santa Lorenza es venerada en Ancona (Italia), debido a que allí se le dio martirio en el siglo IV. San Lorenzo Justiniano nació en Venecia entre nobles; ingresó en la comunidad canóniga de San Jorge, para terminar siendo patriarca de la ciudad de los canales; aquí le llegó la muerte en 1455. *Otros personajes:* el italiano Lorenzo Bernini destacó como arquitecto y escultor, sobre todo en la columnata que rodea el Vaticano; es considerado el mejor artista barroco de su época. El italiano Lorenzo I de Médicis es valorado como uno de los animadores del Renacimiento, gracias a su dinero y a su habilidad para saber emplearlo. Además, escribió poesía. El humanista italiano Lorenzo Valla escribió la «Historia de Fernando I de Aragón» en 1450. Laurence (Lorenzo en inglés) Sterne escribió la novela satírica «Vida y opiniones de Tristam Shandy». El jesuita español Lorenzo Hervás y Panduro publicó el «Catálogo de las lenguas de las naciones conocidas». El actor Lawrence (Lorenzo en inglés) Olivier obtuvo el Óscar en 1948 por su interpretación en la película «Hamlet». Lawrence Durrell escribió con el paisaje mediterráneo como fondo, para tocar argumentos sobre las crisis literarias y plásticas; publicó «El cuarteto de Alejandría» en 1960. El inglés Lawrence de Arabia, cuyo verdadero nombre era Thomas Edward, pasó de ser arqueólogo a espía, ya que tenía el sueño de conseguir un imperio árabe bajo influencia británica. Ganó varias batallas en el desierto y se convirtió en una leyenda. Sin embargo, realmente murió en 1935, sintiéndose engañado por todos.

Loreto. *Onomástica:* 10 de diciembre. Advocación de la Virgen María en la provincia italiana de Ancona. Según la leyenda, en 1294 los ángeles llevaron a un sitio de las Marcas, que estaba cubierto de laureles, la casa santa de Belén, en la que nació Jesús. Este edificio todavía se conserva en la basílica de Loreto.

Lot. *Origen:* hebreo. *Significado:* velo, tapadura. *Onomástica:* 10 de octubre. El Santo Lot es el sobrino de Abraham, que fue salvado de la destrucción de Sodoma. Ya sabemos que la esposa de Lot se convirtió en estatua de sal por mirar hacia atrás.

Lotario. *Origen:* germánico. *Significado:* el guerrero célebre. *Onomástica:* 7 de abril. San Lotario es venerado en Francia porque vivió con la mayor sencillez, a pesar de ser obispo de Normandía; se cree que falleció en el año 800. El nombre de Lotario lo llevaron varios reyes de Italia, Francia y Germania.

Lourdes. *Onomástica:* 11 de febrero. Advocación de la Virgen María, como Nuestra Señora de Lourdes. En esta ciudad de los Pirineos franceses se levantó un santuario, para conmemorar las apariciones de la Virgen ante la niña Bernadita Soubirous.

Lucano. *Origen:* latín. *Significado:* matutino. *Onomástica:* 30 de octubre. San Lucano fue un religioso galo martirizado en París durante el siglo V.

Lucas. *Origen:* griego. *Significado:* luminoso. *Onomástica:* 18 de octubre. San Lucas fue médico en Antioquía, amigo de San Pablo y escritor del tercer Evangelio, así como de los «Hechos de los Apóstoles». *Otros personajes:* el pintor Luca (Lucas en italiano) Signorelli tuvo como maestro a Piero della Francesca. Ayudó en la decoración de la Capilla Sixtina con «Los últimos días de Moisés»; su estilo influyó en Miguel Ángel. El español Lucas Fernández escribió seis «Farsas y églogas al estilo pastoril». El italiano Luca Giordano, al que en España se llamó Lucas Jordán, pintó los frescos y la escalera del monasterio de El Escorial y la bóveda de la catedral de Toledo. Lucas Alamán formó parte del Gobierno tripartito provisional de México de 1829.

Lucero. *Origen:* latín. *Significado:* lleva luz. Lucero se refiere al planeta Venus, en su condición de astro de la mañana.

Lucía. *Onomástica:* 13 de diciembre. Femenino de Lucio. Santa Lucía fue una virgen siciliana, a la que sacaron los ojos mientras la martirizaban en el siglo IV; es patrona de ciegos, modistas, herreros y papeleros. Santa Lucía de Sampigny se dedicó al pastoreo en su

Escocia natal; una vez llegó a Francia, se encontró con que era propietaria del lugar donde guardaba sus rebaños; por eso convirtió el edificio en un oratorio; todo ello en el siglo XI. Una tercera Santa Lucía, «la Casta», acompañó a San Vicente Ferrer en su viaje a España durante el siglo XV.

Luciano. *Origen:* latín. *Onomástica:* 8 de enero. Este nombre es gentilicio de Lucas. San Luciano fue el sensato obispo de Beauvais; ni siquiera perdió la cabeza cuando se la cortaron, en el año 290; una vez muerto, se cuidó de que fuera llevada donde había sido enterrado. San Luciano de Antioquía destacó como teólogo; también como mártir en el mar, un día del año 312; luego un delfín llevó el cadáver hasta la patria que le correspondía. *Otros personajes:* Luciano de Samosata destacó como escritor en Grecia, aunque había nacido en Siria. El director Luchino (Luciano en italiano) Visconti nos dejó películas como «Muerte en Venecia», «El Gatopardo» o «La caída de los dioses». El tenor Luciano Pavarotti está considerado como uno de los más grandes de la actualidad.

Lucidio. *Origen:* latín. *Significado:* claro, lúcido, brillante. *Onomástica:* 26 de abril. San Lucidio fue obispo de Verona en el siglo VII.

Lucifer-Lucífera. *Origen:* latín. *Significado:* el que lleva la luz. *Onomástica:* 20 de mayo. San Lucifer fue obispo de Cagliari (Cerdeña). Tuvo muchas dificultades con sus feligreses, lo mismo que con la Inquisición (años después), por su forma tan severa de enfrentarse a la herejía arriana en el siglo IV. Otro Lucifer, muy distinto, es el príncipe de los ángeles rebeldes, el que dio pie a la existencia del infierno y de los demonios.

Lucila. *Origen:* latín. *Onomástica:* 25 de agosto. Este nombre es un diminutivo de Lucio. Santa Lucila fue una virgen romana, a la que decapitaron en compañía de su padre, San Nemesio, en el año 256.

Lucina. *Origen:* latín. *Significado:* la que ayuda a dar a luz. *Onomástica:* 30 de junio. Santa Lucina fue una romana piadosa e incansable, a la que se menciona amortajando a los mártires Cornelio, Sebastián, Faustino, Marcela, etc. luego debió vivir desde el siglo I al IV. ¿No serían varias mujeres distintas con el mismo nombre? En la mitología griega, Lucina es la diosa romana de los partos; se la compara con Juno y Diana.

Lucinda. Una forma poética de Lucina.

Luciniano. *Origen:* latín. Este nombre es patronímico de Lucinio. San Luciniano fue mártir en Constantinopla en el siglo III.

Lucinio. *Origen:* latín. *Significado:* pertenece a Lucina. San Lucino fue obispo de Angers (Francia) en el siglo VII.

Lucio. *Origen:* latín. *Significado:* luz. *Onomástica:* 4 de marzo. San Lucio fue un Papa de transición, que sólo ocupó este cargo nueve meses; luego se le encerró en un castillo; cuando regresó a Roma sólo fue para morir, en el año 254. Varios Papas llevaron el nombre de Lucio. *Otros personajes:* el hispanolatino Lucio Anneo Séneca ocupó un puesto en el senado de Calígula y tuvo como alumno a Nerón; sin embargo, éste le ordenó que se diera muerte al considerarle un traidor y Séneca se abrió las venas. Pero antes había escrito tratados y teatro. Lucio Aurelio Vero Augusto fue emperador de Roma desde el año 161 al 169. Lucio Tarquino, «el Antiguo», fue maestro de los hijos de Anco Marcio; sin embargo, los usurpó el trono y se proclamó rey; años después, un pastor le dio muerte, en el año 496 a.C., por orden de los hijos de Anco. Otro Lucio Tarquino, de apodo «el Soberbio», se apoderó del trono de Roma por medio de un asesinato. Gobernó como un dictador del año 534 al 509 a.C.

Luciolo. *Origen:* latín. *Significado:* puesto bajo la protección de Lucina. *Onomástica:* 3 de marzo. San Luciolo fue mártir en España, junto con San Félix, Santa Fortunata y otros elegidos.

Lucrecio-Lucrecia. *Origen:* latín. *Significado:* ganancia, beneficio. *Onomástica:* 23 de noviembre. Santa Lucrecia fue una mártir extremeña del siglo IV. *Otros personajes:* Lucrecia destacó en la Roma de los césares. Lucrecia Borgia deslumbró por su belleza, a la vez que no se la olvidará por pertenecer a la familia de un Papa del siglo XVI; toda su vida se vio inundada por la leyenda. Lucrecio escribió poesía latina hasta el día de su muerte, en el año 1533.

Ludgarda. *Origen:* germánico. *Significado:* la morada del pueblo. Santa Ludgarda fue virgen y mística en la Bélgica del siglo XIII.

Ludgerio. *Origen:* germánico. *Significado:* famoso por la lanza. *Onomástica:* 26 de marzo. San Ludgerio fue un pastor generoso, al que su amo despidió; esto le llevó a un convento de Lombardía (Francia), donde terminó por convertirse en el patrón de los queseros. Otro San Ludgerio evangelizó, por encargo de Carlomagno, el oriente de Frisia en el siglo VIII.

Ludmila. *Origen:* eslavo. *Significado:* amada por el pueblo. *Onomástica:* 13 de septiembre. Santa Ludmila fue duquesa de Bohemia en el siglo X, a la vez que tuvo como nieto a San Venceslao.

Ludovico-Ludovica. *Onomástica:* 30 de abril. Variante de Luis. San Ludovico predicó la doctrina cristiana en una mezquita y fue despedazado por los musulmanes en el siglo IX. Ludovico fue hijo de Carlomagno en el siglo XIX.

Ludovina. *Origen:* germánico. *Significado:* del pueblo.

Luis-Luisa. *Origen:* germánico. *Significado:* famoso en la batalla. *Onomástica:* 25 de agosto. San Luis fue rey de Francia e hijo de Blanca de Castilla; llevó el mando de la séptima Cruzada en el siglo XIII. San Luis Beltrán nació en Valencia, se hizo dominico y nunca tuvo una buena salud; esto no fue obstáculo para que viajara a América, donde realizó una gran labor, sobre todo en Colombia; al regresar a Valencia, murió en el año 1581. San Luis Gonzaga pudo ser príncipe de Mantua durante mucho tiempo; sin embargo, decidió hacerse jesuita; murió en 1591; es el patrón de los estudiantes. Santa Luisa de Manillac se casó con el señor de Le Gras, con el que tuvo a Miguel; más tarde, al conocer a San Vicente de Paúl, decidió fundar la Orden de las Hijas de la Caridad en París, a mediados de 1600. *Otros personajes:* el nombre de Luis lo han llevado soberanos y príncipes de España, Portugal, Alemania y Francia. Ludwig (Luis en alemán) van Beethoven compuso una música de una fuerza y unos sentimientos incontenibles, acaso por lo amarga que había sido su vida, además de sufrir una sordera; dedicó sus partituras a las sinfonías, sonatas, cuartetos para piano y óperas; toda una genial producción. Lewis (Luis en inglés) Carroll, que realmente se llamó Charles Lutwidge Dogson, escribió libros matemáticos; sin embargo, se le recordará por su extraordinaria obra «Alicia en el país de las maravillas», que publicó en 1865. Luigi (Luis en italiano) Pirandello escribió unas notables obras de teatro, como «Seis personajes en busca de autor»; consiguió el Premio Nobel de Literatura en 1934. El norteamericano Louis (Luis en inglés) Armstrong interpretó con su trompeta «jazz» y música popular negra; también cantó con una voz muy peculiar. El portugués Luis Vaz de Camoes dio a sus poesías un tono épico y lleno de lirismo, como se aprecia en «Os Lusiadas» («Los Portugueses»). El madrileño Luis Daoiz tuvo un papel principal el 2 de mayo de 1808 como capitán de artillería. Louis (Luis en francés) Braille inventó un sistema de puntos para que los ciegos pudieran leer. El cordobés Luis de Góngora y Argote introdujo el culteranismo en la poesía española del siglo XVII. El científico francés Louis Pasteur descubrió la vacuna de la rabia y dio un gran impulso a la bacteriología mundial en el siglo XIX. El francés Louis Joseph Gay-Lussac descubrió el boro, el ácido prúsico y otros elementos; también formuló la ley de la dilatación de los gases. El poeta Luis Felipe Vivanco escribió «Lugares vividos». El director de cine Luis Buñuel rodó unas películas surrealistas; pero, una vez se encontró en México, comenzó a realizar un cine realista, cargado de símbolos; tendencia que siguió al volver a Europa; entre sus grandes películas resaltan «Viridiana» y «El ángel exterminador». El corredor ciclista Luis Ocaña gañó el Tour de Francia en 1982. El cantante Luis Mariano, llamado «el príncipe de la opereta», triunfó en París, donde aún se le recuerda, y en España; intervino en varias películas, de las cuales sólo se salvan sus canciones y las apariciones de Carmen Sevilla. El almirante Luis Carrero Blanco ocupó la vicepresidencia del Gobierno en 1973; ese mismo año murió víctima de un atentado. El director Luis García Berlanga llenó el cine español de un humor corrosivo con sus películas «Bienvenido Mr. Marshall» y «El Verdugo».

Luján. Virgen patrona de Buenos Aires, a la que se dedicó un santuario en el lugar que lleva su nombre.

Luminoso-Luminosa. *Origen:* latín. *Significado:* resplandeciente, brillante. Santa Luminosa fue una monja italiana del siglo V, hermana de San Epifanio.

Lupe. Diminutivo de Guadalupe.

Lupercio. *Origen:* latín. *Onomástica:* 30 de octubre. Este nombre es gentilicio de Luperco. San Lupercio fue hijo del centurión San Marcelo, mártir en León en el siglo III. *Otros personajes:* Lupercio

Leonardo de Argensola escribió su poesía en la España del siglo XVII; además fue secretario de la emperatriz María de Austria.

Luperco-Luperca. *Origen:* latín. *Significado:* la diosa Loba. En la mitología griega, Luperca es la loba que amamantó a Rómulo y Remo, los dos fundadores de Roma. San Luperco fue un mártir en Zaragoza a principios del siglo IV.

Lupiciano. *Origen:* latín. *Onomástica:* 22 de octubre. San Lupiciano fue abad en Lozre (Francia). Se le arrojó al río, donde murió ahogado, por haber criticado al gobierno en el siglo VI.

Lupo. *Origen:* latín. *Significado:* romper, arrancar, desgarrar. *Onomástica:* 29 de julio. San Lupo de Troyes fue obispo de esta ciudad, luego de haber estado casado y de pasar, después, por un convento. También se enfrentó a Atila en el año 478, consiguiendo salvar su vida y la de sus feligreses.

Lusorio. *Origen:* latín. *Significado:* sirve para el juego. San Lusorio fue un mártir sardo de principios del siglo IV.

Lutardo. *Origen:* germánico. *Significado:* atrevido en la gloria. *Onomástica:* 20 de abril. San Lutardo fue conde y obispo alemán en el siglo IX. Además fundó un convento.

Lutero. Nombre que proviene del apellido alemán «Luther». Se ha venido usando como la fidelidad prometida por el bautizado a la fe protestante. Lutero es el más famoso de los reformadores protestantes.

Lutgardo-Lutgarda. *Origen:* germánico. *Onomástica:* 16 de junio. Variante de Ludgarda. Santa Lutgarda fue una monja belga que, al no hablar francés, se convirtió en una de las más silenciosas cistercienses en un convento de Brabante. Falleció en el año 1246.

Luz. *Origen:* latín. *Significado:* luz. *Onomástica:* 1 de julio. Este nombre es una advocación de la Virgen María: Nuestra Señora de la Luz.

Lya. Variante gráfica de Lía.

Lyda. Variante gráfica de Lida.

Lydia. Variante gráfica de Lidia.

M

Mabel. Forma inglesa. Es aféresis de «Amabel».

Macarena. Advocación sevillana de la Virgen María. El barrio de la Macarena tomó su nombre de un viejo santo, muy relacionado con la tradición hispalense: San Macario, que fue un anacoreta martirizado en esta ciudad a finales del siglo III.

Macario. *Origen:* griego. *Significado:* suerte, afortunado, bienaventurado. *Onomástica:* 2 de enero. San Macario de Alejandría pasó cuarenta años vendiendo frutos secos y dulces en esta ciudad; después, permaneció otros setenta mortificándose en el desierto durante el siglo IV; es patrón de los pasteleros. San Macario de Egipto resulta muy parecido al anterior en todos los datos biográficos, excepto en que éste escribió unas «Homilías espirituales».

Macedonio. *Origen:* latín. *Significado:* perteneciente a Macedonia. *Onomástica:* 13 de marzo. San Macedonio, hijo de San Fileto, fue martirizado en Iliria durante el siglo II.

Maclovio-Maclovia. *Origen:* latín. *Significado:* hijo de Loud. *Onomástica:* 15 de noviembre. San Maclovio fue un santo francés del siglo V.

Macra. *Significado:* delgado, flaco. *Onomástica:* 6 de enero. Forma femenina de «macer». Santa Macra fue una joven cristiana de Reims (Francia), a la que echaron al fuego y no dejó de rezar hasta morir. Sucedió en el año 287.

Macrino-Macrina. *Origen:* latín. *Significado:* delgado, enjuto. *Onomástica:* 17 de septiembre. Santa Macrina fue la abuela materna de San Basilio «el Grande» en el siglo IV.

Macrobio. *Origen:* griego. *Significado:* largo, vasto o el que tiene larga vida. *Onomástica:* 20 de julio. San Macrobio fue maestro del emperador romano de Oriente, Licinio, en el siglo IV. De acuerdo a los escritos de Heródoto, sabemos que los macrobios fueron unas tribus africanas que destacaban por su larga vida.

Madalve. *Onomástica:* 4 de octubre. San Madalve fue un obispo francés, que acaso llegó a ser el más grande de su tiempo, el siglo VIII.

Madrona. *Origen:* latín. *Onomástica:* 15 de marzo. Santa Madrona fue sirvienta en casa de unos judíos de Tesalónica. Sus amos la apalearon para que abjurase de la fe cristiana. Como su cadáver se abandonó en el interior de una barca, llegó a Barcelona en el siglo X. En esta ciudad es venerada como su copatrona.

Mafalda. *Onomástica:* 2 de mayo. Variante portuguesa de Matilde. La Beata Mafalda fue hija de Sancho I de Portugal y esposa de Enrique I de Castilla. «Mafalda» es un personaje creado por el dibujante argentino «Quino».

Magalí. Forma hipocorística de Margarita.

Magda. Forma abreviada de Magdalena.

Magdalena. *Origen:* griego. *Significado:* torre. *Onomástica:* 22 de julio. Santa Magdalena es la mujer que aparece en los Evangelios perfumando los pies de Jesús; por eso es patrona de los peluqueros y de los guanteros. Santa Magdalena de Canosa confundió a Napoleón Bonaparte con un ángel, luego de verle pasar por Verona; de esta manera recibió los medios para fundar un Instituto de Hijas de la Caridad en el año 1835. Santa Magdalena Barat nació en Francia en un incendio; trasladó su pasión por Cristo a las monjas del Sagrado Corazón y a todas sus alumnas; no descansó hasta su muerte en el año 1865. *Otros personajes:* Magdalena de Francia regentó Navarra en el siglo XV. Madeleine (Magdalena en francés) Scudéry escribió la novela «Clelia».

Magencia. *Onomástica:* 20 de noviembre. Santa Magencia salió de Irlanda para vivir en Francia, donde fundó un convento. Fue mártir bajo la guillotina.

Magín-Magina. *Origen:* latín. *Significado:* brujo, encantador, mago. *Onomástica:* 19 de agosto. San Magín de Tarragona fue ermitaño en la Brufaña. Cuando le detuvieron, calmó a los verdugos haciendo que brotara una fuente bajo sus pies, pero no evitó que le decapitaran en el siglo IV. Se cuenta que su sangre al salpicar hizo crecer unos rosales, con unas flores que sólo aparecen alrededor de su ermita. Es patrono de Tarragona.

Maglorio. *Origen:* francés. *Significado:* mi gloria. *Onomástica:* 24 de octubre. San Maglorio fue obispo de Dol (Bretaña) en el siglo VI.

Magno. *Origen:* latín. *Significado:* grande. *Onomástica:* 6 de septiembre. San Magno fue apóstol del Allgau y, luego, abad de un claustro-refugio. Se hizo popular en Suiza y Alemania. Vivió cien años, para morir en el siglo VIII.

Magnolia. Ès la flor que da un árbol de origen americano, al que Linneo puso este nombre, en el siglo XVIII, para homenajear al botánico francés Pedro Magnol.

Mahetabel. *Origen:* hebreo. *Significado:* Dios te hace feliz.

Mahí. *Origen:* guanche. *Significado:* valiente.

Mahoma. *Origen:* árabe. *Significado:* laudable. Nombre del profeta que fundó la religión islámica.

Maia. Forma vasca de María.

Mainardo. San Mainardo fue obispo de Urbino en el siglo XI. Variante de Maginardo.

Maite. *Significado:* amada. Variante vasca de Encarnación.

Malaquías. *Origen:* hebreo. *Significado:* mensajero de Yahvé. *Onomástica:* 14 de enero. San Malaquías fue el duodécimo y último de los profetas menores en el siglo V a.C. San Malaquías d´Armagh llegó a ser arzobispo en Irlanda; falleció en 1148; antes dejó escrita una «profecía a los Papas».

Malo. Variante de Maclovio.

Mamerto. *Origen:* latín. *Onomástica:* 11 de mayo. San Mamerto fue obispo de Viena, en el Delfinado, hasta el año 477. Nadie rezó como él, como tampoco se le ganó llorando. Apagó un incendio con sus lágrimas. Los bomberos austriacos le consideran su patrón.

Mamés. *Origen:* griego. *Significado:* madre. *Onomástica:* 17 de agosto. San Mamés fue un santo de Paflagonia, al que se dio martirio en el siglo II.

Mamete. *Onomástica:* 17 de agosto. Variante de Mamerto. San Mamete se dedicó a evangelizar por los montes de la Auvernia, hasta que terminó teniendo un altar propio en Saint Flour. En este lugar se le venera como un apóstol.

Mamiliano. *Origen:* latín. Este nombre es patronímico de «Mamilius» o de «mama». *Onomástica:* 12 de marzo. San Mamiliano fue un mártir romano de finales del siglo III.

Manasés. *Origen:* hebreo. *Significado:* olvido o el olvidado. *Onomástica:* 11 de junio. San Manasés fue obispo de Troyes en el siglo X. En la Biblia aparece Manasés como primogénito de José y jefe de la tribu que llevó su nombre.

Manfredo. *Origen:* germánico. *Significado:* la protección del hombre. El beato Manfredo Settala nació en Milán. *Otros personajes:* Manfredo fue príncipe de Tarento y rey de Sicilia e hijo natural del emperador Federico II. Reinó de 1258 a 1266.

Manio. *Origen:* latín. *Significado:* nacido por la mañana.

Manlio. *Origen:* latín. Manlio era el nombre de una extensa familia romana.

Manolo. Forma hipocorística de Manuel.

Manón. *Origen:* francés. Forma hipocorística de María.

Manrique. *Origen:* germánico. *Significado:* caudillo poderoso. *Onomástica:* 20 de junio.

Mansueto. *Origen:* latín. *Significado:* acostumbrado a la mano. *Onomástica:* 6 de septiembre. San Mansueto fue obispo de Toul y evangelizó la Galia en el siglo IV. Un segundo San Mansueto ocupó el obispado de Milán a finales del siglo VII.

Manu. Forma vasca de Manuel.

Manuel-Manuela. *Origen:* hebreo. *Significado:* con nosotros se encuentra Dios. Este nombre es aféresis de «Emmanuel». *Onomástica:* 1 de enero. San Manuel fue obispo de Andrinópolis, al que Crumus «el Búlgaro», hizo martirizar en el año 818. San Manuel Ruiz nació en Vascongadas, llegó a superior de los franciscanos en Damasco; allí los turcos le llamaban «el Padre Paciencia»; sin embargo, le dieron muerte con un golpe de cimitarra en 1680.

Otros personajes: Manuel se llamaron reyes y emperadores de Portugal y de Bizancio. El sevillano Manuel Ruiz Machado debe encuadrarse entre los poetas modernistas. También escribió teatro en colaboración con su hermano Antonio. Manuel Bretón de los Herreros dirigió la Biblioteca Nacional y perteneció a la Real Academia Española; escribió poesía y teatro; su producción puede considerarse romántica, con algún drama histórico. En esta misma centuria vivió Manuel Tamayo y Baus, un dramaturgo español que pasó del drama histórico a la comedia costumbrista, del tipo de «No hay mal que por bien no venga». El político Manuel Azaña llegó a ser presidente del Gobierno de la II República en 1936. Se mantuvo muy activo durante la guerra civil y murió en el exilio; siendo muy importante como político, debe tenerse en cuenta la gran calidad de sus escritos, ya fueran ensayos, novelas o diarios. El gallego Manuel Fraga Iribarne es un político incombustible, que ha conocido todos los gabinetes de Franco y los de la transición; catedrático de Derecho, ha fundado dos partidos en la democracia y hoy es presidente fundador del último, el PP, y fue presidente de la Comunidad gallega. Manuel Godoy y Álvarez de Faria ocupó el cargo de primer ministro de España durante el reinado de Carlos IV, a la vez que el favor de la reina María Luisa; declaró la guerra a Francia y casi la ganó, pero fracasó al permitir la entrada en nuestro país de las tropas napoleónicas; esto le obligó a exiliarse en compañía de los reyes. El granadino Manuel de Falla acaso sea el más sólido compositor musical español del siglo XX; resultan inolvidables sus obras «El sombrero de tres picos» y «El retablo de Maese Pedro». La ecuatoriana Manuela Sáenz de Thorne fue amante de Bolívar, junto al que combatió en muchas batallas; también le salvó la vida la noche de Bogotá en 1828. El militar Manuel Ávila Camacho llegó a ser presidente de México entre 1940 y 1946. Manuel Iradier exploró el territorio de Guinea. El editor Manuel Rivadeneyra creó la colección «Biblioteca de Autores Españoles», que comprende 72 volúmenes. El canónigo Manuel María de Arjona y de Cubas escribió el poema «Las ruinas de Roma». El músico Manuel Fernández Caballero compuso más de 200 obras escénicas, entre ellas «Los sobrinos del capitán Grant» y «Gigantes y cabezudos». El catalán Manuel Vázquez Montalbán obtuvo el Premio Planeta con la novela «Mares del sur»; además, es el creador del detective privado Pepe Carvalho. Practica todos los géneros literarios con gran calidad y es un erudito en muchas cuestiones. El torero Manuel Rodríguez, «Manolete», impuso el temple y la tranquilidad en la fiesta de los toros hasta su muerte, en 1947. Manuel Benítez, «el Cordobés», introdujo el tremendismo en los toros en la década de los 60 del siglo XX. Manolo Santana despertó la pasión por el tenis en nuestro país durante la década de los 70, sobre todo al ganar el torneo de Wimbledon en 1966. El granadino Manuel Orantes tomó el relevo del anterior, aunque nunca pudo igualar su palmarés; no obstante, ganó los trofeos de Roland Garros y Forest Hill. El actor Manolo Morán llenó de simpatía el cine español, con papeles de «secundario» que eran agradecidos por el público.

Manzur. *Origen:* árabe. *Significado:* el vencedor. Manzur es uno de los «noventa y nueve nombres más hermosos» que son empleados en el Corán para mencionar a Alá.

Mar. *Onomástica:* 15 de septiembre. Forma abreviada de la Virgen Nuestra Señora del Mar.

Mara. *Origen:* hebreo. *Significado:* amargura.

Maravilla. *Origen:* latín. *Significado:* cosas admirables.

Marceliano. *Onomástica:* 9 de agosto. *Origen:* latín. Este nombre es patronímico de Marcelo. San Marceliano fue hijo de San Tranquilino y de Santa Marcia. Le crucificaron en Roma, junto con su hermano gemelo San Marco y sus padres, en el siglo III.

Marcelino-Marcelina. *Origen:* latín. Este nombre también es patronímico de Marcelo. *Onomástica:* 28 de junio. Santa Marcelina fue una cristiana de Alejandría, a la que se quemó viva, junto con su hija, por orden del emperador Séptimo Severo en el año 202. San Marcelino fue Papa del año 296 al 304. Otro San Marcelino ejerció de sacerdote exorcista en Roma, hasta que le decapitaron junto con San Pedro en el año 304. *Otros personajes:* Marcelino Menéndez Pelayo destacó en España como historiador y filólogo; su obra monumental «Historia de los heterodoxos españoles», lo mismo que otras, resultan admirables por su esfuerzo y dedicación; sin embargo, quedan lastradas por una visión conservadora y religiosa. Marcelino Camacho dirigió Comisiones Obreras en los tiempos de Franco y en el período democrático.

Marcelo-Marcela. *Origen:* latín. Este nombre es diminutivo de Marcos. *Onomástica:* 16 de enero. San Marcelo fue un Papa de transición, que sólo ocupó este cargo seis meses; luego se le condenó a cuidar las cuadras en el año 309; es patrón de los palafreneros. Un segundo San Marcelo llegó a ser centurión de Roma; tuvo doce hijos, todos los cuales llegaron a santos; le hicieron mártir en Mauritania; precisamente de este país llegaron sus hijos a España, donde murieron en martirio en el siglo IV. Son venerados en León y Palencia. *Otros personajes:* Marcelo es un nombre usado por varios Papas. Marcel (Marcelo en francés) Proust concentró toda su vida en la realización de la obra «En busca del tiempo perdido», que concluyó en 1927; renovó la novela mundial. El francés Marcel Pagnol lo mismo escribió comedias que dirigió películas; entre éstas destaca «César», que estrenó en 1936. El boxeador francés Marcel Cerdan llegó a ser campeón mundial de los pesos medios en 1948. Marcelo Torcuato de Alvear ocupó la presidencia de Argentina de 1922 a 1927. El portugués Marcelo Caetano llegó al cargo de jefe de Estado, luego de caer enfermo el dictador Salazar; tuvo que abandonarlo por el golpe de Estado del 25 de abril de 1968. El actor Marcello (Marcelo en italiano) Mastroianni, eterno galán, al que recordamos en películas como «La dolce vita», de Fellini, o «La Noche», de Antonioni.

Marcial. *Origen:* latín. Este nombre es adjetivo de Marte. *Onomástica:* 30 de junio. San Marcial fue obispo de Limoges (Francia) en el siglo III. Otro San Marcial recibió martirio en Zaragoza. Un tercer San Marcial corrió la misma suerte en la Córdoba del siglo IV. *Otros personajes:* el torero «elegante» Marcial de Pino Lalanda, que era un extraordinario banderillero. El escritor de novelas del «Oeste» Marcial Lafuente Estefanía fue el primero que firmó con un nombre español, ya que todos sus colegas debían hacerlo con seudónimos ingleses.

Marciano-Marciana. *Origen:* latín. *Onomástica:* 2 de noviembre. Este nombre es patronímico de Marcio. San Marciano vivió como ermitaño en el desierto de Siria durante el siglo IV. Otro San Marciano fue obispo de Pamplona en el siglo III.

Marcio-Marcia. *Origen:* latín. *Significado:* el que pertenece a Marte. *Onomástica:* 5 de junio. Santa Marcia fue mártir en Siracusa.

235

Marco. Variante de Marcos. *Otros personajes:* Marco Polo fue un viajero veneciano, uno de los primeros que llegó a China; en el siglo XIV escribió un extraordinario libro de viajes. Marco Antonio entró en la historia más como amante de Cleopatra que por ser lugarteniente de César o general romano. Marco Aurelio llegó a emperador de Roma en el año 161. Marco Ulpio Trajano es el único emperador romano nacido en España. Marco Junio Bruto intervino en la conspiración para matar a César, a pesar de ser ahijado de éste. Marco Tulio Cicerón se hizo famoso por sus escritos, su capacidad oratoria y su forma de entender la política.

Marcolfo-Marcolfa. *Origen:* germánico. *Significado:* zona fronteriza o el lobo de la frontera. San Marcolfo fue abad de Nanteuil (Francia) en el siglo VI.

Marcos. *Origen:* latín. *Significado:* derivado de Marte. *Onomástica:* 25 de abril. San Marcos fue el segundo de los cuatro evangelistas, discípulo de San Pedro, primer obispo de Antioquía y mártir en Egipto. *Otros personajes:* Markos (Marcos en griego) Botzaris probó su patriotismo durante la guerra de independencia contra Turquía; en Grecia se le valora como un héroe. El norteamericano Mark (Marcos en inglés) Twain, llamado Samuel Langhome Clemens, es considerado el primer novelista del Oeste; descubrió su país a través del folclore y los paisajes; escribió «Las aventuras de Huckleberry Finn» en 1876. Marc (Marcos en francés) Chagall, galo de origen ruso, comenzó a pintar basándose en el cubismo; sin embargo, pronto encontró su propio estilo en base a la originalidad y la espontaneidad; falleció en 1985.

Mardonio. *Origen:* latín. *Significado:* perteneciente a los mardos. Este fue un antiguo pueblo de Persia. *Onomástica:* 24 de enero. El general persa Mardonio luchó contra los griegos en el siglo V a.C.

Mardoqueo. *Origen:* hebreo. Este nombre es una variante de Maerduk, que era una divinidad babilónica. *Onomástica:* 24 de mayo. En la Biblia aparece Mardoqueo como un cautivo judío, que fue tío de Ester.

Marfisa. Nombre que proviene de la novela «Orlando furioso» y, a la vez, se encuentra en «La Dorotea» de Lope de Vega.

Marga. Forma abreviada de Margarita.

Margarita. *Origen:* latín. *Significado:* perla, criatura de la luz o ramo de flores. *Onomástica:* 20 de julio. Santa Margarita de Antioquía fue una mártir, cuyo cuerpo los cruzados trajeron de Oriente; toda su biografía se halla envuelta en la leyenda: se cuenta que un dragón quiso devorarla, de un tal Olibrio que la perseguía, etc. Santa Margarita de Cortona encontró el cuerpo descompuesto de su amante, gracias a la ayuda de un perro; quedó tan apenada, que se entregó a la penitencia bajo la guía de los franciscanos; murió en 1297. Margarita se llamaron varias reinas y princesas de casi toda Europa. *Otros personajes:* la actriz Margarita Xirgu mostró su capacidad interpretativa en España y en América en la primera mitad del siglo XX; en 1945, estrenó en Buenos Aires «La casa de Bernarda Alba», obra póstuma de García Lorca. Margarita Luti, «la Fornarina», tuvo como amante al genial pintor italiano Rafael, al que sirvió de modelo. Margaret (Margarita en inglés) Thatcher se convirtió en primera ministra del Reino Unido en 1979. Repitió en 1983. Marguerite (Margarita en francés) Duras ha escrito novelas y guiones de cine, algunos de estos últimos basados en sus propias obras; uno de sus títulos más populares es «El Amante». Marguerite Yourcenar tenía las nacionalidades francesa y norteamericana. Escribió poemas, ensayos, teatro y novelas; por lo general, utilizaba los mitos antiguos para analizar los problemas de su tiempo; publicó «Memorias de Adriano» en 1951.

María. *Origen:* arameo. *Significado:* señora. *Onomástica:* 15 de agosto. María es la Virgen. Otra Santa María fue hermana de San Felipe, le llamaron «la silenciosa» y se la menciona en los Evangelios. Una tercera Santa María tuvo como hermano a Moisés, con el que cruzó el mar Rojo. Santa María de la Cabeza nació en Torrelaguna, se casó con San Isidro y vivió hasta 1175. Santa María de Cervelló entró a los dieciocho años en la Orden de las Mercedarias de Barcelona; auxilió a los pobres, pero también calmaba el mar cuando se embravecía; por eso la llamaron «María del Socorro»; falleció en el año 1290; es patrona de los marineros. (Sirva este muestrario de santas para representar a las varias decenas que llevan el nombre de María.) *Otros personajes:* María se llamaron reinas y princesas de casi toda Europa. María de Padilla tuvo como marido a Pedro I «el Cruel» en el siglo XIV; sin embargo, éste la abandonó por razones de Estado. Años más tarde, las Cortes de Sevilla le reconocieron todos los derechos, en 1362, al considerar que los hijos de María podían ser herederos al reino. Marie (María en francés) Curie, francesa de origen polaco, descubrió el radio y obtuvo el Premio Nobel de Física en los años 1903 y 1911. María Pacheco se casó con Juan Padilla, «el Comunero» en el siglo XVI. María Guerrero formó compañía teatral, junto con su marido Fernando Díaz de Mendoza; obtuvo grandes éxitos tanto en España como en América. María Cristina de Borbón fue la cuarta esposa de Fernando VII. Alfonso XIII tuvo como segunda mujer a María de Habsburgo-Lorena. Maria Aurelia Campmany, escritora en catalán, fundó la «Escola d'Art Dramatic Adriá Gual», se la considera una de las artífices del resurgimiento de la cultura catalana. María Asquerino es una de las actrices españolas más solidas, tanto en el cine como en la televisión. La actriz mexicana María Félix, «María Bonita», estuvo casada con el actor y cantante Jorge Negrete y con el compositor Agustín Lara. La actriz María Montez se convirtió en la «reina mora» de las películas en color de los años 40 del siglo XX. La griega María Kalojeroponlos, llamada María Callas, se hizo famosa como cantante de ópera por su expresividad dramática; también por sus escandalosas relaciones con el naviero Onassis; murió en 1977. La española María Barrientos fue una soprano ligera, muy solicitada por los grandes teatros del mundo; falleció en 1946.

Marián. Variante de Mariana.

Marianela. Forma combinada de María Manuela.

Mariano-Mariana. *Origen:* latín. *Onomástica:* 26 de mayo. Este nombre es patronímico de Mario. Santa Mariana de Jesús de Paredes fue una heroína ecuatoriana que murió en 1645. *Otros personajes:* el general Mariano Alvárez de Castro defendió Gerona en 1809. Mariano Benlliure puso gracia y fuerza a la escultura contemporánea española. El pintor Mariano Fortuny mostró con sus aguafuertes la potencia del realismo. Mariano José de Larra, «Fígaro», salpicó de ironía crítica sus escritos en el siglo XIX. Mariano Matamoros intervino, en su condición de sacerdote, en la independencia de México. Mariana de Austria reinó en España al ser esposa de Felipe IV. Mariana de Baviera Neuburgo también ocupó el trono de España al contraer matrimonio con Carlos II. Mariana Pineda formó parte de los rebeldes que se enfrentaron al rey Fernando VII, se le condenó a muerte por haber bordado en una bandera el lema «Ley, Libertad, Igualdad». El mexicano Mariano Azuela escribió novelas sobre la Revolución de su país: «La Luciérnaga», «Los de abajo», etc. El periodista Mariano de Cavia publicó selecciones de sus artículos en «Azotes y galeras».

Maricruz. Forma compuesta de María y Cruz.

Marichu. Variante de Maritxu.

Marifé. Forma combinada de María y Fe.

Marilda. *Origen:* germánico. *Significado:* luchador.

Mariluz. Forma hipocorística de María de la Luz.

Marín. Variante de Marino.

Marino-Marina. *Origen:* latín. *Significado:* marino, hombre del mar. *Onomástica:* 4 de septiembre. San Marino fue un cantero de Rímini que murió en el siglo IV sobre una peña; dio nombre a la pequeña República europea. Santa Marina de Galicia presenta una biografía muy parecida a la de Santa Margarita de Antioquía; es posible que sean una misma persona. Santa Marina de Spoleto ingresó en el convento de las canónigas de San Agustín, estuvo en el hospital de San Mateo de Spoleto y pasó treinta años de vida contemplativa; se cuenta que falleció dentro de un rayo de sol en 1300. Marina es el nombre cristiano que se dio a la india amante de Hernán Cortés.

Mario. *Origen:* latín. *Significado:* descendiente de Marte. *Onomástica:* 19 de enero. Forma masculina de María. San Mario fue un persa que peregrinó a Roma junto con su esposa Marta y sus hijos Audifax y Abacuc; todos recibieron martirio hacia el año 270. Otro San Mario se conformó con ser ermitaño. Su cadáver está enterrado en Mauriac (Francia) desde el siglo VII, ha dado nombre a una cumbre del Cantar: el Puy-Mary. *Otros personajes:* el peruano Mario Vargas Llosa obtuvo el Premio Cervantes en 1994. El portugués Mario Soares, presidente de Portugal en 1986; antes había sido primer ministro en los períodos 1976-1978 y 1983-1985, siempre en representación del Partido Socialista. Mario Moreno «Cantinflas» creó el «Peladito» mexicano, una especie de «charlot» a lo latinoamericano, con el cual le acompañó el éxito desde los años 40 a los 80 del siglo XX. El norteamericano Mario Lanza cantó pasajes de óperas como nadie, lo que se pudo comprobar en la película «El gran Caruso»; sin embargo, pocas veces se le pudo escuchar una ópera entera.

Mariona. Forma hipocorística catalana de María.

Marisa. Contracción de María Luisa y María Isabel.

Marisol. Forma hipocorística de María del Sol o de María de la Soledad. *Otros personajes:* la andaluza Marisol, cuyo nombre es Josefa Flores, fue una niña prodigio en la canción y en el cine.

Maritere. Forma compuesta de María y Teresa.

Maritxu. Diminutivo vasco de María.

Marlene. Contracción alemana de «Marie» y «Helene». El éxito de este nombre, sobre todo en los países anglosajones, se debió a la canción más escuchada durante la Segunda Guerra Mundial: «Lili Marlene». Precisamente la cantó la actriz alemana Marlene Dietrich, que reinó en Hollywood en la década de los treinta y parte de los cuarenta del siglo XX.

Marselio. Variante de Marsilio.

Marsella. Variante de Marselia. Es el nombre de una ciudad francesa.

Marsilio. *Origen:* latín. Este nombre deriva de Marcos. San Marsilio fue obispo de París en el siglo V. El italiano Marsilio de Padua destacó en los campos de la teología y la política en el siglo XIV.

Marta. *Origen:* arameo. *Significado:* señor. *Onomástica:* 29 de julio. Santa Marta invitó a Jesús a almorzar; esto le ha convertido en la patrona de las amas de casa, de las cocineras, de los hosteleros y de los taberneros. Santa Marta de Astorga forma parte de la larga lista de vírgenes españolas que fueron llevadas al martirio en el siglo III. Una tercera Santa Marta tuvo como hermanos a María y a Lázaro y murió en la ciudad provenzal de Tarascona. *Otros personajes*: la cantante Marta Sánchez, ex componente del grupo «Olé, olé». Marta Ferrusola es la esposa de Jordi Pujol, ex presidente de la Generalitat catalana.

Marte. *Origen:* latín. *Onomástica:* 13 de abril. San Marte vivió en la Auvernia, donde fundó un monasterio en el siglo VI. En la mitología griega, Marte es el dios hijo de Júpiter y Juno. Marte también es uno de los planetas que giran alrededor del Sol.

Martín-Martina. *Origen:* latín. *Significado:* hombre marcial, el guerrero. *Onomástica:* 11 de noviembre. San Martín nació en Hungría, fue soldado y monje; luego de ser convertido por San Hilario, llegó a obispo de Tours y extendió la fe por toda Francia hasta su muerte, en el año 397; es patrono de los soldados, caballeros y sastres. San Martín de León se comió una Biblia, alegando que no la conocía demasiado. Murió en 1203, pero no de una indigestión. San Martín de Porres vio la luz en Lima; era negro y acaso por eso aceptó los trabajo más humildes; llegó a ser fraile lego en el convento de los dominicos; pronto destacó porque hacía milagros; se marchó al cielo en 1639, pero en la tierra dejó su leyenda. Santa Martina destruyó un templo, dedicado a Apolo, con el simple hecho de hacer la señal de la cruz; esto en la Roma de los césares supuso todo un acontecimiento. Martín se llamaron varios Papas. *Otros personajes:* Martín, «el Humano», reinó en Cataluña-Aragón en el siglo XV. El alemán Martín Lutero se hizo agustino antes de iniciar la Reforma protestante en el siglo XVI. Martín Alonso Pinzón acompañó a Cristóbal Colón en el descubrimiento de América. El geógrafo Martín Fernández de Enciso marchó al lado de Balboa en la exploración del Darién; también escribió una «Suma de geografía». El político español Martín Enríquez de Almansa ocupó el cargo de virrey de Nueva España en 1568 y de Perú en 1580. El alemán Martin Heidegger es incluido entre los filósofos existencialistas; su pensamiento giró alrededor de los problemas del ser. El norteamericano Martin Luther King hizo suyo el pacifismo negro en las épocas peores; resistió las mayores vejaciones, por eso recibió el Premio Nobel de la Paz en 1964; sin embargo, cuando parecía haber ganado la batalla para su raza en los Estados Unidos, le asesinaron en 1968. El español Martín López Zubero fue campeón olímpico de natación en 1992 y batió una plusmarca mundial en la disciplina de espalda; proeza que nadie de nuestro país había alcanzado en este deporte.

Martiniano-Martiniana. *Origen:* latín. *Onomástica:* 13 de febrero. Este nombre es patronímico de Martín. San Martiniano fue un monje solitario en Palestina. Se cuenta que para no caer en la tentación ante las mujeres, una vez se quemó los pies y otra se arrojó al mar. Murió en el año 398.

Mártir. *Origen:* latín. *Significado:* testigo, mártir o el que ha visto. *Onomástica:* 29 de mayo. San Mártir fue un anacoreta abrucés del siglo VI.

Martirio. *Origen:* latín. *Significado:* testimonio, mártir, sacrificio. *Onomástica:* 23 de enero. San Martirio fue un monje bizantino del siglo IV.

Martxelin. Forma vasca de Marcelino.

Maruja. Variante de María, que puede nacer de la forma gallega «Maruxa».

Maruxa. Forma hipocorística gallega de María.

Mastidia. *Origen:* griego. *Significado:* el que espolea, anima. *Onomástica:* 7 de mayo. Santa Mastidia debió existir, ya que sus reliquias se conservan en la catedral de Troyes (Francia), pero nada se sabe de su biografía.

Matatías. *Origen:* hebreo. *Significado:* don de Yahvé. En la Biblia, aparece Matatías como un caudillo hebreo, sacerdote y jefe de los macabeos en el siglo II a.C.

Mateo. *Origen:* hebreo. *Onomástica:* 21 de septiembre. Proviene de Matatías. San Mateo es el primero de los cuatro evangelistas; antes había sido recaudador de impuestos en Cafarnaum. Pero el mismo Jesús le convirtió. Predicó en Etiopía, donde le llevaron al martirio. *Otros personajes:* el médico sevillano Mateo Alemán escribió la novela picaresca «Vida de Guzmán de Alfarache o Atalaya de la vida humana» en 1599. El francés de origen español Mateo Orfila escribió el «Tratado de los venenos». El misionero italiano Mateo Ricci fundó una misión jesuita en China; gracias a sus conocimientos matemáticos y astronómicos hizo muchas conversiones. Mathew (Mateo en inglés) Arnold escribió poesía y ensayos críticos, como «Cultura y anarquía». El escultor Mateo Inurria se dedicó al desnudo y a los monumentos.

Materno-Materna. *Origen:* latín. *Significado:* pertenece a la madre. *Onomástica:* 14 de septiembre. San Materno fue obispo de Tréveris y Colonia, donde falleció hacia el año 347.

Matías. *Origen:* hebreo. *Onomástica:* 24 de febrero. Este nombre proviene de Matatías. San Matías fue conducido al martirio luego de elegir su final con unas pajitas. Le tocó colocarse bajo un hacha. Es el patrón de los carpinteros. *Otros personajes:* Matías I Corvino reinó en Hungría hasta 1490. El pintor Matthias (Matías en alemán) Grünewald representó el arte gótico. Su obra maestra es el «Retablo de Isenheim». El escultor español Matías Novoa sirvió como ayuda de cámara a Felipe II; publicó un libro de «Memorias», algo excepcional en la época. El político español Matías de Gálvez ocupó el cargo de virrey de Nueva España desde 1783 a 1784. Matías Prat es uno de los grandes locutores radiofónicos de nuestro país.

Matilde. *Origen:* germánico. *Significado:* poderosa en la batalla. *Onomástica:* 14 de marzo. Santa Matilde fue esposa del rey germano Enrique «el Cazador», pero desdichada con sus hijos Otón, «el Emperador», y Enrique, al que llamaron «el Pendenciero». Por eso se recluyó en un convento, donde murió en el año 968. Una segunda Santa Matilde tuvo a Santa Gertrudis como secretaria, mientras ella se dedicaba al Sagrado Corazón. Falleció en el año 1298. *Otros personajes:* Matilde llegó a ser emperatriz de Alemania y de Inglaterra; sin embargo, ante la oposición de la nobleza, perdió la corona del segundo país. La italiana Matilde de Canosa es recordada en Toscana como una gran señora del siglo XII. Las actrices de radio Matilde Vilariño y Matilde Conesa han dado cursos magistrales desde la Cadena Ser.

Matrona. *Origen:* latín. *Significado:* mujer casada.

Matroniano. *Origen:* latín. Este nombre es patronímico de Matrona. *Onomástica:* 14 de febrero. San Matroniano fue un ermitaño milanés del siglo V.

Mattin. Forma vasca de Martín.

Maturino. *Origen:* latín. *Onomástica:* 1 de noviembre. Este nombre deriva de Maturo. San Maturino fue «médico mental» de la hija del emperador Maximiliano. Acaso por eso en la Edad Media a los locos se les daba el nombre de «maturinos».

Maturo. *Origen:* latín. *Significado:* maduro. San Maturo fue llevado al martirio en Lyon durante el siglo III.

Matusalén. *Origen:* hebreo. *Significado:* el hombre del dardo. *Onomástica:* 22 de febrero. En la Biblia, se menciona a Matusalén como un patriarca anterior al diluvio. Se añade que vivió 969 años.

Mauregato. Este nombre lo llevó un rey de Asturias, debido a que era hijo de una esclava mora o «maura».

Maurelio. *Onomástica:* 7 de abril. Variante de Maurilio. San Maurelio fue un obispo italiano que murió despedazado por sus feligreses. ¿Acaso porque deseaban repartirse las reliquias de tan bondadoso personaje? Este desenlace ocurrió en el año 670.

Mauricio. *Origen:* latín. *Onomástica:* 10 de junio. El nombre proviene de Mauro. San Mauricio de Colonia fue un abad que perdió la vida salvajemente en el siglo VI. Sin embargo, volvió a aparecer en la ciudad alemana que le ha dado nombre cinco siglos más tarde; como en una época de sequía logró atraer una lluvia muy beneficiosa, se le dio el apodo de «San Lluvioso». San Mauricio Proeta nació en Castellón de Ampurias; entró en la Orden de San Agustín, para llevar su fe a Barcelona y a Argelia; murió en Mallorca hacia el 1544. *Otros personajes:* Mauricio de Orange tuvo como padre a Guillermo de Orange en el siglo XVII. Mauricio de Sajonia destacó como un príncipe alemán en el siglo XVI. Maurice (Mauricio en inglés) Baring escribió novelas de gran intensidad dramática. Maurice (Mauricio en francés) Barrs escribió la novela «El jardín de Berenice». El belga Maurice Macterlink sembró en sus obras literarias dramáticas grandes dosis de simbolismo; consiguió el Premio Nobel en 1911. El español Mauricio Bacarisse escribió novelas y poesías. Entre éstas destaca «El paraíso desdeñado». El compositor francés Maurice Ravel entró de lleno en el modernismo; finalizó la partitura de «Dafnis y Cloe» en 1912. El francés Maurice Chevalier se mantuvo en el mundo del espectáculo desde los años 30 hasta los 60 del siglo XX. siempre como actor, bailarín y cantante; su «canotier» se hizo muy popular.

Maurilio. *Origen:* latín. Este nombre es gentilicio de Maurilo. San Maurilio nació en Milán fue obispo de Angers (Francia) entre los siglos IV y V.

Maurilo. Derivado de Mauro. San Maurilo fue obispo de Cahors (Francia) en el siglo IV. Otro San Maurilo también llegó a obispo, pero de Ruán (Francia) en el siglo XI.

Mauro-Maura. *Origen:* latín. *Significado:* mauritano o procedente de Mauritania. *Onomástica:* 15 de enero. San Mauro fue discípulo de San Benito, el cual le ordenó que caminara sobre el agua para salvar a un compañero. Se cree que marchó a la Galia, donde fundó un monasterio hacia el año 584.

Max. Forma abreviada de Maximiliano. *Otros personajes:* el francés Max Jacob escribió y pintó en una línea vanguardista para su época; se le considera precursor del surrealismo; publicó los poemas en prosa «El cubilete de los dados» en 1917. Max Ernst fue un pintor alemán nacionalizado francés, que se centró en el estilo dadaísta; sus experiencias surrealistas, expresionistas y abstractas las mostró en esculturas y grabados; falleció en 1976.

Maximiano. *Origen:* latín. *Onomástica:* 21 de febrero. Este nombre es patronímico de Máximo.

Maximiliano. *Origen:* latín. *Significado:* el más grande de la familia Amelia. *Onomástica:* 12 de marzo. San Maximiliano fue un obispo austriaco del siglo III. *Otros personajes:* Maximiliano es un nombre de príncipes y soberanos de Alemania, Baviera y México. Maximiliano Robespierre perteneció al grupo de jefes revolucionarios franceses, pero terminó poniendo su cabeza bajo la guillotina en el año 1794. Maximiliano I de Habsburgo fue obligado a aceptar el título de Emperador de México, nada más llegar a este país, comprobó su impopularidad; siempre se vio acosado por las tropas de Juárez, terminó siendo vencido y fusilado en 1867. El militar salvadoreño Maximiliano Hernández Martínez ocupó la presidencia de su país, en 1935, luego de derrotar a Araujo; elegido un año más tarde, continuó en el cargo hasta ser derrocado en 1944. El duque Maximilien (Maximiliano en francés) de Béthune fue ministro con Enrique IV de Francia; consiguió sanear la economía de su país.

Maximino. *Origen:* latín. *Onomástica:* 8 de junio. Nombre derivado de «Maximus». San Maximino de Aix fue un joven provenzal que encontró, en el siglo XI, a Santa María Magdalena; como ésta le convirtió, terminó siendo obispo de Aix. Maximino es un nombre de emperadores romanos.

Máximo-Máxima. *Origen:* latín. *Significado:* el más poderoso. *Onomástica:* 13 de agosto. San Máximo, «el Confesor», fue un monje de Constantinopla, al que cortaron la lengua y la mano derecha en el siglo VII. Después le exiliaron a Transcaucasia, donde murió en el año 662. San Máximo de Tormo llevó el obispado de esta ciudad en el siglo V; dejó unos escritos muy convincentes. *Otros personajes:* Massimo (Máximo en italiano) Bontempelli escribió la novela «El hijo de dos madres». Maxim (Máximo en ruso) Gorki en sus novelas trató el tema de los marginados y de la miseria, como «Ganándome el pan». El cubano Máximo Gómez está considerado uno de los héroes de la independencia de su país; venció a los españoles en la última batalla y entró triunfalmente en Cuba, encabezando su ejército, pero no aceptó la presidencia del Gobierno.

Maya. *Origen:* griego. *Significado:* madre, nodriza, partera. En la mitología griega, Maya es la hija de Atlas y la madre de Hermes o Mercurio.

Mayo. *Origen:* latín. Este nombre evoca el quinto mes del año. En Roma se acostumbraba a poner el nombre de Mayo a los nacidos en ese mes, en memoria de la diosa Maya.

Mayolo. *Origen:* latín. *Onomástica:* 11 de mayo. Este nombre es diminutivo de Mayo. San Mayolo fue abad de Cluny. Murió en el año 994, pero siguió haciendo milagros en Souvigni, donde había sido enterrado.

Mayorico. Gentilicio de Mallorca, ya que esta palabra se convierte en «Majorica» al ser pasada al latín.

Mecenas. *Origen:* latín. Mecenas fue un patricio romano amigo y consejero de Augusto.

Mectildis. Variante de Matilde. Santa Mectildis, hermana de Santa Gertrudis, fue una mística alemana del siglo XIII.

Medardo. *Origen:* germánico. *Significado:* audaz en el poder. *Onomástica:* 8 de junio. San Medardo fue obispo de Noyon. Su cadáver se trasladó a Soissons en el año 560.

Medea. *Origen:* griego. *Significado:* meditar, pensar o la pensativa. En la mitología griega, Medea es la hija de un rey de Cólquida, turbia amante de Jasón, a la que se consideraba una hechicera.

Mederico. *Origen:* germánico. *Significado:* el jefe poderoso. *Onomástica:* 29 de agosto. San Mederico fue abad en París a finales del siglo VII.

Medi. Variante catalana de Emeterio.

Medin. *Onomástica:* 3 de marzo. Variante de Emeterio. San Medin fue un payés de Barcelona que vio crecer milagrosamente las habas que acababa de plantar, por el simple hecho de haber ayudado a su obispo Severo. Pocos días más tarde, murió en martirio. Era el año 303.

Meginardo. *Origen:* germánico. *Significado:* atrevido con su fuerza. *Onomástica:* 26 de septiembre. El beato Meginardo fue un abad y exegeta alemán del siglo XII.

Meinardo. *Onomástica:* 21 de enero. Variante de Meginardo. San Meinardo fue un ermitaño suizo que falleció en el año 861. Toda su vida, en especial sus milagros, se halla plasmada en el monasterio de Einsielden.

Meinrado. *Origen:* germánico. *Significado:* el consejo de la fuerza o consejero potente. *Onomástica:* 21 de enero.

Melanio-Melania. *Origen:* griego. *Significado:* de tez oscura. *Onomástica:* 31 de diciembre. Santa Melania estuvo casada con un senador romano; al enviudar heredó una gran fortuna, que entregó a los pobres; cuando murió, en el año 439, en un convento de Jerusalén, no disponía ni de un céntimo. San Melanio llevó el obispado de Rennes hasta el año 540; se le invoca para llamar a la lluvia. *Otros personajes:* la actriz y política Melina (Melania en griega) Mercuri, a la que vimos en la película «Fedra». La norteamericana Melanie (Melania en inglés) Griffith, a la que citaremos por su relación con Antonio Banderas.

Melanipo-Melanipa. *Origen:* griego. *Significado:* perteneciente al caballo negro. En la mitología griega, Melanipa es la «yegua negra», hija del centauro Quirón, que fue transformada en yegua por haberse burlado de Juno.

Melas. *Origen:* griego. *Significado:* negro. *Onomástica:* 16 de enero. San Melas fue un obispo egipcio martirizado, junto con su hermano San Solón, a principios del siglo V.

Melasipo. *Origen:* griego. *Significado:* del caballo negro. *Onomástica:* 30 de octubre. San Melasipo fue mártir en el puerto portugués de Aveiro durante el siglo IV.

Melba. *Origen:* inglés. Melba fue el seudónimo de la famosa soprano Elena Porter Mitchell, que nació en Burnley (Australia) en 1861; pero lo tomó basándose en la ciudad de Melbourne.

Melcíades. Variante de Melquíades.

Melchor. *Origen:* hebreo. *Significado:* rey de la luz. *Onomástica:* 6 de enero. Melchor fue uno de los Reyes Magos, el más anciano y el que portaba la ofrenda de oro. *Otros personajes:* el dominico español Melchor Cano ocupó la cátedra de teología en la Universidad de Salamanca; participó en el Concilio de Trento. Melchor Fernández Almagro escribió «Historia política de la España contemporánea» en los años 50 del siglo XX.

Melecio. *Origen:* griego. *Significado:* cuidadoso, prudente. *Onomástica:* 12 de febrero. San Melecio fue un capitán egipcio martirizado en el siglo II. Otro San Melecio llegó a ser obispo de Antioquía, para terminar recibiendo martirio en el siglo IV.

Melendo. *Origen:* germánico. Este nombre proviene de Hermenegildo.

Melesio. Variante gráfica de Melecio.

Melibeo-Melibea. *Origen:* griego. *Significado:* la que cuida los bueyes. Melibeo es el nombre de dos pastores de las «Églogas» de Virgilio. Melibea es la trágica amante de Calixto en «La Celestina», de Fernando Rojas.

Melinda. Forma poética del siglo XVII, en la que se combinan las palabras griegas «canto» y «linda».

Melisenda. *Origen:* germánico. *Significado:* poderosa entre los amalos. Melisenda fue una hija de Carlomagno.

Meliso-Melisa. *Origen:* griego. *Significado:* abeja. En la mitología griega, Melisa es la ninfa que descubrió la miel.

Melitino-Melitina. *Origen:* griego. *Significado:* la que procede de la región. *Onomástica:* 15 de septiembre. Santa Melitina fue mártir en Tracia en el siglo II.

Melito. *Origen:* griego. *Significado:* dulce, meloso, agradable. *Onomástica:* 24 de abril. San Melito fue arzobispo de Cantorbery en el siglo VII.

Melitón. *Onomástica:* 1 de abril. Variante de Melito. San Melitón fue obispo de Sardes, en Lidia, y un escritor eclesiástico del siglo II.

Melquíades. *Origen:* griego. *Significado:* bermellón, rojo. *Onomástica:* 10 de diciembre. Quizá sea una variante de Milcíades. San Melquíades fue Papa al llegar de África. Firmó el primer concordato cristiano con el emperador Constantino. Era el año 314. *Otros personajes:* el español Melquíades Álvarez destacó como político liberal en la primera mitad del siglo XX.

Melquisedec. *Origen:* hebreo. *Significado:* rey de justicia. *Onomástica:* 25 de marzo. San Melquisedec fue el rey-sacerdote de Jerusalén, contemporáneo de Abraham y precursor de David.

Memnón. *Origen:* latín. *Significado:* el constante, el persistente. En la mitología griega, Memnón es «el más bello de los guerreros» y un príncipe etíope.

Menalipo-Menalipa. *Origen:* griego. *Significado:* tranquilo. *Onomástica:* 2 de septiembre. San Menalipo fue un mártir de los primeros tiempos. En la mitología griega, Menalipo es un héroe tebano, defensor de su ciudad contra los Siete Jefes. Menalipa es la esposa de Zeus.

Menandro. *Origen:* griego. *Significado:* constante en su hombría. *Onomástica:* 28 de abril. San Menandro fue mártir en Arabia durante el siglo III. Menandro destacó por ser un poeta cómico griego de los siglos IV y III a.C.

Menas. *Origen:* griego. *Significado:* relativo al mes. San Menas fue obispo de Constantinopla en el siglo VI.

Menchu. Forma hipocorística de Carmen.

Mendo. *Onomástica:* 11 de junio. Es una contracción gallegoportuguesa de Menendo. El beato Mendo Valle fue martirizado por los musulmanes en Portugal en el siglo XIII.

Menelao. *Origen:* griego. *Significado:* el ímpetu del pueblo. *Onomástica:* 22 de julio. En la mitología griega, Menelao es el hermano de Agamenón, rey de Esparta y el infortunado esposo de Helena.

Menendo. *Origen:* germánico. El nombre viene de Hermenegildo.

Mengoldo. *Origen:* germánico. *Significado:* mando. *Onomástica:* 8 de febrero. San Mengoldo fue asesinado por razones de política local, en un pueblecito francés, un día del año 892. Los mismos ángeles le proclamaron mártir.

Menotti. *Origen:* italiano. Este nombre es patronímico de «Menotto» o diminutivo de Filomeno. *Otros personajes:* Menotti fue el hijo del italiano Garibaldi y de Anita, la brasileña. El padre lo eligió como homenaje a Ciro Menotti, el luchador por la libertad de Italia ejecutado por orden del duque de Módena en 1831.

Merced. Variante de Mercedes.

Mercedes. *Onomástica:* 24 de septiembre. Advocación de la Virgen María: Nuestra Señora de las Mercedes. Mercedes de Orleáns fue reina de España en 1878. *Otros personajes:* la catalana Mercedes Rodoreda marcó un hito con su novela «La plaza del Diamante». Mercedes Salisachs obtuvo el premio Planeta con la novela «La Gangrena». Mercedes Milá es una periodista que gusta de presentar programas en televisión de «línea caliente», es decir, polémicos.

Merche. Forma hipocorística de Mercedes.

Mercurio. *Origen:* latín. *Significado:* mercancía, mercado, comercio. *Onomástica:* 25 de noviembre. San Mercurio fue un soldado de segunda clase, al que una persecución le convirtió en mártir de primerísima clase a mediados del siglo III. En la mitología romana, Mercurio es el dios del Comercio. También se llama Mercurio uno de los planetas del sistema solar.

Meritxell. Así se llama un célebre santuario andorrano que se halla presidido por la Virgen de este nombre. Por cierto, ésta es la patrona del pequeño país pirenaico.

Mesalino-Mesalina. *Onomástica:* 23 de enero. Este nombre es gentilicio de Mesala. Santa Mesalina siempre era la primera a la hora de escuchar las lecciones de monseñor Feliciano, obispo de Foligno.

Por eso ella pasó, en el año 250, el examen de martirio con matrícula de honor. *Otros personajes:* Mesalina fue la tercera esposa del emperador Claudio. Se le condenó a muerte por sus conspiraciones y por mantener una vida escandalosa.

Mesías. *Onomástica:* 13 de septiembre. Invocación del nombre de Jesucristo, que era muy usada en la Edad Media.

Meta. Hipocorístico alemán e inglés de Margarita.

Metodio. *Origen:* griego. *Significado:* método, metódico. *Onomástica:* 7 de julio. San Metodio nació en Tesalónica; llegó como misionero a los países eslavos, junto con su hermano San Cirilo; allí realizaron una gran labor, gracias al alfabeto cirílico y a la palabra viva; San Metodio falleció en el año 885; los dos son patrones de las escuelas en Bulgaria. Otro San Metodio llegó a ser obispo de Tiro, para terminar recibiendo el martirio en el siglo IV.

Micaela. *Onomástica:* 19 de junio. Forma femenina de Miguel. Santa Micaela nació en Pesaro (Italia), a orillas del Adriático; se casó con un príncipe de Rímini, para convertirse en franciscana al enviudar; falleció en 1356. Otra Santa Micaela llegó a ser vizcondesa de Jorbalán (España), se hizo hermana de la caridad y murió en 1865.

Micaelina. Diminutivo de Micaela.

Miecislao. *Origen:* polaco. *Significado:* extiende la fama. Miecislao fue el primer soberano polaco en el siglo X.

Miguel. *Origen:* hebreo. *Significado:* Dios es incomparable. *Onomástica:* 29 de septiembre. El arcángel Miguel fue jefe de unas milicias celestiales que vencieron a Lucifer; por eso es el patrón del pueblo de Israel y de la iglesia cristiana. San Miguel Garicolts nació en Vascongadas, fundó la Orden de los Religiosos del Sagrado Corazón de Betharran y se cuidó de que se esparcieran por todo el mundo; falleció en 1863. San Miguel de los Santos vino al mundo en Vic; siendo muy niño huyó al Montseny, donde su padre le encontró rezando en una cueva; al poco tiempo entró en los Trinitarios de Barcelona; recorrió media España, hasta morir en Valladolid el 10 de abril de 1624; es el patrono de Vic. *Otros personajes:* se llamaron Miguel muchos soberanos y reyes de Europa. Miguel Cerulario, patriarca de Constantinopla, consumó la separación entre las iglesias griega y latina; esto se llamó el Cisma de Oriente del siglo XI.

Miguel de Cervantes Saavedra puso la cima en el terreno literario al Siglo de Oro español; con su novela «El ingenioso hidalgo don Quijote de la Mancha» realizó una obra monumental, un compendio de todo lo bueno y lo malo de su época, como reflejo de muchos comportamientos futuros; además, escribió otros temas, ya fueran poesía, teatro y cuentos un poco menores, pero que en otros autores se considerarían extraordinarios. Miguel Servet descubrió la circulación pulmonar de la sangre; murió en la hoguera, por orden de Calvino, en 1553. Michele (Miguel en italiano) Caravaggio sobresalió entre los grandes pintores de su país; introdujo el tenebrismo y concedió una gran importancia al realismo. Michelangelo (Miguel Ángel en italiano) Buonarroti mostró ser un genio esculpiendo, pintando, diseñando edificios y escribiendo; la grandiosidad de su obra alcanza tales niveles, que al pensar en él uno ha de quedar impresionado de la enorme capacidad de creación de un ser humano excepcional; finalizó los frescos de la Capilla Sixtina hacia 1547. Michel (Miguel en francés) Eyquem de Montaigne comenzó a escribir sus «Ensayos» en 1572, nunca dejaría de aportar nuevos temas a esta obra, en la que mostró una filosofía prudente y tolerante; siempre apoyó la crítica moderada. Miguel de Unamuno llegó a ser rector de la Universidad de Salamanca; se enfrentó a Primo de Rivera; cubrió con talento la poesía, la novela y el teatro, además del ensayo filosófico. El autodidacta Miguel Hernández escribió una poesía llena de fuerza y un teatro social; murió en la cárcel en 1942. Miguel Delibes acaso sea el mejor novelista castellano de este siglo; ha obtenido todos los premios literarios españoles, es miembro de la Real Academia y sigue en activo. Siempre genial en su modestia. Miguel Mihura creó un estilo teatral lleno de ironía, ingenio y talento con obras de la calidad de «Maribel y la extraña familia». También estuvo en el grupo fundador de la revista satírica «La Codorniz». El dictador Miguel Primo de Rivera gobernó en España, luego de dar un golpe de Estado, del año 1926 al 1930; terminó con la guerra de Marruecos y realizó una gran labor económica y social; sin embargo, reprimió a la oposición con su dictadura; tuvo que dimitir al perder la confianza de Alfonso XIII. Michael (Miguel en inglés) Faraday realizó grandes descubrimientos en el campo del magnetismo. Además, describió los fenómenos electrolíticos que llevan su nombre. Mijail (Miguel en ruso) Aleksandrovich Bakunin llegó a ser oficial del ejército ruso; sin embargo, es uno de los mayores representantes del anarquismo; escribió «Dios y el Estado». El tenor español Miguel B. Fleta llegó a ser conceptuado como el mejor de su época, acaso por eso estrenó la ópera «Turandot», de Puccini. Michele Peza, «Fra Diávolo», se ofreció al rey Fernando de Nápoles para luchar contra los franceses; sin embargo, como era un jefe de asaltantes, se le detuvo y fue ahorcado en 1806. El guatemalteco Miguel Ángel Asturias obtuvo el Premio Nobel de Literatura en 1956. Mijail Gorbachov ocupó el máximo cargo de la Unión Soviética en 1985; desde entonces todo cambió en su país: terminó la «guerra fría», permitió el derribo del «telón de acero» que separaba las dos Alemanias, ayudó a que ambas se fusionaran en un solo país y produjo otras revoluciones; no obstante, una conspiración de los militares y, luego, la mala situación económica le obligó a dimitir. La bella Michele (Micaela en francés) Morgan ocupó el primer lugar entre las estrellas de su país a lo largo de la década de los cincuenta del siglo XX. Miguel Gila fue considerado por sus propios compañeros como el mejor humorista. Miguel Indurain conquistó los Tours de Francia desde 1991 a 1995, el Giro de Italia en 1993 y detentó el récord mundial de la hora unas semanas.

Mikel-Mikele. Formas vascas de Miguel y Micaela.

Milagros. *Onomástica:* 9 de julio. Advocación de la Virgen: Nuestra Señora de los Milagros.

Milagrosa. Advocación de una Virgen que es muy venerada en las Islas Canarias.

Milburga. *Origen:* anglosajón. *Significado:* generosa protección. *Onomástica:* 23 de febrero. Santa Milburga y su hermana, Santa Mildred, fueron hijas de un rey de Mercia y abadesas en los siglos VII y VIII. Se las veneró en Inglaterra durante toda la Edad Media.

Milcíades. Similar a Melquíades. Milcíades fue un famoso militar y político griego.

Mildred. *Origen:* anglosajón. *Significado:* generosa. *Onomástica:* 20 de febrero. Santa Mildred realizó toda su labor, junto con su hermana Santa Milburga, en Inglaterra.

Millán. *Onomástica:* 12 de noviembre. Deformación de Emiliano. San Millán fue un eremita muy popular en toda la España visigótica, gracias a que se conocían sus virtudes. Murió en el siglo VI. Su nombre ha quedado perpetuado en un gran monasterio.

Milton. *Origen:* inglés. *Significado:* el molino. Viene del apellido del autor del «Paraíso perdido», John Milton. *Otros personajes:* el gran dibujante de comics Milton Caniff, que creo «Teny y los piratas» y «Steve Canyon», unos dibujos para periódicos, en formato de tres y cuatro viñetas por día, siempre introduciendo una pequeña historia, que enlazaba con todas las que formaban el argumento general, que se publicaba en más de 300 diarios al mismo tiempo.

Minerva. *Origen:* latín. *Significado:* advertir. *Onomástica:* 23 de agosto. En la mitología romana, Minerva es la Atenea de los griegos, después la diosa de la sabiduría.

Minerviano. *Origen:* latín. Este nombre es patronímico de Minervo. San Minerviano fue martirizado, junto con San Simpliciano, en Catania (Sicilia).

Minervo. *Origen:* latín. Forma masculinizada del nombre de la diosa Minerva. *Onomástica:* 23 de agosto. San Minervo fue martirizado en Lyon durante el siglo III.

Miqueas. *Origen:* hebreo. *Significado:* Yahvé es incomparable. *Onomástica:* 14 de agosto. San Miqueas fue un joven profeta menor de Israel, el cual anunció que el Mesías nacería en Belén.

Miranda. *Origen:* latín. *Significado:* lo que se debe admirar. Se cree que este nombre proviene de un personaje que aparece en la «Tempestad», de Shakespeare.

Mirari. Forma vasca de Milagros.

Miren. Forma vasca de María.

Mireya. *Origen:* provenzal. Santa Mireya fue una africana martirizada en el siglo V. *Otros personajes:* la cantante Mireille (Mireya en francés) Mathieu ha continuado el estilo de Edith Piaf, pero con una voz menos desgarrada y más poderosa.

Miriam. *Origen:* egipcio. *Significado:* amante de Amón. *Onomástica:* 15 de agosto.

Mirna. Proviene del nombre de una actriz norteamericana: Mirna Loy. Ésta tuvo mucho éxito, dentro de la década de los años 30 y 40 del siglo XX, en Hollywood.

Miroslavo. *Origen:* eslavo. *Significado:* paz gloriosa.

Mirta. *Origen:* latín. *Significado:* mirto. Este árbol se hallaba dedicado a Venus. En la mitología griega, se aprecia que Mirta era uno de los sobrenombres de Afrodita.

Mirtala. *Origen:* latín. *Significado:* mirto. Mirtala fue la liberta amiga de Horacio.

Mirza. *Origen:* persa. *Significado:* señor.

Misael. *Origen:* hebreo. *Significado:* Dios es incomparable. *Onomástica:* 6 de diciembre. Misael fue uno de los tres mancebos del palacio de Nabucodonosor, a los que arrojaron a un horno por negarse a adorar la estatua del rey.

Misericordia. *Origen:* latín. *Significado:* compadecerse. Advocación de la Virgen de la Misericordia.

Misterios. *Origen:* latín. *Significado:* misterio, secreto. Nombre con el que se alude a los quince misterios teológicos de la Virgen y de su Hijo en el Rosario.

Moctezuma. *Origen:* náhuatl. *Significado:* señor príncipe o tu señor enojado. Moctezuma era el emperador azteca de México cuando Hernán Cortés llegó a este país.

Modesto-Modesta. *Origen:* latín. *Significado:* mantiene la justa medida. *Onomástica:* 12 de enero. San Modesto fue un soldado martirizado en África, junto con otros cuarenta compañeros, en el año 304. Un segundo San Modesto recibió martirio en Cartago en el siglo VI. En la actualidad es patrono de esta ciudad. *Otros personajes:* Modesto Lafuente escribió «Historia general de España» en la primera mitad del siglo XIX. Modest (Modesto en ruso) Petrovich Mussorgski introdujo en sus óperas un lengua popular y un vivo realismo, como en «Boris Gudonov»; también compuso obras orquestales y muchas piezas para piano. Modesto Cuixart recorrió una época abstracta, hasta incorporarse con fuerza a la pintura realista. Sus últimos cuadros aparecen llenos de color y con ornamentos muy bellos.

Modoaldo. *Origen:* germánico. *Significado:* el que manda con valor. *Onomástica:* 12 de mayo. San Modoaldo fue obispo de Tréveris en el siglo VII.

Mohamed. *Origen:* árabe. *Significado:* muy alabado.

Moisés. *Origen:* hebreo. *Significado:* sacado del agua. *Onomástica:* 4 de septiembre. San Moisés recibió el encargo divino de sacar a los hebreos de Egipto y enseñarles los diez mandamientos; como iba en compañía de personas difíciles de convencer, le costó cuarenta años encontrar la Tierra Prometida, en la que por cierto él no pudo entrar. Un segundo San Moisés fue un anacoreta egipcio y apóstol de los sarracenos en el siglo IV. *Otros personajes:* el judío alemán Moisés Mendelssohn destacó como filósofo en el siglo XVIII. El judío español Moisés Ben Maimon, «Maimónides», despertó admiración en la Edad Media por sus conocimientos médicos, su filosofía y su forma de interpretar la teología. Moisés Dayan ha pasado a la historia por ser el vencedor de la «guerra de los seis días» entre su país, Israel, y Egipto.

Mona. *Origen:* irlandés. *Significado:* noble. Santa Mona fue irlandesa.

Monaldo. *Origen:* germánico. *Significado:* el que protege.

Moneguindis. Variante de Monegunda.

Monegunda. *Origen:* germánico. *Significado:* la de muchas batallas. *Onomástica:* 2 de julio. Santa Monegunda nació en Chartres y tuvo dos hijas. Como las perdió, se recluyó en su casa, donde se alimentaba con cebada y se cubría de ceniza. Pero reaccionó, al convertir el lugar en el convento de San Pedro de las Puellas, donde pudo rodearse de muchas hijas espirituales. Esto sucedió en el siglo VI.

Monesa. *Origen:* germánico. *Significado:* protector, defensor. *Onomástica:* 4 de septiembre. Santa Monesa fue una virgen irlandesa que recibió el bautismo de manos de San Patricio. Murió a las pocas semanas, en el siglo VI.

Mónico-Mónica. *Origen:* latín. *Significado:* solitario, monje, monasterio. *Onomástica:* 4 de mayo. Santa Mónica fue madre de San Agustín. Se cuenta que murió frente a una ventana de un edificio de Ostia. Es patrona de las viudas. *Otros personajes:* la italiana

Monica Vitti fue la actriz preferida del director Antonioni en los años 60 del siglo XX; singularmente, intervino en la película «Modesty Blaise», basada en un comic inglés de una especie de «James Bond» femenino. Mónica Randall es una actriz catalana que en los años 80 hizo un digno papel como presentadora de televisión. La tenista serbia Mónica Selles, cuya brillante carrera, era la número uno del mundo, fue cortada en 1993 por un loco que le clavó un cuchillo en la espalda; por fortuna, continua participando en torneos.

Monón. *Origen:* germánico. *Significado:* amable, bondadoso. *Onomástica:* 18 de octubre. San Monón fue un irlandés que trasladó su ascetismo a Francia, donde vivió en los bosques. Allí se hizo famoso, pero unos salteadores le asesinaron en el siglo VI.

Montano. *Origen:* latín. *Significado:* montañés, alto, monte. *Onomástica:* 20 de septiembre. San Montano fue un ermitaño ciego que predijo a Santa Cilinia que iba a tener un hijo que sería santo, como así fue: el niño hoy día es conocido como San Remigio. Por cierto, éste curó de la ceguera a San Montano en el siglo V.

Montse. Forma hipocorística de Montserrat.

Montserrat. *Origen:* latín. *Significado:* monte en forma de sierra o dentado como una sierra. *Onomástica:* 27 de julio. Advocación catalana de la Virgen María: recibe el nombre de un monasterio levantado en una serranía llamada Montserrat. *Otros personajes:* Montserrat Roig con la novela «Tiempo de cerezas» obtuvo el Premio Sant Jordi; antes había conseguido otros galardones; prefería escribir en catalán, aunque dominaba a la perfección el castellano. La soprano Montserrat Caballé está considerada como una de las principales figuras del «bel canto» mundial.

Monxo. Forma hipocorística de Ramón, bastante corriente en el norte de España.

Morgana. *Origen:* céltico. Este nombre es femenino de Morgan. *Significado:* hombre del mar. En las leyendas célticas aparece la hechicera Morgana.

Munio-Munia. *Origen:* latín. *Significado:* obligado, reconocido.

Muriel. *Origen:* irlandés. *Significado:* brillante como el mar. Este nombre fue muy corriente en Inglaterra durante la Edad Media.

Musa. Variante de Muza. *Onomástica:* 2 de abril. Santa Musa fue una joven romana que vivía en pecado; una noche recibió la visita de la Virgen, para prevenirla que debía cambiar en treinta días o tendría un cruel final; ella hizo caso, y está en el cielo desde el siglo VI. Musa es la inspiración de los artistas. En la mitología griega, las Musas eran ninfas de los ríos o de las aguas, hijas de Zeus y de Mnemósine.

Mustafá. *Origen:* árabe. *Significado:* el elegido.

Muza. Forma árabe de Moisés. Muza fue uno de los primeros jefes musulmanes que invadieron España.

Myrna. Similar a Mirna.

N

Nabor. *Origen:* hebreo. *Significado:* purificar, sanar, limpiar. *Onomástica:* 12 de julio. En las leyendas artúricas, Nabor es un caballero de la Tabla Redonda.

Nabuco. Forma abreviada de Nabucodonosor. «Nabuco» es una ópera de Verdi.

Nabucodonosor. *Origen:* asirio. *Significado:* que el dios «Nabor» defienda la corona. El nombre de Nabucodonosor lo llevaron varios reyes de Babilonia. El más famoso fue el destructor de Jerusalén en el año 586 a.C.

Nadia. *Significado:* esperanza. Diminutivo del nombre ruso «Nadezha». *Otros personajes:* la rumana Nadia Comaneci fue «la reina» de los Juegos Olímpicos de Canadá, en el año 1984, al ganar seis medallas de oro en gimnasia.

Nadina. Variante de Nadia, que se inspira en la forma francesa «Nadine».

Nadir. *Origen:* árabe. *Significado:* opuesto, contrario. Nadir Shah fue rey de Persia. Llegó al trono en 1732. Enseguida declaró la guerra a rusos y turcos e invadió la India.

Nahum. *Origen:* hebreo. *Significado:* consolación. En la Biblia aparece Nahum como uno de los profetas menores.

Najla. *Origen:* árabe. *Significado:* ojos grandes.

Napoleón. *Origen:* italiano. *Significado:* león. *Onomástica:* 15 de agosto. *Otros personajes:* el corso Napoleón Bonaparte fue emperador de los franceses y el «terror» de Europa a principios del siglo XIX. Napoleón II sólo tuvo el mérito de ser hijo del anterior. Napoleón III comenzó siendo presidente de Francia en 1848; sin embargo, dio un golpe de Estado y se proclamó emperador en 1852; en los años siguientes realizó una gran tarea, que perjudicó sus ansias expansionistas; el fracaso en México, al querer imponer un emperador títere, así como la derrota ante Alemania, le obligaron a retirarse; en 1853, se había casado con la española Eugenia de Montijo. El griego Napoleón Zervas destacó como político y general.

Narciso. *Origen:* griego. *Significado:* produce sopor, causa sueño. *Onomástica:* 29 de octubre. El abad Oliva predicó una homilía a San Narciso; como todavía se conserva, sabemos que este santo pudo ser hijo de Gerona y un médico que se enfrentó positivamente a una epidemia de peste; hoy día es patrono de Girona. Otro San Narciso tuvo el honor de ser el tercer obispo de Jerusalén en el siglo II; entonces contaba cien años, y todavía vivió otros veintisiete más. En la mitología griega, Narciso es el hijo de Cefiso y de una ninfa; estaba tan enamorado de su propia belleza que era incapaz de fijarse en otra persona; por eso terminó sintiéndose tan angustiado que se convirtió en la flor que lleva su nombre. *Otros personajes:* Narciso supo ganarse la confianza del emperador Claudio. El español Narciso Alonso Cortés escribió «Zorrilla, su vida y sus obras». Narciso Monturiol debe ser añadido al grupo de «inventores» del submarino, aunque su ingenio, el «Inctíneo» resultó muy peculiar; las primeras pruebas las realizó en 1859. Narciso Serra escribió teatro y poesía en el siglo XIX. El boliviano Narciso Campero, jefe supremo del ejército, recibió el nombramiento de presidente de su país durante la guerra del Pacífico, en 1880. Siguió en el cargo cuatro años. Narciso Serra fue elegido alcalde de Barcelona en el año 1979 y ocupó la vicepresidencia de España del año 1990 al 1995. Narciso Ibáñez Serrador, el popular «Chicho», puede ser considerado el «rey Midas» de la televisión, ya que todos sus programas han gozado del éxito. El extraordinario concertista Narciso Yepes, nacido en Lorca, con su guitarra de diez cuerdas, acaso el único que usa tan singular instrumento.

Narsés. *Origen:* persa. *Onomástica:* 20 de noviembre. San Narsés fue mártir en Persia durante el siglo IV. El general Narsés apoyó a Justiniano. Un segundo general Narsés aconsejó a Justiniano y recuperó Italia para el imperio bizantino; luego llegó a ser prefecto de este país desde el año 544 al 567.

Nasla. Variante gráfica de Najla.

Natacha. Diminutivo ruso de Natividad.

Natal. *Origen:* latín. *Significado:* día, natalicio. *Onomástica:* 25 de diciembre.

Natalicio. *Origen:* latín. *Significado:* el día del nacimiento.

Natalio-Natalia. *Onomástica:* 27 de julio. Variante de Natal. Santa Natalia de Córdoba fue una cristiana durante la ocupación árabe, a la que se decapitó en Córdoba el año 852. Otra Santa Natalia guardó la mano de su esposo, luego de que éste hubiera sido martirizado; pronto ella corrió la misma suerte; todo esto sucedió en el siglo III. *Otros personajes:* Natalia llegó a ser reina de Serbia en momentos muy difíciles. La escritora Natalia Figueroa está casada con el cantante «Raphael»; antes de su boda destacó en el mundo de la prensa. La norteamericana Nathalie (Natalia en inglés) Wood, la inolvidable María de «West Side Story» o la apasionada jovencita enamorada de «Esplendor en la hierba»; todo muy romántico; sin embargo, en la realidad esta mujer sufrió una muerte horrible, que la policía todavía no ha resuelto.

Natán. *Origen:* hebreo. *Significado:* regalo de Dios. En la Biblia aparece Natán como un profeta amigo de David.

Natanael. *Origen:* hebreo. *Significado:* Dios ha otorgado. Natanael fue discípulo de Jesús.

Natividad. *Origen:* latín. *Significado:* nacimiento. *Onomástica:* 25 de diciembre. Se refiere al nacimiento que protagonizó la Virgen María.

Nayla. Variante gráfica de Najla.

Nazareno. *Origen:* hebreo. Este nombre es gentilicio de Nazaret, una ciudad de Galilea. En ocasiones Nazareno sustituye al mismo nombre de Jesús, por el hecho de que éste pasó su juventud en Nazaret. También Nazareno es sinónimo de cristiano.

Nazario. *Origen:* hebreo. *Significado:* flor, botón, corona. *Onomástica:* 28 de julio. San Nazario fue mártir en Milán, junto con San Celso, durante el siglo I. Otro San Nazario llegó a ser abad en la Francia del siglo V.

Nearca. *Origen:* griego. *Significado:* gobernante nuevo, joven. *Onomástica:* 22 de abril. San Nearca fue amigo de Polieucto, al que quemaron vivo. Más tarde, él corrió la misma suerte. Se hallaban en el siglo III.

Néctar. *Onomástica:* 9 de diciembre. San Néctar llegó a la Auvernia como predicador, por deseo de San Pedro. Se supone que murió en el camino, aunque la leyenda nos cuenta que llegó a su destino. Allí vivió más de doscientos años. Es posible que fueran dos personas distintas que llevaban el mismo nombre.

Nectario. *Origen:* griego. *Significado:* relativo al néctar. Ésta era la bebida que, de acuerdo con la mitología griega, proporcionaba la inmortalidad. *Onomástica.* 11 de octubre. San Nectario fue obispo de Constantinopla, a la vez que sucesor de San Gregorio Nacianceno en el siglo IX.

Neftalí. *Origen:* hebreo. *Significado:* lucha. En la Biblia, Neftalí es el hijo de Jacob y de la sierva Bila, que sustituyó como «madre natural» a la infértil esposa de aquél por deseo manifiesto del matrimonio. *Otros personajes:* el poeta chileno Neftalí Ricardo Reyes, más conocido por Pablo Neruda, consiguió el Premio Nobel de Literatura en el año 1971.

Neguib. *Origen:* árabe. *Significado:* famoso.

Nehemías. *Origen:* hebreo. *Significado:* consolar o consolado por Yahvé. En la Biblia, Nehemías es el gobernador de Judea, que en el siglo V a.C. reconstruyó Jerusalén y dio ánimos a la comunidad judía.

Nekane. Forma vasca de Dolores.

Nelson. Patronímico inglés de «Neil» o «hijo de Neil». En realidad Nelson era un apellido, pero desde finales del siglo XVIII y principios del XIX se convirtió en nombre, dentro de los países anglosajones. Esto se debió a las victorias navales de lord Nelson sobre la flota de Napoleón.

Nemesiano. *Origen:* latín. Este nombre es patronímico de Nemesio. *Onomástica:* 10 de septiembre. San Nemesiano fue mártir en África a mediados del siglo III.

Nemesio-Nemesia. *Origen:* latín. *Significado:* castigo de los dioses, justiciero. *Onomástica:* 1 de agosto. San Nemesio fue mártir en Chipre durante el siglo III. Sus reliquias se guardan en Bolonia. Nemesio de Emesa ocupó el obispado de esta ciudad en el siglo IX. *Otros personajes:* Nemesio Fernández Cuesta escribió un

«Diccionario de la lengua española». También realizó un excelente trabajo como traductor.

Nemorio. *Origen:* latín. *Significado:* perteneciente al bosque sagrado. *Onomástica:* 7 de septiembre. San Nemorio fue un religioso galo martirizado en Troyes, por orden de Atila, a mediados del siglo V.

Neopolo. *Origen:* latín. *Significado:* caballo no domado. *Onomástica:* 2 de mayo. San Neopolo fue mártir en Roma.

Nepociano. *Origen:* latín. *Significado:* nieto o sobrino. San Nepociano fue un obispo galo de Clermont en el siglo IX.

Nepomuceno. *Origen:* latín. *Onomástica.* 16 de mayo. Es posible que sea un gentilicio de «Nepomuk», la ciudad alemana de Bohemia donde nació San Juan Nepomuceno.

Nereida. *Origen:* griego. *Significado:* hija de Nereo. En la mitología griega, las nereidas son ninfas del mar, amigas de los marineros.

Nereo. *Origen:* griego. *Significado:* nadar, bañarse, rodearse de humedad. *Onomástica:* 12 de mayo. San Nereo fue un oficial romano que, junto con su compañero San Aquiles, recibió martirio en una de las persecuciones del siglo III. En la mitología griega, Nereo es el dios marino.

Nerina. *Origen:* latín. En la mitología griega, Nerina es una ninfa de los mares interiores, hija de Nereo y Doris.

Nerón. *Origen:* latín. *Significado:* valiente. El emperador romano Nerón, cuyo nombre auténtico era Lucio Domicio Enobarbo, se hizo famoso por su crueldad, una de cuyas muestras fue iniciar la persecución y los sacrificios masivos de cristianos. Antes había asesinado a Británico y a su propia madre. También dio muerte a su segunda esposa Popea. Se suicidó, en el año 68 d.C. al ser declarado enemigo público por el Senado.

Néstor. *Origen:* griego. *Onomástica:* 8 de septiembre. San Néstor fue salvado del martirio por capricho de la gente de Gaza, que se había cansado de ver morir cristianos; pero ya estaba herido; no pudieron curarle, debido a que la tristeza, por haber sido privado de correr la misma suerte que sus hermanos, le hizo morir en un lecho amigo; esto ocurrió en el siglo IV. En la mitología griega, Néstor es el más pequeño de los hijos de Neleo y Cloris; cuando interviene en la guerra de Troya, aparece como un anciano sabio y prudente, al que los héroes piden consejo. *Otros personajes:* el periodista Nestor Luján recibió el premio Ramón Llul de 1994 por su obra «Sangre fría».

Nezahualcóyotl. *Origen:* náhuatl. *Significado:* ayuno, coyote hambriento. Nezahualcóyotl fue el rey y poeta de Tezcoco en el siglo XIV, es decir, en la época precolombina.

Nicandro. *Origen:* griego. *Significado:* vencedor de hombres. *Onomástica:* 17 de junio. San Nicandro fue un mártir italiano del siglo III.

Nicanor. *Origen:* griego. *Significado:* victoria, hombre ganador. *Onomástica:* 5 de junio. San Nicanor fue uno de los siete primeros diáconos; murió en Chipre durante el siglo I. *Otros personajes:* Nicanor Zabaleta maravilló al mundo con su arpa. Recibió el Premio Nacional de Música.

Nicasio. *Origen:* griego. *Significado:* relativo a la victoria. *Onomástica:* 14 de diciembre. San Nicasio fue obispo de Reims, hasta que los vándalos le decapitaron en el año 407. *Otros personajes:* el poeta español Nicasio Álvarez de Cienfuegos escribió «La condesa de Castilla» y «Pitaco».

Nicecio. *Origen:* griego. *Significado:* perteneciente a Niceto. *Onomástica:* 2 de abril. San Nicecio fue obispo de Lyon (Francia) en el siglo IV.

Nicéforo. *Origen:* griego. *Significado:* el que porta la victoria. *Onomástica:* 9 de febrero. San Nicéforo fue un teólogo bizantino del siglo IX, que se enfrentó a la herejía de los iconoclastas.

Nicerato-Nicerata. *Origen:* griego. *Significado:* el que es querido por sus triunfos. *Onomástica:* 27 de diciembre. Santa Nicerata fue una virgen martirizada en Constantinopla en el siglo X.

Nicesio. *Onomástica:* 2 de abril. San Nicesio fue sobrino de Sacerdos, al que siguió como obispo de Lyon en el año 573.

Nicetas. *Origen:* griego. *Significado:* triunfador, victorioso. *Onomástica:* 20 de marzo. San Nicetas fue el escritor eclesiástico de Remesiana (Serbia), al que se considera autor del himno «Te Deum laudamus».

Niceto. Variante de Nicetas. *Otros personajes:* el abogado Niceto Alcalá Zamora fue presidente de la Segunda República española en 1931; pero se le destituyó en 1936.

Nicias. *Origen:* griego. *Significado:* porta la victoria, triunfador. Nicias fue un general y político ateniense del siglo V a.C.

Nicodemo. *Origen:* griego. *Significado:* vencedor del pueblo. *Onomástica:* 3 de agosto. San Nicodemo es el fariseo que, ayudado por José de Arimatea, dio sepultura a Jesús.

Nicolás-Nicolasa. *Origen:* griego. *Significado:* victorioso. *Onomástica:* 6 de diciembre. San Nicolás fue obispo de Turquía en el siglo IX; se cuenta que desembarcó en Bari, llevando un saco lleno de regalos para los niños griegos. San Nicolás Factor nació en Valencia, se hizo franciscano y celebró una misa, en la que le acompañaron como monaguillos San Francisco y Santo Domingo; murió en 1583. San Nicolás de Flue tuvo diez hijos; en Suiza es conocido, entre otras cosas, como guerrero y político. Además, al convertirse en ermitaño, pudo finalizar el entrenamiento para ser considerado patrono de su país; falleció en 1487. Varios Papas llevaron el nombre de Nicolás. *Otros personajes:* Nicolaus (forma antigua alemana de Nicolás) Krebs Cusa defendió la infalibilidad de los Papas en los concilios; como era un importante teólogo sus ideas fueron apoyada; escribió «La docta ignorancia» en 1440. El italiano Nicolás Maquiavelo dotó a la ciencia política de unos conocimientos inusuales en el siglo XVI; escribió «El Príncipe», que es un tratado de cómo se debe gobernar y los medios que conviene utilizar. El español Nicolás Fernández de Moratín cultivó la poesía y el teatro con un estilo neoclásico. El polaco Nicolás Copérnico expuso el sistema heliocéntrico: el Sol es el centro del Universo y la Tierra gira alrededor de él. El filósofo Nicolás Salmerón y Alonso ocupó el cargo de presidente de la República española en 1871, sucediendo a Pi y Margall; pero dimitió a los dos meses; continuó con su actividad política; en el terreno de la filosofía mostró unas ideas racionalistas. El ruso Nikolai Vasilievich Gogol escribió teatro, relatos y novelas; una de éstas es «Las almas muertas», con la que abrió camino a la literatura moderna; murió en 1852. El ruso Nicolai Aleksandrovich Bulganin llegó a la presidencia del Consejo de Ministros de la Unión Soviética en 1955. El conquistador y político Nicolás Ovando sustituyó en 1502 a Boadilla en el gobierno de La Española (una isla del actual Perú); después introdujo el cultivo de la caña de azúcar. El ingeniero yugoslavo Nikola Tesla descubrió las corrientes polifásicas y otros ingenios electrónicos; falleció en 1943. El cubano Nicolás Guillén incorporó a sus versos el folclore negro, con lo que dio pie a lo que luego se llamó poesía afrocubana; un ejemplo de esto lo encontramos en «Sonoro Consongo». Nicolae (Nicolás en rumano) Ceausescu llegó a presidente de su país en 1974; pronto impuso una dictadura; sin embargo, las protestas populares le llevaron ante un tribunal. En 1989 se le ejecutó. Nicolás Redondo Ubieta perteneció al gobierno vasco en el exilio; en 1976 ocupó el puesto de secretario general del sindicato UGT, cargó que desempeño hasta 1993. Tuvo que dimitir por una serie de escándalos.

Nicómaco. *Origen:* griego. *Significado:* triunfador en el combate. El griego Nicómaco fue un famoso pintor del siglo IX a.C. Otro Nicómaco de la misma nacionalidad es el filósofo del siglo I de nuestra era.

Nicomedes. *Origen:* griego. *Significado:* el que prepara la victoria. *Onomástica:* 15 de septiembre. San Nicomedes fue un mártir romano del siglo I. Nicomedes llegó a ser rey de Bitinia; a mediados del siglo III a.C. fundó la ciudad de Nicomedia.

Nicón. *Origen:* griego. *Significado:* el hombre del triunfo. *Onomástica:* 28 de septiembre. San Nicón, «el Arrepentido», fue misionero en Armenia durante el siglo X.

Nicóstrato-Nicóstrata. *Origen:* griego. *Significado:* triunfo o el ejército de la victoria. *Onomástica:* 8 de noviembre. San Nicóstrato fue un tribuno romano martirizado en Palestina a principios del siglo IV. En la mitología griega, Nicóstrata es una hija de Helena de Troya y Menelao, el rey de Esparta.

Nidia. *Origen:* latín. *Significado:* la del nido. Nidia aparece como una chica ciega, que salva a Glauco, en la novela «Los últimos días de Pompeya», de Bulwer-Lytton.

Nieves. *Origen:* latín. Advocación de la Virgen Nuestra Señora de las Nieves. *Significado:* suprema blancura. *Onomástica:* 5 de agosto.

Nilda. Forma abreviada de Brumilda, Sunilda o Suanilda.

Nilo. *Origen:* latín. *Significado:* río. Es el río más representativo: el Nilo. *Onomástica:* 26 de septiembre. San Nilo fue un monje griego que vivía en Calabria. En los primeros tiempos se vio metido en la guerra contra el Islam. Luego pudo fundar la abadía de Grottafenata, donde hoy se encuentra enterrado. Murió en el año 1005.

Nimfa. *Onomástica:* 10 de noviembre. Variante de Ninfa. Santa Nimfa forma parte de la leyenda. Se dice que aparece en los bosques, en los ríos y en las fuentes, sobre todo en las proximidades de Palermo; sin embargo, desaparece cuando se pretende establecer contacto con ella.

Nina. Hipocorístico italiano de «Giovannina» (nuestra Juanita). También puede ser un hipocorístico del ruso «Anna».

Ninfa. *Origen:* griego. *Significado:* novia, ninfa. *Onomástica:* 10 de noviembre. Santa Ninfa fue una virgen, que sufrió martirio en Roma durante el siglo V. En la mitología griega, las ninfas son hijas de Zeus y representan la fecundidad de la Naturaleza.

Ninfodora. *Origen:* griego. *Significado:* donde las ninfas. *Onomástica:* 10 de septiembre. Santa Ninfodora fue una virgen martirizada en Bitinia a principios del siglo IV.

Niniano. *Origen:* inglés. *Onomástica:* 16 de septiembre. San Niniano fue un santo britano del siglo V, que se cuidó de evangelizar a los pictos.

Nitgardo. *Origen:* germánico. *Significado:* el guerrero que mantiene el ardor combativo. San Nitgardo fue sobrino de San Anscario y obispo de Augsburgo, en Franconia. Sufrió martirio en el siglo IX.

Noé. *Origen:* hebreo. *Significado:* reposo, descanso, tranquilidad. *Onomástica:* 10 de noviembre. En la Biblia, Noé es el patriarca del Diluvio, el que se cuidó de salvar a una pareja de cada especie animal, a la vez que a su propia familia. También se le considera inventor del arado. Pudo vivir 950 años.

Noel-Noelia. *Origen:* francés. Proviene de «Natal», ya que a los niños nacidos en Nochebuena y en Navidad se les daba este nombre. *Onomástica:* 25 de diciembre. San Noel Pinot fue cura parroco de

Louroux (Anjeou) en 1788. Le condenaron a muerte, seis años más tarde, los revolucionarios franceses.

Noemi. *Origen:* hebreo. *Significado:* dulzura, delicia o mi dulzura. *Onomástica:* 4 de junio. En la Biblia, Noemi es la esposa de Elimelec que, a su vez, es el suegro de Rut. *Otros personajes:* la hermosa modelo Noemi Campbell.

Nono-Nona. *Origen:* latín. *Significado:* el noveno nacido o nueve. *Onomástica:* 5 de agosto. Santa Nona fue la madre de Gregorio Nacianceno, que llegó a santo mirándola a ella; el mérito de esta mujer: servir a la Cruz en Grecia hasta el día de su muerte, en el año 364. El griego Nono de Panópolis escribió «Las Dionisias» en el siglo V.

Nora. Forma abreviada de Eleanora o Leonora.

Noradino. *Origen:* árabe. *Significado:* luz de la fe. Noradino fue llamado «el Mártir» por los historiadores musulmanes. En realidad actuó como sultán de Egipto y Siria; mientras, combatía frente a los cruzados.

Norberto. *Origen:* germánico. *Significado:* el resplandor del Norte. *Onomástica:* 6 de junio. San Norberto fue un renano de juventud violenta, que supo convertirse en la madurez. Después de ser sacerdote, fundó la orden de los canónigos premonstratenses y, más tarde, le nombraron obispo de Magdeburgo. Llegó a ser consejero y capellán de Enrique IV. Murió en 1134.

Norma. Es forma femenina del inglés «Norman». Norma es un personaje de la novela «El Pirata», de Walter Scott, pero no hay duda de que la mayor difusión de este nombre se consiguió con la ópera «Norma», de Bellini. *Otros personajes:* la bella Normal Duval llegó a ser primera figura en el «Folies Bergére» de París. Por eso se ha dedicado al baile y a la canción.

Normán. *Léase* Norma.

Notburga. *Origen:* germánico. *Significado:* protección en el aprieto. *Onomástica:* 14 de diciembre. Santa Notburga fue sirvienta en una hostería de Baviera, hasta que prefirió dedicarse a Dios; pero lo hizo en el mismo lugar, lo que le sometió a humillaciones y despidos. Murió en 1313.

Nothelmo. *Origen:* germánico. *Significado:* protección en el aprieto de la batalla. San Nothelmo fue arzobispo de Canterbury en el siglo XIII.

Notkero. *Origen:* germánico. *Significado:* la lanza que supera el aprieto. El beato Notkero, «el Tartamudo», fue monje en San Galo (Suiza), músico y poeta del siglo X.

Numa. *Origen:* latín. Numa Pompelio es considerado el segundo rey de Roma.

Numeriano. *Origen:* latín. *Onomástica:* 5 de julio. Este nombre es patronímico de «Numerius». San Numeriano fue obispo de Tréveris en el siglo VIII.

Nuncio. *Origen:* latín. *Significado:* nuncio, mensajero, comunicador. San Nuncio fue un religioso irlandés del siglo X, que desempeñó su magisterio en Bélgica.

Núnilo-Nunila. *Onomástica:* 22 de octubre. Diminutivo femenino de «Nunius» (Nuño). Santa Nunila fue una virgen española martirizada en Huesca por orden de Abderramán II, emir de Córdoba, en la mitad del siglo IX.

Nuño. *Origen:* latín. *Significado:* pertenece al noveno. *Otros personajes:* el portugués Nuño Alvárez Pereira es considerado un héroe nacional desde el siglo XV. El castellano Nuño Rasura destacó como juez en el siglo XI.

Nuria. *Onomástica:* 8 de septiembre. Advocación catalana de la Virgen María. El santuario de Nuestra Señora de Nuria se halla situado en el municipio de Caralps (Girona). *Otros personajes:* la actriz Nuria Espert consiguió el Premio Nacional de Teatro. Siempre le ha gustado interpretar papeles de un intenso dramatismo.

O

Obadías. Variante de Abdías.

Obdulia. *Origen:* latín. *Significado:* sierva, esclava o sierva de Dios. *Onomástica:* 5 de septiembre. Santa Obdulia fue una niña mártir en el Toledo dominado por los árabes.

Obed. *Origen:* hebreo. *Significado:* esclavo de Dios. En la Biblia, Obed es el hijo de Booz y Rut.

Oberón. Este nombre proviene de «Alberic». En la mitología escandinava, Oberón es el rey de los Elfos y de las Hadas.

Oberto. *Origen:* germánico. *Significado:* propiedad, resplandor o el resplandor de la propiedad.

Océano. *Origen:* griego. *Significado:* la masa líquida que se encuentra alrededor de la tierra. *Onomástica:* 4 de septiembre. San Océano fue un mártir del siglo I.

Ocotlán-Oclatana. *Origen:* náhuatl. *Significado:* árbol de las teas, pino. Ocatlán es una advocacion azteca de la Virgen María. Nuestra Señora de Ocatlán, patrona de Puebla, es el nombre de un famoso santuario mexicano.

Octaviano. *Origen:* latín. *Onomástica:* 22 de marzo. Este nombre es patronímico de Octavio. San Octaviano destacó como confesor. Y un segundo San Octaviano murió al ser martirizado por los vándalos en el siglo V. Cayo Octaviano, sobrino de Julio César, fue el primer emperador romano.

Octavio-Octavia. *Origen:* latín. *Significado:* el que pertenece al octavo (nacido). *Onomástica:* 20 de noviembre. San Octavio fue soldado y mártir en el siglo III. Hoy es venerado en Tormo. *Otros personajes:* Octavia tuvo como hermano a Augusto. Una segunda Octavia se casó con Nerón. Octavio César Augusto llegó a ser emperador de Roma. El mexicano Octavio Paz se dedica a la política, aunque es más conocido por sus escritos; posee un estilo modernista, con unas ciertas influencias orientales, acaso porque vivió diez años en la India; consiguió el Premio Cervantes en el año 1981. Octave (Octavio en francés) Feuillet escribió «La novela de un joven pobre».

Oda. *Onomástica:* 20 de abril. Forma femenina de Odo. Santa Oda se cortó la punta de la nariz para impedir su boda con un hombre al que no amaba; más tarde nadie pudo impedirle que entrase en un convento; todo esto sucedió en Bélgica durante el siglo XII. Otra Santa Oda fundó una iglesia en las proximidades de Lieja, luego de enviudar; se cree que era descendiente del rey Clodoveo; luego vivió en el siglo VI.

Odelia. Variante de Odilia.

Oderico. *Origen:* germánico. *Significado:* señor, poderoso o poderoso en la riqueza. *Onomástica:* 3 de febrero.

Odette. Forma femenina francesa de Odón.

Odila. *Onomástica:* 14 de diciembre. Diminutivo germánico de Oda. Santa Odila, patrona de Alsacia e hija del rey Maromeo, fue martirizada por los hunos, junto con Santa Ursula y las once mil vírgenes, entre los siglos VII y VIII.

Odilia. Variante de Odila.

Odilón. *Origen:* gótico. *Significado:* rico, feliz. *Onomástica:* 1 de enero. Diminutivo de «Odo». San Odilón fue abad de Cluny. Por amor a la paz instauró la «Tregua de Dios» para aquéllos que estaban vivos, pero que a la larga terminarían por morir. Todo esto en el siglo XI.

Odín. *Significado:* andar agresivamente, caminar con violencia. *Onomástica:* 19 de octubre. En la mitología escandinava, Odín es el rey de los dioses.

Odiseo. Forma helenizada de Ulises.

Odoardo. Variante de Eduardo.

Odón. *Onomástica:* 18 de noviembre. Nombre parecido a Otón. San Odón fue abad del monasterio de Cluny; su labor pastoral resultó inmensa, ya que llenaba las iglesias y se formaban largas filas ante su confesionario; murió en el año 942. San Odón de Urgell pertenecía a la nobleza, por las ramas de los condes de Barcelona, Aquitania, Urgell y Pallars, pero se convirtió en obispo de su ciudad; debió hacerlo muy bien, ya que hoy día es el patrono de la misma; falleció en 1122. *Otros personajes:* el español Odón Alonso ha dirigido las mejores orquestas nacionales.

Odorico. *Onomástica:* 3 de febrero. *Ver* Oderico. El beato Odorico de Pordenone fue un franciscano italiano que falleció en 1331.

Ofelia. *Origen:* griego. *Significado:* utilidad, ayuda. Se cree que el primero en utilizar el nombre de Ofelia en una novela fue Jacobo Sannazzaro en su obra «La Arcadia». Sin embargo, la mayor difusión la consiguió «Hamlet», de Shakespeare, con el trágico personaje de Ofelia.

Olaf. *Origen:* norso. *Significado:* el legado del abuelo. San Olaf Haraldsson fue rey de Noruega y convirtió su pueblo al cristianismo en el siglo X; en la actualidad es su patrono. El nombre Olaf lo llevaron otros reyes de Noruega.

Olaguer. Forma catalana de Olegario.

Olao. Variante de Olaf.

Olegario. *Origen:* germánico. *Significado:* invencible con su lanza. *Onomástica:* 6 de marzo. San Olegario fue el primer obispo de Barcelona, su ciudad natal, en el siglo XII. *Otros personajes:* el argentino Olegario Víctor Andrade escribió una poesía cargada de romanticismo.

Olga. *Origen:* ruso. *Onomástica:* 11 de julio. Forma femenina de «Oleg», nombre muy común en el principado de Kiev durante la Edad Media. Santa Olga fue una princesa rusa, esposa del gran duque Igor y abuela de San Vladimiro. Ayudó mucho a la conversión de Rusia. Falleció en el año 969.

Olimpíades. *Origen:* griego. *Onomástica:* 1 de diciembre. Este nombre es patronímico de Olimpia. San Olimpíades fue mártir en Umbría a principios del siglo IV.

Olimpio-Olimpia. *Origen:* griego. *Significado:* perteneciente al Olimpo. Éste era la morada de los dioses. *Onomástica:* 17 de diciembre. San Olimpio fue un mártir romano del siglo II. Santa

Olimpia estuvo casada con Nebridio. Olimpia llegó a ser reina de Macedonia, además de tener como hijo a Alejandro Magno.

Olindo-Olinda. *Origen:* germánico. *Significado:* la defensora de la propiedad.

Oliverio-Oliveria. *Origen:* norso. *Significado:* el ejército de los elfos. *Onomástica:* 11 de julio. San Oliverio Plunket fue un irlandés que viajó a Roma, de donde volvió a su país como arzobispo de Armahg. Allí los antipapistas le llevaron al patíbulo en 1681. *Otros personajes:* Oliverio forma parte del grupo de paladines de Carlomagno que son más citados en los romances medievales. Oliver (Oliverio en inglés) Cromwell se atrevió a ordenar que Carlos I fuera decapitado, en 1649, luego de haber derrotado a los ejércitos realistas; convirtió Inglaterra en una república y logró que se le nombrara jefe de Estado con el título de «lord Protector». El inglés Oliver Goldsmith escribió «El vicario de Wakefield»; también se dedicó a la poesía y a la comedia. El físico inglés Oliver Heaviside descubrió la presencia alrededor de la Tierra de una capa ionizada sobre la alta atmósfera; en la actualidad ésta recibe el nombre de ionosfera. El francés Oliver Messiaen encontró la inspiración musical basándose en temas japoneses, indios y de la América andina; terminó de componer el «Catálogo de los pájaros» en 1968. El norteamericano Oliver Hardy formó, junto con Stan Laurel, la pareja de cómicos más famosa del cine mundial; son los inolvidables «el gordo y el flaco»; comenzaron a trabajar juntos en 1926, con el cine mudo, y siguieron hasta el final de la década de los 40.

Olivia. Derivación de Oliva. *Otros personajes:* La actriz norteamericana Olivia de Havilland, eterna compañera de Errol Flyn en tantas películas de aventuras, poseía una gran vena dramática, lo que le permitió conseguir el Óscar en dos ocasiones: en 1946, por «La vida íntima de Julia Morris»; y en 1949, por «La Heredera».

Olivo-Oliva. *Origen:* latín. *Significado:* aceituna, olivo, rama del olivo. Ésta siempre ha sido considerada el símbolo de la paz. *Onomástica:* 10 de junio. Santa Oliva de Palermo a los trece años fue deportada a Túnez por los árabes. Pese que allí realizó una gran labor, terminó siendo llevada al patíbulo en el siglo IX. Curiosamente, una de las más famosas mezquitas de Túnez se llama Oliva, porque fueron muchos los que entendieron la injusticia del castigo. Esta santa es

muy venerada en España y los vecinos de Esparraguera la consideran su patrona.

Olvido. Este nombre es una advocación a la Virgen María: Nuestra
Señora del Olvido.

Omar. *Origen:* árabe. *Significado:* construir, edificar, habitar.
Onomástica: 16 de noviembre. Omar fue el segundo califa del
Islam, amigo de Mahoma y uno de los más famosos conquistadores.
Otros personajes: el militar Omar Torrijos llegó a ser presidente de
Panamá en 1968. El estadounidense Omar Nelson Bradley destacó
como general durante la Segunda Guerra Mundial, ya que dirigió
las fuerzas terrestres de su país situadas en Europa; una vez llegó la
paz, se le nombró jefe del Estado Mayor del Ejército en 1948. El
persa Omar Khayya escribió algunos de los poemas orientales más
sublimes de la Edad Media, que incluyó en su obra «Rubaiyat».

Omer. *Onomástica:* 9 de septiembre. *Ver* Audomaro. El normando
San Omer fue obispo de Therouanne, donde ayudó al progreso
económico. Murió ciego en el año 670.

Ondina. *Origen:* latín. *Significado:* ola. En la literatura escandinava,
Ondina es el espíritu elemental del agua.

Onelia. Este nombre es una combinación de Eliano y Leonia.

Onesíforo. *Origen:* griego. *Significado:* el que lleva el provecho, lo
que es útil. *Onomástica:* 6 de septiembre. San Onesíforo prestó sus
servicios a San Pablo, cuando éste llegó a Éfeso. Años más tarde,
también le ayudó al encontrarle encarcelado en Roma.

Onésimo. *Origen:* griego. *Significado:* útil, favorable, provechoso.
Onomástica: 16 de febrero. San Onésimo fue un esclavo que ayudó
a su amo, San Filemón, a escribir una carta, que llegó a manos de San
Pablo, contando la bondad de aquél. Por su fidelidad, hoy San
Onésimo es el patrono de los sirvientes. *Otros personajes:* Onésimo
Redondo Ortega creo un partido político, que luego unió con el de
Ramón Ledesma. Su asesinato, en 1936, fue un pretexto más para que
los rebeldes a la República iniciaran la guerra civil.

Onfalia. *Origen:* griego. *Significado:* aquella que posee un bello
ombligo. En la mitología griega, Onfalia es la mítica reina de Lidia,
a la que Hércules sirvió como esclavo.

Onofre. *Origen:* egipcio. *Significado:* el que abre lo bueno. *Onomástica:* 12 de junio. San Onofre fue un anacoreta egipcio, cuyos únicos vestidos eran sus cabellos y su barba, además de un cinturón de hojas. Conocemos su biografia porque la escribió San Panucio.

Oportuno-Oportuna. *Origen:* latín. *Onomástica:* 22 de abril. *Significado:* hacer falta, ser necesario. Santa Oportuna fue abadesa del monasterio de Almenèches, donde se cuidó de las monjas y de los animales. Murió en el año 770.

Optaciano. *Origen:* latín. *Onomástica:* 14 de julio. Este nombre es patronímico de Optato. San Optaciano fue obispo de Brecia en el siglo v.

Optato. *Origen:* latín. *Significado:* deseado, bienvenido, libre elección. *Onomástica:* 4 de junio. San Optato fue obispo en la Numidia, donde escribió contra los cismáticos intransigentes. Murió en el año 385.

Optimo. *Origen:* latín. *Significado:* el mejor, superior, excelente, abundancia.

Oralia. Es posible que provenga de Auralia. La «oralia» en Asturias es una brisa que sopla en las orillas del mar.

Ordoño. *Origen:* latín. *Significado:* afortunado, en situación próspera. *Onomástica:* 23 de febrero. Ordoño es un nombre de reyes de León y Asturias.

Orencio. *Origen:* latín. *Significado:* el que viene de Oriente. *Onomástica:* 1 de mayo. San Orencio fue un español de Huesca, que utilizaba la Cruz como su única arma, lo que le permitía elegir el mejor camino. Su esposa se llamaba Paciencia. Vivió en el siglo III. Es patrono de los agricultores de Aragón y de Huesca.

Orestes. *Origen:* latín. *Significado:* el montañés, la montaña grande. *Onomástica:* 9 de noviembre. San Orestes fue médico en Turquía; como se hizo cristiano, la policía musulmana le detuvo y, después, los jueces le condenaron al martirio en el año 300. En la mitología griega, Orestes es el hijo de Agamenón y Clitemnestra, a la vez que el trágico vengador de su padre.

Orfeo. *Significado:* huérfano. En la mitología griega, Orfeo es el cantor favorito de Apolo. El mismo que desciende a los infiernos en busca de su esposa Euridice.

Oria. *Onomástica:* 20 de diciembre. Variante de Áurea. Santa Oria vivió en una pequeña celda de Silos, donde se vio asediada por el demonio. Pidió auxilio a Santo Domingo. Éste roció el pequeño recinto con agua bendita y se acabaron las infernales visitas. Ocurrió en el siglo XII.

Oriana. Nombre de un personaje de la novela medieval «Amadís de Gaula». Es una forma latinizada de «Orianus». *Otros personajes:* la italiana Oriana Fallaci ha sido una de las mejores periodistas del siglo XX, lo mismo que una excelente escritora.

Oriol. *Origen:* latín. *Significado:* de color de oro, resplandeciente. *Onomástica:* 23 de marzo. San José Oriol fue un catalán que vivió a caballo entre los siglos XVII y XVIII.

Orión. *Origen:* griego. *Significado:* el guardián, el protector. En la mitología griega, Orión es el famoso gigante y cazador que dio muerte a un escorpión. Quizá por esto ha quedado inmortalizado, todavía más, en la constelación que lleva su nombre.

Orlando. Forma italiana de Rolando o Rolán. *Otros personajes:* Orlando es el héroe de muchos poemas italianos. El belga Orlando di Lassus destacó como músico en el siglo XVI; trató todos los géneros polifónicos.

Oroncio. *Origen:* latín. *Onomástica:* 22 de enero. Es posible que este nombre provenga de Orencio. San Oroncio fue obispo de Sevilla en el siglo V.

Orosio. *Origen:* latín. *Significado:* boca. *Onomástica:* 25 de junio. San Orosio fue un presbítero hispano.

Orquidea. *Origen:* griego. *Significado:* testículo. Lógicamente, el nombre se refiere a la flor que, como sucede con las otras, es utilizada en muchos países por lo que sugiere su belleza y su intenso aroma.

Orso. Forma italiana de Urso.

Ortario. *Origen:* germánico. *Significado:* espada. *Onomástica:* 15 de abril. San Ortario fue abad en Normandía en el siglo XI.

Osberto. *Ver* Ansberto.

Óscar. *Origen:* germánico. *Significado:* dioses, lanza o lanza de los dioses. *Onomástica:* 3 de febrero. San Óscar fue un monje de Corbie, que llegó a ser obispo de Hamburgo y de Bremen. También cumplió una labor apostólica en Dinamarca y Suecia, hasta que murió en el año 865. *Otros personajes:* el nombre Óscar lo llevaron varios reyes de Noruega y Suecia. El irlandés Óscar Wilde representó el esteticismo. Casi todas sus obras pueden ser consideradas geniales, ya sea teatro, novelas, cuentos o ensayos; con el «El retrato de Dorian Grey» mostró la decadencia de la burguesía victoriana y con el cuento infantil «El príncipe feliz» dio muestras de una sensibilidad fuera de lo común; se le condenó a trabajos forzados por sus prácticas homosexuales. El austríaco Óscar Kokoschka pintó con un estilo expresionista y escribió novelas como «La zarza ardiente», que se publicó en 1911. El costarricense Óscar Arias llegó a presidente de su país en el año 1986. Se le concedió el Premio Nobel de la Paz un año después. El español Óscar Esplá compuso el poema sinfónico «Don Quijote velando las armas». El arquitecto brasileño Óscar Niemeyer ha utilizado con maestría el hormigón armado, como se puede apreciar en todos los monumentos que creó para la ciudad de Brasilia o para la casa de la cultura de El Havre; esta obra la terminó en 1982.

Oseas. *Origen:* hebreo. *Significado:* salvación. *Onomástica:* 4 de julio. San Oseas fue uno de los profetas menores, al que Dios utilizó para que convenciera a su pueblo de que no debía seguir viviendo con el adulterio; todo esto sucedió en el siglo VIII a.C. A otro Oseas le cabe el honor de haber sido el último de los reyes de Israel.

Osmundo. *Origen:* norso. *Significado:* el que obtiene la protección de los dioses. *Onomástica:* 4 de diciembre. San Osmundo fue capellán de Guillermo «el Conquistador» y obispo de Salisbury. Compuso unas bellas canciones a su Normandía natal en el siglo XI.

Osorio. *Significado:* cazador, lobos o cazador de lobos. *Onomástica:* 29 de agosto. Nombre vasco.

Osvaldo. *Origen:* germánico. *Significado:* al que gobierna un dios. *Onomástica:* 5 de agosto. San Osvaldo fue el joven rey de Northumberland que murió a los treinta y ocho años en una guerra justa del año 642. En su agonía dedicó unas hermosas palabras al enemigo. Se cuenta que toda la Europa del Norte lloró al conocer lo ocurrido. *Otros personajes:* el brasileño Osvaldo Erico destacó por sus cuentos. El ecuatoriano Osvaldo Guayasamín ha sabido plasmar en su pintura la fuerza indígena.

Osvino. *Origen:* germánico. *Significado:* amigo de los dioses. San Osvino fue un mártir inglés del siglo VII.

Oswaldo. *Onomástica:* 29 de febrero. Variante de Osvaldo. San Oswaldo fue obispo de York. Los benedictinos lo habían hecho tan humilde, que seguramente no le importe aparecer en los calendarios sólo en los años bisiestos. Tengamos muy en cuenta que murió el 29 de febrero del año 992.

Otelo. *Origen:* germánico. *Significado:* propiedad, riqueza. En realidad este nombre obtuvo su mayor difusión con el personaje de Shakespeare: el negro celoso que estrangula injustamente a su amada Desdémona.

Otilio-Otilia. *Onomástica:* 13 de diciembre. Diminutivo de Oto. Santa Otilia nació ciega, pero recobró la vista al ser bautizada. El resto de su vida lo pasó en un convento de Alsacia, hasta que viajó al cielo en el siglo VII. *Otros personajes:* Otilio Ulate Blanco ocupó la presidencia de Costa Rica desde 1949 a 1953.

Otón. *Origen:* germánico. *Significado:* propiedad, riqueza, señorío. *Onomástica:* 2 de julio. San Otón fue obispo de Bamberg; representó como nadie al Papa y al Emperador, sobre todo al realizar su labor misionera en Pomerania, a la vez que construía unos veinte monasterios; falleció en el año 1139. El nombre de Otón lo llevaron emperadores y reyes de Grecia, Baviera y el Sacro Imperio Romano.

Otoniel. *Origen:* hebreo. *Significado:* feroz con nobleza, león de Dios. Similar a Ariel.

Otto. *Ver* Otón. *Otros personajes:* Otto fue príncipe de Bismarck y un estadista alemán del siglo XIX. El alemán Otto Paul Hermann Diela recibió el Premio Nobel de Química en 1950, por ser el primero que empleó el selenio en la deshidrogenación de los productos naturales. El físico alemán Otto Stern obtuvo el Premio Nobel en 1943 por la teoría cinética de los gases y sus investigaciones sobre los fotones.

Ovidio. *Origen:* latín. *Significado:* lanar, oveja. *Onomástica:* 23 de agosto.

Owen. *Origen:* galés. *Significado:* joven guerrero. *Otros personajes:* el físico norteamericano Owen Chamberlain recibió el Premio Nobel de Física en 1959. El inglés sir Owen Richardson también obtuvo el Premio Nobel de Física en 1928, por su estudio de la emisión de electrones con el cambio de temperatura.

Ozana. *Origen:* hebreo. *Significado:* salve. La beata Ozana Andrasia fue una virgen mantuana del siglo XVI.

P

Pablo-Paula. *Origen:* latín. *Significado:* pequeño, pobre. *Onomástica:* 29 de junio. San Pablo fue elegido para predicar el evangelio de Dios, luego de una extraordinaria conversión; es patrono de los caballeros por la espada que le decapitó; también se le considera uno de los patriarcas de la Iglesia. San Pablo de León llevó a su lado a doce discípulos para encontrar la soledad en la isla de Batz; sin embargo, le destinaron a León como obispo; aquí falleció en el año 572. San Pablo de Tebas puede ser considerado el pionero de los ermitaños que eligieron el desierto como vivienda en el año 342; se alimentaba y bebía de la única palmera que se alzaba en el oasis más cercano. *Otros personajes:* Pablo de Samosata llegó a ser obispo de Antioquía. El escritor visigodo Pablo Orosio tuvo como maestro a San Agustín; escribió «Historia contra los paganos». El pedagogo español Pablo Montesinos publicó «El manual del maestro del párvulo» en 1840. Paul (Pablo en francés) Cezanne supo utilizar el estilo impresionista en sus cuadros, para crear emociones visuales en retratos, naturalezas muertas y paisajes; ejerció una gran influencia en los dadaístas y en los abstractos; realizó «Los jugadores de cartas» en 1890. El pintor francés Paul Gauguin comenzó siendo impresionista; luego buscó nuevas formas en sus continuos viajes, hasta que se quedó en la Polinesia. Terminó el cuadro «Mujeres de Tahití» en 1891. El poeta francés Paul Verlaine pasó del simbolismo al naturalismo. Sus enfrentamientos con Rimbaud le llevaron a dispararle un tiro, pero no le mató; más tarde, recuperó su espíritu creativo; publicó «Romanzas sin palabras» en 1874. El médico alemán Pablo Ehlich obtuvo el Premio Nobel de Medicina en 1942. El francés Paul Valéry saltó de la poesía a las matemáticas, para volver a la rima; los eruditos afirman que llegó a crear «poesía pura» al escribir, en 1922, «Cármenes». Pablo Iglesias fundó el PSOE en 1879 y la UGT en 1888. Pablo Reynaud llegó a la presidencia de Francia en 1940. El español Pablo Luna restauró la zarzuela grande; compuso en 1910 «Molinos de viento». El francés Paul Claudel comenzó siendo diplomático, hasta que se dedicó preferentemente a escribir dramas, en los que se reconoce el amor a Dios; finalizó «El zapato de raso» en 1943. El pintor Pablo Ruiz Picasso abrió infinidad de caminos a la pintura universal; en 1937 realizó el «Guernica»; también se dedicó a la escultura y a la cerámica; hay varios museos que reúnen parte de su obra en Barcelona y Francia. El violoncelista Pau (Pablo en catalán) Casals dio conciertos en todo el mundo hasta los noventa años. También compuso música religiosa, sardanas y oratorios. Pablo Sorozábal compuso la zarzuela «Katiuska» en 1931. Paul (Pablo en inglés) McCartney fue uno de los componentes de «The Beatles», el conjunto musical que desde Liverpool se proyectó al mundo, para convertirse en el símbolo del pop universal en toda la década de los 60 del siglo XX; en la actualidad, Paul actúa en solitario con gran éxito. El norteamericano Paul Newman comenzó muy fuerte en el cine con películas como «Marcado por el odio» y «La gata sobre el tejado de zinc», y no ha dejado de pisar el acelerador hasta hoy; dirigió varias películas de no mucho éxito.

Pace. *Origen:* latín. *Significado:* paz. *Onomástica:* 9 de marzo. San Pace fue un mártir español.

Paciano. *Origen:* latín. *Significado:* aquel que gusta de la paz. *Onomástica:* 9 de marzo. San Paciano fue obispo de Barcelona en el siglo IV. Era un gran orador y le gustaba rodearse de paz.

Paciencia. *Origen:* latín. *Significado:* paciencia, sacrificio, tolerancia. *Onomástica:* 1 de mayo. Santa Paciencia fue esposa de San Orencio y madre de San Lorenzo. Se la llevó al martirio en Huesca en el siglo III.

Paciente. *Origen:* latín. *Significado:* el que padece, el que aguanta. *Onomástica:* 11 de septiembre. San Paciente fue obispo de Lyon. Era tan dinámico, que casi se dedicó personalmente a iniciar la construcción de la basílica de Saint-Nizier en la mitad del siglo V.

Pacífico. *Origen:* latín. *Significado:* el que consigue la paz, hombre de paz. *Onomástica:* 10 de julio. San Pacífico fue rey de trovadores, pero dejó todas las diversiones al oír a San Francisco de Asís; en seguida recibió un nombre, un hábito y la misión de viajar a Francia con el mensaje franciscano. San Pacífico de Cerano primero se hizo dominico, luego mantuvo una actitud franciscana y, por último, enseñó teología con moderación; sus restos se guardan en Cerano (el Piamonte italiano), donde había nacido.

Paco. Forma hipocorística de Francisco.

Pacomio. *Origen:* latín: *Significado:* el portador del águila. *Onomástica:* 9 de mayo. San Pacomio se cuidó de organizar en Egipto el sistema monástico. Llegó a tener bajo su responsabilidad a siete mil monjes en el siglo IV.

Palacio. *Onomástica:* 7 de octubre. San Palacio fue un obispo francés. No se mostró demasiado hábil en lo económico y en lo político, aunque sus feligreses se lo perdonaban porque era un excelente religioso que practicaba la caridad y repartía amor a raudales.

Paladio-Paladia. *Origen:* griego. *Significado:* de Palas. Ésta es la diosa de la sabiduría. *Onomástica:* 28 de enero.

Palemón. *Origen:* griego. *Significado:* guerrear, combatir. *Onomástica:* 11 de enero. San Palemón fue maestro de San Pacomio, al cual acompañó durante tanto tiempo que, al final, le enterró en el desierto de Tebaida (Egipto) hacia el año 330.

Palma. *Origen:* latín. *Significado:* palma de la mano. En Roma se ofrecía la palma a los vencedores. *Otros personajes:* el veneciano Palma «el Viejo» pintó escenas religiosas, retratos y desnudos en el siglo XVI. El sobrino del anterior, Palma «el Joven», es considerado el más dinámico de los decoradores venecianos de finales de la misma centuria.

Palmacio. *Origen:* latín. *Significado:* palmeado, adornado con hojas de palmera. *Onomástica:* 5 de octubre. San Palmacio fue un mártir de Tréveris a comienzos del siglo IV.

Paloma. *Origen:* latín. *Significado:* pichón salvaje, ser pálido. *Onomástica:* 15 de agosto. Este nombre resulta también una advocación a la Virgen de la Paloma, que es muy venerada en Madrid y en otros lugares. La paloma representa al Espíritu Santo. Universalmente, supone un distintivo de paz, sobre todo cuando lleva una rama de olivo en el pico. *Otros personajes:* Paloma San Basilio comenzó como presentadora de televisión, para convertirse en una de las mejores cantantes de la música ligera española. Paloma Hurtado ha dado muestras de su capacidad para ganarse las risas del público; casi siempre actúa con sus hermanas; es hija de la gran actriz Mary Carrillo.

Pamela. *Significado:* todo dulzura. Se cree que este nombre proviene del inglés Felipe Sidney, que lo introdujo en su poema «Arcadia».

Panacea. *Significado:* toda santa. *Onomástica:* 1 de mayo. Santa Panacea fue una pastora italiana, a la que asesinó su suegra por verla todo el tiempo rezando. Ocurrió en 1383.

Pancracio. *Origen:* griego. *Significado:* ser fuerte, todopoderoso, vencedor. *Onomástica:* 12 de mayo. San Pancracio fue un niño travieso, que a los catorce años decidió ser cristiano. Terminó llegando al martirio en Roma en el año 304. Es patrón de los caballeros y de los niños franceses. Se le invoca cuando se sufre de sabañones y de calambres.

Pancho. Forma hipocorística de Francisco, muy usada en México.

Pandolfo. *Origen:* germánico. *Significado:* estandarte, banderola o el guerrero del estandarte. Pandolfo se llamaron varios príncipes de Capua.

Pandora. *Origen:* griego. *Significado:* posee todas las gracias. En la mitología griega, Pandora es la mujer imprudente que abrió la caja en la que se guardaban «los males»; sin embargo, todos escaparon, menos la esperanza.

Pandulfo. Variante de Pandolfo. Pandulfo fue un monje benedictino del siglo XI nacido en Capua, que se hizo célebre por sus conocimientos matemáticos.

Pánfilo. *Origen:* griego. *Significado:* compañero, solidario, amigo de todos. *Onomástica:* 21 de septiembre. San Pánfilo de Cesarea fue discípulo de Orígenes; le martirizaron en el siglo IV. Un segundo San Pánfilo ocupó el obispado de Sulmona (Italia) en el siglo VII. *Otros personajes:* el capitán español Pánfilo de Narvaez participó en la conquista de Cuba. Más tarde, enviado para detener el avance de Hernán Cortés, fue derrotado en Cempoalla en 1520. Murió en una fallida expedición a Florida.

Pantaleón. *Origen:* griego. *Significado:* león en todas las cosas. *Onomástica:* 27 de julio. San Pantaleón fue médico en Nicomedia. Sus colegas le denunciaron porque no cobraba a los pacientes. Cuando le decapitaron en el año 305, de sus venas manó leche en lugar de sangre. Por eso es el patrono de las nodrizas y de los médicos. La sangre de este santo se licúa una vez al año en una iglesia de Madrid. *Otros personajes:* el escritor mexicano Pantaleón Tovar. El sacerdote argentino Pantaleón Rivarola.

Pantea. *Origen:* griego. *Significado:* la que acumula las virtudes de los dioses. De acuerdo con un relato de Jenofonte, Pantea fue la reina de Susaina, que se inmoló sobre el cadáver de su marido, el rey Abradato.

Pantelemón. *Origen:* griego. *Significado:* el que siempre es compasivo. *Onomástica:* 27 de abril. Este nombre es una variante de Pantaleón.

Parasceves. *Origen:* latín. *Significado:* preparar, elaborar. Para los antiguos cristianos Paresceves era el viernes por excelencia, es decir, el Viernes Santo. *Onomástica:* 20 de marzo. Santa Paresceves fue llevada al martirio junto con sus hermanos San Focio, Santa Fotina y Santa Fotide.

Pardulfo. *Origen:* germánico. *Significado:* hacha, guerrero audaz. *Onomástica:* 6 de octubre. San Pardulfo fue un abad francés de Limoges en el siglo VIII.

Paris. *Origen:* griego. En los escritos homéricos, Paris es el célebre personaje que raptó a Helena, con lo que provocó la guerra de Troya. También el nombre Paris aparece en varios romances medievales. San Paris fue un obispo de Teano (Campania) en el siglo IV.

Parisio. *Onomástica:* 11 de junio. Variante de Paris. San Parisio fue un monje camaldulense, taumaturgo, que dirigió el monasterio de Santa Catalina de Treviso. Se cuenta que murió a los 116 años, lo que en el siglo XIII suponía triplicar la edad media del resto de los mortales.

Parmenas. *Onomástica:* 23 de enero. Variante de Parmenio.

Parmenio. *Origen:* griego. *Significado:* próximo a, cerca de o perseverante. *Onomástica:* 22 de abril. San Parmenio fue martirizado en Siria en la mitad del siglo III.

285

Partenio. *Origen:* griego. Este nombre supone el sobrenombre de Palas Atenea, Partenio fue un escritor griego del siglo I, que tuvo a Virgilio como alumno. *Onomástica:* 19 de mayo. San Partenio fue llevado al martirio en Roma en el siglo III.

Pascasio-Pascasia. *Origen:* griego. *Significado:* pascua, pascual. *Onomástica:* 9 de enero. Santa Pascasia fue conducida al martirio, en el año 180, por haber dado alojamiento, en Dijon, a San Benigno.

Pascual. *Origen:* latín. *Significado:* cojear, pasaje, fiesta pascual. *Onomástica:* 11 de febrero. San Pascual fue el Papa que dio acogida a los griegos y a la vez al arte sacro. San Pascual Bailón entró, luego de haber sido pastor, en el convento de los franciscanos de Monforte (Valencia); aquí trabajó de cocinero y jardinero; los ratos libres los dedicaba a la contemplación del Santo Sacramento; murió en Villarreal, en 1592 y León XIII le proclamó patrono de los Congresos Eucarísticos. *Otros personajes:* el economista Pascual Madoz reemprendió la desamortización al ser ministro de Hacienda; sin embargo, se le recuerda más por su «Diccionario geográfico-estadístico-histórico de España y sus posesiones», que terminó de publicar en 1850. El almirante español Pascual Cervera y Topete mandaba la flota que fue derrotada por los Estados Unidos en 1898; esto supuso la pérdida de Cuba. El político Pascual Maragall fue alcalde de Barcelona durante cuatro períodos.

Pastor-Pastora. *Origen:* latín. *Significado:* pastor, pastizal, apacentar. *Onomástica:* 6 de agosto. San Pastor acompañó a San Justo en el colegio y en el martirio. *Otros personajes:* la «bailaora» Pastora Imperio, cuyo nombre era Pastora Rojas Monje, mostró su temperamento en los escenarios de medio mundo. Se retiró en 1959.

Paterniano. *Origen:* latín. *Onomástica:* 12 de julio. Nombre patronímico de Paterno. San Paterniano fue obispo de Bolonia en el siglo V.

Paterno-Paterna. *Origen:* latín. *Significado:* perteneciente al padre. *Onomástica:* 15 de abril. San Paterno fue monje en Inglaterra, llegó en peregrinaje a Palestina y fue nombrado obispo de Vannes. Como había vivido mucho, buscó la soledad de una celda, que dejó para morir en el año 565.

Patricio-Patricia. *Origen:* latín. *Significado:* de padre libre o noble. *Onomástica:* 17 de marzo. San Patricio llegó a Irlanda como un trabajador extranjero. Luego regresó siendo un obispo misionero. Se quedó para siempre, ya que se convirtió en héroe nacional. Lleva como atributo un trébol, que le servía para intentar explicar el misterio de la Santísima Trinidad. Es patrón de Irlanda. *Otros personajes:* el español Patricio de la Escosura se dedicó a la política y a la novela; en este terreno prefirió el romanticismo, aunque buscando los temas históricos; ingresó en la Real Academia en 1847 Patricia Medina fue una actriz norteamericana de la década de los 50. La estadounidense Patricia Higgins se especializó en la novela policíaca desde la psicología del culpable; escribió «A pleno sol» en 1955.

Patrocinio. *Origen:* latín. *Significado:* protección, intercesión, amparo. Este nombre es una advocación mariana: el Patrocinio de Nuestra Señora, que se concedió a la Iglesia de España. También se refiere al Patrocinio de San José. *Otros personajes:* Sor Patrocinio, llamada María de los Dolores Rafaela Quiroga, o «la Monja de las llagas», ejerció una gran influencia sobre Isabel II.

Patroclo. *Origen:* griego. *Significado:* padre, gloria o gloria del padre. *Onomástica:* 21 de enero. En la mitología griega, Patroclo es el mejor amigo de Aquiles. Le dio muerte Héctor frente a las murallas de Troya.

Patxi. Forma vasca de Francisco.

Paula. *Onomástica:* 26 de enero. Forma femenina de Pablo. Santa Paula fue una gran dama romana que mandó construir en Belén un convento; el limosnero del mismo se llamaba San Jerónimo. Santa Paula Frassinetti fundó la Congregación de las Hermanas de Santa Dorotea, con el fin de educar a las jóvenes de los alrededores de Génova. Santa Paula Gambarra estuvo casada con el conde de Benasco; sin embargo, al poco tiempo buscó refugio dentro de la Tercera Orden Franciscana; todo esto sucedió en Brescia hacia 1505. Santa Paulina Jeuris había nacido en Bélgica y llegó a China con la risa puesta. Se cuenta que no la perdió en el momento que la decapitaron, en Tai-Yuan-Fou, junto con otras seis franciscanas Misioneras de María; sucedió en 1900.

Paulino-Paulina. *Onomástica:* 14 de febrero. Nombre que proviene de Paulo o Pablo. San Paulino fue el primer obispo de Velay (Francia); nada más se sabe de su biografía, a no ser que vivió en el siglo v. San Paulino de Nola cambió la prefectura de Burdeos por el obispado de Nola, en Campania; nunca dejó de escribir una buena literatura; falleció en el año 431. San Paulino de Tréveris ocupó el obispado de esta ciudad. Sin embargo, le alejaron del mismo, debido a que era demasiado riguroso con sus feligreses; murió en el año 538. *Otros personajes:* Paulina Bonaparte, hermana de Napoleón, llegó a ser princesa de Borghese y duquesa de Guastalla.

Paulo. Otra variante de Pablo. *Otros personajes:* Paulo fue el nombre de varios Papas. El poeta francés Paul Valéry escribió «Cármenes» (en la que incluyó su mejor poema «El cementerio marino») en 1922. El francés Paul Verlaine mantuvo una vida muy tempestuosa, hasta que encontró el ritmo de su mejor poesía con «Antaño y hogaño», que publicó en 1884.

Payo. Contracción gallega y portuguesa de Pelayo.

Paz. *Origen:* latín. *Onomástica:* 24 de enero. Este nombre es una advocación de Nuestra Señora de la Paz.

Pedro-Petra. *Origen:* latín. *Significado:* piedra, roca, sobre esta piedra. *Onomástica:* 29 de junio. San Pedro es el apóstol que negó tres veces a Jesús, el gran arrepentido, el primer Papa; patrono de los pescadores, los albañiles, los herreros, los cesteros, los segadores, los cerrajeros y los relojeros. San Pedro de Alcántara reformó la orden de los franciscanos menores; era un gran místico y un superior penitente; cuentan que sólo necesitaba dormir una hora por la noche y comer dos días a la semana; Santa Teresa de Ávila le buscó como consejero en vida y, luego, cuando ya había muerto en 1562. San Pedro de Arbués estrenó el puesto de inquisidor del Reino de Aragón; llegó a los altares por medio del martirio, que padeció en 1485. San Pedro del Barco se hizo ermitaño en un paraje solitario de Ávila; supo el día de su muerte, debido a que el agua de la fuente donde siempre bebía se transformó en sangre un día del siglo XI. (Sirvan éstos como ejemplo, ya que «Pedros» hay varias docenas en el santoral.) *Otros personajes:* Pero (forma antigua de Pedro) López de Ayala destacó como militar y político en los reinados de Pedro I «el Cruel» y los Trastámara. Llegó a ser canciller y escribió «Rimado de Palacio». Pedro Calderón de la Barca es uno de los dramaturgos con más ingenio del Siglo de Oro español; escribió «El alcalde de Zalamea». Pedro de Mendoza fundó, como adelantado del Río de la Plata, Buenos Aires en 1536. Petrus (Pedro en flamenco) P. Rubens trabajó para Felipe IV y la nobleza de España desde su taller de Amberes; pintó «Los jardines del amor» en 1635. Pierre (Pedro en francés) Ronsard pretendió renovar la poesía de su país con el grupo de la Pleyade; mostró su gran erudición y su sentido épico en poemas como «Los Amores», que terminó de escribir en 1556. El aventurero francés Pierre Agustin Caron de Beaumarchais pasó por ser un libertino en su época; criticó a la sociedad burguesa con su obra «Las bodas de Fígaro», que estrenó en 1784. El francés Pierre Corneille escribió tragedias y comedias teatrales, en las que al principio buscaba los temas españoles; estrenó «Don Sancho de Aragón» en 1650; puede decirse que abrió la puerta al gran teatro de su país. Pedro Antonio de Alarcón escribió teatro; sin embargo, toda la fama la alcanzó con los cuentos y novelas; una de éstas fue «El clavo». El físico y químico Pierre Curie obtuvo el Premio Nobel en 1903 y 1911. El comediógrafo Pedro Muñoz Seca creó el teatro del «astracán»; una de sus obras más conocidas es «El verdugo de Sevilla». El pedagogo francés Pierre de Coubertin fue el mayor impulsor de los Juegos Olímpicos actuales, siempre en base a los antiguos griegos; consiguió ver realizada su idea en 1886. Pietro (Pedro en italiano) Badoglio llegó a ser virrey de Etiopía en 1938, luego de que Italia invadiera este país; más tarde, a la muerte de Mussolini, negoció el armisticio con los aliados en 1943. El francés Pierre Laval ocupó la presidencia de su país en dos ocasiones: 1931-1932 y 1935-1936; luego, llevó el gobierno de Vichy por presión de los nazis; al finalizar la Segunda Guerra Mundial, se le fusiló por colaboracionista. El jesuita francés Pierre Teilhard de Chardin intentó adaptar el catolicismo a los avances científicos más actuales, como el de la evolución de las especies; publicó «El fenómeno humano» en 1955. El ciclista Pedro, Perico, Delgado ganó el Tour de Francia de 1988, luego de haber obtenido otros triunfos, como la Vuelta a España en 1985. El actor de radio Pedro Pablo Ayuso dio lecciones de interpretación en el equipo de actores de la Cadena Ser. El político francés Pierre Mauroy llegó a ser primer ministro de su país de 1981 a 1984; además, dirigió la secretaría general del Partido Socialista de 1988 a 1992. El boxeador Pedro Carrasco alcanzó el título mundial de los medios en 1972; sin embargo, le supondría tener que enfrentarse al mexicano Mando Ramos en tres ocasiones; perdió el título y, además, debió retirarse al poco tiempo; estuvo casado con la cantante Rocío Jurado. Pedro Almodóvar ha creado un cine muy especial, elaborado con una mezcla de muchos estilos y una cierta carga de originalidad; en su tiempo representó a la «movida madrileña»; con una de sus películas, «Mujeres al borde de un ataque de nervios», estrenada en 1988, logró entrar en los mercados internacionales; desde entonces se ha convertido en el director español más conocido y discutido.

Pelagio-Pelagia. *Origen:* latín: *Significado:* hombre de mar, el que pertenece al piélago. *Onomástica:* 23 de marzo. Santa Pelagia sólo contaba quince años cuando unos policías quisieron detenerla por cristiana; ella les solicitó permiso para ir en busca de su manto; sin embargo, una vez lo tuvo en su poder, se cubrió con el mismo y, luego, se arrojó por una ventana; así perdió la vida en el año 302. Una segunda Santa Pelagia no fue recibida por ninguno de los obispos que asistían al Concilio de Antioquía, porque sabían que era una mujer de mala vida. Pero ella caminó hasta Jerusalén como penitencia, donde se vistió de hombre, edificó una ermita en nombre de Jesús y se hizo llamar Pelagio; murió en el año 925. *Otros personajes:* Pelagio recorrió Roma, Egipto y Palestina en su condición de monje; la doctrina que predicaba sobre la gracia divina y la voluntad humana, llamada «pelagianismo», tuvo en San Agustín un gran enemigo. Pelagio I fue Papa desde el año 556 al 561, luego de ser impuesto por Justiniano.

Pelayo-Pelaya. *Onomástica:* 26 de junio. Forma popular española de Pelagio. San Pelayo fue un muchacho cordobés que creía en el catecismo; como los musulmanes no consiguieron que cambiase de idea, terminaron por decapitarle en el año 925. *Otros personajes:* Don Pelayo inauguró el reinado de Asturias en el año 737. El ingeniero cubano Pelayo Clairac y Sáenz.

Pelegrino. Variante de Peregrino. San Pelegrino fue mártir en Salónica.

Peleo. *Origen:* griego. *Significado:* lodo, pantano o el que vive en el pantano. *Onomástica:* 20 de febrero. En la mitología griega, Peleo es nieto de Zeus y padre de Aquiles.

Penélope. *Origen:* griego. *Significado:* tela, tejido, telar. *Onomástica:* 1 de noviembre. En los textos homéricos, Penélope es la esposa de Ulises. Tejía de día y deshacía el trabajo durante la noche, con el fin de retrasar el día de su nueva boda, ya que a su marido se le daba por muerto.

Pepe. Forma hipocorística de José.

Peregrino-Peregrina. *Origen:* latín. *Significado:* peregrino, extranjero. *Onomástica:* 1 de agosto. San Peregrino fue un ermitaño de los Apeninos que consumió su vida recorriendo todas las rutas sagradas de Europa; murió en el año 643. San Peregrino de Amiterno ocupó el obispado de esta ciudad; a los pocos años los lombardos le arrojaron al río; sus feligreses le encontraron más abajo, en Zara, donde le dieron refugio; era el siglo VII.

Perfecto-Perfecta. *Origen:* latín. *Significado:* perfecto, terminado. *Onomástica:* 18 de abril. San Perfecto fue un sacerdote de Córdoba, en la época de la ocupación musulmana. Participó en unas jornadas de comunicación entre la religión cristiana y la árabe. El desenlace es que le sometieron a martirio en el año 850.

Pergentino-Pergentina. *Origen:* latín. *Significado:* continuar, seguir una sola dirección. *Onomástica:* 3 de junio. San Pergentino fue mártir en Toscana en el siglo III.

Periandro. *Origen:* griego. *Significado:* el muy hombre. Periandro, tirano de Corinto, forma parte de los Siete Sabios de Grecia. Vivió entre los siglos VII y VI a.C.

Pendes. *Origen:* griego. *Significado:* glorioso. Pendes fue el estadista ateniense del siglo V a.C. en cuyo nombre queda representado lo superior de la civilización griega.

Perico. Forma hipocorística de Pedro.

Perístera. *Origen:* griego. *Significado:* ave de Astarte. En la mitología griega, Perístera es una ninfa de la corte de Afrodita, a la que Eros convirtió en paloma.

Perla. *Origen:* latín. *Significado:* el hueso del pernil, perla.

Perpetuo-Perpetua. *Origen:* latín. *Significado:* aquel que avanza de una forma ininterrumpida. *Onomástica:* 6 de marzo. Santa Perpetua y Santa Felicidad vivieron separadas; la una pertenecía a la aristocracia, mientras que la otra era una esclava. Las dos se encontraron en la cárcel; luego, juntas fueron arrojadas a las fieras en la ciudad de Cartago, en el año 203. San Perpetuo llevó el obispado de Tours; construyó una basílica en honor de San Martín y legó el resto de sus bienes a los pobres; murió en el año 491.

Perseverando-Perseveranda. *Origen:* latín. *Significado:* perseverante. *Onomástica:* 26 de junio. Santa Perseveranda fue una religiosa española a la que acosó un rey. Pudo escapar en compañía de sus hermanas; sin embargo, después de siete días de camino, murió de agotamiento en tierras francesas.

Petra. Forma femenina de Pedro.

Petronilo-Petronila. *Origen:* latín. Este nombre es diminutivo de «Petronius». *Onomástica:* 31 de mayo. Santa Petronila fue una mártir romana, a la que se considera hija espiritual de San Pedro. Es patrona de Francia e hija mayor de la Iglesia. *Otros personajes:* Petronila, hija de Ramiro II, fue reina de Aragón y condesa de Barcelona. Su matrimonio con Ramón Berenguer IV unió Aragón y Cataluña.

Petronio-Petronia. *Origen:* latín. *Significado:* piedra, roca sólida. *Onomástica:* 29 de mayo. San Petronio fue el hermano Pedro; sin embargo, al encerrarse en la cartuja de Maggino, cerca de Siena, engordó tanto, que todos le llamaron Petronio: «Pedro Gordo», algo que a él no le preocupaba; murió en 1361. El romano Petronio escribió «El Satiricón», sin embargo, en lo político cometió un error y debió abrirse las venas en el año 66 d.C.

Piedad. *Significado:* sentido del deber. *Onomástica:* 21 de noviembre. Es una advocación de la Virgen María: Nuestra Señora de la Piedad.

Pílades. *Origen:* griego. *Significado:* puerta, defensor de la puerta. En la mitología griega, Pílades es el amigo entrañable de Orestes.

Pilar. *Origen:* latín. *Significado:* pilar, pilastra. *Onomástica:* 12 de octubre. Advocación aragonesa de la Virgen María. Según la tradición, ésta se apareció al apóstol Santiago en las orillas del río Ebro, sobre un pilar de mármol. *Otros personajes:* Pilar Franco fue hermana del «generalísimo». Pilar Miró trabajó como directora de series y programas de televisión, así como en películas para el cine; una de éstas es «El crimen de Cuenca».

Pili. Forma hipocarística de Pilar.

Pimpinela. *Origen:* latín. Es el nombre de una flor.

Píndaro. *Origen:* griego. Este nombre proviene del monte Pindo, en Tesalia. Según la mitología, en el Píndaro moraban los antiguos griegos, Apolo y las Musas. Píndaro es el máximo poeta griego; escribió las «Odas triunfales», que comprenden 45 poemas y varios fragmentos.

Pinito. *Origen:* griego. *Significado:* inspirado, muy sabio. *Onomástica:* 10 de octubre. San Pinito fue un obispo de Creta, bastante sensible ante las necesidades de sus feligreses, sobre todo en lo que se refiere a la formación cristiana de los adultos. Todo esto en el siglo II.

Pío-Pía. *Origen:* latín. *Significado:* el que cumple con los dioses. *Onomástica:* 11 de julio. San Pío I fue el primer Papa de una dinastía de bondadosos jefes de la Iglesia. Falleció en el año 155. San Pío V de joven trabajó como pastor de ovejas; entonces se llamaba Miguel Ghiolieni; se hizo dominico y, finalmente, se sentó en la Silla de Pedro; es considerado un reformador, ya que formó la Triple Alianza con los turcos. Falleció en 1572. San Pío X recibió al ser bautizado el nombre de José, a lo que se añadieron los apellidos Melchor y Sarto; comenzó a dirigir el Vaticano en 1903; modificó la liturgia y extendió la comunión entre los niños; le llegó la muerte en 1914. *Otros personajes:* como se ha podido ver, el nombre Pío lo llevaron varios Papas. El novelista Pío Baroja pertenece a la generación del 98; cubrió todas las parcelas literarias: periodismo, ensayo, poesía, crítica, memorias, teatro y novelas; sin embargo, fueron éstas últimas las que le consagraron; resultó un gran trabajador, que dejó pruebas de su anticlericalismo y de un sentido pesimista de la vida; siempre con un estilo lleno de vivacidad; ingresó en la Real Academia en 1934. Pío Romero Bosque ocupó la presidencia de la República de El Salvador desde 1927 a 1931.

Pioquinto. Este nombre se compone de Pío y Quinto. Recuerda al Papa Pío V.

Pirro. *Origen:* griego. *Significado:* color del fuego. En la mitología griega, Pirro es el hijo de Aquiles, al que mató Príamo en la guerra de

Troya. Pirro II, rey de Epiro, ha pasado a la historia por sus victorias, llamadas «pírricas», contra los romanos en el siglo III a.C.

Pitágoras. *Origen:* griego. *Significado:* podrido, reunión del pueblo en Delfos. Pítagoras es el filósofo y matemático griego del siglo VI a.C. Consideraba que los números eran la esencia de todas las cosas. Su famoso teorema matemático ya era conocido por los babilónicos.

Plácido-Plácida. *Origen:* latín. *Significado:* plácido, tranquilo, manso. *Onomástica:* 5 de octubre. San Plácido entró en el convento y se convirtió en un rebelde; sin embargo, se hacía querer. Un día estuvo a punto de ahogarse en un lago de Subiaco. Le salvó un monje de San Benito, y ya se volvió obediente y trabajador. Se le implora cuando existe la amenaza de ahogarse. *Otros personajes:* el tenor Plácido Domingo se educó musicalmente en México. Debutó en 1966. Desde entonces permanece en la primera línea de los grandes. Ha cantado música popular: tangos, boleros, etc.

Platón. *Origen:* griego. *Significado:* ancho. *Onomástica:* 4 de abril. San Platón fue un viejo abad de un monasterio situado en el monte Olimpo; se vio envuelto en la maraña de la política bizantina; esto le obligó a exiliarse, lo que soportó con bastante resignación; murió en el año 814. Platón es el filósofo griego que con mayor intensidad ha marcado el pensamiento occidental; vivió en el siglo IV a.C.

Platónides. *Origen:* griego. Este nombre es patronímico de Platón. *Onomástica:* 6 de abril. San Platónides fue mártir en Fenicia.

Plautilo-Plautila. *Origen:* latín. Este nombre es diminutivo de Plauto. *Onomástica:* 20 de mayo. Santa Plautila fue una mártir romana del siglo I y madre de Santa Flavia Domitila.

Plauto. *Origen:* latín. *Significado:* el que tiene el pie plano. *Onomástica:* 29 de septiembre. San Plauto fue llevado al martirio en Grecia durante los primeros siglos. El poeta romano Plauto mostró una gran comicidad en las obras que escribió entre los siglos III y II a.C.; casi todos sus personajes han sido muy imitados.

Plinio. *Origen:* latín. *Significado:* baldosa, herencia. El escritor latino Plinio «el Viejo» era almirante de la flota de Mesiva cuando erupcionó el Vesubio; esto supuso su muerte en el año 79 d.C. Plinio «el Joven», sobrino del anterior, trabajó como abogado y cónsul; escribió «Panegírico de Trajano».

Plutarco. *Origen:* griego. *Significado:* el que manda por riqueza. *Onomástica:* 28 de junio. El griego Plutarco escribió «Vidas paralelas» y «Obras morales». También formó parte del colegio sacerdotal de Delfos.

Polibia-Polibio. *Origen:* griego. *Significado:* que tiene mucha vida, vigoroso. El historiador griego Polibio, del siglo II a.C.; con su obra «Historias» se situó entre los grandes.

Policarpo. *Origen:* griego. *Significado:* el que proporciona buenos frutos. *Onomástica:* 23 de febrero. San Policarpo fue obispo de Esmirna y discípulo de San Juan Evangelista. En el momento que le metieron en la hoguera del martirio, no dudó en empezar a cantar. Era el año 156. *Otros personajes:* la heroína colombiana Policarpa Salvatierra.

Polidoro. *Origen:* griego. *Significado:* el que entrega regalos. En la mitología griega, Polidoro es el más joven de los hijos de Príamo, precisamente al que Aquiles dio muerte.

Polixema. *Origen:* griego. *Significado:* la muy extranjera. *Onomástica:* 23 de septiembre. En la mitología griega, Polixema es hija de Príamo y esposa de Aquiles. Santa Polixema se convirtió junto con Santa Xantipa; las dos llegaron al martirio en la España del siglo I.

Pompeyano. *Origen:* latín. *Onomástica:* 6 de enero. Este nombre es patronímico de Pompeyo. San Pompeyano fue martirizado en Cerdeña.

Pompeyo. *Origen:* latín. *Significado:* cinco. *Onomástica:* 10 de abril. San Pompeyo fue un mártir albanés del siglo II. *Otros personajes:* el general y político romano Pompeyo realizó varias campañas en Sicilia y África; gobernó en Hispania y venció a Espartaco en el año 70 a.C. El médico Pompeyo Gener escribió «La muerte y el diablo» en 1880; demostró ser un gran filósofo y humorista, con muchos chispazos de ácrata.

Pompilio. *Origen:* latín. *Onomástica:* 15 de julio. Este nombre proviene de una familia romana. San Pompilio fue un clérigo taumaturgo de Nápoles.

Pomponio. *Origen:* latín. *Onomástica:* 14 de mayo. Este nombre proviene de una familia romana. San Pomponio fue obispo de Nápoles en el siglo VI.

Pomposo-Pomposa. *Origen:* latín. *Significado:* pompa, solemnidad. *Onomástica:* 19 de septiembre. Santa Pomposa fue una monja española de Peñamelaria, a la que martirizaron los árabes de Córdoba en el siglo IX.

Ponciano-Ponciana. *Origen:* latín. *Onomástica:* 13 de agosto. Este nombre es patronímico de Poncio. San Ponciano llegó a ser Papa en el siglo III. Murió desterrado en Cerdeña. Se dice que instituyó el canto de los salmos.

Poncio. *Origen:* latín. *Significado:* originario de Ponto, el que viene del mar. *Onomástica:* 14 de mayo. San Poncio se licenció en letras en la Universidad de Roma. Se cuenta que su conversión se produjo al oír cantar maitines. Llegó a ser obispo de Cimiez, en las proximidades de Niza. Aquí le alcanzó el martirio en el año 258. En Languedoc se le venera, y antiguamente se le invocaba en Barcelona para espantar a las chinches y otros parásitos molestos. *Otros personajes:* el romano Poncio Pilatos tuvo bajo su responsabilidad la muerte de Jesús; sin embargo, prefirió «lavarse las manos».

Porcario. *Origen:* latín. *Significado:* porquerizo. *Onomástica:* 12 de enero. San Porcario fue abad en un monasterio de Lérins, hasta que el jefe de un ejército bárbaro decidió mandarle al martirio, en compañía de otros 500 monjes. Todo esto sucedió en el siglo VI.

Porciano. *Origen:* latín. *Significado:* relativo al puerco. *Onomástica:* 24 de noviembre. San Porciano fue un esclavo que llegó a un monasterio, del que terminó por convertirse en abad durante el siglo VI.

Porfirio. *Origen:* griego. *Significado:* purpúreo o el vestido de púrpura. *Onomástica:* 26 de febrero. *Otros personajes:* el filósofo alejandrino Porfirio inspiró toda la obra anticristiana de los siglos IV y V. El general Porfirio Díaz llegó a ser presidente de México en dos ocasiones: 1877-1880 y 1884-1911; su mandato resultó dictatorial y muy violento.

Potamio-Potamia. *Origen:* griego. *Significado:* agua que se precipita. *Onomástica:* 18 de mayo. San Potamio fue obispo en Egipto, hasta que el gobernador le llevó al martirio porque le resultaba muy molesto con sus críticas. El desenlace tuvo lugar en el año 341.

Potenciano-Potenciana. *Origen:* latín. *Significado:* poder, idóneo, potente. *Onomástica:* 15 de abril. Santa Potenciana fue una virgen española, cuya biografía se ignora. Sólo se sabe que su tumba se halla en una ermita de Andújar. Es la patrona de esta localidad.

Práxedes. *Origen:* latín. *Significado:* acción, empresa, activa, emprendedora. *Onomástica:* 21 de julio. Santa Práxedes entregó su casa de Roma para convertirla en una iglesia, pero la volvemos a encontrar, tres siglos después, como virgen y hermana de Santa Prudenciana. Este nombre se ha venido utilizando en España como masculino. *Otros personajes:* el político e ingeniero español Práxedes Mateo Sagasta participó en el breve gobierno de Amadeo de Saboya. Ocupó la presidencia del Gobierno de 1881 a 1883; luego, repetiría en otros cinco períodos.

Praxedis. Variante de Práxedes.

Presbítero. *Origen:* griego. *Significado:* más anciano.

Presentación. *Origen:* latín. *Significado:* poner por delante. *Onomástica:* 21 de noviembre. Advocación de la fiesta de la Presentación de la Virgen María en el templo.

Príamo. *Origen:* griego. *Significado:* el rescatado, el liberado. *Onomástica:* 28 de mayo. En la mitología griega, Príamo es el último rey de Troya, al que dio muerte Pirro, el hijo de Aquiles.

Pricio. *Onomástica:* 24 de enero. Variante de Proyecto. San Pricio fue mártir en Bitinia, junto con el toledano San Tirso, en el siglo III.

Prilidiano. *Origen:* griego. *Significado:* el que sigue el baile guerrero. *Onomástica:* 24 de enero. San Prilidiano fue un niño martirizado en Antioquía, junto con San Babilas, en la mitad del siglo III.

Primael. *Origen:* latín. *Significado:* elegido el primero. *Onomástica:* 15 de mayo. San Primael fue un británico solitario, que vivía en las proximidades de Quimper. No le preocupaba nada material de la existencia, sólo lo espiritual. Murió en el año 450.

Primiano. *Origen:* latín. Nombre patronímico de Primo.

Primitivo-Primitiva. *Origen:* latín. *Significado:* el primer lugar. *Onomástica:* 16 de abril. San Primitivo fue arrestado en Zaragoza en una redada de la policía de Daciano. Le llevaron al martirio junto con 17 compañeros más. Esto sucedió en el año 303.

Primo. *Origen:* latín. *Significado:* primero. *Onomástica:* 9 de junio. San Primo fue mártir en Roma, junto con San Feliciano, en el siglo II.

Prior. *Origen:* latín. *Significado:* delante, el primero. La palabra prior terminó definiendo al superior de un convento.

Prisciano. *Origen:* latín. *Onomástica:* 12 de octubre. Este nombre es patronímico de Prisco. San Prisciano fue un mártir romano de los primeros siglos.

Prisciliano. *Origen:* latín. *Onomástica:* 4 de enero. Este nombre es patronímico de «Priscillus» o Priscilo. Prisciliano fue uno de los primeros herejes de la Iglesia cristiana. Antes había sido un obispo español. Murió en el año 385.

Priscilo-Priscila. *Origen:* latín. *Onomástica:* 8 de junio. Este nombre es diminutivo de Prisco. Santa Priscila fue una famosa mujer romana.

Prisco-Prisca. *Origen:* latín. *Significado:* viejo, antiguo, de otra época. *Onomástica:* 18 de enero. Santa Prisca fue una romana bautizada por San Pedro. Recibió el martirio, lo mismo que una segunda Santa Prisca, pero ésta en el siglo III. En ocasiones las dos son confundidas.

Privato. *Origen:* latín. *Significado:* de una sola persona. *Onomástica:* 20 de septiembre.

Probo-Proba. *Origen:* latín. *Significado:* honrado, probo, de buenas costumbres. *Onomástica:* 10 de noviembre. Probo fue emperador de Roma desde el año 276 al 282.

Proceso-Procesa. *Origen:* latín. *Significado:* progreso, aumento, buen éxito. *Onomástica:* 2 de julio. San Proceso fue carcelero de los santos Pedro y Pablo. Se convirtió junto con San Martiniano. Gozó de una gran veneración durante la Edad Media.

Proclo. *Origen:* griego. *Onomástica:* 24 de octubre. San Proclo fue patriarca de Constantinopla en el siglo V. Proclo forma parte de los filósofos neoplatónicos del siglo V.

Procopio. *Origen:* griego. *Significado:* delante, avanzó combatiendo. *Onomástica:* 4 de julio. San Procopio fue un canónigo que prefería la incomodidad; luego de haber fundado un monasterio en Bohemia, prefirió entregarse por entero a la religión; falleció en el siglo XI. Procopio fue un famoso historiador bizantino de la época de Justiniano; en este tiempo escribió «Historia secreta», en cuyas páginas criticaba al emperador y a su esposa.

Prócoro. *Origen:* griego. *Significado:* el que lleva el coro o el baile. *Onomástica:* 9 de abril.

Próculo. *Origen:* latín. *Significado:* nacido mientras el padre se encuentra lejos. *Onomástica:* 1 de diciembre. San Próculo fue compañero de martirio de San Jenaro en Nápoles a finales del siglo III.

Prodigios. *Onomástica:* 9 de julio. *Origen:* latín. *Significado:* señal profética. Evocación de la festividad de la Virgen: los Prodigios de María.

Prosdocia. *Origen:* griego. *Significado:* expectación, aguardar. *Onomástica:* 4 de octubre. Santa Prosdocia fue llevada al martirio en Siria durante el siglo IV.

Prosdócimo. *Origen:* griego. *Significado:* esperado. *Onomástica:* 7 de noviembre. San Prosdócimo fue obispo de Padua, luego de ser ordenado por San Pedro en el siglo I.

Próspero. *Origen:* latín. *Significado:* próspero, afortunado, venturoso. *Onomástica:* 25 de junio. San Próspero de Aquitania fue un seglar que amaba la teología. Le gustaba entregarse a la melancolía y vivía en medio de un ventajoso pesimismo. Todo en el siglo V. *Otros personajes:* el escritor Prosper (Próspero en francés) Merimée forma parte de los escritores románticos. Suya es la novela corta «Carmen», que serviría para el libreto de la famosa ópera. El costarricense Próspero Fernández ocupó la presidencia de su país en 1882; sin embargo, murió tres años más tarde en una de las batallas desencadenadas al haber sido invadidos por el ejército de Guatemala.

Protágaras. *Origen:* griego. *Significado:* asamblea, reunión del pueblo. El filósofo griego Protágoras escribió un tratado «Sobre el ser», en el que afirmaba que el hombre era la medida de todas las cosas.

Protasio. *Origen:* griego. *Significado:* el elegido. *Onomástica:* 19 de junio. San Protasio fue martirizado en Milán, junto con su hermano San Gervasio, en el siglo II.

Proterio. *Origen:* griego. *Significado:* el más ilustre, con gran fama. *Onomástica:* 28 de febrero. San Proterio fue un mártir alejandrino en el siglo V.

Proto. *Origen:* griego. *Significado:* primero. *Onomástica:* 25 de octubre.

Protógenes. *Origen:* griego. *Significado:* estirpe, nacimiento, origen. *Onomástica:* 6 de mayo. El pintor griego Protógenes murió a finales del siglo IV a.C.

Protógeno. *Origen:* griego. *Significado:* nacido el primero. *Onomástica:* 6 de mayo.

Protólico. *Origen:* griego. *Significado:* lobato, el primer lobo. *Onomástica:* 14 de febrero.

Proyecto. *Origen:* latín. *Significado:* arrojar delante. *Onomástica:* 25 de enero. San Proyecto fue obispo de Clermont-Ferrand, donde construyó un hospital. Lo curioso es que no lo necesitaba, porque él sanaba a los enfermos al hacer el Signo de la Cruz. Le llevaron al martirio en el año 676.

Prudencio-Prudencia. *Origen:* latín. Este nombre es patronímico de Prudente. *Onomástica:* 6 de mayo. Santa Prudencia fue la religiosa de las ermitañas de San Agustín que se levantó del ataúd en el que había sido introducido su «cadáver»; enseguida corrió a adorar al Santísimo Sacramento; sucedió en Como, en las proximidades del lago durante 1492. El alavés San Prudencio se retiró a un lugar desierto teniendo quince años; predicó el evangelio en Calahorra y, luego, ocupó el obispado de Tarazona en el siglo VI; es patrono de Álava y de Vitoria.

Publio. *Origen:* latín. *Significado:* del pueblo. *Onomástica:* 25 de enero. *Otros personajes:* el general romano Publio Cornelio Escipión, «el Africano», venció a Aníbal. El general romano Publio Emiliano destruyó Cartago y Numancia. El general romano Publio Decio Mus. El emperador romano Publio Elio Adriano. El poeta latino Publio

Nason. El poeta épico latino Publio Pepinio Estacio. El poeta cómico latino Publio Terencio Afro.

Pudenciano-Pudenciana. *Origen:* latín. *Onomástica:* 19 de mayo. Este nombre es patronímico de Pudente. Pudenciana es el nombre de una Iglesia de Roma, que un senador había edificado luego de entregar su propia casa en el siglo IV. Todos llamaron a este edificio «casa de Santa Pudenciana».

Pudente. *Origen:* latín. *Significado:* avergonzarse, sentir rubor. *Onomástica:* 10 de mayo.

Pueblito. *Origen:* latín. *Significado:* pueblo. Advocación a la Virgen María que se hace en el mexicano Querétaro. Nuestra Señora del Pueblito es un santuario próximo a esa ciudad. Lógicamente, Pueblito supone un diminutivo de Pueblo.

Pulqueria. *Origen:* latín. *Significado:* muy bello, hermoso en grado sumo. *Onomástica:* 10 de septiembre. Santa Pulquería fue una emperatriz de Oriente, cuyas ideas cristianas le permitieron contar con muchos seguidores. Nunca dejó de hacer el bien. Murió en el siglo VI cuando había cumplido los cincuenta y cuatro años.

Pura. *Origen:* latín. *Significado:* puro, limpio, sin mancha, inocente. Forma abreviada de Purificación. *Otros personajes:* la poetisa gallega Pura Vázquez.

Pureza. *Origen:* latín. *Significado:* castidad en el máximo grado. *Onomástica:* 16 de octubre. Don de la Virgen María.

Purificación. *Origen:* latín. *Significado:* purificar, limpio, casto. *Onomástica:* 2 de febrero. Advocación de la fiesta de la Purificación de María.

Pusina. *Origen:* latín. *Significado:* niño, humilde, desprendido. *Onomástica:* 23 de abril. Santa Pusina fue una virgen campesina que se retiró a Corbie como hermana de la Oración. También se cuidó de sanar a las gentes que acudían al convento. Murió en el siglo V.

Q

Queremón. *Origen:* latín. *Significado:* el que presenta una queja. *Onomástica:* 16 de agosto. San Queremón fue un ermitaño del desierto de Egipto durante el siglo V. El dramaturgo griego Queremón del siglo V a.C.

Querido. *Origen:* latín. *Significado:* tratar de conseguir.

Querubín-Querubina. *Origen:* hebreo. *Significado:* querubín. Éste es un espíritu celestial que forma parte del coro angélico.

Quinciano. *Origen:* latín. *Significado:* el que pertenece a «Quintus». *Onomástica:* 14 de junio.

Quintiliano. *Origen:* latín. *Onomástica:* 16 de abril. Este nombre es patronímico de Quintilio. San Quintiliano fue mártir en Zaragoza durante el siglo IV.

Quintilio-Quintilia. *Origen:* latín. *Significado:* nacido en quintil. Éste era el quinto mes, es decir, julio.

Quintilo-Quintila. *Origen:* latín. *Onomástica:* 8 de marzo. Este nombre es diminutivo de Quinto. Santa Quintila sufrió martirio en Sorrento junto con Santa Cuartilla en el siglo III. San Quintilo ocupó el obispado de Nicomedia. donde le hicieron mártir en la misma centuria.

Quintín. *Origen:* latín. *Onomástica:* 31 de octubre. Este nombre es patronímico de Quinto. San Quintín fue un romano martirizado en Amiens. Es venerado en esta ciudad francesa. *Otros personajes:* el uruguayo Quintín Cabrera es cantante. El pintor flamenco Quintín Metsys.

Quinto. *Origen:* latín. *Significado:* quinto. *Onomástica:* 31 de octubre. Este nombre se ponía al hijo nacido en quinto lugar.

Quiriaco. *Onomástica:* 12 de agosto. Variante de Ciriaco.

Quirico. *Onomástica:* 16 de junio. Forma vulgarizada de Ciriaco. San Quirico fue un niño de pecho martirizado en Asia menor en los comienzos del siglo IV. Es patrono de Lonigo, en la región de Lombardia.

Quirino. *Origen:* latín. *Onomástica:* 4 de junio. Quirino era una de las más antiguas divinidades, y se relacionaba con Rómulo.

Quiteria. *Origen:* latín. Quiteria era uno de los sobrenombres de Artemisa. *Onomástica:* 22 de mayo. Santa Quiteria fue una de las nueve niñas que su madre tuvo en un solo parto. Todas ellas iban a ser arrojadas al río, pero consiguió salvarlas una vecina cristiana. Años más tarde, al saber el padre que su hija Quiteria sentía vocación religiosa, la hizo asesinar por un paisano. Esto sucedió hacia el año 100 en España.

R

Rabi. *Origen:* hebreo. *Significado:* señor, mío o mi señor.

Radamés. *Origen:* seudoegipcio. *Significado:* hijo de Tot. En la ópera de Verdi, Radamés es el caudillo vencedor de los etíopes que por amor de la hermosa esclava Aída, hija de su enemigo el rey Amonasro, traiciona a su país y muere enterrado vivo con su amante.

Radegunda. *Origen:* germánico. *Significado:* consejo, consejero, pelea del consejo. *Onomástica:* 13 de agosto. Santa Radegunda se casó con el violento Clotario I. Más tarde, fundó el tranquilo convento de Santa Cruz, en Poitiers, donde se hizo monja. Murió en el año 587.

Rafael-Rafaela. *Origen:* hebreo. *Significado:* Dios cura. Dios te ha curado. *Onomástica:* 24 de octubre. El ángel Rafael es uno de los tres mencionados en la Biblia. En ocasiones estuvo a las órdenes de Tobías. Protege la Medicina, a los caminantes y a los matrimonios. *Otros personajes:* el pintor Raffaello (Rafael en italiano) Santi o Samio es uno de los genios de la pintura universal; además, se dedicó a la arquitectura. Dominó el dibujo, la composición y el colorido de una forma asombrosa; son famosas sus «madonas»; terminó de realizar «Expulsión de Heliodoro del Parnaso» en 1514. El general español Rafael Maroto participó en las guerras de independencia de América; luego se incorporó al ejército carlista; en 1839 intervino en las negociaciones que prepararon el convenio de Vergara. Rafael Altamira y Crevea escribió «Historia de España y de la civilización española» en 1901. Rafael Hernández Colón ha sido gobernador de Puerto Rico en dos ocasiones: 1972-1976 y 1984-1994; durante su segundo mandato instituyó el español como única lengua oficial de la isla. El poeta Rafael Alberti pertenece a la generación del 27. En 1931 ingresó en el Partido Comunista de España, esto le obligó a vivir en el exilio hasta 1977; su enorme y variada obra fue reconocida con el Premio Cervantes de 1983. Rafael Sánchez Ferlosio obtuvo el Premio Nadal de 1956 con la novela «El Jarama», que constituyó todo un acontecimiento editorial. El cantante Rafael Martos, «Raphael», vivió su época de oro con la canción ligera española e internacional en los años 60 y 70 del siglo XX; luego, se ha mantenido en los escenarios. La italiana Rafaela Carrá ha triunfado como cantante y presentadora lo mismo en su país, donde además tiene fama de ser una gran bailarina y coreógrafa, que en España. La actriz Rafaela Aparicio fue una de las decanas de la escena y el cine españoles; la televisión tendió a presentarla como una «vieja chacha» o una abuela despistada.

Raimón. Variante catalana de Ramón.

Raimundo. *Origen:* germánico. *Significado:* la defensa del consejo divino. *Onomástica:* 25 de enero. San Raimundo Lulio fue un mallorquín que abandonó la vida licenciosa al aparecérsele Jesús en la cruz; ya no paró de educarse en la religión, de viajar y de probar que era uno de los más grandes filósofos; por eso le dieron el nombre del «Doctor Iluminado»; se cree que murió mártir en 1315. San Raimundo de Penyafort vino al mundo en Cataluña, se hizo dominico y se dedicó a predicar. Se dice que cruzó sobre su capa, a la vez que usaba el bastón como remo, el mar desde Mallorca a Barcelona, ¡Ah, en sólo seis horas!; falleció en 1275; es patrono de los abogados y los procuradores. San Raimundo Guillermo llegó a ser obispo de Roda; se enfrentó al ambicioso obispo de Huesca y al rey Alfonso; muy duros enemigos; gracias a San Olegario pudo lograr la paz que necesitaba, al recluirse en un convento; allí le encontró la muerte en el año 1126. *Otros personajes:* Raymond (Raimundo en francés) Poincaré llegó a ser jefe de Gobierno de Francia en el período 1912-1913; se mostró muy duro con Alemania, su gran enemigo del momento. En la siguiente fase que llevó la misma jefatura, 1913-1920, ocupó Alsacia y Lorena; más adelante, haría lo mismo con la zona del Ruhr. El humanista Raimundo de Miguel. El novelista Raimundo Casellas.

Raineldo-Rainelda. *Origen:* germánico. *Significado:* consejo, combate o el combate del consejo. Santa Rainelda fue una virgen francesa martirizada a finales del siglo VIII.

Rainerio. *Origen:* germánico. *Significado:* el cerebro del consejo. *Onomástica:* 17 de junio. San Rainerio de Pisa fue tañedor de lira y un buen religioso. Se hizo ermitaño y, después, peregrinó a Palestina. Finalmente, se convirtió en padre espiritual y taumaturgo de Pisa. Allí murió en 1160. Es patrono de los ermitaños y de los viajeros.

Rainulfo. *Origen:* germánico. *Significado:* el lobo del consejo, la espada del consejo.

Ramiro. *Origen:* germánico. *Significado:* ilustre, brillante. *Onomástica:* 11 de marzo. San Ramiro fue un prior español del siglo VI, al que martirizaron en León los suevos. *Otros personajes:* Ramiro se llamaron varios reyes de Asturias y Aragón. El escritor Ramiro de Maeztu dio un giro hacia el nacionalismo católico con su libro «La crisis del humanismo», que publicó en 1919.

Ramón-Ramona. *Onomástica:* 31 de agosto. Forma catalana de Raimundo. San Ramón Nonato nació cuando su madre ya estaba muerta. Llegó a ser cardenal. Se cuenta que, cruzando el mar, fue apresado por unos piratas, los cuales le agujerearon los labios con un hierro candente para que no hablara. No lo consiguieron. Falleció en 1240. *Otros personajes:* el nombre de Ramón Berenguer lo llevaron varios condes de Barcelona y Provenza. Ramón Cabrera y Griñó en la segunda guerra carlista ocupó el cargo de comandante general de Cataluña, Aragón y Valencia; sin embargo, en 1875 reconoció a Alfonso XII. El general Ramón María de Narváez, duque de Valencia, llevó la jefatura del gobierno español de 1844 a 1851; se comportó como un dictador y suspendió la desamortización. Ramón de Campoamor inventó varios géneros poéticos; sin embargo, nunca dejó de escribir con una gran elegancia; se dedicó a la novela, al teatro, a la política y a la filosofía. El médico Ramón Emeterio Betances peleó por abolir la esclavitud en la isla de Puerto Rico; además, luchó por la independencia; falleció en 1898. El escritor Ramón Gómez de la Serna creó el género de las «greguerías» y probó todos los estilos literarios; escribió «Nuevas páginas de mi vida» en 1957. El escritor Ramón del Valle y Peña, llamado Ramón María del Valle Inclán, pasó del expresionismo al esperpento con sus textos, como demuestran sus obras teatrales «Divinas Palabras» y «Luces de bohemia», ésta la finalizó en 1924. Ramón

José Sender escribió unas novelas descarnadas y algo irónicas; trató la guerra civil, los temas norteamericanos y realizó fabulaciones; en 1969 obtuvo el Premio Planeta con «En la vida de Ignacio Moret». Ramón Menéndez Pidal destacó como un gran filólogo y un mejor historiador; miembro de la Real Academia en 1901, la dirigió desde 1947 a 1968. El actor Ramón Novarro fue un «latin lover» del cine mudo norteamericano, que compitió con Rodolfo Valentino; protagonizó la película «Ben-Hur». Ramón Carande terminó de escribir «Carlos V y sus banqueros» en 1965; con esta obra dejó un testimonio histórico soberbio.

Randolfo. *Origen:* germánico. *Significado:* escudo, lobo.

Ranulfo. *Origen:* germánico. *Significado:* cuervo, lobo, alimaña. *Onomástica:* 27 de mayo. San Ranulfo fue un mártir francés. Nada más se sabe de él.

Raquel. *Origen:* hebreo. *Significado:* cordero, oveja. En la Biblia, Raquel es la esposa de Jacob y madre de José. Dentro de la Iglesia, Raquel significa vida contemplativa. *Onomástica:* 2 de septiembre. *Otros personajes:* Raquel Wells formó parte de las «bombas» cinematográficas de los años 60 del siglo XX. Raquel Meller, cuyo verdadero nombre era Francisca Márquez López, se hizo famosa interpretando cuplés como «El Relicario» o «La Violetera»; una de sus películas en el cine mudo fue «Violetas imperiales», que se estrenó en 1922.

Raúl. *Origen:* germánico. *Significado:* consejo, lobo o el consejo del lobo. *Onomástica:* 21 de junio. San Raúl de Bourges fue obispo de esta ciudad. Tuvo el honor de ser el primero en llevar el título de Patriarca de los Aquitanios en el año 866. Fundó varios monasterios, entre los cuales destaca el de Beaulien-sur-Mémoire. *Otros personajes:* el pintor Raoul (Raúl en francés) Dufy se dejó influir por el cubismo, hasta que encontró su estilo en un grafismo lleno de unos colores alegres; murió en 1953 Raúl Leoni llegó a ser presidente de Venezuela de 1964 a 1968. Raúl Alfonsín ocupó la presidencia de Argentina desde 1983 a 1989; durante su mandato se procesó a la cúpula militar de la dictadura; sin embargo, no se mostró muy hábil para contener la grave crisis económica que sufrió su país por culpa de la deuda exterior. El cómico Raúl Sender ha demostrado ser un gran imitador; es una de las estrellas televisivas en el terreno de las variedades.

Raymundo. Variante gráfica de Raimundo.

Raziel. *Origen:* hebreo. *Significado:* mi secreto es Dios. Raziel es el ángel que guarda los secretos.

Rebeca. *Origen:* hebreo. *Significado:* atar, nudo corredizo. *Onomástica:* 25 de marzo. Santa Rebeca fue esposa del patriarca Isaac y madre de Esaú y Jacob.

Recaredo. *Origen:* germánico. *Significado:* jefe, caudillo, poderoso. Recaredo fue hermano de San Hermenegildo y el primer rey católico de España

Redención. *Origen:* latín. *Significado:* rescate, liberación.

Redento-Redenta. *Origen:* latín. *Significado:* rescatado. *Onomástica:* 8 de abril. Santa Redenta fue una virgen romana del siglo V.

Refugio. *Significado:* refugio, asilo. *Onomástica:* 13 de agosto. Advocación de la Virgen María.

Refulgente. *Origen:* latín. *Significado:* emite resplandor.

Reginaldo. *Origen:* germánico. *Significado:* gobierna con el consejo de los dioses. *Onomástica:* 4 de agosto. El beato Reginaldo de San Gil fue discípulo y compañero de Santo Domingo de Guzmán en el siglo XIII. El teólogo Reginald (Reginaldo en inglés) Pole presidió el Concilio de Trento en 1545 y ocupó el arzobispado de Canterbury en 1556.

Regino-Regina. *Origen:* latín. *Significado:* la reina. *Onomástica:* 7 de septiembre. De la Virgen se dice que es Reina de los Cielos: «Salve Regina». Santa Regina fue una virgen y mártir borgoñona del siglo III. *Otros personajes:* el guitarrista Regino Sainz de la Maza dio conciertos por todo el mundo. Escribió «La guitarra y su historia» en 1955.

Regulinda. *Origen:* germánico. *Significado:* el escudo del consejo. *Onomástica:* 17 de agosto. Santa Regulinda fue esposa del duque Burcardo de Suabia y abadesa de Zurich en el siglo X.

Régulo-Régula. *Origen:* latín. *Significado:* el rey de un pequeño país. *Onomástica:* 3 de septiembre. San Régulo fue obispo de Reims.

Siempre encontró tiempo para ocuparse de todo, hasta de los más mínimos detalles, ya fueran sus importantes monasterios, los asuntos políticos de Francia o el parto de una de sus feligresas. Todo en el siglo VII.

Reina. *Onomástica:* 22 de agosto. Advocación de la Virgen María como reina de los Apóstoles y de los Santos. Santa Reina fue una virgen gala martirizada en las proximidades de la antigua ciudad de Alesia, durante la cruel invasión de los bárbaros en el siglo V.

Reinaldo-Reinalda. *Onomástica:* 9 de febrero. Variante de Reginaldo. San Reinaldo fue obispo de Nocera, en Umbría. Tuvo como amigo a San Francisco de Asís, también a los leprosos y a los huérfanos. Murió en 1225. *Otros personajes:* el cubano Reinaldo Arenas escribió la novela «El palacio de las blanquísimas mofetas» en 1980.

Remberto. *Origen:* germánico. *Significado:* brillo del consejo. *Onomástica:* 4 de febrero. San Remberto fue obispo de Brema en el siglo IX.

Remedio. *Origen:* latín. *Significado:* medicina, lo que sana. *Onomástica:* 3 de febrero. San Remedio fue un obispo galo, mártir en el siglo II.

Remedios. Este nombre es una advocación de la Virgen: Nuestra Señora de los Remedios.

Remigio-Remigia. *Origen:* latín. *Significado:* remo, remero. *Onomástica:* 1 de octubre. San Remigio fue arzobispo de Reims. Bautizó a Clodoveo, rey de los francos. Luego vivio casi cien años. Falleció en el año 553.

Remo. *Origen:* latín. Este nombre se considera una aproximación a Roma, como Rómulo.

Renato-Renata. *Origen:* latín. *Significado:* nacido por segunda vez. *Onomástica:* 12 de noviembre. San Renato fue obispo de Angers en el siglo V y ermitaño de Sorrento en el siglo X. Dentro de la leyenda, se dice de este buen varón que murió al poco de nacer; sin embargo, siete años más tarde le devolvió a la vida un obispo que deseaba bautizarle. *Otros personajes:* René (Renato en francés) Descartes enunció las leyes de la refracción de la luz y fundó la geometría analítica; también escribió libros sobre filosofía y metafísica, en 1641, para mostrar la importancia del pensamiento que duda. El físico

Renato de Reaumur inventó el termómetro de alcohol. El mineralogista Renato Haüy. El biólogo italiano Renato Dulbecco obtuvo el Premio Nobel en 1975.

Renfredo. *Origen:* germánico. *Significado:* la protección del consejo o consejo protector. San Renfredo fue un religioso francés, martirizado en Rennes durante el siglo VII.

Renovato-Renovata. *Origen:* latín. *Significado:* restaurado, renovado. *Onomástica:* 1 de abril.

Reparado-Reparada. *Origen:* latín. *Significado:* preparar, restaurar. *Onomástica:* 8 de octubre.

Respicio. *Origen:* latín. *Significado:* yo miro atrás. *Onomástica:* 10 de noviembre.

Restituto-Restituta. *Origen:* latín. *Significado:* situar en el lugar anterior. *Onomástica:* 17 de mayo. Santa Restituta fue una virgen de Cartago, a la que se metió en una barca en llamas y se la dejó en el mar. Se cuenta que llegó a Ischia, desde donde se la trasladó a Nápoles en el siglo III; se recurre a ella cuando se siente mucho miedo. A San Restituto también le llevaron al martirio en Cartago, luego de haber sido obispo de esta ciudad.

Reveriano. *Origen:* latín. *Significado:* poseer, tener alguien. *Onomástica:* 1 de junio. San Reveriano fue obispo de Autun (Francia). Se le llevó al martirio en el siglo III.

Revocato-Revocata. *Origen:* latín. *Significado:* volver a llamar. *Onomástica:* 6 de marzo.

Reyes. *Onomástica:* 6 de enero. Nombre femenino con el que se recuerda la Adoración de los Reyes Magos.

Ricardo-Ricarda. *Origen:* germánico. *Significado:* príncipe, poderoso. *Onomástica:* 3 de abril. San Ricardo de Chichester comenzó siendo labrador, luego estudió leyes en Bolonia y, por último, ocupó el obispado de Chichester; supo hacer frente a las ambiciones de Enrique III; murió en 1253. San Ricardo de Saint-Vanne dirigió como abad el monasterio, ése que le ha dado apellido, durante cuarenta años; para los habitantes de Verdún, lo mismo que para toda Francia, el lugar se convirtió en un motivo de peregrinación. *Otros personajes:* el compositor Richard (Ricardo en alemán) Wagner creó unas obras míticas, alejadas de las florituras italianas, y unió el teatro con la música; compuso «Tristán e Isolda» en 1865. El aviador norteamericano Richard Evelyn Byrd, almirante y explorador, sobrevoló los dos polos y recorrió el continente antártico desde 1933 a 1947, pero en muchos períodos intercalados de tiempo. El austríaco Richard Strauss dirigió la orquesta y los bailes de la corte de Viena; compuso valses, polcas y otras partituras populares. Murió en 1849. El argentino Ricardo Guiraldes escribió poesías, cuentos y novelas con un estilo modernista. También colaboró en varios periódicos y revistas de su país; publicó en 1926 la novela gauchesca «Don Segundo Sombra». El pintor Ricardo Canals recibió la influencia impresionista en su viaje a París. Sus mejores cuadros fueron retratos y paisajes. El ingles Richard Synge consiguió el Premio Nobel de Química en 1952. El norteamericano Richard Wright trató en sus novelas los problemas sociales de su raza negra; escribió «Los hijos del tío Tom» en 1938. Richard Nixon fue elegido presidente de los Estados Unidos en 1968 y reelegido en 1972; sin embargo, tuvo que dimitir dos años más por tarde por el escándalo Watergate. El actor inglés Richard Burton se especializó en el teatro shakespeariano; sin embargo, el éxito le llegó en el cine, al intervenir en películas como «Cleopatra» y «¿Quién teme a Virginia Woolf?», junto con su esposa Elizabeth Taylor. El actor estadounidense Richard Widmark impresionó a todo el mundo con sus interpretaciones de «malo»; una de sus mejores películas fue «El beso de la muerte». El actor de norteamericano de origen hispano Ricardo Montalbán. El guapo actor norteamericano Richard Gere, ese millonario fácil de conquistar de «Pretty Woman».

Ricario. *Origen:* germánico. *Significado:* poderoso en el ejército. *Onomástica:* 3 de abril. San Ricario fue un abad francés del siglo VII que fundó un monasterio.

Rigoberto. *Origen:* germánico. *Significado:* el resplandor del príncipe. *Onomástica:* 4 de enero. A San Rigoberto su ahijado Carlos Martel I le quitó el arzobispado de Reims. Desde entonces se retiró a la Gascuña, donde se entregó a la oración. La muerte le llegó en el año 750.

Rigomaro. *Origen:* germánico. *Significado:* el jefe famoso, ilustre en el poder.

Rita. *Onomástica:* 22 de mayo. Diminutivo de Margarita. Santa Rita tuvo que aguantar a un marido violento y a unos hijos que no la trataban bien. Solicitó ayuda a las Agustinas de Casia (en Umbria), donde por poco no la admiten. Luego comprobaron su error, al ver que aquella mujer era una joya en todo. Murió en 1457. Los charcuteros la tienen como patrona. También se la invoca ante las causas imposibles. *Otros personajes:* Rita Hayworth siempre será en el recuerdo la hermosísima «Gilda». Rita Moreno tuvo un papel destacado en la película «West Side Story». La cantante italiana Rita Pavone ganó el Festival de San Remo y se le abrieron las puertas del éxito, en los años 60 del siglo XX.

Rizieri. *Origen:* germánico. *Significado:* el ejército del caudillo.

Roberto. *Origen:* germánico. *Significado:* brilla por su fama. *Onomástica:* 13 de mayo. San Roberto Bellarmino fue sobrino de Maquiavelo; como jesuita actuó contra los herejes; llegó a ser cardenal y falleció en 1621. San Roberto de Knaresborough vivió como ermitaño en Yorkshire; muchos le ofrecieron puestos más altos; sin embargo, él prefirió la modestia; murió en 1235. San Roberto de Molesne ya era monje a los quince años; tenía una gran facilidad para enseñar y fundó un monasterio en el bosque de Citeaux con la ayuda de Alberico y de Esteban Harding; le encontró la muerte en Molesmes, el año 1110, donde había acudido llamado por unos antiguos alumnos. *Otros personajes:* Roberto se han llamado príncipes, emperadores y reyes de casi toda Europa. El almirante Robert (Roberto en inglés) Blake dirigió la flota de Inglaterra en tiempos de Cromwell; aseguró el dominio sobre el Canal de la Mancha; en 1789 destruyó una escuadra española que se hallaba anclada en el fuerte de Tenerife. El norteamericano Robert Fultón fabricó el primer submarino de hélice, al que llamó «Nautilus»; también inventó, en 1807, la propulsión a vapor para las embarcaciones. El físico irlandés Robert Boyle descubrió la importancia del oxígeno en las combustiones. Robert (Roberto en alemán) Schumann compuso música de cámara y para orquesta; estrenó «Álbum para la juventud» en 1838. El médico alemán Robert Koch descubrió el bacilo de la tuberculosis; recibió el Premio Nobel en 1904. El norteamericano Robert Houdini, «el gran Houdini», asombró a medio mundo con sus trucos de escapista y con sus desafíos a la muerte. El inglés sir Robert

Robinson consiguió el Premio Nobel de Química en 1947 por la síntesis de la penicilina. El estadounidense Robert Lord Baden-Powell fundó los «boy-scouts». El estadounidense Robert Andrés Millikan recogió el Premio Nobel de Física en 1923 por sus estudios sobre los rayos ultravioletas y cósmicos. El actor estadounidense Robert Mitchum ha interpretado grandes películas, entras las cuales destacaremos «No serás un extraño» y «Encrucijada de odios». El estadounidense Robert Kennedy, hermano del presidente Kennedy, sufrió un magnicidio parecido en 1968 cuando se presentaba a las elecciones presidenciales. El estadounidense Robert Taylor fue promocionado como un galán en los años 30 y 40 del siglo XX; sin embargo, demostró sus cualidades interpretativas en películas posteriores, como «El puente de Waterloo» o «Quo Vadis?».

Robustiano. *Origen:* latín. *Significado:* de la dura madera del roble. *Onomástica:* 24 de mayo. San Robustiano fue martirizado en Milán.

Rocío. *Origen:* latín. *Significado:* cubierto de rocío. Este nombre es una advocación de la Virgen María: Nuestra Señora del Rocío. En su honor se celebra una multitudinaria romería. *Onomástica:* 24 de mayo. *Otros personajes:* Rocío Jurado demostró su explosivo temperamento durante mucho tiempo, lo que no quita para que fuera la mejor intérprete de la «canción española». Rocío Durcal pasó de «niña prodigio», la rival de Marisol, a cantar rancheras mexicanas como nadie. Ambas han fallecido.

Rodobaldo. *Origen:* germánico. *Significado:* atrevido en la fama. San Rodobaldo fue obispo de Pavía en el siglo XIII.

Rodolfo. *Origen:* germánico. *Significado:* guerrero célebre o lobo de la fama. *Onomástica:* 17 de octubre. *Otros personajes:* Rudolf (Rodolfo en alemán) Diesel inventó, en 1897, el motor de combustión interna que lleva su apellido. Rodolfo Valentino ha quedado como el rey de los «latin lover»; con unas pocas películas en el cine mudo enamoró a millares de mujeres. El alemán Rudolf Hess colaboró estrechamente con Hitler; luego escapó a Escocia; al finalizar la Segunda Guerra Mundial, se le declaró enfermo mental. Preso en la cárcel de Spandau, terminó por ser el único ocupante de la misma; se suicidó en 1987. Rodolfo Martín Villa ocupó puestos importantes en la época franquista, llevó la cartera de Interior en el gobierno de Suárez y fue dirigente del partido popular.

Rodrigo. *Origen:* germánico. *Significado:* caudillo célebre, jefe famoso. *Onomástica:* 13 de marzo. San Rodrigo fue el rey español al que los musulmanes de Córdoba decapitaron, en el año 837, porque no quiso renegar de su fe cristiana. San Rodrigo de Silos llegó a ser secretario del rey Alfonso X, «el Sabio»; conocía más que nadie de pleitos, ya que los ganaba todos; un Viernes Santo convirtió el agua en vino; luego, con unas escasas uvas llenó de mosto tres grandes cubas; por eso en su tumba se esculpieron tres parras; falleció en 1276. *Otros personajes:* Don Rodrigo estrenó el condado de Castilla. Rodrigo Díaz de Vivar, el renombrado «Cid Campeador», ha pasado a la leyenda. Rodrigo Borgia llegó a ser Papa con el nombre de Alejandro VI. Rodrigo Ronquillo se hizo famoso desde la alcaldía de Zamora.

Rogelio. *Onomástica:* 16 de septiembre. Variante de Rogerio. San Rogelio desafió a los musulmanes en la misma mezquita de Córdoba; pero lo hizo con las palabras del Evangelio. Le acompañaba su amigo Abdallah. Los dos se ganaron el martirio en el año 852.

Rogerio. *Origen:* latín. *Significado:* la lanza de la fama. *Onomástica:* 30 de diciembre. San Rogerio fue obispo de Cannas, al sur de Italia, en los comienzos del siglo XIII. *Otros personajes:* Roger (Rogerio en francés) se llamaron varios condes de Sicilia y de Foix. El almirante Roger de Lauria, catalán de origen italiano, dirigió la flota cataloaragonesa en la lucha contra los angevinos en Malta y Nápoles. Rüdiger (Rogerio en alemán) Flor ocupó un puesto muy importante entre los templarios. Roger (Rogerio en inglés) Moore, el famoso «Santo» y también el agente «James Bond».

Rolando-Rolanda. *Origen:* francés. *Onomástica:* 13 de mayo. Nombre del célebre héroe francés. Santa Rolanda fue una joven princesa que reunía todas las virtudes; luego de rechazar a sus pretendientes, intentó recluirse en un monasterio; sin embargo, murió por el camino, cerca de Namur; esto pudo suceder en el siglo XIII o XIV. San Rolando vivía como un ermitaño en Italia; cuentan que se vestía con hojas secas y se pasaba todo el día rezando y andando a la pata coja; murió en 1386.

Roldán. *Origen:* germánico. *Significado:* gloria del país. Es el nombre francés, luego el auténtico, de Rolando. En la Edad Media nadie alcanzó la fama de este personaje, sobre todo en su nación.

Román. *Onomástica:* 18 de noviembre. Variante de Romano. San Román de Antioquía se encargó de levantar la moral de los cristianos perseguidos. Le cortaron la lengua, y aún siguió haciéndolo. Sólo le callaron al cortarle la cabeza en el año 303. *Otros personajes:* Romain (Román en francés) Rolland escribió teatro, ensayos filosóficos y novelas, con unos argumentos que resaltaban a héroes de una personalidad excepcional; obtuvo el Premio Nobel en 1915. El polaco Roman Polanski, nacionalizado francés, siempre ha dirigido un cine inquietante; su gran éxito lo obtuvo con «La semilla del diablo», estrenada en 1968.

Romano-Romana. *Origen:* latín. *Significado:* perteneciente a Roma. *Onomástica:* 23 de febrero. Este nombre tiene su origen en el Imperio romano. Santa Romana fue una virgen a la que bautizó San Silvestre. Pasó toda su vida en una caverna de Umbria, buscando el silencio y la entrega a Dios. Murió en el siglo VI. San Romano formaba parte del pelotón que martirizó a San Lorenzo; al presenciar esta barbarie, protestó a viva voz y, enseguida, le dieron un castigo parecido; sucedió en el año 268. *Otros personajes:* Romano se llamaron varios emperadores de Oriente. El teólogo alemán Romano Guardini.

Romarico. *Origen:* germánico. *Significado:* fama.

Romeo-Romea. *Origen:* latín. *Significado:* romero, peregrino. *Onomástica:* 25 de febrero. San Romeo fue un buen carmelita, compañero inseparable de Aventan; los dos llegaron a Jerusalén en peregrinaje. Luego murieron juntos en Lucca (Italia), en 1380. Otro Romeo es el famoso amante de Florencia, inmortal al lado de Julieta.

Romilda. *Origen:* germánico. *Significado:* el combate de la celebridad. Romilda fue la célebre condesa de Friul.

Romualdo. *Origen:* germánico. *Significado:* el que gobierna con gloria. *Onomástica:* 7 de febrero. San Romualdo fundó la Orden Calmadulense, siguiendo las normas eremíticas que había encontrado en el monasterio de San Miguel de Cuixá. Falleció en el año 1027.

Rómulo. *Origen:* latín. *Significado:* higuera. *Onomástica:* 6 de julio. Rómulo es el famoso primer rey de Roma. El mismo que en sus primeros días de vida, lo mismo que su hermano Remo, se alimentó con la leche de una loba. *Onomástica:* 6 de julio. San Rómulo tuvo a San Pablo como maestro. Éste le envió a predicar fuera de Roma. Por eso estrenó los obispados de Fiescoli y Brescia. Le faltó poco para estrenar también la lista de mártires en el siglo I. *Otros personajes:* Rómulo Betancurt ocupó la presidencia de Venezuela de 1954 a 1964, luego de dar un golpe de Estado y encabezar una junta revolucionaria.

Roque. *Origen:* francés. *Significado:* bramar, rugir, estruendo. *Onomástica:* 16 de agosto. San Roque nació en Montpellier en medio de dos pestes negras que diezmaron la ciudad. Era hijo de rica familia; pero entregó todo a los pobres. Se ganó el favor de Roma al curar milagrosamente a los apestados. Cuando él cayó enfermo, un ángel acudió a sanarle. Falleció de viejo en 1379. Se le imploraba cuando amenazaba cualquier clase de epidemias.

Rosa. *Origen:* latín. *Onomástica:* 30 de agosto. Nombre de una flor. Santa Rosa de Lima fue una mística peruana, de la Orden de las dominicas, que entregó por completo su vida a los pobres. Falleció en 1671. Es patrona de Perú y toda la América de habla española. *Otros personajes:* la alemana Rosa de Luxembugo asumió su papel de revolucionaria y se mostró en desacuerdo con Lenin; la asesinaron en la revuelta espartaquista de 1919. Rosa Chacel siempre mostró en su obra una formación culta, muy próxima a Ortega y a Joyce; escribió cuentos, poesías, ensayos, biografías, diarios y novelas; entre éstas puede destacarse «Barrio de Maravillas», que concluyó en 1975. La norteamericana Rose (Rosa en inglés) Kennedy fue la madre del asesinado presidente J. F. Kennedy. Rosa Morena puso sus chispas de gracia a la canción y el baile españoles en la década de los 60 del siglo XX.

Rosalba. *Origen:* latín. *Significado:* rosa blanca.

Rosalía. *Origen:* germánico. *Onomástica:* 4 de septiembre. Rosalía era el nombre que los antiguos romanos daban a la fiesta anual en la que se ponían guirnaldas de rosas en las tumbas. Santa Rosalía fue hija de un duque; pero abandonó el palacio para vivir en una gruta, en las proximidades de Palermo. Allí murió en el siglo XII.

Otros personajes: Rosalía de Castro escribió sus poesías en castellano y gallego; ayudó al renacer de la literatura gallega e influyó
en la lírica moderna; publicó «Las orillas del Sar» en 1885. La norteamericana Rosalynn (Rosalía en inglés) Carter, esposa del ex presidente de los Estados Unidos Jimmy Carter.

Rosamunda. *Origen:* germánico. *Significado:* la protección del honor.
Rosamunda fue esposa de Albino, el rey de los lombardos en el
siglo VI.

Rosana. Forma combinada de Rosa y Ana.

Rosario. *Origen:* latín. *Significado:* rosal, jardín de rosas. *Onomástica:*
7 de octubre. Advocación de la Virgen: Nuestra Señora del Rosario.
Como se sabe, el rosario es un rezo católico en el que se evocan los
misterios de la fe: gozosos, dolorosos y gloriosos. Esta fiesta la decidió el papa San Pío V al finalizar la batalla de Lepanto, acaso por
lo mucho que se rezó para obtener la victoria. *Otros personajes:*
Rosario Flores es la hija de Lola Flores, un torbellino cantando y bai-
lando.

Rosaura. *Origen:* latín. *Significado:* rosa de oro.

Rosendo. *Origen:* germánico. *Significado:* el camino de la fama.
Onomástica: 1 de marzo. San Rosendo fue obispo de Compostela.
Ayudó a expulsar a los normandos de Galicia; luego hizo lo mismo
con los árabes. Después de tanto guerrear, decidió retirarse a un
monasterio benedictino. En sus celdas le llegó una muerte tranquila
en el año 977.

Rósula. *Origen:* latín. *Onomástica:* 14 de septiembre. Nombre diminutivo de Rosa. Santa Rósula fue una mártir africana de los primeros
siglos.

Roxana. *Origen:* persa. *Significado:* alba, aurora. Roxana fue hija del
rey de Bactriana y mujer de Alejandro Magno.

Rubén. *Origen:* hebreo. *Significado:* «¡Mira, un hijo!». Según la Biblia,
este fue el grito que dio Lía, llena de orgullo, cuando nació el primer
hijo que tuvo de Jacob. Este niño se llamaría Rubén. *Onomástica:* 4
de agosto. *Otros personajes:* el nicaragüense Rubén Darío es uno
de los grandes poetas americanos y un gran renovador del estilo y
las formas. Escribió «Cantos de vida y esperanza» en 1905.

Rubí. *Origen:* latín. *Significado:* rojear, ser rojo. Nombre de una piedra preciosa.

Rudesindo. *Origen:* germánico. *Significado:* triunfal, el camino de la gloria.

Rudolfo. Variante de Rodolfo. El beato Rudolfo fue un niño bernés del siglo XII.

Rufiniano. *Origen:* latín. *Onomástica:* 9 de septiembre. Este nombre es patronímico de Rufino.

Rufino-Rufina. *Origen:* latín. *Onomástica:* 19 de julio. Este nombre deriva de Rufo. San Rufino y Santa Rufina nacieron en Sevilla, en épocas distintas. También les une el hecho de que ambos fueron llevados al martirio. *Otros personajes:* Rufino de Aquilea es uno de los teólogos de la Iglesia latina. Rufino Barrios ocupó la presidencia de Guatemala desde 1877 a 1886.

Rufo. *Origen:* latín. *Significado:* rojizo, pelirrojo. *Onomástica:* 27 de agosto. San Rufo fue obispo de Capua.

Rumoldo. *Origen:* germánico. *Significado:* el que gobierna con gloria. *Onomástica:* 24 de junio. San Rumoldo salió de Inglaterra, olvidando que era hijo del rey de Escocia, y se dedicó a predicar en Francia y otros países. Llegó a Malines donde, luego de haber resucitado a un niño que se había ahogado en el río, le tiraron a él a éste, porque dos mentirosos convencieron a los demás que Rumoldo había dado antes muerte al niño.

Ruperto. *Origen:* germánico. *Significado:* el resplandor de la fama. *Onomástica:* 15 de agosto. San Ruperto fue un abad benedictino que con la vejez se hizo muy sabio y discreto. Esto es lo único que se sabe de él; además, que vivió en el siglo XII y que se conserva su tumba. *Otros personajes:* Ruperto Chapí compuso óperas y zarzuelas. Éstas le proporcionaron los mayores triunfos. Estrenó «La Revoltosa» en 1897.

Rústico. *Origen:* latín. *Significado:* perteneciente al campo, rústico. *Onomástica:* 26 de octubre. San Rústico fue obispo de Narbona. De joven había tenido amistad con San Jerónimo; luego, de viejo, trató con San León. Por eso resultó un buen pastor en los tiempos difíciles que le tocaron vivir. Murió en el año 461.

Rut. *Origen:* hebreo. *Significado:* visión de belleza. *Onomástica:* 4 de junio. Rut fue la famosa mujer moabita, esposa de Booz.

Rutilio. *Origen:* latín. *Onomástica:* 4 de junio. Este nombre corresponde a una antigua familia romana. San Rutilio fue mártir africano en el siglo III.

Rutilo. *Origen:* latín. *Significado:* amarillo dorado. *Onomástica:* 4 de junio.

Ruy. Forma abreviada de Rodrigo. *Otros personajes:* el castellano Ruy González de Clavijo fue embajador de Enrique II. Escribió «Embajada a Tamerlán» en el siglo XV.

S

Sabacio. *Origen:* latín. *Onomástica:* 19 de septiembre. Este nombre proviene de una fiesta dedicada a Baco. San Sabacio fue mártir en Asia menor a finales del siglo III. En la mitología griega, Sabacio es el dios de la vegetación.

Sabas. *Origen:* hebreo. *Significado:* conversión. *Onomástica:* 5 de diciembre. San Sabas fundó un monasterio en Palestina en el siglo V. Continúa llevando su nombre.

Sabatino. *Origen:* latín. *Significado:* día festivo. En la antigua Roma, Sabatino era el niño nacido en sábado.

Sabiniano-Sabiniana. *Origen:* latín. *Onomástica:* 23 de diciembre. El nombre es patronímico de «Sabinus» o Sabino. San Sabiniano fue tentado varias veces por el demonio: unas se le presentaba como serpiente y otras como mujer; sin embargo, este monje de Condat (Francia) jamás se rindió; al contrario, se burló de su enemigo, hasta aburrirlo; todo ello sucedió en el siglo V. El papa Sabiniano ocupó la silla de Pedro del año 604 al 606.

Sabino-Sabina. *Origen:* latín. *Onomástica:* 29 de agosto. Este nombre proviene del antiguo pueblo itálico de los sabinos. Santa Sabina fue una dama romana que entregó sus propiedades materiales a un obispo en el siglo III; la Iglesia puso el nombre de esta mujer a las propiedades, ya que eran varios edificios; los dominicos las siguen conservando en Roma. Una segunda Santa Sabina sufrió martirio en Ávila a principios del siglo IV; es patrona de esta ciudad. San Sabino quizá sufriera martirio por casualidad; sabemos de su existencia por las pinturas al fresco que se conservan en la iglesia francesa que lleva su nombre. Un segundo San Sabino llego a ser obispo de Asís; le cortaron las manos, en el año 404, por negarse a ponerlas al servicio de los ídolos paganos. *Otros personajes:* Sabino Arana y Gori es el representante del nacionalismo vasco. Terminó de fundar su partido en 1895. Ese mismo año se le encarceló por las ideas tan radicales que predicaba. Publicó diferentes libros sobre la cultura vasca, como una gramática, una ortografía, etc.

Sacramento. *Origen:* latín. *Significado:* depósito que se hace a los dioses como garantía de la buena fe personal. Este término legal de los antiguos romanos ha pasado a significar en el catolicismo unos símbolos básicos. Son sacramentos: el bautismo, la confirmación, la eucaristía, la penitencia, la extremaunción, el matrimonio, etcétera.

Sadoc. *Origen:* hebreo. *Significado:* justo. *Onomástica:* 20 de febrero. En la Biblia, Sadoc es el sumo sacerdote hebreo que, por órdenes de David, ungió como rey a Salomón. Un segundo Sadoc fundó la secta de los saduceos.

Safiro-Safira. *Origen:* latín. *Significado:* zafiro. En la Biblia, Safira es la esposa de Ananías.

Sagrario. *Origen:* latín. *Significado:* receptáculo de lo sagrado. Es un nombre místico.

Salaberga. *Origen:* germánico. *Significado:* la protección de la morada. *Onomástica:* 22 de septiembre. Santa Salaberga tuvo cinco hijos, los educó y esperó a que se casaran. Luego se preocupó de los demás al fundar un convento en Francia. Murió en el año 665.

Salomé. *Origen:* hebreo. *Significado:* completo, perfecto. *Onomástica:* 17 de noviembre. Santa Salomé fue hija de un príncipe de Polonia; se casó a los trece años con un reyezuelo de Galitzia; poco más tarde, entró en un convento de clarisas; falleció en 1268. En la Biblia, Salomé es la hermosa hermana de Herodes «el Grande», la misma que pidió que le trajeran en una bandeja la cabeza del Bautista; ya sabemos cómo complacieron ese sádico capricho.

Salomón. *Origen:* hebreo. *Significado:* pacífico, paz. *Onomástica:* 25 de junio. San Salomón de Bretaña vivió en medio de la violencia de la época, sin que la hiciera ascos; así llegó a ser rey de su país, pero supo cambiar a tiempo, con el fin de disponer de los años suficientes para reparar el daño causado. Le asesinaron en el año 874. En la Biblia, Salomón es el rey de Israel, acaso el más famoso de la antigüedad; todos hemos oído o leído su decisión sobre el reparto de un niño entre dos mujeres, conocemos que amó a la reina de Saba y que poseía un fabuloso templo. *Otros personajes:* el filósofo hebraicoespañol Salomón Ben Gabirol Aviceron con su neoplatonismo influyó en los franciscanos. En su obra «Fuente de vida» afirmó que la voluntad emanaba de Dios.

Salud. *Onomástica:* 8 de septiembre. Advocación a la Virgen María: Nuestra Señora de la Salud.

Salustiano. *Origen:* latín. *Onomástica:* 8 de junio. Este nombre es patronímico de «Salustius» o Salustio. San Salustiano fue un mártir sardo del siglo IV.

Salvador-Salvadora. *Origen:* latín. *Onomástica:* 18 de marzo. Este nombre se le da a Jesús, como «salvador» de la Humanidad. San Salvador de Horta fue un capuchino catalán. Realizó tantos milagros, que debían cambiarle de convento porque el pueblo no dejaba de pedirle más y más prodigios. Falleció en 1567. *Otros personajes:* Salvador de Madariaga presidió la Internacional liberal luego de exilarse de España por la guerra civil; escribió ensayos, biografías y alguna novela. Salvador Rueda destacó como un poeta sensual; publicó «Fuente de salud» en 1906. El poeta italiano Salvatore (Salvador en castellano) Quasimodo obtuvo el Premio Nobel de Literatura en 1959. Salvador Espriú escribió en catalán; es uno de los grandes poetas contemporáneos; publicó «Setmana Santa» en 1971. Salvador Dalí lo revolucionó todo, tanto en la pintura, el mundo de la comunicación o la publicidad; su personalidad superó siempre al genio artístico, porque era un gran creador y, a la vez, un bufón de sí mismo. Salvador Allende fue elegido presidente de Chile en 1970; sin embargo, desde el primer momento se encontró con una oposición muy dura, que fue capaz de cortar las vías de alimentación de todas las grandes ciudades, además de otras barbaridades parecidas; esto dio pie a un golpe de Estado, en 1973, que arrebató la vida a un gran político y un mejor demócrata.

Salviano. *Origen:* latín. *Onomástica:* 22 de julio. Este nombre es patronímico de «Salvus» o Salvo. San Salviano fue un famoso teólogo de Marsella en el siglo V.

Salvino-Salvina. *Origen:* latín. *Onomástica:* 12 de octubre. Este nombre deriva de Salvo. San Salvino fue obispo de Verona en el siglo VI.

Salvio. *Origen:* latín. *Onomástica:* 10 de enero. Este nombre también deriva de Salvo. San Salvio fue obispo de Albi. Se encerró a rezar cuando llegó la peste; también la cogió y murió, lo mismo que la mayoría de sus feligreses, en el año 584. Un segundo San Salvio ejerció de monje en Albelda (Logroño), durante el siglo X, donde compuso unos himnos mozárabes.

Salvo. *Origen:* latín. *Significado:* bien conservado, entero.

Samuel. *Origen:* hebreo. *Significado:* escuchado por Dios. *Onomástica:* 20 de agosto. El profeta Samuel nació en Tierra Santa, se educó junto al santuario de Silos y, luego, asumió el papel de profeta por designio de Dios. Suya fue la decisión de nombrar al primer rey judío: Saúl. *Otros personajes:* el irlandés Samuel Becket escribió en inglés y francés; algunas de sus mejores obras son teatrales, como «Esperando a Godot»; recibió el Premio Nobel en 1969. El inglés sir Samuel Baker exploró África central y descubrió el lago Alberto en 1864. El estadounidense Samuel Morse inventó el telégrafo eléctrico que lleva su nombre; lo patentó en 1840; curiosamente, era pintor. El estadounidense Samuel Colt inventó el revólver.

Sancho-Sancha. *Origen:* latín. *Significado:* el que pertenece a Santo. *Onomástica:* 5 de junio. San Sancho fue un hijo de Albi, al que raptaron los moros, para empalarlo en Córdoba, junto con Isaac. El lugar elegido se llamó el «Campo de la Verdad». Era el año 851. *Otros personajes:* Sancho se llamaron varios reyes de Aragón, Castilla, León, Pamplona y Portugal. Sancho Garcés Abarca llegó a ser conde de Aragón y rey de Pamplona en el siglo X. El actor Sancho Gracia consiguió un gran éxito con la primera parte de la serie televisiva «Curro Jiménez».

Sandalio. *Origen:* latín. *Significado:* sandalia. San Sandalio fue mártir en Córdoba durante el siglo IV.

Sándalo. Variante de Sandalio.

Sandro-Sandra. Forma abreviada de Alejandro. El italiano Sandro Filippi Botticelli.

Sansón. *Origen:* hebreo. *Significado:* como el sol, resplandeciente. *Onomástica:* 28 de julio. En la Biblia, Sansón es el juez de Israel, dueño de una fuerza portentosa, al que traicionó su mujer Dalila al cortarle el pelo. San Sansón fue un galés que ocupó el doble cargo en Dol de abad y obispo. Frenó a los enemigos en los bosques de Normandía e intervino con acierto en la política de Francia. Por eso casi veinte parroquias de este país llevan su nombre. Todo ocurrió en el siglo IV.

Santiago. *Onomástica:* 25 de julio. Proviene del grito de guerra de los españoles antiguos: «¡Oh, Santo Jacobo!» Sin embargo, éste en el siglo XIII se había convertido en una llamada a Santiago. Santiago «el Mayor» fue uno de los primeros evangelizadores de España. Sus restos se descubrieron milagrosamente en un lugar de Galicia, llamado «Campus Stellae», es decir, Compostela. Casi desde el mismo momento se convirtió en un centro de peregrinación internacional. *Otros personajes:* Santiago Ramón y Cajal recibió el Premio Nobel de Medicina en 1906 por sus estudios neurológicos; en realidad, con escasos medios sentó las bases de la investigación científica. Santiago Casares Quiroga llegó a ser primer ministro de la II República española en 1936; pero dimitió nada más producirse el alzamiento militar de Franco. Santiago Rusiñol pintó y, además, escribió en catalán; siempre vivió como un bohemio; en sus cuadros destacan los jardines; publicó «Las aleluyas del señor Esteve» en 1907. Santiago Bernabeu llevó al Real Madrid a la cima del fútbol mundial, gracias a unos fichajes acertados, como el de Alfredo Di Stefano; a él casi se le deben seis de las copas de Europa y un sinfín de títulos nacionales e internacionales. Santiago Carrillo comenzó siendo dirigente comunista en la guerra civil, luego siguió en la clandestinidad, ya como Secretario General, y continuó en la etapa democrática; ayudó a superar los años de la transición; sin embargo, unos malos resultados electorales le obligaron a dimitir en 1985.

Santino. *Origen:* latín. *Onomástica:* 14 de agosto. Este nombre es patronímico de «Sanctus» o Santo. San Santino fue un hermano lego del que están muy orgullosos los hijos de San Francisco de la diócesis de Pésaro. Siempre se mostró muy alegre, hasta cuando le llegó la hora de la muerte en 1390.

Santo-Santa. *Origen:* latín. *Significado:* hacer sagrado o inviolable. *Onomástica:* 2 de junio.

Santos. Nombre que se acostumbraba a dar a los niños nacidos el 1 de noviembre, fiesta de Todos los Santos.

Sara. *Origen:* hebreo. *Significado:* la dominadora. En la Biblia, Sara es la esposa del patriarca Abraham. La Iglesia la considera una santa. *Onomástica:* 13 de julio. *Otros personajes:* Sarah (Sara en francés) Bernharat, cuyo nombre real era Rosine Bernard, ha pasado a la historia como la más grande de las actrices teatrales del mundo; hizo algunas apariciones en el cine mudo; falleció en 1923. La uruguaya Sara de Ibáñez escribió una poesía surrealista; publicó «Apocalipsis 20» en 1970. Sara Montiel, cuyo nombre real es María Antonia Abad Fernández, triunfó en el cine español con la película «El último cuplé», que se estrenó en 1957; antes había trabajado en el cine español, el mexicano y el norteamericano; desde entonces ha mantenido su popularidad.

Saturiano. *Origen:* latín. *Onomástica:* 16 de octubre. Este nombre es patronímico de «Saturus» o Saturo. San Saturiano fue un mártir africano del siglo v.

Saturio. *Onomástica:* 2 de octubre. Variante de Sáturo. San Saturio fue ermitaño en un paraje solitario de Castilla. Adquirió la costumbre de arrodillarse cuando estaba rezando. Una vez cayó enfermo, en el año 568, y pidió que San Prudencio le cantara los funerales. Es patrono de Soria.

Saturino. *Origen:* latín. *Significado:* es de Saturo. *Onomástica:* 7 de julio.

Saturnino-Saturnina. *Origen:* latín. *Significado:* perteneciente a Saturno. *Onomástica:* 29 de noviembre. San Saturnino fue el primer obispo de Toulouse. Como se negó a dejar de celebrar la Misa, le ataron a un toro para someterle al más cruel de los martirios en el siglo III.

Saturno. *Origen:* latín. Antiguamente se identificaba a Saturno con el legendario rey del Lacio.

Sáturo. *Origen:* latín. *Significado:* saciado, saturado, harto. San Sáturo fue martirizado por los vándalos, en África, a finales del siglo v.

Saúl-Saula. *Origen:* hebreo. *Significado:* deseado, pedido, escogido. Saúl fue el primer rey de Israel. Santa Saula se vio llevada al martirio, en Colonia, siendo virgen, en compañía de Santa Marta.

Sealtiel. *Origen:* hebreo. *Significado:* mi deseo es Dios. De acuerdo a la tradición hebrea y cristiana, Sealtiel es uno de los arcángeles que no son mencionados en la Biblia.

Sebastián-Sebastiana. *Origen:* latín. *Significado:* digno de respeto, venerable. *Onomástica:* 20 de enero. San Sebastián fue el joven capitán romano al que Diocleciano mando asaetear en el siglo III. El beato Sebastián de Aparicio huyó de Galicia al verse asediado por las mujeres; llegó a México, donde se hizo rico; construyó caminos y carretas, se casó dos veces y cumplió más de cien años de edad; murió en 1600. *Otros personajes:* Sebastián llegó a ser rey de Portugal de 1554 a 1578. El conquistador español Sebastián de Benalcázar participó en las expediciones a Panamá y Nicaragua y estuvo con Pizarro en la conquista de Perú; junto con Almagro fundó Santiago de Quito en 1534. Sebastiano (Sebastián en italiano) Caboto recorrió la costa norteamericana, al servicio de Carlos V, y exploró el Río de la Plata en 1527; en 1548 se puso a las órdenes de Inglaterra.

Secundino-Secundina. *Origen:* latín. *Onomástica:* 18 de febrero. Este nombre es patronímico de Secundo.

Secundo-Secunda. *Origen:* latín. *Significado:* el que sigue al primero. *Onomástica:* 17 de julio.

Séfora. *Origen:* hebreo. *Significado:* ave. En la Biblia, Séfora es la esposa de Moisés.

Segisberto. Variante de Sigeberto.

Segismundo. *Origen:* germánico. *Significado:* el que defiende con la victoria. *Onomástica:* 1 de mayo. San Segismundo nació en Lyon y fue hijo de los reyes de Borgoña. Como no entendía el motivo de las guerras, se refugió en las montañas del Montseny, en Cataluña. Cuando le encontraron los hombres de su padre, tuvo que aceptar un trono que rechazaba. Lo ocupó a la fuerza y, poco más tarde, le asesinaron. Esto sucedió en el año 524. *Otros personajes:* Segismundo se llamaron reyes de Polonia y Hungría. El austríaco Sigmund (Segismundo en alemán) Freud fundó el psicoanálisis y estableció las causas de los trastornos neuróticos; escribió «La interpretación de los sueños» en 1900.

Segundo-Segunda. Variante de Secundo. *Onomástica:* 29 de marzo. San Segundo se dedicó a enseñar el catecismo a los prisioneros de Asti; casi todos aprendieron; sin embargo, uno le traicionó y, al final, le llevaron al martirio en el año 119. Otro San Segundo recibió su formación cristiana del mismo San Pedro. Llegó a Guadix (Cádiz) en compañía de Torcuato; pronto le dejó, para recorrer Ávila, donde predicó a los infieles. Como hubo algunos que se enfurecieron, le llevaron al martirio en el siglo i; es patrono de Ávila.

Selene. *Origen:* griego. *Significado:* luz. En la mitología griega, Selene es la diosa de la Luna, hija de Gea y Urano.

Selma. Aféresis de Anselma. *Otros personajes:* la escritora sueca Selma Lagerlöff prefirió el estilo romántico, como se aprecia en su novela «El carretero de la muerte». Obtuvo el Premio Nobel en 1909.

Semíramis. *Origen:* asirio. *Significado:* amiga de las palomas. Semíramis es la fundadora del Imperio asirio.

Semproniano-Semproniana. *Origen:* latín. El nombre es patronímico de «Sempronius» o Sempronio. *Onomástica:* 27 de julio. Forma femenina de Sempromano. Santa Semproniana, discípula de San Cucufate, murió martirizada en Mataró, junto con Santa Juliana, en el siglo iv.

Sempronio-Sempronia. *Origen:* latín. Sempronio era el nombre de una familia romana. Sempronia fue una famosa dama romana del siglo ii a.C.

Senador. *Origen:* latín. *Significado:* miembro del senado. *Onomástica:* 28 de mayo.

Séneca. *Origen:* latín. *Significado:* viejo. Séneca, al que ya hemos citado, fue un filósofo romano del siglo i.

Senén. *Origen:* hebreo. *Significado:* punta de hierro de la flecha o de la lanza. *Onomástica:* 30 de julio. San Senén fue un noble persa martirizado en Roma a mediados del siglo iii en compañía de San Abdón.

Septimio-Septimia. *Origen:* latín. *Significado:* séptimo. *Onomástica:* 10 de octubre. Este nombre se daba en Roma al séptimo hijo nacido.

Serafín-Serafina. *Origen:* hebreo. *Significado:* serpiente, quemar. *Onomástica:* 12 de octubre. San Serafín de Montegranaro fue un fraile lego capuchino que llegó hasta los setenta y cuatro años de edad; tardó en descubrirse que llevaba mucho tiempo saqueando la despensa y la huerta del convento para llevar alimento a los pobres; murió en 1604. Santa Serafina nació paralítica, lo que no impidió que diera muestras de una gran bondad y resignación; contaba sólo quince años cuando falleció en 1235; desde entonces, el día de su aniversario, las torres del pueblo italiano de San Gimignano se cubren de flores. Según la tradición cristiana, los serafines son seres puros que rodean a Dios en el primero de los nueve coros angélicos. *Otros personajes:* Serafín Alvárez Quintero escribió teatro siempre en colaboración con su hermano Joaquín. Serafín Estébanez Calderón, que firmaba con el seudónimo de «El Solitario», publicó «Escenas andaluzas» en 1847; en su obra mostró un estilo muy depurado y una visión clara de lo social.

Serapio-Serapia. *Origen:* latín. *Onomástica:* 3 de septiembre. Este nombre proviene de «Serapis», que era una divinidad de los egipcios. Para los griegos se convirtió en la diosa de la vegetación y de los muertos.

Serapión. Variante de Serapio.

Sereno-Serena. *Origen:* latín. *Significado:* sereno, quieto, tranquilo. *Onomástica:* 16 de agosto. San Sereno es venerado en Francia porque permaneció en la más absoluta soledad y nadie recuerda haberle visto enfadado; vivió en el siglo VII. Santa Serena se cree que fue la esposa del emperador Diocleciano.

Sergio. *Origen:* latín. *Onomástica:* 26 de septiembre. Este nombre proviene de una familia romana. San Sergio era un muchacho torpe y perezoso, hasta que le visitó un ángel. Desde entonces aprendió lo suficiente para hacerse monje. Como religioso, se mostró tan activo que fundó en las proximidades de Moscú, hacia 1392, un monasterio dedicado a la Santísima Trinidad. Los rusos todavía siguen yendo allí en peregrinación. *Otros personajes:* Sergio se han llamado varios Papas. Sergio llegó a ser patriarca de Constantinopla del año 610 al 638. El coreógrafo Serge (Sergio en ruso) Lifar promocionó el ballet clásico; llegó a ser primer bailarín de la ópera de París en 1929. Serguéi (Sergio en ruso) Mijálovich Eisenstein influyó en el cine mundial con sus extraordinarias películas; sin dejar de mostrar una temática revolucionaria, cuidó la estética de los decorados y la intensidad dramática de una forma genial; estrenó «El acorazado Potemkin» en 1925. El tenista Sergi (Sergio en catalán) Bruguera ha llegado a estar entre los mejores del circuito mundial, ha ganado Roland Garros en 1993 y 1994 y otros grandes torneos. El cantante Sergio Dalma lleva una línea digna dentro del mundo del espectáculo. El ucraniano Serguéi Bubka ha superado la altura de 6 metros en salto de pértiga en varias ocasiones; fue campeón olímpico en 1988.

Servacio. *Origen:* latín. *Significado:* observancia. *Onomástica:* 13 de mayo. San Servacio fue el primer obispo de Tongres. Defendió la fe de su iglesia contra la herejía arriana. Por eso le mataron en Mastricht un día del año 384.

Servando. *Origen:* latín. *Significado:* latino. *Onomástica:* 23 de octubre. San Servando fue mártir en Osuna, y enterrado en. Sevilla. Un segundo San Servando llegó a ser obispo de Iria.

Serviliano. *Origen:* latín. *Onomástica:* 20 de abril. Este nombre es patronímico de «Servilius» o Servilio.

Servilio. *Origen:* latín. *Onomástica:* 24 de mayo. Este nombre proviene de una familia romana procedente de la región de Alba. San Servilio fue un mártir istriano del siglo III.

Servio. *Origen:* latín. *Significado:* el que se conserva en el vientre de la madre muerta, nonato. Servio Tulio fue el sexto rey de Roma.

Servo. *Origen:* latín. *Significado:* siervo. San Servo fue martirizado en África por los vándalos en el siglo V.

Servodei. *Origen:* latín. *Significado:* siervo de Dios. San Servodei fue martirizado en Córdoba, en compañía de San Gumersindo, a mediados del siglo IX.

Servodeo. *Origen:* latín. *Significado:* yo siervo de Dios. San Servodeo fue un religioso español al que llevaron al martirio en la Córdoba del siglo IX.

Sérvulo. *Origen:* latín. *Significado:* joven, esclavo. *Onomástica:* 21 de febrero. San Sérvulo fue un paralítico que permaneció toda su vida tumbado en el pórtico del templo romano de San Clemente.

Set. *Origen:* hebreo. *Significado:* puesto, en su sitio. Set fue el tercer hijo de Adán y Eva. Nació luego de haber muerto Abel. Se le considera, de acuerdo con la Biblia, el padre del género humano. Se cree que vivió 912 años.

Severiano-Severiana. *Origen:* latín. *Onomástica:* 9 de septiembre. Este nombre es patronímico de «Severus» o Severo. *Otros personajes:* Severiano Ballesteros ha sido campeón del mundo de golf en 1976 y 1977. Obtuvo el Masters de Augusta en 1980 y 1983, el Open británico en 1979, 1984 y 1988 y distintos campeonatos menores.

Severino. *Origen:* latín. *Significado:* severo, austero, rígido. *Onomástica:* 27 de noviembre. San Severino fue un ermitaño en una zona solitaria de París, en el siglo V, que hoy lleva su nombre y es una de las más concurridas. Un segundo San Severino evangelizó Nórica, en Austria, durante el siglo V; es posible que sea el mismo que se encuentra enterrado en Nápoles, ya que los datos coinciden. Un tercer Severino fue Papa desde el año 638 al 640.

Severo-Severa. *Origen:* latín. *Significado:* severo, austero, rígido. *Onomástica:* 1 de febrero. San Severo fue un tejedor que llegó a ser obispo de Ravena; se enfrentó a los arrianistas; falleció en el año 389. Un segundo San Severo llevó el obispado de Barcelona hasta el año 302, cuando se le condujo al martirio. *Otros personajes:* el español Severo Ochoa obtuvo el Premio Nobel en 1959 por su síntesis del ácido ribonucleico.

Sibila. *Origen:* latín. *Significado:* sibila. En la mitología griega, las sibilas eran las sacerdotisas que interpretaban los oráculos de Apolo. Sibila fue reina de Jerusalén.

Sibilina-Sibilino. *Origen:* latín. *Significado:* perteneciente a la sibila. *Onomástica:* 19 de marzo. Santa Sibilina Biscosi se quedó ciega a los doce años. Fue recogida por los dominicos de Pavía. Vivió sesenta y siete años en un régimen de humildad y devoción. Falleció en 1367.

Sidonio-Sidonia. *Origen:* latín. *Significado:* procedente de Sidón. *Onomástica:* 23 de agosto. Esta ciudad es la actual Beirut. Sidonio Apolinar fue un célebre obispo de Clermont-Ferrand. Murió en el año 489.

Sidronio. *Origen:* latín. *Significado:* hierro, acero, el hombre de acero. *Onomástica:* 23 de agosto. San Sidronio fue un mártir galo en Sens durante el siglo III.

Sigeberto. *Origen:* germánico. *Significado:* el resplandor de la victoria. San Sigeberto fue un rey mártir anglosajón del siglo VII. Sigeberto se llamaron varios reyes de Austria.

Sigefrido. Variante de Sigfrido.

Sigerico. *Origen:* germánico. *Significado:* poderoso en el triunfo. Sigerico fue rey de los visigodos.

Sigfrido. *Origen:* germánico. *Significado:* la protección que proporciona el triunfo. *Onomástica:* 15 de febrero. San Sigfrido fue un sacerdote inglés que llegó a ser obispo en Suecia. Consiguió extender en este país la fe cristiana; falleció en el año 1015. En las leyendas escandinavas y germánicas, Sigfrido es uno de los héroes principales. También es el protagonista del «Cantar de los nibelungos».

Sigisbaldo. *Origen:* germánico. *Significado:* vencedor, triunfador. *Onomástica:* 26 de octubre. San Sigisbaldo fue obispo de Metz en el siglo VIII.

Sigismundo. Variante de Segismundo. Sigismunda es la heroína de la novela póstuma de Cervantes «Los trabajos de Persiles y Sigismunda».

Siglinda. *Origen:* germánico. *Significado:* el escudo del triunfo.

Sigmundo. Contracción de Sigismundo o Segismundo.

Sigrada. *Origen:* germánico. *Significado:* aconseja en el triunfo. *Onomástica:* 8 de agosto. Santa Sigrada fue madre de San Leodegario y penitente francesa del siglo VII.

Silenio-Silenia. Perteneciente a los silenios. Éstos eran unas divinidades terrestres, como se puede ver en la mitología romana. Sileno es el padre adoptivo de Baco.

Silvano-Silvana. *Origen:* latín. *Onomástica:* 5 de mayo. Proviene de una divinidad silvestre y campestre, que era muy venerada por los habitantes de la antigua región del Lacio. San Silvano fue un mártir romano al que acompañaron en la muerte sus seis hermanos y su madre, Santa Felicidad, en el siglo II. En la mitología romana, Silvano es el dios de la agricultura. *Otros personajes:* la actriz italiana Silvana Mangano se hizo famosa con su papel en la película «Ana». Silvana Pampanini fue otra de las estrellas italianas del cine de la década de los 50 del siglo XX.

Silverio. *Origen:* latín. *Significado:* selva. *Onomástica:* 20 de junio. San Silverio fue Papa en el año 536. Por una maniobra política se le internó en la isla de las Palmas, cerca de Gaeta. Murió un año más tarde.

Silvestre. *Origen:* latín. *Significado:* corresponde a la selva, campestre. *Onomástica:* 31 de diciembre. San Silvestre fue Papa del año 314 al 335; consiguió organizar la iglesia. Varios Papas más se llamaron Silvestre. *Otros personajes:* Silvestre Revueltas fundó la orquesta nacional mexicana y compuso obras muy unidas al folclore de su país. Estrenó «Homenaje a García Lorca» en 1935.

Silviano-Silviana. *Origen:* latín. *Onomástica:* 10 de febrero. Este nombre es patronímico de «Silvius» o Silvio.

Silvino-Silvina. *Origen:* latín. *Significado:* selva. *Onomástica:* 28 de septiembre.

Silvio-Silvia. *Origen:* latín. *Significado:* bosque. *Onomástica:* 3 de noviembre. Santa Silvia fue madre del Papa Gregorio «el Grande»; siempre le cuidó enviándole legumbres verdes para que defendiera su estómago; todo esto en el siglo VI. San Silvio llegó a ser obispo de Toulose; solía predicar con la palabra y el ejemplo; murió en el año 717. *Otros personajes:* el escritor italiano Silvio Pellico con su relato «Mis prisiones», publicado en 1832, ganó muchos aliados para la causa de los patriotas que buscaban la independencia de Italia. La actriz Silvia Tortosa de la fotonovela pasó al cine y a la televisión. La actriz mexicana Silvia Pinai intervino en la película «Maribel y la extraña familia» y en «Viridiana», de Luis Buñuel. La actriz Silvia Munt interpretó de una forma enternecedora el personaje principal de «La plaza del Diamante». El empresario italiano Silvio Berlusconi, «rey de la televisión», ganó las elecciones italianas en 1994, con lo que pudo formar Gobierno; sin embargo, a los pocos meses tuvo que dimitir al perder el apoyo de sus aliados y, a la vez, por una serie de escándalos.

Símaco. *Origen:* griego. *Significado:* solidario en la batalla. *Onomástica:* 19 de julio. San Símaco fue un senador romano al que martirizaron en el siglo VI.

Simberto. *Origen:* germánico. *Significado:* la expedición guerrera. *Onomástica:* 13 de octubre. San Simberto fue obispo de Ausgburgo en la época de Carlomagno.

Simeón-Simona. *Origen:* hebreo. *Significado:* escuchar, prestar atención. *Onomástica:* 18 de febrero. San Simeón fue uno de los discípulos de Jesús; acaso el que mejor le imitó, ya que llegó a ser obispo de Jerusalén y murió crucificado en el año 107. Un segundo San Simeón tuvo la suerte de poder sostener al niño Jesús en sus brazos, cuando José y María llegaron al templo por vez primera después del nacimiento en Belén. San Simeón Estilita pasó largo tiempo viviendo en el interior de un pozo; luego, permaneció más de treinta años sobre una columna, desde la cual pedía a los forasteros que rezasen; espectáculo que se organizó en Siria durante los años 423 al 459. *Otros personajes:* Simeón fundó el imperio búlgaro. Simeón fue rey de Bulgaria de 1943 a 1948. Simone (Simona en francés) Beauvoir siempre fue una escritora comprometida; destacó como ferviente feminista y compañera de Sartre; publicó «Los Mandarines» en 1954. Simone Signoret está considerada como la mejor actriz cinematográfica de Francia. Trabajó con los grandes directores de su país; intervino en 1954 en «Las Diabólicas», de Clouzot; falleció en 1985.

Similiano. *Origen:* latín. *Significado:* similar. *Onomástica:* 16 de junio. San Similiano fue obispo de Nantes (Francia) entre los siglos III y IV.

Simitrio. *Origen:* latín. *Significado:* simétrico, moderado. *Onomástica:* 26 de mayo. San Simitrio fue mártir en Roma durante el siglo II.

Simón. *Significado:* romo, chato. *Onomástica:* 28 de septiembre. Variante de Simeón. El beato Simón Rojas fue trinitario en Valladolid; nunca quiso ser obispo, a pesar de que se lo pidieron muchas veces. Murió en 1624. San Simón Stock nació en Inglaterra, para meterse, después, en el tronco de un roble, donde permaneció veinte años; por eso se le llamó «Stock» (tronco en inglés); sin embargo, al final aceptó el cargo de general de los carmelitas; más tarde, mientras dormía con un escapulario, en una cama de Burdeos, le llegó la muerte; ocurrió en 1265. San Simón Zelotas tuvo el honor de formar parte de los apóstoles; Zelotas era el apodo que utilizaba en la clandestinidad, ya que pertenecía a un grupo de judíos que luchaban contra los romanos. *Otros personajes:* el gran sacerdote Simón Macabeo llegó a ser caudillo judío. Simón «el Mago» adquirió mucha fama entre los judíos por sus habilidades como prestidigitador. El general Simón Bolívar, llamado «el Libertador», es considerado el héroe sudamericano por excelencia; liberó Colombia en 1819 y siguió con sus victorias. Se le nombró dictador de la Gran Colombia en 1829; sin embargo, renunció al cargo un año después ante la presión de sus enemigos. Shimon (Simón en polaco) Peres fue primer ministro de Israel de 1984 a 1986; luego aceptó varias carteras ministeriales en distintos gobiernos; obtuvo el Premio Nobel de la Paz en 1944.

Simpliciano. *Origen:* latín. *Onomástica:* 14 de agosto. Este nombre es patronímico de «Simplicius» o Simplicio. San Simpliciano sucedió a San Ambrosio en el arzobispado de Milán durante el siglo IV.

Simplicio. *Origen:* latín. *Significado:* se compone de una sola parte, simple. *Onomástica:* 10 de marzo. San Simplicio fue un Papa sin complejos, pero no sin problemas. Debió hacer frente a los bárbaros y a los teólogos. Falleció en el año 483.

Sindulfo. *Origen:* germánico. *Significado:* el guerrero de la patrulla bélica. *Onomástica:* 20 de octubre.

Sinesio. *Origen:* latín. *Significado:* la cualidad de comprender, inteligencia. *Onomástica:* 12 de diciembre. El filósofo griego Sinerio fue discípulo de Hiparia en el siglo V.

Sinforiano-Sinforiana. *Origen:* latín. Este nombre es patronímico de «Sinforius» o Sinforo. *Onomástica:* 22 de agosto. San Sinforiano fue un adolescente nacido en el seno de una familia francesa. Como durante un cortejo pagano le entró la risa, pues ya era cristiano, le castigaron llevándole al martirio en el siglo III.

Sinforoso-Sinforosa. *Origen:* latín. *Significado:* acompañar, ser útil. *Onomástica:* 2 de julio. Santa Sinforosa fue martirizada en Roma con sus siete hijos durante el siglo II. En la actualidad es patrona de Tívoli.

Sinfronio. *Origen:* griego. *Significado:* el que comparte los sentimientos de otro. *Onomástica:* 26 de julio.

Siricio. *Origen:* latín. *Significado:* sirio. *Onomástica:* 21 de febrero.

Siro-Sira. *Origen:* latín. *Significado:* procedente de Siria. *Onomástica:* 29 de junio. San Siro fue el primer obispo de Pavía. Hoy es patrón de esta ciudad.

Sisebuto. *Origen:* germánico. *Significado:* el señor de los triunfos. *Onomástica:* 15 de marzo. San Sisebuto llegó a ser abad del monasterio de Cardeña (Burgos) en el siglo XI. Sisebuto fue el rey poeta de los visigodos.

Sisenando. *Origen:* germánico. *Significado:* osado, atrevido, osado en el triunfo. *Onomástica:* 16 de julio. San Sisenando había nacido en Badajoz y se hizo diácono en Córdoba; por enfrentarse a los musulmanes con la palabra, le respondieron con los hechos más crueles: decapitarle en el año 851. Sisenando fue un rey godo español que permaneció en el trono del año 631 al 636.

Sisinio. *Origen:* latín. *Significado:* el que colabora en la destrucción. *Cnomástica:* 11 de mayo. Sisinio nació en Siria y llegó a ser Papa a principios del siglo VIII.

Sixto. *Origen:* latín. *Significado:* sexto. *Onomástica:* 6 de agosto. San Sixto fue elegido Papa en agosto del año 257. Detenido un año después, se le ejecutó mientras celebraba la misa. Otros Papas llevaron el nombre de Sixto.

Socorro. *Onomástica:* 8 de septiembre. Advocación de la Virgen María: Nuestra Señora del Perpetuo Socorro. Santa María del Cervelló, o «María del Socors (socorro en catalán)», vivió en el siglo XIII.

Sócrates. *Origen:* griego. *Significado:* fortaleza sana. *Onomástica:* 19 de abril. Sócrates es considerado el «grande entre los grandes» filósofos griegos. Se cree que murió el año 399 a.C.

Sofanor. *Origen:* griego. *Significado:* hombre sabio.

Sofía. *Origen:* griego. *Significado:* sabiduría. *Onomástica:* 1 de agosto. Santa Sofía fue madre de tres niñas modelos: Fe, Esperanza y Caridad; a las cuatro las llevaron al martirio en la época del emperador Diocleciano, hacia el año 120. La Basílica de Santa Sofía, que se alzaba en Constantinopla, fue dedicada por el emperador Justiniano a Cristo como prueba de la «sabiduría» de Dios. *Otros personajes:* Sofía de Grecia es reina de España al estar casada con el rey Juan Carlos I de Borbón. La actriz italiana Sofía, o Sophia, Loren obtuvo el Óscar el año 1961 por su interpretación en la película «Dos mujeres».

Sófocles. *Origen:* griego. *Significado:* sabiduría. Sófocles fue un famoso dramaturgo griego del siglo V a.C.

Sofonías. *Origen:* hebreo. *Significado:* Yahvé oculto. *Onomástica:* 3 de diciembre. En la Biblia, Sofonías es uno de los profetas menores. Corresponde al siglo VII a.C.

Sofonisba. *Origen:* hebreo-fenicio. *Significado:* conservadora de príncipes. Sofonisba fue la reina de Numidia, a la que dio muerte su amante Masinisa, con el fin de impedir que cayera en poder de Escipión «el Africano».

Sofronio-Sofronia. *Origen:* griego. *Significado:* contemplar, percibir. *Onomástica:* 11 de marzo. San Sofronio fue obispo de Chipre y patriarca de Jerusalén en el siglo V.

Sofronisco. *Origen:* griego. Este nombre es un diminutivo de Sofronio. Sofronisco fue padre de Sócrates.

Sol. *Origen:* latín. *Onomástica:* 3 de diciembre. El Sol es el astro rey, el centro del sistema solar. La fuente de calor y vida de la Tierra. San Sol fue un presbítero discípulo de San Bonifacio, el ermitaño, en la Alemania del siglo VIII.

Solange. *Origen:* francés. *Onomástica:* 10 de mayo. Se cree que proviene de Santa Solemnia, que fue martirizada en Berry durante el siglo IX. Era tan bella e inocente que, estando en el río, se le acercó un hombre con la pretensión de conquistarla. Como ella se negó...

Soledad. *Onomástica:* 11 de octubre. Advocación mariana: se refiere a la soledad que rodeó a María luego de saber que había muerto su hijo Jesús.

Solemnio. *Onomástica:* 22 de enero. *Origen:* latín. Este nombre se daba en Roma a las fiestas solemnes. San Solemnio fue obispo de Chartres (Francia) en el siglo VI.

Solón. *Origen:* griego. Solón fue uno de los siete sabios de Grecia. San Solón, hermano de San Melas, recibió martirio a principios del siglo V.

Sonia. Forma hipocorística rusa de Sofía. *Otros personajes:* Sonia Gaskell fue una famosa profesora de ballet ruso. Sonia Bruno había destacado en el campo de la publicidad, pasó al cine y realizó un trabajo digno, sin embargo, al casarse con «Pirri», jugador del Real Madrid, se alejó por completo del mundo del espectáculo.

Sosio. *Origen:* latín. *Significado:* salvar, sano, conservado. *Onomástica:* 23 de septiembre. San Sosio fue compañero de martirio de San Jenaro, a los dos los degollaron en Puza (Nápoles) a finales del siglo III. Un segundo San Sosio llegó a ser diácono, hasta que le llevaron al martirio en Campania, en los comienzos del siglo IV.

Sosípatro. *Origen:* griego. *Significado:* salvador del padre. *Onomástica:* 25 de junio. San Sosípatro fue discípulo de San Pablo y obispo de Iconio, la capital de Licaonia, en el siglo I.

Sóstenes. *Origen:* griego. *Significado:* vigoroso. *Onomástica:* 28 de noviembre. San Sóstenes fue discípulo de San Pablo. Ocupó el cargo de príncipe de la sinagoga de Corinto, hasta que le martirizaron en Calcedonia.

Sotero-Sotera. *Origen:* griego. *Significado:* salvador. *Onomástica:* 22 de abril. San Sotero fue Papa. Se cuidó de los cristianos que eran deportados a las minas o encerrados en las prisiones, de esta manera terminó por ser llevado al martirio en el año 175. Santa Sotera levantó en Holanda una iglesia dedicada a la Virgen María. Allí vivió haciendo el bien, hasta que le dieron muerte en el siglo XI.

Stella. Forma latina de Estrella.

Suero. *Origen:* germánico. *Significado:* el ejército del sur.

Sufragio. *Origen:* latín. *Significado:* dar su sufragio, votar. *Onomástica:* 7 de noviembre. Advocación de la Virgen María: Nuestra Señora del Sufragio.

Suitberto. *Origen:* germánico. *Significado:* famoso por los triunfos. *Onomástica:* 1 de marzo. San Suitberto se unió a San Willibrodo para predicar en Alemania. Remontaron el Rhin en barco hasta Utrech. El éxito de su trabajo, le valió a Suitberto conseguir el obispado, pero sin tener una localidad en especial a la que dedicarse. Murió en el año 713.

Sulamita. *Origen:* hebreo. *Significado:* la ciudad de la paz. En la Biblia, Sulamita es la amante del pastor que se menciona en el «Cantar de los Cantares».

Sulpicio. *Origen:* latín. *Significado:* azufre. *Onomástica:* 17 de enero. San Sulpicio fue un obispo francés de Borges durante el siglo VII, en su nombre se edificó una iglesia en París. También en Francia adquirió una gran fama el eclesiástico Sulpicio Severo; pero éste vivió en el siglo V.

Sultana. *Origen:* árabe. *Significado:* amo absoluto. Forma femenina de sultán, que era el título de la máxima autoridad entre los árabes y los otomanos.

Suprano. Variante de Cipriano. San Suprano fue un abad francés del siglo VI.

Susana. *Origen:* hebreo. *Significado:* lirio blanco. *Onomástica:* 11 de agosto. Santa Susana fue una mártir romana del siglo III, a la que estranguló la misma mano que ella había rechazado al negarse a contraer matrimonio. *Otros personajes:* la norteamericana Susan (Susana en inglés) Hayward demostró su fuerte personalidad en infinidad de películas, sobre todo en «¡Quiero vivir!». Ésta le permitió ganar el Óscar en 1958. Susana Estrada comenzó con el cine «de destape» y, luego, montó espectáculos de desnudo integral, pero con adornos de toda clase, algunos muy sensuales.

Sylvia. Variante cacográfica de Silvia. *Otros personajes:* Sylvia Kristel fue la famosa «Emmanuelle» de la pantalla; luego, se eclipsó con películas mediocres.

Syra. Variante gráfica de Sira.

T

Tabaré. *Origen:* tupí. *Significado:* el que vive aislado, alejado del pueblo. Tabaré fue un cacique indio argentino.

Tabita. *Origen.* arameo. *Significado:* gacela. *Onomástica:* 25 de octubre. Santa Tabita fue una mujer de Jaffa que tejía para los pobres. San Pedro la resucitó.

Taciano-Taciana. *Origen:* latín. Este nombre es patronímico de Tacio.

Tacio-Tacia. *Origen:* latín. *Significado:* padre. *Onomástica:* 24 de agosto. Tacio fue el rey de los sabinos que compartió el trono con Rómulo, uno de los fundadores de Roma.

Tadeo. *Origen:* latín. *Significado:* el que confiesa. *Onomástica:* 28 de octubre. San Judás Tadeo fue uno de los doce apóstoles. Le llamaban el «hermano de Jesús». *Otros personajes:* el suizo Tadeo Reichstein obtuvo el Premio Nobel de Química en 1950.

Talía. *Origen:* griego. *Significado:* la floreciente, la fuerte. En la mitología griega, Talía es una de las tres Gracias, precisamente la musa de la comedia.

Tamaro-Tamara. *Origen:* hebreo. *Significado:* palmera de dátiles. San Tamaro fue un religioso africano del siglo V que llegó a Italia en una barca sin remos, en la que le habían abandonado los vándalos; Precisamente le recogieron en Capua, con el tiempo ocupó el obispado de Benevento. Tamara fue una célebre reina medieval de Georgia.

Tancredo. *Origen:* germánico. *Significado:* el que medita sus consejos. Tancredo de Altavilla fundó la dinastía normanda, que reinó en las Dos Sicilias en el siglo XII.

Tanguy. *Origen:* bretón. *Significado:* fuego. *Onomástica:* 18 de noviembre. San Tanguy fue un bretón que mató a su hermana por error. Para expiar su pena fundó la abadía de San Mateo, en el Finisterre francés, durante el siglo IX.

Tania. Forma hipocorística de Tatiana.

Tarasio-Tarasia. *Origen:* griego. *Significado:* sacudir, agitar, preocupar. San Tarasio fue patriarca de Constantinopla. Siempre se mostró apasionado de las imágenes.

Tarquino. *Origen:* latín. *Significado:* perteneciente a Tarquinia. Ésta era una ciudad etrusca muy próxima a la actual Corneto. Tarquino Prisco fue el quinto rey de Roma desde el año 615 al 579 a.C. Con Tarquino, «el Soberbio», finalizó esta dinastía en el año 509 a.C.

Tarsicio-Tarsicia. *Origen:* latín. *Significado:* valor, atrevimiento, osadía. *Onomástica:* 15 de agosto. San Tarsicio fue monaguillo de Roma en el siglo III. Un día que atravesaba la ciudad llevando un estuche con hostias consagradas, le atacaron unos gamberros. Perdió la vida al defender su tesoro.

Társilo-Társila. *Origen:* latín. *Significado:* ser audaz, atrevido. *Onomástica:* 24 de diciembre. Santa Társila, tía de San Gregorio Magno, fue virgen y mártir.

Taurino. *Origen:* latín. *Significado:* perteneciente al toro. *Onomástica:* 11 de agosto. San Taurino fue un obispo galo del siglo V.

Tea. Forma abreviada de Dorotea o de Teresa.

Tecla. *Origen:* latín. *Significado:* gloria. *Onomástica:* 23 de septiembre. Santa Tecla fue una de las tres religiosas deportadas a Mosul un día de mayo del año 347, como se negó a casarse y a adorar al sol, la sacrificaron, es patrona de Tarragona. Una segunda Santa Tecla se convirtió al escuchar a San Pablo. La sometieron a muchos martirios; sin embargo, vivió hasta los noventa años, falleció en la capital de Licaonia (la actual Conia de Turquía).

Telémaco. *Origen:* griego. *Significado:* el que combate lejos. *Onomástica:* 16 de febrero. San Telémaco se atrevió a interrumpir un combate de gladiadores con sus protestas, esto le convirtió en mártir allí mismo; sucedió durante el siglo IV. En la mitología griega, Telémaco es el hijo de Ulises y Penélope.

Telesforo. *Origen:* griego. *Significado:* realiza un proyecto. *Onomástica:* 5 de enero. San Telesforo fue un Papa mártir, en el siglo II, que instituyó la misa de Navidad.

Telmo. *Onomástica:* 14 de abril. Es posible que sea aféresis de Antelmo. San Telmo, al que llamaron Pedro González, fue un predicador dominico español del siglo XIII.

Temístocles. *Origen:* griego. *Significado:* famoso por su sentido de la justicia. *Onomástica:* 21 de diciembre. San Temístocles fue un pastor de Licia, en el Asia menor, al que sometieron a martirio en la mitad del siglo III. El general ateniense Temístocles venció a los persas en Salamina durante el siglo V a.C.

Teo. *Origen:* germánico. *Significado:* Dios, pueblo. San Teo fue mártir en Gaza (Palestina) en el siglo III.

Teobaldo. *Origen:* germánico. *Significado:* osado en el pueblo. *Onomástica:* 6 de noviembre. San Teobaldo dimitió de canónigo y maestro de escuela en el año 1070; prefirió vivir como ermitaño; es muy famoso en Francia. San Teobaldo de Alba gastó sus zapatos en el camino de Santiago, a pesar de que era zapatero; por último, se dedicó a limpiar la catedral de Alba; le pilló la muerte con la escoba en la mano; sucedió en 1150. San Teobaldo de Marly pertenecía a la ilustre familia de los Montmorency; sin embargo, vivió como abad cisterciense en Vauxde-Cernay; aquí falleció en 1247.

Teoberto. *Origen:* germánico. *Significado:* resplandor, pueblo o el resplandor del pueblo.

Teocleto-Teocleta. *Origen:* griego. *Significado:* dios, llamar o llamado por Dios. *Onomástica:* 21 de agosto. Santa Teocleta, «la Taumaturga», fue una de las mujeres más renombradas en Oriente durante el siglo IX.

Teócrito. *Origen:* griego. *Significado:* elegido. Teócrito fue un famoso poeta griego de Sicilia en el siglo II a.C.

Teoctisto-Teoctiste. *Origen:* griego. *Significado:* edificado, construido. *Onomástica:* 10 de noviembre. Santa Teoctiste vivió como una anacoreta en la isla de Paros durante el siglo VII.

Teodardo. *Origen:* germánico. *Significado:* pueblo, osado u osado en el pueblo. *Onomástica:* 10 de septiembre. San Teodardo fue obispo de Lieja en el siglo VII.

Teodato. *Origen:* germánico. *Significado:* la lucha del pueblo. Teodato fue rey de los ostrogodos de Italia.

Teodefrido. Variante de Teofrido.

Teodolinda. *Origen:* germánico. *Significado:* pueblo, defensa o la defensa del pueblo. Santa Teodolinda fue reina de los longobardos. Tomó la decisión de que su pueblo se convirtiera al catolicismo en el siglo VI.

Teodomiro. *Origen:* germánico. *Significado:* pueblo, célebre o célebre en el pueblo. *Onomástica:* 25 de julio. San Teodomiro nació en Carmona, se hizo monje en Córdoba y fue martirizado por los moros a mediados del siglo IX. Teodomiro fue un noble visigodo del siglo VIII.

Teodoreto. *Origen:* griego. *Significado:* donado por Dios.

Teodorico. *Origen:* germánico. *Significado:* el jefe del pueblo. *Onomástica:* 15 de octubre. San Teodorico fue un carmelita del siglo XIV, que cubría su cuerpo desnudo con una gruesa túnica de hierro. *Otros personajes:* el visigodo Teodorico reinó en España desde el año 453 al 466. Teodorico, «el Grande», llegó a ser rey de los ostrogodos.

Teodoro-Teodora. *Origen:* griego. *Significado:* don de Dios. *Onomástica:* 28 de abril. Santa Teodora fue una joven cristiana de Alejandría a la que se condenó al martirio, sin embargo, un solda- do romano muy caballeroso cambió con ella las ropas, claro que Teodora, en lugar de escapar, le acompañó a la muerte; en el año 304. San Teodoro pudo ser general en Turquía hacia el año 300; una categoría militar que no le impidió marchar al martirio, luego de haber incendiado el templo de Cibeles. *Otros personajes:* varios Papas llevaron el nombre de Teodoro. Fiódor (Teodoro en ruso) Mijálovic Dostoievski supo mostrar como nadie la bajeza de la con- dición humana, ya que su vida se hallaba sumida en la tragedia: a su padre le asesinaron, a él le condenaron a muerte, estuvo en un campo de concentración y, además, sufría ataques epilépticos; todo esto sirvió para abonar una literatura impresionante y grandiosa;

escribió «Crimen y castigo» en 1886. Theodore (Teodoro en inglés) Roosevelt ocupó la presidencia de los Estados Unidos de 1901 a 1909; recibió el Premio Nobel de la Paz en 1906. El escritor húngaro Theodor (Teodoro alemán) Herzl es considerado uno de los precursores del sionismo; publicó «El estado judío» en 1896. El alemán Theodor Heuss ayudó a fundar el partido liberal demócrata; luego ocupó la presidencia de su país desde 1949 a 1959.

Teodosio-Teodosia. *Origen:* griego. *Significado:* dádiva de Dios. *Onomástica:* 11 de enero. San Teodosio «el Cenobiarca» fue un comandante de monasterios; este título se le concedió luego de haber edificado varias hospederías monásticas en las proximidades de Jerusalén, con el fin de acoger a los centenares de visitantes; murió en el año 529. Teodosio «el Grande» llegó a ser emperador de Roma del año 379 al 395.

Teodoto-Teodota. *Origen:* griego. *Significado:* entregado por Dios. *Onomástica:* 2 de agosto. Santa Teodota llegó al martirio acompañada de sus tres hijos en Nicea (Bitinia) durante el siglo IV. San Teodoto de Ancira trabajaba como tabernero. Como había leído que el vino alegraba el corazón del hombre, se lo llevaba a los cristianos encarcelados. Un día le detuvieron en las prisiones y lo que regaló fue su sangre, en el año 303.

Teodulfo. *Origen:* germánico. *Significado:* el guerrero del pueblo. *Onomástica:* 24 de junio. San Teodulfo fue abad y obispo de Lobbes (Bélgica). Le dieron muerte en el año 776.

Teódulo-Teódula. *Origen:* griego. *Significado:* esclavo, siervo de Dios. *Onomástica:* 17 de febrero. San Teódulo fue mártir a los ochenta años. Agonizaba en su cama, cuando se levantó para ir a dar un beso a dos jóvenes que iban a ser martirizados. Esto hizo que a él le mataran sobre una cruz. Sucedió en Cesárea (Palestina) en el año 309.

Teófanes. *Origen:* griego. *Significado:* aquel a quien se le aparece Dios. *Onomástica:* 2 de febrero. San Teófanes fue un joven misionero francés que a los treinta y dos años, en Tonquín (China), sufrió martirio; sucedió en 1861. San Teófanes Isáurico destacó como historiador en Bizancio durante el siglo VIII. Y un tercer San Teófanes llegó a ser obispo de Nicea en el siglo IX. El griego Teofanes ha pasado a la historia como historiador y poeta.

Teofanio-Teofania. *Origen:* griego. *Significado:* la manifestación de Dios. En la Francia medieval se daba por cierto que Teofania fue la madre de los Reyes Magos. San Teofanio hizo vida monástica en Toscana a pesar de ser un conde.

Teofilacto. *Origen:* griego. *Significado:* Dios, guardar o aquel a quien Dios guarda. San Teofilacto fue arzobispo de Nicomedia (en la actualidad Izmit) en el siglo IX.

Teófilo-Teófila. *Origen:* griego. *Significado:* amigo de Dios. *Onomástica:* 20 de diciembre. San Teófilo vivió en Alejandría; al enterarse que un amigo iba a ser llevado al martirio, acudió a consolarle. Tanto entusiasmo mostró, que a él también le correspondió el mismo destino; era el año 250. Un segundo San Teófilo es recordado como el famoso apologista y obispo de Antioquía del siglo II. Y un tercero, llamado San Teófilo de Corte, como monje reformó a los franciscanos en el siglo XVIII. *Otros personajes:* Teófilo Braga llegó a ser presidente de Portugal en 1915; también fue escritor e historiador. Théophile (Teófilo en francés) Gautier se hizo famoso por sus novelas históricas, como «El capitán Fracasa», publicada en 1863; además, fue un excelente poeta.

Teofrasto. *Origen:* griego. *Significado:* profesar. *Otros personajes:* Teofrasto fue el filósofo griego, discípulo de Aristóteles, que escribió la «Historia de las plantas» entre los siglos IV y III a.C. Teofrasto Bombasto nació en Alemania y destacó como filósofo, médico y alquimista.

Teofredo. *Onomástica:* 26 de enero. Variante de Teofrido. San Teofredo fue un obispo francés del siglo VIII.

Teofrido. *Origen:* germánico. *Significado:* amparo, protección, seguridad. *Onomástica:* 19 de octubre. San Teofrido fue un abad francés martirizado en el siglo VIII.

Teógenes. *Origen:* griego. *Significado:* nacido, generado por Dios. *Onomástica:* 3 de enero. San Teógenes fue un obispo llevado al martirio en Gipona durante el siglo III.

Teogonio. *Origen:* griego. *Significado:* formado por los dioses. *Onomástica:* 21 de agosto. San Teogonio fue mártir en Siria durante el siglo IV.

Teonas. *Origen:* griego. *Significado:* posee una mente divina. *Onomástica:* 23 de agosto. San Teonas contaba diecinueve años y quería ser sucesor de los apóstoles en Alejandría. Por eso buscó el martirio en el año 300.

Teonesto. *Origen:* griego. *Significado:* Dios no olvida. *Onomástica:* 30 de octubre. San Teonesto fue obispo de Altino, ciudad véneta, al que martirizaron en el siglo V.

Teopisto-Teopista. *Origen:* griego. *Significado:* el que confía en Dios. *Onomástica:* 20 de septiembre. Santa Teopista, esposa de San Eustaquio, y su hijo Teopisto fueron llevados al martirio en la Roma del siglo II.

Teopompo. *Origen:* griego. *Significado:* enviado por los dioses, sobrehumano. *Onomástica:* 21 de mayo. San Teopompo fue mártir en Nicomedia a comienzos del siglo IV.

Teótimo. *Origen:* griego. *Significado:* honrado por los dioses. *Onomástica:* 20 de abril. San Teótimo fue un viejo profesor de filosofía, al que su pequeño obispado de Tomes le permitía disponer de tiempo para ir a evangelizar a los hunos, que se encontraban al otro lado del Danubio, en el siglo V.

Tercio. *Origen:* latín. *Significado:* tercero. *Onomástica:* 6 de diciembre. Este nombre se daba al tercer nacido. San Tercio fue martirizado por los vándalos en África a finales del siglo V.

Tere. Forma hipocorística de Teresa.

Tereixa. Forma gallega de Teresa.

Terenciano. *Origen:* latín. *Onomástica:* 1 de septiembre. Este nombre es patronímico de Terencio. San Terenciano fue el obispo martirizado de Todi (Umbría) en los comienzos del siglo II.

Terencio. *Origen:* latín. *Significado:* dedicado a Terensis. Ésta era la diosa de la trilla. *Onomástica:* 27 de septiembre. *Otros personajes:* Terencio fue un famoso poeta latino del siglo VIII a.C. El irlandés Terencio Mac Swiney es valorado en su país como un gran patriota.

Teresa. *Origen:* latín. *Significado:* la cosechadora, la segadora. *Onomástica:* 15 de octubre. Santa Teresa de Jesús se hizo carmelita en Ávila y reformó la Orden; extendió el culto a San José; escribió sus experiencias místicas; murió en Alba de Tormes una noche de 1582. Santa Teresa del Niño Jesús también se hizo carmelita, pero en Lisieux (Francia) y teniendo quince años; nueve años más tarde subió al cielo, en 1897. Es patrona de las misiones. Las dos hermanas Santa Teresa y Santa Sancha reinaron en Portugal, hasta que cambiaron los bienes materiales por los espirituales al ingresar en la Orden del Císter en el siglo XIII. *Otros personajes:* Teresa Ansúrez, reina de León, se casó en el año 960 con Sancho I. Teresa Bou fue la amada de Ausias March. Teresa Berganza es una famosa mezzosoprano, que ha actuado en los principales escenarios de ópera del mundo. Teresa de Calcuta, o Inés Gonxha Bojaxhiu, fue una religiosa india de origen albanés, cuyo trabajo en favor de los pobres le hizo merecedora del Premio Nobel de la Paz en 1979. Teresa Rabal comenzó siendo actriz de cine, siguiendo los pasos de su padre, y en la actualidad se ha dedicado en exclusiva a los niños.

Teresio. Forma masculina de Teresa.

Teresita. Diminutivo de Teresa.

Tertuliano-Tertuliana. *Origen:* latín. *Onomástica:* 27 de abril. Este nombre es patronímico de Tértulo. San Tertuliano fue obispo de Bolonia cuando se desplomó el Imperio de Occidente; sufrió la sacudida en el año 476. Un segundo San Tertuliano destacó como apologista cristiano entre los siglos III y IV.

Tesifón. *Origen:* latín. *Significado:* posesión. San Tesifón fue uno de los siete varones apostólicos enviados por los santos Pedro y Pablo para evangelizar España. Recibió el cargo de obispo de la Bética a finales del siglo I.

Thelma. *Origen:* griego. *Significado:* voluntad. Este nombre se propagó en los países anglosajones luego de haberse publicado la novela «Thelma» de María Corelli.

Thierry. Forma francesa y variante de Teodorico.

Tiberio. *Origen:* latín. *Significado:* perteneciente al río Tíber. *Onomástica:* 10 de noviembre. San Tiberio fue un mártir galo del siglo IV. *Otros personajes:* Tiberio fue el segundo emperador romano, sucesor de Augusto, bajo cuyo gobierno se produjo el martirio de Jesucristo.

Tiburcio. *Origen:* latín. *Significado:* el que pertenece a «Tiburtus». Éste fue el legendario fundador de la actual Tívoli en el Lacio. *Onomástica:* 11 de agosto. San Tiburcio fue martirizado en Roma durante el siglo III.

Ticiano. *Origen:* latín. *Onomástica:* 16 de enero. Este nombre es patronímico de «Titus» o Tito.

Ticón. *Origen:* latín. *Significado:* el de la suerte. *Onomástica:* 16 de junio.

Tigridia. *Origen:* latín. *Significado:* perteneciente a Tigrida o tigre. *Onomástica:* 22 de noviembre. La beata Trigidia, hija de Sancho García, conde de Castilla, se hizo religiosa en el monasterio de Oña durante el siglo X.

Timolao. *Origen:* griego. *Significado:* el que respeta al pueblo. *Onomástica:* 24 de marzo. San Timolao fue mártir en Cesarea a comienzos del siglo IV.

Timoleón. *Origen:* griego. *Significado:* respetado como un león. Timoleón fue un político y general griego del siglo IV a.C.

Timoteo. *Origen:* griego. *Significado:* el que siempre venera a Dios. *Onomástica:* 24 de enero. San Timoteo fue uno de los alumnos de San Pablo; se le nombró obispo de Efeso; falleció en el año 97 d.C. El griego Timoteo destacó como poeta y músico del siglo V a.C.

Tina. Diminutivo de nombres italianos terminados en «tina». *Otros personajes:* Tina Turner es una cantante norteamericana de «rock» y de otros estilos muy dinámicos. Tina Aumont es una actriz, hija de María Montez y Jean Pierre Aumont, que ha hecho toda su carrera artística en Italia.

Tirso. *Origen:* latín. *Onomástica:* 24 de enero. En la mitología griega, se indica que tirso era una vara entramada que llevaba el dios Dionisio como cetro. Tenía un uso mágico en todas las bacanales.

Tirza. *Origen:* hebreo. *Significado:* agrado, delicia, ciprés.

Tisbé. *Origen:* griego. En la mitología griega, Tisbé es la joven babilónica amante de Príamo.

Tito. *Origen:* etrusco. *Significado:* el defensor. *Onomástica:* 6 de febrero. San Tito estudió teología y vida sacerdotal con San Pablo. Luego se le nombró obispo de Creta. *Otros personajes:* Tito Labieno mostró sus grandes habilidades como capitán de César. Tito Flavio Domiciano, hijo de Vespasiano, llegó a ser emperador de Roma. Tito Livio se hizo famoso como historiador en latín.

Tizoc. *Origen:* náhuatl. *Significado:* el que sangra por penitencia. Tizoc fue el séptimo rey azteca. Su mandato cubrió desde 1481 a 1486.

Tobías. *Origen:* hebreo. *Significado:* mi bien es Yahvé. *Onomástica:* 2 de noviembre. En el santoral aparecen dos Tobías, padre e hijo, que corresponden a unos personajes bíblicos.

Tolomeo. *Origen:* griego. *Significado:* pelea, guerrero, belicoso. *Onomástica:* 19 de octubre. San Tolomeo fue martirizado por enseñar el catecismo en Roma; la misma suerte siguieron sus alumnos en el año 160. Tolomeo se llamaron varios reyes de Egipto.

Tomás. *Origen:* arameo. *Significado:* gemelo, igual. *Onomástica:* 21 de diciembre. San Tomás Becket quiso mantener su amistad con el rey Enrique II, a pesar de haber sido nombrado obispo de Canterbury. Sin embargo, terminó por enfrentarse al mismo; el desenlace llegó con su martirio en 1170. Santo Tomás de Aquino pasa por ser uno de los mayores teólogos y sabios de la Iglesia; viajó por toda Europa, como acostumbraban los miembros más importantes de la Orden de los dominicos; falleció en Fossanova, a los cuarenta y ocho años, durante 1274. San Tomás de Villanueva llegó a ser arzobispo de Valencia, en una época de gran necesidad; siempre tenía vacías sus arcas por atender a los más humildes; esto le hizo merecedor del sobrenombre de «Tomás el Limosnero»; murió en 1555. *Otros personajes:* el español fray Tomás Torquemada desempeñó dos cargos: confesor de los Reyes Católicos e inquisidor general de Castilla y Aragón; durante su mandato se condenaron a más de tres mil «herejes» y fueron expulsados los judíos de España. El músico español Tomás Bretón compuso óperas y zarzuelas; una de éstas fue «La verbena de la Paloma», que estrenó en 1894. Thomas (Tomás en inglés) Jefferson llegó a la presidencia de los Estados Unidos en 1801 y la dejó en 1809. El norteamericano Thomas Alva Edison inventó la lámpara incandescente en 1878, el fonógrafo y un millar más de ingenios, no había pasado por ninguna universidad, sólo se basaba en su gran ingenio y en una inmensa curiosidad. Thomas Woodrow Wilson ocupó la presidencia de los Estados Unidos de 1913 a 1931; obtuvo el premio Nobel de la Paz en 1919. El químico inglés Thomas Graham estudió la difusión de los gases en el siglo XIX. El alemán Thomas Mann mostró en sus novelas una preferencia por el espíritu antes que por la acción sin sentido; publicó «La montaña mágica» en 1924; recibió el Premio Nobel cinco años más tarde.

Tonátiuh. *Origen:* náhuatl. *Significado:* el Sol. «Tonátiuh» es el nombre que los indios dieron a Pedro de Alvarado.

Torcuato. *Origen:* latín: *Significado:* el que lleva el brazalete. *Onomástica:* 15 de mayo. San Torcuato llegó a España, desde Roma, con el título de obispo. No dejó de predicar por el camino a Guadix (Cádiz), donde encontró el martirio en el siglo I. *Otros personajes:* Torquato (Torcuato en italiano) Tasso escribió fábulas pastoriles y el poema épico «Jerusalén libertada», que se conoció en 1581. El político español Torcuato Fernández Miranda ocupó la presidencia interina del Gobierno español en 1973, después del asesinato de Carrero Blanco; luego, presidió las Cortes, en el período 1975-1977, tras la coronación de Juan Carlos I. El periodista español y marqués Torcuato Luca de Tena fundó la revista «Blanco y Negro» y el diario «ABC».

Toribio. *Origen:* griego. Significado: ruidoso, estrepitoso. *Onomástica:* 27 de abril. San Toribio de Mogrovejo estudió en la Universidad de Vallodolid y viajó a América, donde se le nombró arzobispo de Lima y primado del Perú. En su labor misionera se preocupó tanto de los indios como de sus clérigos, ya que muchos se habían desmandado. Murió en plena actividad un día de 1606.

Tranquilino-Tranquilina. *Origen:* latín. *Significado:* perteneciente a «Tranquillus» o Tranquilo. *Onomástica:* 6 de julio. San Tranquilino fue un mártir romano del siglo II.

Tranquilo-Tranquila. *Origen:* latín. *Significado:* sosegado.

Tránsito. *Origen:* latín. *Significado:* pasaje, ir más allá. *Onomástica:* 13 de agosto. Advocación de la Virgen María: recuerda su Tránsito o su muerte.

Trasíbulo. *Origen:* griego. *Significado:* el consejero atrevido. Trasíbulo fue el general ateniense que emancipó a su patria de los Treinta Tiranos en el siglo v a.C.

Trasimundo. *Origen:* germánico. *Significado:* protección rápida. Trasimundo fue uno de los más sabios reyes vándalos, esposo de Amalfreda y hermano de Teodorico. Vivió en el siglo v.

Trifón. *Origen:* griego. *Significado:* de vida regalada. San Trifón fue un mártir de Niza en el siglo III.

Trifonia. *Onomástica:* 3 de julio. Forma femenina de Trifón. Santa Trifonia fue una emperatriz romana del siglo III, que estuvo casada con el emperador Decio.

Trinidad. *Origen:* latín. *Significado:* reunión de tres. Nombre místico: se refiere al dogma cristiano de las tres personas divinas unidas en una sola esencia.

Tristán. *Origen:* céltico. *Significado:* tumulto, mensajero, heraldo. No hay duda de que la difusión de este nombre se intensificó al conocerse la famosa leyenda bretona: «Tristán e Isolda». Tristán da Cunha fue un famoso navegante portugués del siglo XVI.

Trófimo. *Origen:* griego. *Significado:* alimentado. *Onomástica:* 29 de diciembre. San Trófimo fue obispo de Arlés.

Tula. Forma hipocorística de Gertrudis.

Tulio-Tulia. *Origen:* latín. *Significado:* perteneciente a «Tullus» o bulo. Fue el nombre de dos reyes de Roma. Uno de ellos es Tulio Hostilio, que fue el tercero de la dinastía y ocupó el trono desde el año 672 al 641 a.C.

Txomin. Forma vasca de Domingo.

U

Ubaldo. *Origen:* germánico. *Significado:* inteligencia, espíritu, pensamiento. *Onomástica:* 16 de mayo. San Ubaldo fue obispo de Gubbio. Tenía un temperamento tan fuerte que no dudaba en separar a tortazos a los que peleaban por nada, pero siempre tenía razón. Murió en 1160. Es patrono de los boxeadores.

Udilia. Variante de Odilia.

Ugolino. Variante gráfica de Hugolino.

Ugución. Forma toscana de Hugo. El beato Ugución Ricoveri fue el florentino del siglo XIII que fundó la importante Orden de los Servitas.

Uldarico. Variante de Ulderico.

Ulderico. *Origen:* germánico. *Significado:* poderoso en la herencia. *Onomástica:* 4 de julio. San Ulderico fue obispo de Augsburgo. Nunca dejó de cumplir con su deber. Murió en el año 973.

Ulfrido. *Origen:* germánico. *Significado:* el que defiende la propiedad campestre. *Onomástica:* 18 de enero. San Ulfrido fue un obispo al que martirizaron en Suecia, por haber roto una estatua del dios Thor, en el siglo XI.

Ulises. *Origen:* latín. *Significado:* el que tiene rencor. En los escritos homéricos, Ulises es el héroe de «La Ilíada». El mismo que al llegar a Ítaca mostró tanto odio contra los pretendientes de su esposa. *Otros personajes:* Ulises Grant ocupó la presidencia de los Estados Unidos desde 1868 a 1876. Ulises Heureaux llegó a ser presidente de la República Dominicana en dos ocasiones.

Ulrico-Ulrica. *Origen:* anglosajón. *Significado:* poderoso como el lobo. *Onomástica:* 11 de abril. San Ulrico fue hijo del conde de Sajonia, mártir en el siglo X junto con su hermano San Cunón. Un segundo San Ulrico llegó a ser obispo de Augsburgo en la misma centuria.

Urania. *Origen:* griego. *Significado:* ciego. En la mitología griega, Urania es la Afrodita terrestre. También a Urania se la considera la musa de la astronomía.

Urbano-Urbana. *Origen:* latín. *Significado:* perteneciente a la ciudad. *Onomástica:* 6 de abril. San Urbano fue abad del monasterio benedictino de San Pedro de los Montes, en Astorga; siempre se dedicó a sus alumnos; murió rodeado de todos ellos un día del año 830. San Urbano II llegó a ser Papa; pertenecía a la orden de los benedictinos; organizó una cruzada contra los señores feudales que se despreocupaban de sus vasallos; falleció en el año 1099. San Urbano III es el Papa de Aviñón, al que muy pocos entendían, acaso porque hablaba demasiado claro; se marchó al paraíso en 1370. En la mitología romana, Urbano es padre de Saturno y el dios del cielo.

Urjas. *Origen:* hebreo. *Significado:* luz de Yahvé. En la Biblia, Urías es el esposo de Betsabé, al que David envió a un puesto en la batalla donde sabía que iba a morir, con lo que aquélla quedaría viuda.

Uriel. *Origen:* hebreo. *Significado:* mi luz es Dios. Uriel es uno de los cuatro arcángeles que no se mencionan en la Biblia. *Otros personajes:* Uriel Winreich fue un lingüista judío-norteamericano.

Urraca. *Origen:* latín. *Significado:* con inclinación al robo. Urraca se llamaron varias reinas de Castilla, León, Asturias, Navarra y Aragón. Urraca es el nombre de un famoso cacique indígena del siglo XIV.

Ursino-Ursina. *Origen:* latín. *Onomástica:* 15 de diciembre. Este nombre es patronímico de «Ursus» o Urso. San Ursino fue un ermitaño de Huesca, continuamente entregado a la contemplación de Dios en el siglo IX. Los oscenses le invocan en épocas de sequía.

Urso. *Origen:* latín. *Significado:* oso. *Onomástica:* 30 de septiembre. San Urso fue arzobispo de Ravena en el siglo IV.

Úrsula. *Onomástica:* 21 de octubre. Diminutivo femenino de Ursus. Santa Úrsula fue una niña de ocho años a la que dieron muerte en Colonia durante el siglo III. La leyenda cuenta que encabezaba un grupo de 11.000 vírgenes que corrieron la misma suerte; sin embargo, la historia ha reducido el número a la milésima parte. *Otros personajes:* Úrsula Andress es una actriz cinematográfica, cuya belleza agresiva deslumbró en la película «007 contra el doctor No».

Ursulina. *Onomástica:* 7 de abril. Diminutivo de Úrsula. Santa Ursulina fue una italiana de Parma que a los nueve años tuvo sus primeras revelaciones. Se le ocurrió contarlas, y por poco la llevan a la hoguera los inquisidores. En la actualidad se la venera por su bondad. Murió en 1410.

Uziel. *Origen:* hebreo. *Significado:* Dios es fuerte.

V

Valarico. *Origen:* germánico. *Significado:* el caudillo del campo de batalla. San Valarico, discípulo de San Columbano, fue obispo de Amiens en el siglo VII.

Valburga. *Origen:* germánico. *Significado:* la defensa que proporciona el mando. Santa Valburga fue hija del rey anglosajón Ricardo; ocupó un cargo de abadesa en Alemania durante el siglo VIII. En una leyenda medieval, aparece Valburga como la patrona de la noche de Valpurgis, el célebre aquelarre que Goethe introduce en la segunda parte de su novela «Fausto».

Valdemaro. *Origen:* germánico. *Significado:* resplandeciente en el mando. Se llamaron Valdemaro varios reyes de Dinamarca y de Suecia.

Valdetrudis. Presenta la misma forma que Valtruda.

Valente. *Origen:* latín. *Significado:* tener mucho valor. *Onomástica:* 26 de julio.

Valentín-Valentina. *Origen:* latín. Este nombre es patronímico de «Valens» o Valente. *Onomástica:* 14 de febrero. San Valentín fue sacerdote en Roma y obispo de Terni en el año 273; se cree que está enterrado en el monasterio de San Benito de Bages (Barcelona); es el patrón de los enamorados. Santa Valentina se quejó de las torturas a las que estaban sometiendo a una cristiana, con lo que ella se hizo merecedora del mismo castigo o «premio»; ocurrió en Cesarea de Palestina un día de verano del año 308. El beato vasco Valentín de Berriocha sufrió martirio en China durante 1861. *Otros personajes:* Valentín, heresiarca del siglo II. El actor español Valentín Tormos, que encontró el éxito con el personaje «Don Cicuta», creado por Chicho Ibáñez Serrador para el programa televisivo «Un, dos, tres».

Valentiniano. *Origen:* latín. *Onomástica:* 7 de agosto. Este nombre es patronímico de «Valentinus» o Valerio. San Valentiniano fue obispo de Salerno, en Campania. Se llamaron Valentiniano tres emperadores romanos de los siglos IV y V.

Valeriano-Valeriana. *Origen:* latín. *Onomástica:* 23 de julio. Este nombre es patronímico de «Valerius» o Valerio. San Valeriano fue mártir en Roma durante el siglo II; es el patrón de Forli, en Romaña. Un segundo San Valeriano ocupó el obispado de Niza, donde se conservan más de veinte de sus homilías; murió en el año 460. *Otros personajes:* el actor cómico Valeriano León, inolvidable «Padre Pitillo», formó compañía teatral con su esposa Aurora Redondo.

Valerio-Valeria. *Origen:* latín. *Significado:* tener valor. *Onomástica:* 28 de enero. San Valerio fue obispo de Zaragoza. Vio a su diácono ir al martirio, mientras que a él sólo le castigaban al exilio. En Lérida le profesan una gran devoción. Murió en el siglo IV. *Otros personajes:* Valerio Stático destacó como cónsul romano. El historiador latino Valerio Máximo escribió «Hechos y dichos memorables» en el siglo I. El realizador de televisión Valerio Lazarov, nacido en Rumanía, impresionó a España con sus «zoom»; luego, ha sido director de «Tele 5».

Valero. *Origen:* latín. *Significado:* valeroso, valiente. *Onomástica:* 19 de enero. San Valero fue obispo de Sorrento en el siglo VIII. Un segundo San Valero ocupó el obispado de Zaragoza en las primeras centurias.

Valfrido. *Origen:* germánico. *Significado:* la protección del gobierno. San Valfrido fue apóstol de los renanos que, como San Simeón, vivió sobre una columna en el siglo VI.

Valtruda. *Origen:* germánico. *Significado:* querida en el mando. Santa Valtruda, hija de Santa Bertila y madre de Santa Adeltrudis, falleció en la ciudad belga de Mons a finales del siglo VIII.

Vandregisilo. *Origen:* germánico. *Significado:* lanza. *Onomástica:* 22 de julio. San Vandregisilo fue abac de Fontanelle y apóstol de los bretones en el siglo VII.

Vasco. Contracción gallego y portuguesa de Velasco. Vasco designa al grupo étnico de los vascones, el pueblo bárbaro que dio nombre al actual País Vasco.

Velasco. *Significado:* de la ladera. Este nombre procede del vascuence Belasco.

Velia. *Origen:* latín. *Significado:* paraje elevado. Velia era una ciudad situada en la Lucania, que hoy se llama Castellamare della Bruca. También recibió el nombre de Velia una ciudad de la España antigua.

Venancio. *Origen:* latín. *Significado:* se nutren de caza. *Onomástica:* 1 de abril. San Venancio fue un abad benedictino que llegó a ser obispo de Toledo; poco se sabe de su nacimiento y de su muerte, aunque ésta se sitúa en el siglo VIII. Un segundo San Venancio amaba profundamente a una bella dama, que no le correspondía; una mañana encontró a San Martín, y prefirió ingresar en el monasterio de Tours. Pronto le nombraron abad del mismo; todo esto en el siglo V. A San Venancio Fortunato le gustaba tanto escribir como alimentarse con los guisos de Santa Radegunda; a pesar de ser un bromista gracioso, cumplió sus tareas de obispo de Poitiers con matrícula de honor en el siglo VI. *Otros personajes:* el español Venancio Vallmitjana en sus esculturas mostró una preferencia por el estilo neoclásico y romántico; falleció en 1905. Venancio formó parte, como interior derecho, de la famosa delantera del Atlético de Bilbao de la posguerra.

Venceslao. *Origen:* latín. *Significado:* el hombre más glorioso. *Onomástica:* 28 de septiembre. San Venceslao, nieto de Santa Ludmila, fue duque de Bohemia en el siglo X. Intervino apasionadamente en la cristianización de su tierra y murió asesinado por su hermano Boleslao I.

Venerando-Veneranda. *Origen:* latín. *Significado:* solicitar a los dioses una gracia. *Onomástica:* 14 de noviembre. Santa Veneranda fue una de las primeras mártires francesas de los siglos iniciales del cristianismo. Es muy solicitada en su país.

Ventura. *Origen:* latín. *Significado:* lo que está por venir. Ventura es una palabra de buena suerte, lo mismo que Buenaventura. *Onomástica:* 3 de mayo. El beato Ventura fue el religioso italiano que fundó la Orden de los Crucíferos en el siglo XI. *Otros personajes:* el español Ventura Rodríguez mostró en su arquitectura el estilo clasicista, como se aprecia en la fachada de la catedral de

Pamplona; la concluyó en 1783. El español Ventura Ruiz Aguilera escribió una poesía popular romántica; publicó «Ecos nacionales» en 1849.

Venustiano-Venustiana. *Origen:* latín. *Onomástica:* 30 de diciembre. Este nombre es patronímico de «Venustus» o Venusto. San Venustiano fue un gobernador romano, al que martirizaron, junto con su esposa y sus hijos, en Espoleto a comienzos del siglo IV.

Venusto-Venusta. *Origen:* latín. *Significado:* el objeto amado. *Onomástica:* 6 de mayo. Santa Venusta fue una siciliana, mártir en Cártago durante el año 200.

Vera. *Origen:* ruso. Esta santa aparece en el calendario ortodoxo.

Verecundo-Verecunda. *Origen:* latín. *Onomástica:* 22 de octubre. *Significado:* sentir un temor religioso. San Verecundo fue obispo de Verona en el siglo VI.

Veremundo-Veremunda. *Origen:* germánico. *Onomástica:* 8 de marzo. San Veremundo fue abad del monasterio benedictino de Hirache; por lo visto hacía milagros con sólo mover las manos o sonreír. Falleció en 1092. Veremundo Méndez Coarasa nació en Aragón para ser poeta.

Vergilio. Variante de Virgilio.

Veriano. *Origen:* latín. *Onomástica:* 9 de agosto. Este nombre es patronímico de «Verus» o Vero. San Veriano nació en Toscana durante el siglo IV.

Verísimo-Verísima. *Origen:* latín. *Significado:* auténtico, verdadero. *Onomástica:* 1 de octubre. San Verísimo fue un lusitano al que martirizaron a comienzos del siglo IV.

Vernerio. *Origen:* germánico. *Significado:* proteger. San Vernerio fue un renano que se cuidaba de sus viñas y de la religión, al cual llevaron a martirio en el siglo XIII.

Vero-Vera. *Origen:* latín. *Significado:* verídico, verdadero, auténtico. *Onomástica:* 1 de agosto. Vero fue un emperador romano. Vera se refiere a la Vera Cruz.

Verónica. *Significado:* la que porta la victoria, imagen. *Onomástica:* 4 de febrero. Variante de Berenice. Santa Verónica fue la mujer que secó el rostro de Jesús, con lo que tuvo la gran fortuna de llevarse consigo el primer retrato del Salvador; por eso es patrona de las costureras, lavanderas y fotógrafos. Santa Verónica de Binasco profesó como agustina en Milán; enseguida tuvo muchas visiones y revelaciones; vivió en el siglo XV. Santa Verónica Giuliani ingresó a los dieciocho años en el convento de las clarisas de Umbría; desde el primer momento se convirtió en la más trabajadora y devota; falleció en 1727. *Otros personajes:* la actriz Verónica Lake impuso en el cine, en los primeros años de la década de los 40 del siglo XX, la moda del peinado cubriéndose media cara. La actriz española Verónica Forqué ha probado su versatilidad en las series televisivas «Ramón y Cajal» y «Pepa y Pepe», lo mismo que en películas como «Bajarse al moro».

Vérulo. *Origen:* latín. *Onomástica:* 21 de febrero. Diminutivo de «Verus». San Vérulo fue martirizado en África por los vándalos en el siglo IV.

Vespasiano. *Origen:* latín. *Significado:* avispa. Vespasiano fue un emperador romano.

Vesta. *Origen:* griego. *Significado:* hogar. En la mitología griega, Vesta es la diosa del fuego y del hogar.

Vicencio-Vicencia. *Origen:* latín. San Vicencio fue mártir en Gerona.

Vicente-Vicenta. *Origen:* latín. *Significado:* el vencedor, el victorioso. *Onomástica:* 22 de enero. San Vicente fue un diácono mártir en Zaragoza en el año 304; más de doscientos pueblos españoles le tienen como patrón; además, es patrono de los marineros portugueses y de los viñateros de Francia. San Vicente de Ávila sufrió martirio en esta ciudad; le acompañaron sus hermanas Sabina y Cristeta; ocurrió en el siglo IV. San Vicente Ferrer nació en Valencia y se hizo dominico; predicó por todo Europa, realizó más de ochocientos milagros y murió en Bretaña el año 1419. San Vicente de Paúl se entregó a paliar las desgracias de los hombres y de las mujeres; falleció en 1660; es protector de los niños abandonados. Santa Vicenta, llamada María Catalina Francisca Gerossa, eligió ese nombre religioso antes de fundar el Instituto de la Virgen Niña en Lovere (Italia) entre los años 1814 y 1847. La beata Vicenta María López Vicuña nació en Navarra; creó el Instituto de las Hijas de María de la Inmaculada Concepción; murió en 1890. *Otros personajes:* el marino Vicente Yáñez Pinzón acompañó a Cristóbal Colón en el descubrimiento de América y, luego, descubrió las costas del Brasil y la desembocadura del río Amazonas. Vicente Espinel prefirió la poesía clásica y la música. En este campo introdujo la décima llamada «espinela»; su mejor novela es «Marcos de Obregón», escrita en 1618, que pertenece al género picaresco. Vincent (Vicente en neerlandés) van Gogh se obsesionó por conseguir la mayor intensidad en los colores de sus cuadros, sin importarle demasiado las proporciones y otros conceptos académicos; su creación fue instintiva; jamás pudo vender ni una sola de sus obras; sin embargo, hace poco tiempo se han pagado miles de millones por «Los Girasoles»; este genio murió en 1890, cuando sólo tenía treinta y siete años. El valenciano Vicente Blasco Ibáñez se mostró siempre anticlerical y republicano, por eso la enorme calidad de sus novelas no ha sido reconocida como debiera en España; mientras que en Estados Unidos se hicieron varias películas con sus argumentos: «Cañas y barro», «Los cuatro jinetes del apocalipsis», etc. Vincenzo (Vicente en italiano) Bellini compuso unas grandes óperas. Estrenó «Norma» en 1831. El poeta Vicente Aleixandre obtuvo el Premio Nobel de Literatura en 1976. Perteneció a la generación del 27; su obra tuvo mucho de visionaria, cuando había ofrecido unos comienzos en los que buscaba la pureza más absoluta; escribió «Diálogos del conocimiento» en 1974. El chileno Vicente Huidobro se formó en París, donde comenzó a promocionar el creacionismo, que rechazaba todas las tradiciones poéticas y dejaba a la poesía plena libertad; en realidad renovó la lírica hispánica con sus imágenes tan sorprendentes y originales; publicó «El espejo del agua» en 1916. El norteamericano Vincente Minnelli se especializó en la comedia musical de enorme calidad, como demostró con su película «Un americano en París», estrenada en 1951; también tocó la tragedia y otros estilos; consiguió un Óscar en 1959 por «Gigi».

Víctor. *Origen:* latín. *Significado:* vencedor. *Onomástica:* 26 de agosto. San Víctor de Cherchell fue un norteafricano, cuya biografía se ignora hasta el momento que sufrió martirio en una de las persecuciones de los primeros siglos. San Víctor de Marsella murió triturado entre las dos muelas de un molino por el simple hecho de negarse a servir a dos señores, ya que había elegido el destino de un convento; sucedió en el año 290. *Otros personajes:* el nombre Víctor Manuel lo llevaron algunos reyes de Cerdeña y de Italia. Se llamaron Víctor Amadeo varios reyes de Cerdeña-Piamonte y duques de Saboya. El francés Víctor Hugo escribió poesía y teatro, hasta que entró de lleno en la novela, para convertirse en el coloso de la literatura; lo demostró con «Los Miserables», que se publicó en 1862. El español Víctor Balaguer escribió en castellano y catalán poesía, teatro e historia. El físico austriaco Víctor Hess consiguió el Premio Nobel en 1936 por su descubrimiento de los rayos cósmicos. El boliviano Víctor Paz Estensoro fue presidente de su país desde 1952 a 1956; en este tiempo aprobó el sufragio universal, dio tierras a los campesinos y nacionalizó las minas de estaño. Víctor Muñoz, entrenador del «Real Zaragoza», al que hizo campeón de la Copa del Rey y de la Recopa de Europa de 1994-1995. Víctor Mora ha venido mostrando su ingenio en los tebeos al crear personajes como «El Capitán Trueno» y «El Jabato», entre otros muchos; además, es un excelente novelista en catalán. El asturiano Víctor Manuel reflejó los problemas sociales de su tierra en unas canciones llenas de fuerza; luego, sin perder calidad, ha preferido universalizar sus creaciones musicales; está casado con la cantante y actriz Ana Belén.

Victoria. *Onomástica:* 17 de noviembre. Advocación de la Virgen María: Nuestra Señora de las Victorias. Santa Victoria fue martirizada en Córdoba, junto con su hermano San Acisclo, en el siglo IV; los dos son patronos de esa ciudad. Una segunda Santa Victoria se enfrentó al dragón de la miseria, el miedo y las tentadoras comodidades; vivió en las cercanías de Roma durante el año 250. En la mitología romana, Victoria es la divinidad del triunfo. *Otros personajes:* Victoria I reinó sobre Gran Bretaña e Irlanda. Victoria Eugenia de Battenberg se convirtió en reina de España al casarse con Alfonso XIII. La actriz Victoria Abril comenzó como azafata de «Un, dos y tres» y, después, demostró que no le daban miedo los papeles más difíciles; por eso ha obtenido tanto éxito; sus grandes creaciones pueden localizarse en «Amantes» y en «Átame».

Victoriano. *Origen:* latín. *Onomástica:* 23 de febrero. Este nombre es patronímico de Víctor. San Victoriano fue un procónsul de África, al que los vándalos sometieron a martirio en el siglo V. *Otros persona-*

jes: el español Victoriano Zaragoza destacó como médico y astrónomo en el siglo XVI.

Victorico. Proviene de Víctor.

Victorino. *Origen:* latín. *Significado:* perteneciente a Víctor o pequeño vencedor. *Onomástica:* 2 de noviembre. San Victorino fue un griego que llegó a ser obispo en Yugoslavia. Se hizo famoso por sus traducciones al latín. Falleció en el año 304. *Otros personajes:* Victorino Márquez ocupó la presidencia de Venezuela de 1915 a 1921. El humanista italiano Victorino de Feltre. El ganadero Victorino Martín se ha hecho famoso por sus toros, a los que se da el nombre de «victorinos».

Victorio. *Onomástica* 30 de octubre. Derivado de Víctor. San Victorio es un mártir muy venerado en León. *Otros personajes:* el escultor Victorio Macho mostró en sus monumentos y retratos una gran serenidad expresiva. Vittorio (Victorio en italiano) de Sica pasó por ser un actor frívolo, cuando en la realidad había creado como director algunas de las mejores películas del cine mundial; representó el neorrealismo de su país con «Ladrón de bicicletas», que se estrenó en 1948.

Vidal. Variante de Vital. *Onomástica:* 4 de noviembre. San Vidal fue un mártir del siglo IV.

Vidrado. *Origen:* germánico. *Significado:* bosque, consejo o el consejero del bosque. *Onomástica:* 4 de octubre. San Vidrado fue un benedictino francés que llegó a ser abad en el siglo VIII.

Viduquindo. *Origen:* germánico. *Significado:* selva, criatura, hijo. *Onomástica:* 7 de enero. El beato Viduquindo fue duque de los sajones en el siglo VII.

Vigberto. *Origen:* germánico. *Significado:* el que resplandece en la batalla. San Vigberto, discípulo de San Bonifacio, fue el apóstol de Alemania durante el siglo VIII.

Vigilio-Vigilia. *Origen:* latín. *Significado:* vigilante, velador. *Onomástica:* 26 de septiembre. San Vigilio fue obispo de Brescia en el siglo VI. Un segundo Vigilio llegó a ser Papa del año 537 al 555.

Vilfrido. *Origen:* germánico. *Significado:* al que su voluntad le sirve de protección. San Vilfrido fue obispo de York entre los siglos VII y VIII.

Viligiro. *Origen:* germánico. *Significado:* la voluntad. San Viligiro fue obispo de Maguncia en los siglos X y XI.

Viliulfo. *Origen:* germánico. *Significado:* el guerrero arrojado. *Onomástica:* 26 de enero. San Viliulfo fue obispo en la Iria (la actual Padrón) de Galicia.

Villebaldo. *Origen:* germánico. *Significado:* el que muestra una voluntad temeraria. San Villebaldo fue hijo del rey San Ricardo de Inglaterra. Luego de estar cautivo siete años de los moros, pasó un tiempo en Montecassino de aprendizaje; para convertirse en el apóstol de Alemania durante el siglo VIII.

Vindemial. *Origen:* latín. *Significado:* compuesto de vino. *Onomástica:* 2 de mayo. San Vindemial fue un obispo martirizado en África a finales del siglo V.

Vindiciano. *Origen:* latín. *Significado:* protector, defensor, garante. *Onomástica:* 11 de marzo. San Vindiciano fue obispo de Cambrai (Francia) entre los siglos VII y VIII.

Vindomio. Variante de Vindemial.

Vinebaldo. *Origen:* germánico. *Significado:* el amigo más intrépido. *Onomástica:* 6 de abril.

Vinefrida. *Origen:* galés. *Significado:* ola blanca. Santa Vinefrida fue una virgen y mártir galesa, la cual dejó un pozo que todavía se considera milagroso.

Vinicio. *Origen:* latín. Este nombre fue popularizado por la novela «Quo vadis?».

Viola. *Origen:* latín. *Significado:* violeta. *Onomástica:* 3 de mayo. Santa Viola fue una italiana a la que llevaron al martirio en Verona durante el siglo II.

Violante. *Origen:* germánico. *Significado:* riqueza, bienestar. *Onomástica:* 28 de diciembre. La beata Violante de Asti nació y vivió en el Piamonte. Violante fue el nombre de varias reinas de Castilla y Aragón.

Violeta. *Onomástica:* 4 de agosto. Diminutivo de Viola. Santa Violeta fue martirizada en compañía de 9.000 cristianos, que habían sido apresados por orden de Sapor, rey de Persia, en el año 362. *Otros* *personajes:* Violeta Parra es una cantautora chilena. La nicaragüense Violeta Barrios de Chamorro formó parte de la primera junta revolucionaria de su país; luego pasó a la oposición; en 1990 fue elegida presidenta de la república.

Virgilio. *Origen:* latín. *Significado:* inclinar, doblarse, declinar. *Onomástica:* 5 de marzo. San Virgilio fue un monje del monasterio de Lérins, de cuyas celdas pasó a la catedral de Arlés en el año 618. Otro San Virgilio, de origen irlandés, evangelizó Carintia, estrenó el obispado de Salzburgo y murió en el siglo VIII. Virgilio es el poeta de la «Eneida», al que se consideró profeta en la Edad Media.

Virginio-Virginia. *Origen:* latín. *Significado:* joven esposo. *Onomástica:* 31 de enero. Santa Virginia fue una pastorcilla francesa, cuya biografía se concluye con estos únicos datos. Virginia tuvo como padre al centurión Virginio. *Otros personajes:* la inglesa Virginia Woolf mostró en sus novelas la conciencia humana; escribió «Las Olas» en 1931. La estadounidense Virginia Mayo, cuya belleza rubia vimos en películas como «El halcón y la flecha». La actriz española Virginia Mataix.

Virtudes. *Origen:* latín. *Significado:* fuerza, valor, virtud. Este nombre se refiere a las «virtudes» teologales.

Vistremundo. *Origen:* germánico. *Significado:* protección del Oeste. San Vistremundo fue un monje español al que martirizaron en Córdoba, en el siglo IX, por órdenes directas de Abderramán II.

Vital. *Origen:* latín. *Significado:* el que tiene vida. *Onomástica:* 4 de noviembre. San Vital vivió en Ravena, donde le dedicaron una basílica.

Vitaliano. *Origen:* latín. *Onomástica:* 17 de julio. Este nombre es patronímico de «Vitaus» o Vital. San Vitaliano fue Papa del año 657 al 672.

Vitalicio. *Origen:* latín. *Significado:* permanecerá toda la vida. *Onomástica:* 4 de septiembre.

Vito. *Origen:* latín. *Significado:* vida, vivo, vital. *Onomástica:* 15 de junio. San Vito fue un siciliano al que echaron, en Roma, dentro de una caldera de pez hirviendo. El martirio sucedió en el año 303. *Otros personajes:* Vito Bering destacó como un explorador danés.

Vitoria. Variante de Victoria.

Vivaldo. *Origen:* germánico. *Significado:* audaz en la batalla. *Onomástica:* 2 de mayo.

Vivencio. *Origen:* latín. *Significado:* viviente. *Onomástica:* 13 de enero. San Vivencio fue un mártir galo del siglo IV.

Vivenciolo. *Onomástica:* 12 de julio. Variante de Juvenciolo o diminutivo de Vivencio.

Viviano-Viviana. *Origen:* latín. *Significado:* vivo, viviente. *Onomástica:* 28 de agosto. San Viviano fue un obispo francés y mártir en el siglo V.

Vladimiro. *Origen:* eslavo. *Significado:* señor del mundo. *Onomástica:* 15 de julio. San Vladimiro fue nieto de Santa Olga y gran duque de Kiev. Promulgó la obligatoriedad del bautismo para todos sus súbditos en el año 1015. *Otros personajes:* Vladimiro Ilich Ulianof, «Lenin», fundó la fracción bolchevique del Partido Comunista ruso. Dirigió la insurrección desde Petrogrado. Fue presidente del consejo de comisarios del pueblo de 1917 a 1924, es decir, jefe de la Unión Soviética. Además de un hombre de acción, se mostró un teórico en sus numerosos libros.

Volusiano. *Origen:* latín. *Onomástica:* 18 de enero. Este nombre es patronímico de «Volusius». San Volusiano fue obispo de Tours (Francia) a finales del siglo V.

Vulfrano. *Origen:* germánico. *Significado:* lobo-cuervo. *Onomástica:* 20 de marzo. San Vulfrano fue obispo de Sens. Evangelizó Frisia. Se le enterró en Fontanella y se le venera en Abbeville. Debió de morir en el año 704.

Vulmaro. *Origen:* germánico. *Significado:* famoso guerrero, arrojado. *Onomástica:* 29 de julio. San Vulmaro fue un abad francés del siglo VIII.

Vulpiano. *Origen:* latín. *Significado:* perteneciente al zorro. *Onomástica:* 3 de abril. San Vulpiano fue mártir en Fenicia a principios del siglo IV.

W

Walberto. *Onomástica:* 18 de septiembre. Variante de Gualberto.

Walburga. *Onomástica:* 25 de febrero. Variante gráfica de Valburga. Santa Walburga fue hija de San Ricardo, rey de Essex, y una milagrosa abadesa del convento de Heidenheim, en la Franconia. Murió en el año 779.

Waldemaro. Variante gráfica de Valdemaro.

Waldo. *Origen:* germánico. *Significado:* mando, gobierno. *Otros personajes:* Waldo de los Ríos fue un compositor argentino, cuyo mayor éxito lo consiguió con el «Himno a la alegría», que cantó Miguel Ríos.

Walfrido. *Onomástica:* 21 de octubre. Variante gráfica de Valfrido.

Walter. *Ver* Gutierre. *Otros personajes:* el inglés sir Walter Scott primero se dedicó a la abogacía y a la poesía, hasta que entró de lleno en la novela histórica: esto le consagró como un autor de un inmenso éxito popular. Escribió «Ivanhoe» y «Quintin Durward», entre otras. El inglés Walter Norman Hawort obtuvo el Premio Nobel de Química en 1937 por la síntesis de la vitamina C. El actor Walter Mathau ha formado pareja con Jack Lemmon en muchas comedias cinematográficas como «Primera plana», de Billy Wilder.

Waltruda. Variante gráfica de Valtruda.

Wamba. *Origen:* germánico. *Significado:* extranjero, caminante. Wamba fue un rey visigodo español.

Wanda. *Origen:* germánico. *Significado:* el jefe de los vándalos.

Warein. Variante de Guerín.

Wenceslao. *Onomástica:* 28 de septiembre. Variante cacográfica de Venceslao. San Wenceslao fue duque de Bohemia. Según la leyenda, siempre se halla dispuesto a salir de las montañas donde reposa para salvar a su pueblo. Como fue bien educado por su abuela

Ludmila, brillaba tanto, gracias a la bondad y al amor, que su hermano, al igual que Caín, le asesinó en el año 929. *Otros personajes:* Wenceslao se llamaron varios reyes de Bohemia. Wenceslao Fernández Flórez mostró en sus novelas un humor crítico y pesimista; escribió «El malvado Carabel» en 1931.

Widrado. Variante gráfica de Vidrado.

Wigberto. Variante gráfica de Guiberto.

Wilfrido. Variante gráfica de Vilfrido.

Wiligiro. Variante gráfica de Viligiro.

Willebaldo. Variante gráfica de Villebaldo.

Witiza. Variante de Vitiza. El visigodo Witiza reinó en España del año 701 al 710.

Wolfango. Variante gráfica de Volfango.

Wulfrano. Variante gráfica de Vulfrano.

Wulmaro. Variante gráfica de Vulmaro.

Wulstano. Variante gráfica de Vulstano.

X

Xanat. *Origen:* totonaco. *Significado:* vainilla, flor.

Xantipa. *Origen:* latín. *Significado:* rubio, amarillo. Santa Xantipa fue una conversa española a la que se martirizó, junto con Santa Polixena, en el siglo I. Xantipa era el nombre de la esposa de Sócrates.

Xavier. *Onomástica:* 19 de diciembre. Grafía antigua de Javier. San Xavier Mau se negó, junto con cuatro cristianos, a pisar la Cruz. Esto les valió a todos ser estrangulados con unos cordones de seda. Sucedió en 1839. *Otros personajes:* el compositor catalán Xavier Cugat, que tuvo un gran éxito en los Estados Unidos, y estuvo casado con unas explosivas cantantes, como Abbe Lane. Xavier Zubiri comenzó mostrando unas tendencias filosóficas muy próximas a Ortega, hasta que encontró su propio rumbo en busca de la realidad y el intelecto; escribió «Sobre el hombre» en 1986. El entrenador de fútbol Xavier Azkargorta, que triunfó en Bolivia, pero no le sucedió lo mismo en Chile.

Xenia. *Origen:* griego. *Significado:* la extranjera, la hospitalaria. *Onomástica:* 24 de enero.

Xiconténcatl. *Origen:* náhuatl. *Significado:* el que viene de la orilla inundada de abejorros. Xiconténcatl fue un general tlaxcalteca, cuyo apellido llevó, tres siglos más tarde, el coronel mexicano Santiago Xiconténcatl.

Ximeno-Ximena. Grafía antigua de Jimena.

Xóchil. Variante de Xóchitl.

Xóchitl. *Origen:* náhuatl. *Significado:* flor, canto.

Y

Ya. *Origen:* griego. *Significado:* grito, voz, sonido. Santa Ya fue martirizada en Persia a mediados del siglo IV.

Yago. Variante de Jacobo.

Yanuario. *Origen:* latín. *Significado:* mes de enero, pasaje.

Yara. *Origen:* tupí. *Significado:* señora.

Yeudiel. *Origen:* hebreo. *Significado:* doy gracias a Dios. Yeudiel es uno de los cuatro arcángeles que no se mencionan en la Biblia.

Yolanda. *Onomástica:* 15 de junio. Variante de Violante. Santa Yolanda fue sobrina de Santa Isabel de Hungría, esposa de Boleslao «el Piadoso» y madre de tres hijas tan buenas como sus padres. La nombraron abadesa de las clarisas de Gnesen, al este de Poznan. Murió en 1299.

Yole. *Origen:* griego. *Significado:* el pueblo de las violetas. En la mitología romana, Yole es la amante de Hércules, la misma que le causó la muerte, debido a los celos que provocó en Deyanira. A tal extremo llegaron, que permitió que el héroe se envolviera con la túnica envenenada del centauro Neso.

Yólotl. *Origen:* náhuatl. *Significado:* corazón. Yólotl es una voz que aún se utiliza en México para dirigirse a la mujer amada.

Yone. *Origen:* griego. *Significado:* violeta. En la mitología griega, Yone es una ninfa.

Yucundo. Variante de Jucundo. San Yucundo fue obispo de Bolonia.

Z

Zabulón. *Origen:* hebreo. *Significado:* habitación, casa, morada. En la Biblia, Zabulón es el décimo hijo de Jacob, uno de los jefes de las doce tribus de Israel.

Zacarías. *Origen:* hebreo. *Significado:* el acuerdo de Yahvé. *Onomástica:* 6 de septiembre. En la Biblia, San Zacarías es un profeta menor del Antiguo Testamento; al encontrarse exiliado en Babilonia, dispuso del tiempo suficiente para revisar su teología. San Zacarías fue Papa desde el año 741 al 752. *Otros personajes:* Zacarías tuvo como hijo a San Juan Bautista. Zacarías, hijo de Jeroboan, reinó en Israel. Zacarías Taylor llegó a ser presidente de los Estados Unidos en 1849. El poeta finlandés Zacharias (Zacarías en finés) Topelius escribió en sueco; se mostró enemigo del naturalismo; escribió «Flores de landa» entre 1845 y 1853. Zacharías (Zacarías en alemán) Werner creó un teatro de inspiración mística; estrenó su obra «El veinticuatro de febrero» en 1810.

Zaída. *Origen:* árabe. *Significado:* la que cree, la que aumenta. Zaída fue la doncella mora, hermana de Zoraida y de San Bernardo de Alcira, que recibió martirio en Valencia durante el siglo XII. La princesa musulmana Zaída vivió como amante junto a Alfonso IV de Castilla y León.

Zaira. *Origen:* árabe. *Significado:* florida.

Zaqueo. *Origen:* hebreo. *Significado:* el inocente, el puro. *Onomástica:* 23 de agosto. San Zaqueo fue un rico publicano que se subió a un sicomoro para poder ver a Jesús; luego, le hospedó en su hogar. Años más tarde, pudo ser el cuarto obispo de Jerusalén.

Zarina. *Origen:* latín. Forma femenina de zar.

Zebedeo. Variante de Zebedías. Zebedeo fue el padre de los apóstoles Santiago «el Mayor» y Juan.

Zebedías. *Origen:* hebreo. *Significado:* dádiva de Yahvé.

Zedequías. *Origen:* hebreo. *Significado:* Yahvé es poder. Zedequías fue el último rey de Judá.

Zefanías. *Origen:* hebreo. *Significado:* Yahvé es oscuridad. En la Biblia, Zefanías es un profeta hebreo.

Zeferino. Variante gráfica de Ceferino.

Zenas. *Origen:* griego. *Onomástica:* 23 de junio. San Zenas fue mártir en Arabia a principios del siglo V.

Zenobio-Zenobia. *Origen:* griego. *Significado:* vida de Zeus. *Onomástica:* 20 de febrero. San Zenobio fue un presbítero martirizado en Francia a finales del siglo II. *Otros personajes:* Zenobia es la famosa reina de Palmira. El belga Zenobio Gramme construyó la primera dinamo industrial en 1871. Zenobia estuvo casada con Juan Ramón Jiménez.

Zenón. *Origen:* griego. *Significado:* Zeus, Júpiter. *Onomástica:* 12 de abril. San Zenón de Verona fue un mauritano que llevó el obispado de Verona en el siglo IV, tiempo en el que parecía ignorarse el racismo; además, este religioso daba unas pláticas memorables. *Otros personajes:* Zenón llegó a ser emperador de Oriente. El filósofo griego Zenón de Citium. Zenón de Isaurico, emperador romano de Oriente del año 474 al 491. El español Zenón de Somodevilla y Bengoechea, marqués de la Ensenada, desde 1743 dirigió la política de España; realizó un catastro nacional y protegió la industria y el comercio. Sin embargo, terminó por ser desterrado luego de producirse el motín de Esquilache.

Zita. *Onomástica:* 27 de abril. Vieja forma toscana de «muchacha». Santa Zita pudo tener criadas; sin embargo, como muestra de humildad, prefirió trabajar de sirvienta en Lucca. Murió en 1278. Es la patrona de las criadas.

Zoé. *Origen:* griego. *Significado:* venir al mundo, nacer. *Onomástica:* 5 de julio. A Santa Zoé la tuvieron suspendida de los cabellos encima de una hoguera. Murió asfixiada en el año 300. Zoé es el nombre de una emperatriz de Bizancio.

Zoilo-Zoila. *Origen:* griego. *Significado:* vital. *Onomástica:* 27 de junio. Zoilo fue mártir en Córdoba en el siglo III. El griego Zoilo destacó como sofista en el siglo IV a.C.

Zoraida. *Origen:* árabe. *Significado:* mujer cautivadora. Santa Zoraida fue una doncella mora, convertida al cristianismo y martirizada en Valencia durante el siglo XII.

Zorabadel. *Origen:* hebreo. *Significado:* generado en Babel. En la Biblia, Zorobadel es el reconstructor del Templo de Jerusalén. Pudo tomar esta decisión porque era gobernador de Judá. También descendía de David.

Zósimo. *Origen:* griego. *Significado:* dar la vida, vivificar. *Onomástica:* 30 de noviembre. San Zósimo fue un monje de Palestina que murió en un terremoto durante el siglo IV. Un segundo San Zósimo llegó a ser Papa desde el año 417 al 418. El bizantino Zósimo destacó como historiador.

Zótico. *Origen:* griego. *Significado:* de larga vida. *Onomástica:* 31 de diciembre. San Zótico se encargó de los leprosos, huérfanos y lisiados. A todos ellos los alojó en su hospital de Constantinopla.

Zuleica. *Origen:* árabe. *Significado:* la rolliza, la gordita. Ésta era una cualidad en las mujeres muy apreciado por los musulmanes.

Zulema. Variante de Zulima.

Zulima. *Origen:* semita. *Significado:* paz.

BIBLIOGRAFÍA

ALBAIGÉS I OLIVART, JOSEP M.: *El gran libro de los nombres.*

– *Enciclopedia de los nombres propios.*

BAS I VIDAL, JORDI: *Diccionario de los nombres de personas.*

DICCIONARIO ENCICLOPÉDICO ESPASA.

EDICIONES OBELISCO: *El libro de los nombres.*

EDICIONES PAULINAS: *Enciclopedia de la Biblia.*

EL PEQUEÑO LAROUSSE ILUSTRADO.

ENCICLOPEDIA DEL SIGLO XXI.

F. CASTELLÓN, TOÑI: *El significado de los nombres.*

GAVALDA, ANTONIO: *Diccionario mitológico.*

ORDÓÑEZ, VALERIANO: *Los santos. Noticia diaria.*

PUJOL, CARLOS: *La casa de los santos.*

ROUILLARD, PHILIPPE: *Diccionario de los santos de cada día.*

SALAS, EMILIO: *Los Nombres.*

TIBÓN, GUTIERRE: *Diccionario de los nombres propios.*

TIRADO ZARCO, MIGUEL: *Los Nombres.*